U0541731

THE
First
CHINESE
AMERICAN

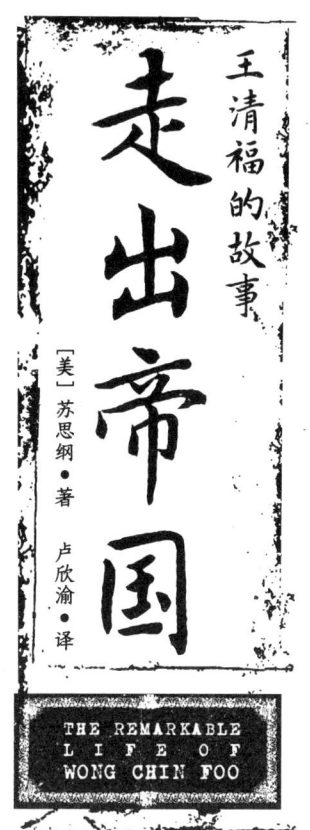

王清福的故事

走出帝国

［美］苏思纲·著

卢欣渝·译

THE REMARKABLE
LIFE OF
WONG CHIN FOO

上海文化出版社

中文版序言

如果读者你从未听说过王清福其人，你身边的人也大致如是。2013年前，也即香港大学出版社出版这本关于王清福的英文传记前，除少数几位研究亚裔美国人历史的学者，在美国人里，他同样鲜为人知。甚至当年的大多数美籍华人也不清楚他是何许人，人们知道的唯有如后事实：他成年以后大部分时间生活在美国，是华人里的重要人物。

20世纪50年代和60年代，我还是个孩子时，教科书里的美国历史主要说的是男性白种人。美国人民的构成包括女性和许多移民群体，对他们的各种贡献，教科书总是一带而过。然而，从那往后数十年，这一情况完全变了。人们已经认识到，历史原本更加恢宏，教科书告诉他们的只是其中的一部分，他们开始要求看到更完整的画卷。

美洲历史是一部各族移民的历史，如今人们对非洲裔美国人、亚洲裔美国人、犹太裔美国人、拉美裔美国人，以及其他族裔美国人的过去兴趣陡增。这反过来开启了许多机会，促使学者们前去探索直到最近仍未能引起人们关注的那些美国人的生活。

正因为如此，王清福成了引起关注的人物。19世纪下半叶，他应该是北美洲最有名的华人。然而，1898年，随着他故去，他很快从现实中完全遁形。当年我第一次听说他，继而开始研究他的生活时，我很快意识到，过去的历史对他极为不公。从资料中可以看出，他是个出类拔萃的人。在他所处的时代，美国人对中国移民偏见极深，还限制他们移民美国，否认他们的美国国籍，他则以超群的智慧和不懈的奋斗为华人争取各种权利。我坚信，他理应得到更多人的赏识，而不仅仅是少数学者的赞誉。

追溯王清福的工作轨迹和生活轨迹是一份苦差事，我却乐在其中。勤奋搜集资料的结果是，我找到了上万篇关于他的活动的文章，包括上百篇他撰写的文章。我还从全美各地各种各样的档案馆里发掘出别人写给他和他写给别人的一些信函。曾经让我最感"悲催"的是，我一直没找到能确定是他本人的照片，找到的只是一些他的画像。好在后来运气向我开了笑口。王清福曾经在巴克内尔大学上过一年学，有一次，在该大学档案馆查找资料时，我翻出一张他的照片，照片里的他是个年轻人。那张照片成了我从另外几处私人藏品里鉴别其他几张照片的关键。如今，世人不仅知道了王清福曾经做过什么，还知道了他长什么样。

横在我面前的另一个拦路虎是，如何寻找关于他晚年生活的信息，对此我束手无策。我知道，1898年，他返回了中国，在那里亡故，其他便不得而知了。关于那一时期他的生活，英文资料里没有记载。幸运的是，某次在网上用中文搜索时，我找到一篇关于他的精彩的文章，作者是一位名叫王凡的历史学家，不久后我得知，他是王清福的玄孙。我设法与王凡取得了联系，他慷慨地向我提供了几封有着上百年历史的家书，都是王清福晚年写给儿子的信件。对我来说，这些都是无价之宝。透过它们，我们可以知道王清福有生之年究竟在做什么和想什么。在交流过程中，我和王凡建立了跨太平洋的友谊，我希望这友谊能伴我一生！

我真是好运连连，因为中国出版方选择卢欣渝将王清福的传记译成中文。卢先生是一位资深翻译,他名下已有许多译作。不过,由于本书采用的许多词汇源自19世纪的文献,一些表达方式如今踪迹难觅,我确实有过担心,技术娴熟如他之人也恐难应对其中一些难点。我们达成一致:合作应对。就书中的一些特殊段落,我们利用电子邮件交换意见,这种交流持续了一整年,我尽力解答了他的所有疑惑。有这样的携手合作,我坚信,我们得到的是完美的结果。就算我中文造诣有限,我依然能感觉出,他的译文是对原文非常忠实的再现。

我非常高兴让这位重要的、身世多彩的人物再现于世,这也是我的荣幸。随着这个精美译本的问世,人们得以认识王清福,欣赏他的成就,今后,像我一样感同身受的不仅有美国人,更有王清福的中国同胞。

苏思纲
于华盛顿特区

原版序言

通过大量阅读王清福笔下的文章以及他读过的书籍，认真研究他有生之年以及过世之后崇拜他和批评他的人们对他的评价，与他的数位后人一起探寻他走过的道路，翻阅他的书信，我常常会情不自禁，暗自发笑，崇拜和欣赏之情也会油然而生。投身前述事情期间，我好像与王清福一起生活了好几个月。其实，他在我出生半个多世纪前已经作古。几乎可以肯定，若非如此，这样一位激情四射、色彩斑斓之人，我会非常乐意与之交往。

为写作本书，我做了认真的调研。我必须承认，此前我从未听说过王清福其人。他的名字出现在一份最著名美籍华人的名单上，因此，我才有幸第一次得知。名单罗列的几乎都是20世纪的人物，许多人至今仍然相当活跃。王清福被冠以"投身反抗《排华法案》的早期民权活动分子"的头衔。我曾经以为，19世纪时，华人社团或多或少处于一种胆小如鼠的蹲守态势，对前述令人恨之入骨的灭顶之灾般的法案没做过任何反抗，甘愿逆来顺受，当年鲜有美籍华人成为闻名全美的反抗斗士。所以，我下决心对这位王先生以及他取得的成就做更多了解。

后来我发现，研究美国和亚洲的历史、政治的学生们并没有遗忘王清福，在不同的学术刊物上，我有幸见到了有关他投身某些事情的零星记载。例如，陈国维考证了王清福在纽约现身的前前后后；张庆松探讨了王清福从事的政治活动，还扼要介绍了他的宗教信仰；徐旋分析了王清福为各种刊物撰写的文章，等等。[1]但是，没有人就王清福的人生进行过横向和纵向的研究。关于他早年的经历，人们可以找到些许蛛丝马迹，而他晚年在中国的经历却是一片空白。令人深感不安的是，学者们大量采信的都是王清福亲口所述的有关他自己的表面的东西。王清福说话总是口无遮拦，时不时还会扯个小小的谎言，这意味着，学者们有意无意间将许多与事实有关的细节张冠李戴了！

王清福在身后留下了海量的署名文章——基本都是英文文章，英文是他在做学术研究时掌握的——如今它们都成了文史资料，以及上万篇记载他的作为的报刊文章。将这些文章汇集起来，即可从中看出他投身公开活动的大致轮廓。与此形成鲜明对照的是，有关他人品的文字资料相对稀少。他写给儿子的少量亲笔信留存在他的后人手里，已有上百年历史（我相信，此前尚无任何学者知晓此事），通过这些信函，人们得以管窥他的人品。然而，日记和笔记之类物品已荡然无存，经确认属实的有关他的照片为数极少，记述他在中国生活的文史资料更是少之又少。

无论如何，依据现有资料，人们可以清楚地看出，有关王清福的多数东西的确引人侧目。他热情奔放，领悟力强，极为聪明，分析问题一针见血。他的文章笔锋犀利，观点鲜明，用非母语从事写作，做到这一点绝非易事。他不仅高傲，还特别自信，对于如何将人们的注意力吸引到自己身上，他拿捏得恰到好处，而且完全出于本能，他怪异的行为也为他带来了更多的公众关注。他行为高调，出口成章，语言诙谐，是人们争相模仿的对象。他自行弄出的噱头和标新立异的场景，更使他成为报刊杂志连篇累牍报道的对象。作为政治活动家，他对自己的追求怀有崇高的信仰，对自己的事业执着到不知疲倦为何物。其中，致力于中国人在美国获取充分的民生权利和政治权利，成了他最重要的终极追求。美国华裔作家萧万安对他的评价令人过目难忘：他是个"善于挖掘新闻、煽动舆情的极其聪明"的人。[2]这些都是对他的真实写照，但其实远远不能概括他的一生。

在19世纪下半叶的美国，王清福属于中国人里的极少数，因为他能用英文写文章，能用英语开讲座。毫无疑问，在种类繁多的报刊文章里，他是出现频次最高的中国人。他为中国同胞们秉持的观点和愿望代言，将有关中国人的事摊开到偏见越来越深的美国公众面前。与生活在唐人街社区里的大多数同胞相比，他在许多重要方面有别于他们，实际上，他觉得自己位于他们之上。尽管如此，他依然任劳任怨地投身于前述事务。他早于大多数中国人剪掉辫子，尽可能不穿传统中国服装，成了归化的美国公民。不仅如此，与美国人交往，他也是如鱼得水。在美国，能做到这种程度的中国人肯定是凤毛麟角。

19世纪最后数十年里，美国人对中国人的印象显著地、急剧地恶化，一些混迹于同胞中的有政治地位的中国人的境遇同样如此。王清福认为，之所以会出现这种令人担忧的局面，主要原因是中美双方缺乏了解，他把主要责任归咎于身在中国的美国传教士们。他认为，正是那些瞧不起人的、自私自利的传教士将一些有关堕落的中国人的报告传回美国，才煽起了种族主义的星火。他希望美国人眼里的中国人和他自己眼里看到的一模一样。他花费数十年时间，在美国各地举办了数不清的讲座，并撰写各种文章，发表在《哈泼斯周刊》《大都会》《北美评论》，以及《纽约太阳报》《纽约先驱报》等著名刊物上，他的目的是揭穿导致反华提案合法化的陈词滥调。这些提案包括1882年获批准的《排华法案》，以及十年后获批准的《基瑞法案》，后者延长了《排华法案》的有效期，且限制条款更加烦琐。

他总是在文章里和讲座上强调，中国人和美国人之间存在共性，对于分歧，他总是满怀同情地加以解释。美国人信仰基督教，他会借助基督教，用美国人熟悉的方式宣扬构成佛教和孔子学说的基本理念。美国人觉得，中国人的生活方式很神秘，为消除这种观念，他撰文引领美国人游览唐人街，例如仔细介绍中餐馆里的厨房，详细描述洗衣工如何经营洗衣店，中国人如何打牌、沏茶、理发、铺床等。他还向美国人推介"杂碎馆"[①]——他是第一个借助媒体这样做的人——进而解释中国人都吃些什么，不吃什么，老鼠和乳狗肯定出现在中国人不吃之物的清单上。

王清福是美国民主观念的忠实信徒，反华偏见根本吓不住他。中国人在美国社会被排挤到了人下人的地步，人们认为这种事不可避免，王清福却不接受这种观念。他深信公正、平等、解放的理念，他不断地挑动美国人的神经，让他们将民主观念付诸行动，因为美国人一方面任性地相信民主，另一方面，凡遇中国人，他们就会将民主观念完全抛诸脑后。王清福创建了美国第一家华人选举人协会；美国人就"华人问题"进行辩论期间，他协助定义了有关概念；通过发表各类演讲以及文章，他不断地施压，要求废除令人憎恶的《排华法案》中的限制性条款，这些条款限制了华人的公民权；他还出席了美国众议院某委员会的听证会——也许这是中国人第一次在美国国会作证。通过上述活动，

[①] 即中餐馆。——译者注（本书脚注均为译者所加，下文不再标示）

王清福将许许多多人远远地甩在了身后,第一类是在他之后移民美国,受《排华法案》限制的籍籍无名的中国人,另一类是已经身在美国,而拒绝归化或无法归化的中国人。

王清福是英语中"Chinese American"(美籍华人)一词的第一个使用者,这是他为两份由他亲自创办的报纸起的名称。另外,更重要的是,他认为这个词的含义能够准确定义在美国的中国同胞。他是人们称之为"中国人美国化运动"的先驱,他深信,文化适应性必定会导致各种政治权利的获得,他要求同胞们剪掉辫子,接受美国的服装和生活方式,丢掉鸦片和赌博,学习英语。然而,在持续不断地努力消除美国各地唐人街的积弊之际,他却触动了强大的地下势力的利益,经常遭到某些同胞的言辞攻击和人身攻击。他倡导接受美国的同化,他的说法甚至得不到多数守法的中国人的完全认同,他们要么没有兴趣接受美国生活方式,要么没有能力这么做。

可以说,王清福像大多数海外华人一样,对中国一往情深,对于中国的未来,他同样寄予厚望。他是孙中山最早的支持者之一,我们几乎可以肯定他认识孙中山。他赞成推翻清朝,建立共和制,他形成此种认知的时间远远早于孙中山。他甚至还酝酿过一个不太可能实现的计划:在芝加哥建立一个中国人的革命社团,借道南海诸岛向大陆发起武装进攻。然而,他未能活到1911年,未能亲眼见证孙中山和他的同胞们在现实中推翻清朝政权。

王清福毕其一生为在美华人争取民生权利,最后以失败告终——当时的反华政治势力过于强大,仅凭他一己之力,注定会一事无成。尽管如此,他开办的那些讲座,他笔下的那些文章,他从事的各种活动，无疑都帮助美国公众改变了对中国人的态度。他曾经为此热情地、努力地、持续不断地尝试。"中国佬"甘愿被动地接受二等公民身份，不会有什么反抗，这已经成为世人的固有观念。而他勇于尝试，用事实打破了这种固有观念。在美国境内的中国人里，王清福是一位领袖级人物和勇敢的斗士，尽管他在战斗中惜败，但他无愧于这两个称号。

王清福的领袖风范不仅体现在学术方面，更体现在政治方面。他对种族歧视的批判可谓入木三分，在他所处的时代，没有哪个华裔美国作家在雄辩方面能够与他比肩。马丁·路德·金博士阐述美国梦时说过，应当依据人们"内在的品性"评判其人品，而早在70多年前，王清福就曾经公开说："对所有申请成为美国公民的人，考察其人品和体质两方面已经足矣。"[3]

王清福同时与中国人和美国人交往，到头来，他与外界的关系都不怎么融洽。在美国境内，虽然追随他的中国人甘愿接受他的领导，但是许多人拒绝接受他的观点，还对他恨之入骨。一些思想开放的美国白人特别喜欢他，他可以无拘无束地与他们交往，而一旦碰到歧视中国人的白人种族主义者，他会立刻翻脸。他一生特立独行，在与中国人和美国人交往的过程中，他常常感到相同的理念和严重的分歧共生共存。在美国生活了那么多年后，他改变的不仅仅是外表，不仅剪掉了辫子，穿上了美式服装，还从内心深处接受了美国的理念和法则。他在生前已经默认了自己的新身份——他是第一个采用和定义"美籍华人"一词的人，也是第一个名副其实的"美籍华人"。

王清福的身世相对不明朗，因而特别值得挖掘，以便与世人分享，他对后世的诸多贡献同样值得更多人去了解和欣赏。我崇拜王清福其人，以及他一生取得的成就。我特别希望看到，因本书的问世，像我这样的崇拜者将不再是寥寥数人。

苏思纲
2013 年 3 月 20 日于华盛顿特区

致　谢

首先，我希望在此向下列学者郑重地表达最诚挚的谢意。为成就本书，并提升其质量，在审阅我的手稿后，他们提出了许多有益的和质疑性的建议；在筹备阶段，他们不断地给予我鼓励，他们的贡献无法衡量。他们是：

林希文，哈佛燕京图书馆西方语言收藏部图书管理员，在本书创作过程中，他在许多领域都是重要的牵线人；

路康乐，得克萨斯大学奥斯汀分校荣誉教授；

基斯·哈珀，东南浸信会神学院宗教史教授；

陈国维，纽约大学社会与文化分析系及历史系副教授，亚太与美洲研究所主任；

于仁秋，纽约州立大学帕切斯分校历史系教授；

阮玛霞，美国国会图书馆约翰·克鲁格研究所职员；

饶玫，乔治梅森大学中国项目主任；

康慕夏，枚瑞中学中国项目主任；

苏默，前美国外交官；

我还希望借此机会感谢王凡，他是自学成才的历史学家和传记作家，同时也是王清福的玄孙，感谢他为我讲述了其家族内部的说法，慷慨地与我分享了许多其族人保管上百年的文件。同时，我还要感谢王凡的叔叔王象振，他是王清福的曾孙，感谢他通过邮件为我答疑解惑。

我还希望借此机会感谢下列人士：

班茂燊，他为我解析了据传经王清福译成英文的一些中国古典文学作品；

萨拉·凯恩，但凡遇到难解的语法问题，但凡需要"贴切的词汇"，我随时都能得到她精准的帮助；

谢真丽，她在英国国家档案馆为我梳理出一些涉及王清福晚年生活的资料；

王玉奎，他在北京帮我搜集了王清福后人的联系信息；

美国基督教南方浸信会国际宣教部职员吉姆·贝里克和伊迪·杰特，南方浸信会历史图书馆和档案馆职员塔菲·霍尔，他们帮我搜集了有关花雅各牧师及其夫人萨莉·利特尔的资料；

耶鲁大学神学院图书馆特色馆藏图书分馆图书管理员玛萨·斯摩丽和助理档案管理员琼·达菲，正是她们两人找到了书中王清福幼时的那幅照片；

密歇根大学克莱门特图书馆美国烹饪历史分馆馆长贾尼斯·朗冈，以及丹尼尔·郎戈恩教授和黛安娜·塞基斯，他们在《烹饪》杂志上找到了王清福1885年发表的十多篇有关中国烹饪的文章；

詹妮弗·金，乔治·华盛顿大学葛尔曼图书馆手稿管理员，她协助我查阅了哥伦比亚学院早期的学生成绩库，我在那里发现了王清福那令人费解的成绩单；

巴克内尔大学特色馆藏图书和大学档案馆馆长伊萨贝拉·奥妮尔，以及前副馆长德里克·哈特，他们找出了王清福当年在路易斯堡学院的入学考试成绩单，以及书中王清福的一幅照片；

格雷戈里·杰克逊，布林埃莎学院和格伦凯恩博物馆案卷保管员，他找到并协助翻译了关于王清福与新教人士短期交往的资料；

香港大学出版社的迈克尔·达克沃斯、文基贤、何舜慈、刘顺爱及其同事，在他们的协助下，本书各方面都得到了大幅度提升。

王清福年表

1839—1842 年　　英国发动并赢得了针对中国的第一次鸦片战争，通过《南京条约》迫使中国做出让步，包括开放五个通商口岸，并允许开展传教活动。

1847 年　　王清福出生在中国山东即墨一个家境富裕的人家。

1851—1864 年　　太平天国运动爆发，一度控制了中国南方大片地区。

1856—1860 年　　英法两国发动第二次鸦片战争，迫使中国做出更多让步，包括向外交使团开放，并增设 11 个通商口岸。

1860 年　　身处困境的王清福父子来到山东芝罘（今烟台），当时芝罘刚刚向外商开放。

1861 年　　美国基督教南方浸信会牧师花雅各和夫人萨莉·利特尔收留王清福父子，不久后，花雅各牧师遭土匪杀害。

1862 年　　花雅各夫人生了一个儿子，在山东登州（今蓬莱）安家，此后在那里传教达 20 年。

1867 年　　王清福接受洗礼，在登州加入浸信会，跟随花雅各夫人去了美国。

1868 年	美国和中国签署《蒲安臣条约》，该条约保证美国不干涉中国内政，并积极鼓励中国人移民美国。王清福在华盛顿特区哥伦比亚学院预科学校学习，在此期间开办中国文化讲座。
1869—1870 年	王清福在宾夕法尼亚州路易斯堡市路易斯堡学院学习。
1870 年	王清福返回中国。
1871 年	王清福与刘雨山结婚，后者曾经就读于浸信会在登州开办的学校。
1871—1872 年	王清福先后在上海和江苏镇江两地的海关总税务司担任翻译。王清福被上海浸信会开除。
1873 年	王清福的儿子王复生出生。
	由于王清福参与革命活动，清政府悬赏他的人头，他逃离中国，去了日本，后来在美国驻横滨领事的帮助下登上了一艘开往美国的轮船。
	王清福抵达旧金山，帮助解救了一些三合会负责送往美国当妓女的中国女孩，因而成了三合会组织的眼中钉。
	王清福开启在美国全境的演讲之旅，此后持续了多年。
1874 年	王清福在密歇根州大急流城获得美国公民身份。
	据称，王清福与纽约州罗切斯特市的一名妓女关系暧昧。

	王清福在《纽约时报》上发表第一篇英文文章《古巴的中国人》。
	王清福自称是中国派往美国的第一位孔子学说传教士。
	总理衙门大臣恭亲王要求引渡王清福回国，遭美国驻北京公使断然拒绝。
1875年	美国国会批准《佩奇法案》，本意是限制中国妓女移民美国，实际上却限制了所有亚洲女性移民美国。
1877年	王清福与神秘的通神学运动创始人勃拉瓦茨基夫人见面，并向纽约通神学会的会员们发表演说。
1879年	王清福在芝加哥短期扎根，卷入当地中国洗衣店主的争端。对手们试图绑架他，将他驱逐出芝加哥，他逃过对方的谋杀企图，剪掉辫子，从此改穿西装。
1880年	王清福暂时中止演讲，在密歇根州贝城开了一家茶叶店。
	王清福在密歇根州大急流城登记参加总统大选投票。
1882年	《排华法案》签字生效，成为美国正式法律，有效期十年，该法案暂停中国劳工入境美国，同时禁止中国人归化为美国公民。
1883年	王清福出版发行纽约第一份中文报纸《美华新报》

	（随后改名为《华美新报》），其英文报名"Chinese American"据信是第一次见诸文字。
	王清福控告陈鹏弟企图谋害他，导致后者遭到逮捕。陈鹏弟反告他刑事诽谤，要求其赔偿2.5万美元。
	王清福公开要求与旧金山反华煽动家丹尼斯·吉尔尼决斗。
1884年	王清福在《布鲁克林每日鹰报》上撰文，向美国人推介"杂碎馆"。
	王清福在纽约第一次召集"归化的中国佬"开会，这可能是美籍华人选民有史以来的第一次集会。
1885年	王清福诽谤陈鹏弟罪名成立，法庭令其赔偿1000美元。
	王清福侦破谋杀李新案，李新是加拿大华人洗衣店主争端案的主要证人。
1887年	王清福在《北美评论》月刊发表文章《我怎么就成了异教徒？》，引来一场猛烈炮轰，并掀起一场论战。
	王清福前往加拿大，被迫缴纳50美元人头税。
	王清福在纽约与丹尼斯·吉尔尼面对面辩论并获胜。
1888年	王清福起诉（或威胁要起诉）加拿大政府，要求其赔偿2.5万美元。

	王清福出版发行带插画的周刊《纽约新报》，并在1888年总统大选中支持本杰明·哈里森。
	王清福在《大都会》杂志发表《纽约的中国人》一文。
	格罗弗·克利夫兰总统签署《史葛法案》，该法案禁止离美中国劳工返回美国。
	王清福在纽约创建"中国公民联合会"。
1889年	王清福在《肖塔克》周刊发表《美国的中国人》，在《大都会》杂志发表连载故事《武则天——天朝女皇》。
	王清福在芝加哥和费城两地为遭遇刑事诉讼的中国人辩护。
1890年	王清福参与救助被迫卖淫的年轻中国女子孙漪。
1891年	尽管王清福有正式美国公民身份，但他在申领美国护照时仍然遭拒。
	有人诬告王清福以虚假身份进行选民登记，致其遭到逮捕，随后又被释放。
1892年	美国国会批准《基瑞法案》，该法案将《排华法案》的有效期延长十年，并要求华人重新进行登记，惩罚措施为监禁和驱逐出境。
	美国财政部发文，强制推行《基瑞法案》，其中包括采集华人登记人的照片。
	王清福创建"华人平等权利联盟"，要求废除《基

瑞法案》的部分内容。

王清福有可能执笔撰写了题为《华人平等权利联盟吁请美国人民支持人人平等》的宣传册。

1893 年	王清福在美国国会外委会作证，支持废除《基瑞法案》中禁止华人获得公民权的议案。
	曼哈顿的中国剧院开张，王清福十年的梦想终于成真。
	美国财政部宣布修改《基瑞法案》登记条例，取消了采集照片的规定。
	王清福返回芝加哥，在黄氏家族与梅氏家族的司法争端中帮助前者，遭后者记恨。
	美国最高法院申明《基瑞法案》符合宪法。
	为实现促使当地中国人"美国化"这一目标，王清福在芝加哥出版发行《华洋新报》，亦称《华美新报》。
	王清福被任命为纽约"华人巡视员"。
1894 年	由于遭到电车售票员辱骂，王清福起诉波士顿西区有轨电车公司。
1895 年	王清福在乔治亚州亚特兰大市与黄金生医生合伙经营中医门诊，不过两人不到两周就散伙了。
1896 年	王清福召集"美国自由党"成立大会，该党主要政纲为力争废除美国的华人入籍禁令。
	王清福在芝加哥出版发行第一期《华人新闻》双

19

周刊，在总统大选中支持威廉·麦金莱。

王清福向麦金莱当局索要政府官职或外交官职。

遭伦敦中国公使馆强行扣押的孙中山获释，孙中山公开王清福的来信，以此表示对他在美国从事的运动所获得的支持。

王清福宣布芝加哥将成为中国某革命派总部所在地。

王清福主持短命的芝加哥孔庙祭典。

王清福收到儿子从中国捎来的家书，儿子请求王清福帮助自己以及病患缠身的母亲。

1897 年	王清福为美国华人平等权利联盟申请正式执照。
	王清福获得授权，在内布拉斯加州奥马哈市跨密西西比世博会上修建一座展馆。
	为了帮助美国化的中国人争取公民权，王清福筹划在芝加哥举行一次大规模集会。
1898 年	王清福遭到参与跨密西西比世博会中国馆项目的其他合伙人抛弃。
	王清福离美赴香港。
	王清福向美国驻香港总领事申请护照，拿到了正式签发的护照，领事馆根据美国国务院的指示，随后又注销了他的护照。
	王清福回到山东，与家人团聚。
	王清福在山东威海因心力衰竭亡故。

目　录

中文版序言 / 1

原版序言 / 4

致　谢 / 11

王清福年表 / 14

第一章
洪荒大地
（1847—1867年）/ 1

第二章
缩水版美式教育
（1868—1870年）/ 17

第三章
一块阴谋家的料
（1871—1872年）/ 29

第四章
弄脏羽毛的鸽子
（1873—1874年）/ 42

第五章
轻狂的和有点疯癫的人
（1873—1874年）/ 54

第六章
美国第一位孔子学说传教士
（1874年）/ 61

第七章
一盘最让人开胃的黏稠调味酱
（1875—1879年）/ 70

第八章
让华人群体害怕的人
（1879—1882年）/ 87

第九章
"美籍华人"一词溯源
（1883年）/ 101

第十章
抹掉社会的污点
（1883—1885年）/ 113

第十一章
我会把他赶回沙坑去
（1883年）/ 124

第十二章
政治领域的长辫人
（1884—1886年）/ 132

第十三章
杂碎馆
（1884—1886年）/ 140

第十四章
《我怎么就成了异教徒？》
（1887年）/ 154

第十五章

每磅50美分的肉身

（1887年）/ 171

第十六章

纽约的中国人

（1887—1889年）/ 183

第十七章

我一直都是共和党人

（1888—1889年）/ 195

第十八章

如果你再写那样的东西，我就把你的头砍下来

（1888—1891年）/ 204

第十九章

唯一没有国籍的纽约人

（1891年）/ 216

第二十章

华人平等权利联盟

（1892年）/ 226

第二十一章

因为这个议案，生为"中国佬"就等于犯罪？

（1893年）/ 243

第二十二章

公平正义的狂热追求者

（1893年）/ 257

第二十三章

数次虎头蛇尾的事业

（1894—1895年）/ 270

第二十四章
美国自由党
（1896年）/ 276

第二十五章
一封美国朋友们的来信
（1894—1897年）/ 288

第二十六章
帮助美国化的中国人入籍
（1897年）/ 299

第二十七章
世界聚焦奥马哈之际
（1897—1898年）/ 314

第二十八章
我不喜欢中国人的方式，也不再喜欢他们了
（1898年）/ 323

后　记 / 329
王清福发表作品一览 / 339
注　释 / 348
参考文献 / 382
译后记 / 391
王氏家谱 / 394
出版后记 / 396

第一章
洪荒大地
（1847—1867 年）

王清福毕其一生最重要的一次抉择——直接关系到他最终会成为什么样的人——不是他自己的主张，当时他还是个十几岁的孩子。实际情况是，一位虔诚的美国女士认为，这个孩子有可能成为很好的传教士，因而替他做了主。

这个孩子和这位女士的见面地点是芝罘，那是中国山东省胶东半岛北部的一个沿海渔村，距孩子的老家 170 公里，距美国女士的家乡 18,700 公里。当时人们用另外一个名字——"王绥祺"称呼这孩子。王绥祺 13 岁那年，为寻找赈济，年迈的父亲带着他流落到了芝罘。在老家即墨，老人是受人尊敬的富裕人家的后代。这是个茶商家族，在当地将茶叶生意做得风生水起。然而，家里的一名小妾自杀后，贪婪的亲属们以老人欠缺打理家族产业的本事为借口，抢光了他的钱财。穷困潦倒的老人带着儿子，沦落为乞丐。[1] 父子两人一路北上，来到了芝罘，时间为 1860 年，那一年是这个小渔村的历史转折点，因为外国传教士来到了村里。

那位美国女士的名字是萨莉·利特尔（Sallie Little）[①]，她出生

[①] 萨莉与花雅各牧师结婚后，改随夫姓霍姆斯。

于美国弗吉尼亚州的阿珀维尔，是家里最小的孩子，父亲是医生和女子神学院院长。她的成长环境充溢着浓郁的文学和宗教气息。15岁那年，亦即她接受洗礼后的第二年，她已决心成为一名传教士。1858年7月，她嫁给了22岁的牧师花雅各（James Landrum Holmes）。花雅各同样出生在弗吉尼亚州，两人成婚时，他刚从华盛顿特区的哥伦比亚学院毕业一个月。花雅各在孩提时代已经立志，长大成人后要成为福音的传播者。在花雅各的印象里，中国特别需要得到拯救，小小年纪的他已经明白无误地认识到了这一点。

萨莉有一张鹅蛋脸和一双铁青色的眼睛，算不上美人，然而她笃信基督教，热情奔放，还受过良好的教育。她既可以用法语交流，也可以用法文写作，是个训练有素的、对工作兢兢业业的人。花雅各牧师长相英俊，多才多艺，生性善于交际，身边都是中国人时，他工作起来似乎特别得心应手。这对夫妻因为爱情喜结连理，共同的信仰和追求支撑他们走向了中国。毕业之前，花雅各已经获得委派，弗吉尼亚州里士满市的美国基督教南方浸信会域外传教理事会委派他前往中国从事传教。1858年8月21日，婚后刚刚满月，年轻的小两口便踏上了前往上海的旅程。当时，南方浸信会刚刚在那里站稳脚跟。[2]

将上帝的恩泽布施给"信奉异教"的中国人，这样的冲动在西方国家早已有之。其实，基督教早在公元7世纪已经进入东方。早在元朝和明朝（1271—1644），天主教传教士们已经源源不断地来到中国；随后的清朝更是欢迎他们到朝廷担任顾问。然而，直到清朝进入最后数十年的衰败期，新教势力才真正得以大踏步进入中国。

在传教方面，美国人扮演了极为重要的角色。19世纪上半叶，在"第二次大觉醒运动"①中，随着宗教的复兴以及宗教信徒野营聚会的增多，许多美国新教团体得以向西部扩张地盘。自命不凡的美国人自然而然地认为，让不信教的外国土地上的人民感受宗教的教化，进而感受文明的教化，理所当然是他们对"世界的承诺"。自19世纪初开始，某些教派已经开始向夏威夷以及印度、缅甸派遣传教士。[3]临近内战之际，美国外派传教士的数量急剧增加，随后数十年中，数量增加的幅度愈加明显。

1644年，生活在中国东北的满族人建立了清王朝，最终统治了中国，同时禁止外国传教士在民间传教。不过，事情后来有了变化，19世纪中叶发生的一系列事件，让基督教会在中国落地生根一事迎来了前所未有的转机。对此，1846年创刊的《基督教南方浸信会传教士杂志》有如下一段论述：

> 怀着强烈的兴趣和诚挚的愿望，基督教会长期以来一直在思考如何释放地球上如此广袤的一片大地上的精神追求……然而，对于如何尽快找到答案，上帝的子民一直信心不足。上帝早已预料到他们的期盼，在中国政府针对一场奇怪的革命的决策过程中，一家精明无比和极其强势的外国机构对其施加了影响，如今，基督教终于可以进入中国了……大好时机出现了……传播福音的范围如此之广，远远超出了基督教世界的能力极限。[4]

"精明无比和极其强势的外国机构"借力英国海军相关部门

---

① 始于18世纪90年代的美国全国性教会复兴运动。

实现了上述目的,而英国海军的炮舰直接导致了制定针对前述"奇怪的革命"的政策。对此,读者们不必过于纠结。若不是闭关锁国的清政府严重受困于境外殖民势力和境内革命运动,深陷焦头烂额的境地,新教传教士们恐怕永远都得不到进入中国的机会。

1842年,第一次鸦片战争结束,中国的大门被撬开。富于侵略性的大英帝国三年前挑起了这场战事,在那之前,不列颠东印度公司一直在印度生产鸦片,商人们经广州将其走私进中国,且走私数量持续不断地增加。当时,中国法律明令禁止鸦片进口,做鸦片生意属于违法。通过贿赂地方官员,商人们得以从事走私。震惊于瘾君子的不断增加和国库里的白银不断流失,北京的清政府派遣一位钦差大臣前往广州。1839年,钦差大臣林则徐没收并销毁了2万箱英国人的鸦片。[5]尽管中国人在法律方面属于正义一方,他们的舢板却无法抗衡英国人的炮舰,后者轻易击沉了前者。战争爆发了,结果是,英国人不仅派遣军队前往位于香港和广州之间的珠江三角洲,还进一步北上,到了长江沿岸的港口城市上海和南京。

中国从未准备与技术占优的欧洲人开战,欧洲人轻而易举就压垮了中国,中国遭遇了耻辱的失败,清廷被迫签署了《南京条约》。根据条约,中国必须支付2100万银圆,其中600万银圆用于赔偿英国人损失的鸦片,同时还要向外国商贸、居民以及传教活动开放五个口岸。随后不久,中国与法国、美国也签署了条约,做出了大致相同的让步。中国还被迫割让了香港岛。[6]

朝廷的战败一定程度上鼓舞了中国南方的革命者。八年后,在洪秀全的领导下,他们发动了太平天国起义,当时王绥祺年仅三岁。19世纪中叶发生了好几次反清起义,太平天国起义只是其中之一，不过这次起义范围最广，影响也最大。洪秀全原想通过朝廷的科举考试在文官体制内混个官职，结果却屡试不第。基督教南方浸信会传教士罗孝全（Issachar Jacob Roberts）于1844年来到广州，在他的引领下，洪秀全改信了基督教。洪秀全后来经历的一连串宗教幻觉——有人说这是精神崩溃的结果——使他相信，自己是上帝的儿子，亦是耶稣基督的弟弟。他越来越坚信，必须推翻清政府，以便在地球上建立上帝的天国。他给天国正式起名为"太平天国"。[7]

洪秀全是个利己的人，基督教外衣是他的招牌，在其掩护下，他成功地进行了一系列社会和经济改革，其中包括均分天下财富。他的运动吸引了众多追随者，许多汉人本来就有反满情绪，不需要费力进行说服。汉人本来就把满族人视作带来高额赋税的外来征服者，而且近来清政府变得既孱弱又腐败。太平军最终蜕变成了强大的战争力量，仅仅数年间，他们一路杀向北方，于1853年攻占南京，并建都于此。清军经过十年努力，终于打败了太平军，在那之前，太平军成功地控制了中国南方大片地区，成了朝廷的死敌。[8]

与此同时，在1856年，中国人怀疑"亚罗号"携带鸦片，上船搜查。欧洲人早就盼望在中国获得更多特权，"亚罗号事件"为他们第二次强行获取特权提供了借口。在法国人的协助下，英国人再次发动战争，后来人们将其称为"第二次鸦片战争"。中国人进行了抵抗，然而在1857年，英国人夺取了广州，1858年又夺取了天津，战争以《天津条约》的签署告终。中国被迫做出许多让步，这次不仅对英国和法国做出了让步，更有俄国和美国。心有不甘的统治者被迫同意这些国家在其首都北京设立公使馆，同意开放另外 11 个口岸，从事对外贸易。该条约于 1858 年签署，但是在清政府于 1860 年批准该条约前，战斗一直没有停止过。[9]

外国商人进入了中国，同期进入的还有传教士。像商人们一样，传教士们在开始阶段也被限制在五个口岸城市活动。一夜之间，他们可以堂而皇之地进入中国腹地了！"拯救"多达 4 亿个灵魂的机会令一大群怀揣热情的基督徒迅速奔向中国各地，他们来自美国五花八门的教派。然而，中国人对他们毫无热情可言——让外国人生活在他们中间，这样的前景不容乐观。国家做出了让步，不仅清朝统治者颜面尽失，爱国的中国人也普遍感到极其丢脸。另外，普通中国人没办法分辨欧洲人的面孔，也看不出欧洲人和美国人有什么区别。外国人就是外国人，都是未开化的野蛮人，"红毛鬼子"来到中国，他们不是受邀而来，而是凭借武力打了进来。

在公海上漂泊六个月后，花雅各夫妇于 1859 年 2 月抵达上海。[10]将近四分之一个世纪之前，美国基督教浸信会已经向中国派出了第一个传教团。早在 1847 年，即上海向外国人开放五年后，美国基督教南方浸信会已经向上海派出了传教团（1845 年，在奴隶主能否担任传教士的问题上，南方浸信会与北方教友发生了争执，因而他们自行组织了域外传教理事会）。《天津条约》签署后，更多口岸将向他们开放，因而他们将眼光投向山东北部沿海地区。

花雅各夫妇的任务是前往山东设立一个传教点。他们刚到中国之际，条件尚不成熟。上述条约生效后，依据相关条款，会有 11 个口岸立即对外开放，山东登州便位列其中。不过，清政府要在一年之后才会批准该条约，使之生效。在上海等候期间，花雅各夫妇帮助传教士晏玛太（Matthew Tyson Yates）夫妇和高第丕

（Tarleton Perry Crawford）夫妇做了些力所能及的日常事务。前一对夫妇首先于1847年抵达上海，后一对夫妇于1852年抵达。一旦敌对状态结束，花雅各夫妇将离开上海，前往山东，因此他们没有浪费时间学习上海话，而是学习了官话。山东全省流通官话，区别仅仅是各地口音有所不同。

《天津条约》中明确提到了登州。位于登州以东100公里处的芝罘有一座深水港。人们认为，适用于登州的条款同样适用于芝罘。[11] 正因如此，1860年12月31日，花雅各夫妇带着在上海出生的小女儿来到芝罘，同行的还有传教士海雅西（Jesse Boardman Hartwell）夫妇和他们的儿子。海雅西夫妇继续赶路，前往登州，花雅各夫妇则在芝罘落脚。花雅各的弟弟马休也到了芝罘。兄弟二人在当地做起了商品贸易，这让花雅各有了独立的经济来源。其他商品暂且不说，美国内战时期，通过走私棉花到美国南方邦联，他们的公司获得了可观的利润。[12] 十年后，马休被任命为美国驻芝罘领事。[13]

山东东北部气候清爽，令人心旷神怡。上海的夏季炎热而湿润，进入冬季则又潮又冷。与之相比，山东的气候更有利于健康。毫无疑问，山东的冬季十分寒冷，不过这里空气干燥。这一带多山，丘陵地带景色宜人，山里空气清新，还夹杂着阵阵轻柔的海风，潺潺下泄的山泉清澈见底。[14] 早就急于远离上海的花雅各夫妇发现，新的居住地和原来的有着天壤之别，他们很快在此地安了家。

花雅各夫妇是第一批到达芝罘的传教士，其他人接踵而至。夫妇两人在珠玑村租了个传统的院落安家，那里位于小城正西，距离城中心8公里。院落中心是一片天井，房屋围绕天井而建，屋里的地面铺有地板，西方人认为，地面裸露的房屋不适宜作居室。[15]这个院落包含一间客厅、一间卧室和一间客房，还有一个供仆人居住的小套间，以及一间储藏室和一间小教堂。为了在中国安家，夫妇两人从美国带来了几件家居用品，包括一座用于取暖的富兰克林火炉。

外国传教士的到来，让偏远地区的中国人大大地开了一回洋荤：外国女人身穿带裙撑的裙子，衣服镶有花边，头戴"箩筐样的帽子"，脑袋顶上、后边、两侧全都裹在马蹄形的皱褶里！外国男人下身穿紧身裤，头戴"圆桶帽"（一种窄边圆顶礼帽）。如果说外国人的奇装异服尚不足以让中国人感到震惊，他们的肤色和发型已经足以使其判若异类。此前，山东偏远地区的人们从未接触过外国人，因而外国人看起来无异于妖魔鬼怪。[16]第一次短暂进城时，花雅各夫妇被当地人长久地盯视，对于这种难堪的经历，萨莉在写给好友安娜·肯尼迪·戴维斯（Anna Kennedy Davis）的信里做过如下描述：

> 今天我进了城，一大帮人跟着我们，他们相当有礼貌。不过，詹姆斯①告诉他们，他们看我们的时间已经够长了，最好礼貌地走开……他们就转身走了。我猜测，他们肯定告诉了其他人，刚才如何如何大开眼界，因为几分钟后，又有一大帮人争先恐后地跑来看我们。[17]

然而，中国人对外国人并非总是很有礼貌。对海雅西夫妇来

---

① 即花雅各牧师。

说，他们到达登州时，碰到的是一番极端的冷遇：

> 这座小城的几个头目……主张不与外来人交往，还告诉他们，在此居住特别不方便，特别不受欢迎。街头流传的消息说，这些野蛮人对政府怀有敌意，都是密探；他们来这里的目的是让人们不再忠于皇帝，改为忠于外国统治者；他们还绑架妇女和儿童，整船整船运往外国；他们还向没有防备的人念咒语，尤其是孩子们，还让跟他们走的人变成基督徒；他们还会施放各种说不清的魔法，这些都特别危险。[18]

抵达芝罘后不久，花雅各夫妇收下了一个名叫"舍子"的聪明的小男孩。萨莉有生育能力，所以他们收下这孩子不是出于养育儿女的愿望，而是出于基督徒的善意。同年7月，他们还收下了王绥祺。其实，这孩子最初是他父亲王方中交给花雅各牧师的弟弟马休的。孩子的父亲一定是贫困到了山穷水尽的地步，这才同意将儿子交给"洋鬼子"抚养。20多年后，满怀感恩之情回顾往昔时，王清福在文章中写道："父亲当年唯一的罪过就是太穷，无法让我接受教育。他太老了，连自己都养活不了，而我还太小，没有能力养活他。花雅各一家完全是出于人道……收留了我们两人，这并不是短期行为，而是将近十年。"[19]

1861年7月8日，萨莉给安娜·戴维斯写了一封信，在信里对两个中国孩子做了如下对比：

> 有了舍子以后，我们又收留了一个孩子，名义上，这孩子年迈的父亲把他交给了马休。这孩子只有13岁，不比舍

子大,他的母亲已经去世,父亲特别老,还特别穷。这孩子相当聪明,但不像舍子那样鬼机灵。我感觉,不管是做好事还是做坏事……他从来都不想出头;不过,他学习特别好,而且很听话,不像舍子那样经常惹事。我说不清他这种处世方法究竟是好还是不好。在异教徒的国度里,在孩子们的成长阶段,有人教他们去偷、去骗,在他们看来,做这种事唯一的坏处是当场被抓。考虑到这个,我也不敢有过高的期望。但即便孩子早期受到的影响很难消除,我们仍然期盼会有最好的结果。不过,我的希望全都寄托在(其实对成年人也是这样)上帝让人们改变信仰的力量上。[20]

然而不久之后,花雅各一家的幸福生活突然终止了。1861年8月,花雅各夫妇失去了女儿安妮,她长牙期间不幸得了传染病。同年10月,更大的悲剧来袭,萨莉失去了自己的丈夫。一伙土匪在芝罘城外数公里处安营扎寨,威胁要攻城,花雅各不幸遇到了这伙土匪。

居留上海期间,花雅各牧师曾经去过南京,目的是与太平天国起义军建立联系。[21] 由于太平军信奉基督教的某些信条,花雅各牧师认为,在传播福音方面,双方可以结成强大的联盟。花雅各牧师对太平军的信条十分失望,不过,他受到了热情款待。这一次,他以为聚集在芝罘城外的土匪也是太平军,他原本指望那些人会用同样的热情款待他。由于判断失误,他付出了惨痛的代价。他和一位圣公会传教士教友一起乘车出城,前去劝说对方放弃攻城,却双双被残忍杀害。一周后,人们才找到他们被焚的尸体。人们将他们安葬在芝罘港入海口的一座岛上,与安妮葬在了一起。因为一些说官话的当地人认为,将外国人安葬在大陆上是不合适的。

前后不过三个月时间,萨莉失去了唯一的孩子以及钟爱的丈夫,但即便如此,她的决心丝毫没有动摇。人们全都以为,她会很快收拾好行囊,返回美国。而她却公开宣称,她会继续留在中国工作,而不是"在异教徒们尚未认识耶稣之前离开他们"。[22]她再次有了身孕,但这也未能让她改变主意。然而,她的确做出了一个新的决定:为谨慎起见,最好前往登州,重新安家。1862年7月,她便这么做了,当时她的儿子已经出生,尚未满月。她用儿子已故父亲的名字"兰德勒姆"为儿子起名。和她一路同行的不仅有儿子,还有家里的其他成员,包括两个中国孩子,以及王绥祺的父亲。

登州有8万人口,周边有城墙环绕。1863年,玛莎·克劳福德(Martha Crawford)和丈夫高第丕牧师从上海来到这里。萨莉加入了玛莎的行列。为传播福音,两个女人不加选择地在街上随意敲门,然而她们遇到的多为敌意,工作进展十分艰难。对此,高第丕牧师的传记作家记述如下:

> 敲门后,一旦有人应答……她们常常听到的回应是"家里没人",要么就是"小心狗咬",有时里边的人干脆说"这地方不需要你们"。不过,有人回应的情况并不常见。这种冷遇所揭示的更为普遍的现状是,外来者在此不受欢迎……因而,情况往往是,伴着沉痛的心情,拖着疲惫的双腿,面对诸多不利局面,两位勇敢的女士咬紧牙关坚持工作。[23]

萨莉搬到登州三个月后，登州北大街浸信会教堂落成了。这是浸信会教徒在上海以北的中国境内做礼拜的第一个场所，或许也是第一座新教教堂。那里当时一共有八位信徒，包括萨莉、海雅西夫妇，以及为数不多的几名改信基督教的中国人。另有三名中国人在教堂落成当天接受了洗礼。[24] 王绥祺将成为第四个在此受洗的人。1862年9月29日，萨莉给安娜写了一封信，记述了当时的经过，她显然对这孩子有了更深的了解：

> 记得以前跟你说过，我希望家里的厨子是基督徒，他已经接受了洗礼。沙奇①排在下个礼拜日。沙奇是我认识的孩子里最有前途的一个。我真希望他成为有用的传教士，我知道他也这么想。为了让自己适应，他学习很努力。他不愿多谈此事，似乎他对这样的使命怀有崇高的敬意。他认为，作为孩子，谈论成为牧师不大合适。他只是说，希望能返回自己的出生地，将关于基督的事告诉朋友们。其实他已经很懂事了。按照世俗观点，只要跟马休一起干，他肯定会干得更好，他却不想这么做。他学习特别刻苦，有时会把身体搞垮，我只好带他多出门锻炼。认识他的人都特别喜欢他，不过，他好像没有因此被大家宠坏。[25]

然而，施洗仪式并没有如期举行。五天后，萨莉在另一封信里解释说，沙祺②"还要等上一段时间才能接受洗礼"。萨莉认为，王绥祺已经接受了基督教教义，尽管如此，一些中国教会成员显

---

① 原文如此，指王绥祺。
② 王清福幼时的名字。

然不这么认为。[26]至于他们为什么会怀疑王绥祺不够虔诚，外人只能胡猜乱想。

五年后，在回忆自己改变信仰的经过时，王绥祺给出了自己的解释：小时候，大人教给他的都是偶像崇拜。一天，人们在一座基督教的房子里做礼拜，唱歌的声音吸引了他，好奇心把他领进了屋。虽然他无法理解人们在做什么——当时他以为，人们跪在地上祈祷，是在祭拜长条椅——但是那天他进屋看了好几次。在某个安息日，传教士祭拜了几个偶像，王绥祺决定，一定要亲自试一试听到的祷告词。当天晚上，他去了一座寺庙，伸手抓住一尊佛像的头，拼命摇了几下，然后等着佛像进行报复。后来什么也没发生，他就回家了。第二天一早——那天他整夜未眠——他对偶像的崇拜被彻底击碎了。[27] 1867年，他按计划接受了洗礼，因为萨莉希望他有朝一日能成为传教士，他不想让萨莉失望。[28]

登州浸信会团队的人数不断地增加，萨莉为男孩们开办了一所小型走读学校，她供养的两个孩子可能也在这所学校上学。[29]萨莉掌握的汉语已经足以让她翻译莫蒂母（Favell L. Mortimer）的《正道启蒙》。这是一本儿童通俗读物，书里讲的是关于耶稣的事，还教人们惧怕地狱和诅咒。[30]对这本书，幼小的王绥祺肯定相当熟悉，其中一些内容他肯定会牢记一辈子。同年，改信基督教的当地人已经有23个，建成的学校为两所。次年，海雅西牧师的夫人伊莱扎·哈特韦尔（Eliza Hartwell）开办了一所女子学校，第二座教堂也已落成。[31]

登州的外国人群体包括萨莉、海雅西夫妇、高第丕夫妇、马休以及其他几个人，另外还要加上已故的花雅各牧师。在王绥祺是个十几岁的孩子时，与他近距离交往的所有外国成年人大概就是这几个。20年后，他发表了自己最著名的文章《我怎么就成了异教徒？》。他在文章里称，总体上说，早年他与这些外国人在一起的经历是正面的。这篇文章用英文撰写，发表在《北美评论》月刊上。文章言辞激烈，他陈述了自己拒绝基督教教义的诸多原因。但即便在这篇文章里，他也承认："在我今生这一敏感时期，基督教教义最初展现的都是最让我心动的方方面面。好心的基督教朋友们都特别热切地盼望我在物质和宗教各方面都好，我亦如是。我特别希望知道事情的真相。"[32]

如果说王清福在生命的早期阶段已经留意到基督教慈善事业，他肯定也会留意到与之共生的、普遍存在的基督教的傲慢。在传教士们称之为"信奉异教的洪荒大地"[33]上，无论往何处看，到处都是偶像崇拜和自甘堕落，传教士们在布道、写信、发表文章、出版作品、讲述在中国的经历时，总是不忘对此进行谴责。正因如此，众多美国人对中国以及中国人形成了固有的刻板印象。对此，传教士们负有主要责任。这些观念无疑已经变得根深蒂固。传教士们坚持这么说，有其务实的道理——他们越是将中国人抹黑为绝望的、急需拯救的灵魂，他们在中国的存在就越显得必要，花钱支持他们在那里活动当然也就越有合法性。[34]

萨莉笔下也出现过如下说法："这个国家的卑劣和堕落显示，一个国家若是没有宗教，文明几乎起不到作用。"与她持相同观点的大有人在。[35] 例如，卫三畏（Samuel Wells Williams）也有相同的论述，他是早期活跃于广州的传教士，后在北京的美国大使馆担任临时代办。在此期间，他在阻止清政府将王清福引渡回国方面起到了关键作用。他的《中国总论》于1849年出版，在书中，他对中国人做了如下评述："他们卑劣、猥琐，达到了令人诧异的程度；他们一开口，满嘴都是污言秽语，在他们的生活里，道德败坏的举止无处不在。"[36] 19世纪末，传教士们出版了数不胜数的作品，其中充斥着大量类似的观点。[37]

然而，引人注目的是，一些浸信会教徒的文章对孔子学说实际上抱有微妙的看法。无巧不成书，孔圣人是山东人，是当地引以为傲的人物，他的学说成为中国人为人处世的行为准则。从某种程度上讲，孔子学说与其说是一种宗教，不如说是一套行为规范。而且，它不涉及偶像崇拜，因而西方人可以接受它，甚至会尊重它。以下论述摘自1846年《基督教南方浸信会传教士杂志》刊登的一篇文章：孔圣人"谆谆教诲人们行为要规范，因而吸引了数不清的追随者，他在中国人当中拥有无限的影响力"。至于佛教和道教，情况则完全不同。美国人贬低佛教为"愚蠢的偶像崇拜体系"，具体表现为"镀金的佛像、华丽的寺庙、懒惰的方丈、行乞的和尚和毫无意义的道场"，并贬低道教为"伟大的魔法和点金术扮演者"。[38] 与王清福来往的外国人普遍持有与此相同的观点，他不可能不知道这些。实际上，数年以后，对这样的负面评论，王清福以牙还牙，谴责传教士们自视清高，满世界散布有关中国人社会生活和宗教状况的歪理邪说。

传教士们将中国人看作另类。在写给安娜·戴维斯的信里，每当萨莉在某个段落提到收容的两个中国男孩时，她同样会流露出类似的看法。虽然她对两个年幼的中国孩子非常好，向他们提供衣食和教育，但显而易见的是，她从未将他们当养子看待，也从未像对待亲生孩子那样对待他们。在众多信函里，她不厌其烦地讲述身为母亲的快乐，一开始谈论的是女儿，后来变成谈论儿子。与此形成对照的是，在这些信函里，有关两个中国男孩的事只是间或出现，字里行间流露出的感情远远达不到堪与亲子相比的程度。实际上，每次提及王绥祺未来将接受洗礼一事，她总会趁着谈论家里某个仆人改变信仰的事时一并提及。对两个中国男孩，萨莉明显怀有感情，不过在她心里，他们的重要性不会超过皈依者——不过是信仰上帝的大军里多了个新兵——远不能与自己的亲生子女相比。两个中国男孩绝对不会注意不到这一点。[39]

萨莉在中国继续生活了20年。1867年儿子兰德勒姆生病期间，她返回美国度过了两年。传教理事会登记簿记录了她顺便带回了某位广州传教士教友的儿子。[40]登记簿却没有录入如下信息：这趟返回美国之旅，还有第三个男孩与她同行，那孩子正是年幼的王绥祺。萨莉事先已经安排好王绥祺到美国接受高等教育的事。

这一步至关重要，正是这一决定——为了将这个年轻有为的中国人打造成合格的浸信会传教士，萨莉才做出了将他带到美国的决定——为后来成为历史人物的王清福搭建了舞台。对于将王清福打造成牧师，萨莉没有看走眼，他的确是可塑之才。然而，最终结果证明，他成了萨莉无论如何都想象不到的一种人！

第二章
缩水版美式教育
（1868—1870 年）

1867 年年末，王绥祺抵达美国，当时已有数万"中国佬"（Chinaman）在他之前乘船登陆美国。"中国佬"是当年美国人称呼中国人的用语。1848 年，人们在美国加利福尼亚州的萨特工场发现了黄金，消息传到中国后，中国人开始在美国大量出现。1860 年，身在美国的中国移民数量接近 3.5 万人，十年后，这一数字几乎翻了一番，达到了 6.3 万人。[1] 这些人当中绝大多数为男性，其中多数人迫于生计，在加利福尼亚州当苦力。

然而，与王绥祺不同，其他所有人都来自中国南方，绝大多数来自广东省新宁县（今台山），该地距登州足有 1700 公里。他们来美国的部分原因是老家集中发生了一系列灾变事件，例如两次鸦片战争、太平天国运动、省内族群间的火拼、人口过剩，以及频发的自然灾害，例如干旱、台风以及带来饥荒的瘟疫。清朝法律禁止移民，所有这一切让新宁人本已贫困的生活雪上加霜。他们宁愿犯法，铤而走险，在公海忍受长达几个月的漂泊，为的是改善家人的生活。[2]

这些早期开拓者没有复杂的背景，几乎称不上"蜂拥而至以图呼吸自由"的人群。准确地说，他们是经济移民，到美国不过是想发个财。总而言之，这些人不打算在美国居住过久，他们的梦想不过是让一贫如洗的家人过上像样的日子，挣到足够的钱，以便告老还乡，过安稳的生活。即使有融入美国社会的可能，在这些人看来也纯属遥不可及的事。如果有人不幸客死美国，所有家人和朋友都会穷尽一切办法将其送回故乡，叶落归根——美国不是家，中国才是家。

虽然王绥祺抵达美国的情形与其他中国人完全不同，但他最终也会返回故土，这方面没什么区别。萨莉·霍姆斯没有把他带到西海岸的矿井里当苦力，而是将他带到了东海岸，让他在那里完成西式教育，他早已在中国的教会学校开始了此种教育。萨莉的希望是，有朝一日，他会重返自己信奉异教的故乡，拯救同胞们的灵魂。

不过，在美国传教士的照料下，到美国东海岸生活并接受教育，在中国人当中王绥祺并不是第一人。在他之前，有好几个中国男孩有过这种经历，其中包括早在1817年抵达美国，在康涅狄格州康瓦尔学习的五个人，以及先于王绥祺整整20年抵达的三位广东年轻人——黄胜、黄宽、容闳。[3] 容闳于1854年从耶鲁大学毕业，成为第一个毕业于美国大学的中国人。容闳将要返回中国，帮助清朝政府组建"中国幼童出洋肄业局"，于1872年派遣120个男孩前往美国新英格兰地区学习。在其后半生中，容闳与王清福至少有过两次正面交锋。

我们已知的情况是，萨莉带着几个孩子从上海启程赴美。但王绥祺究竟经何种途径抵达美国，却没有任何文献资料可寻。王绥祺（或王清福）1874年填写的入籍文件显示，他们上岸的地点为纽约（当年他填写的抵达日期为1864年，比实际时间早了三年）。⁴《西部保留地纪事报》有一则简短的消息——这是有关王清福在美国的最早的文字记录——称他于1868年6月来到了俄亥俄州，旁听卫理公会主教大会。⁵

王绥祺觉得，生活在美国让人魂不守舍。他对传教士们多少有些了解，但是其他美国从业人士的言行举止让他感到不知所措。美国人在公开场合示爱，这样的举止让他万分讶异。当他看见一个男人在仓库里亲吻自己的妻子，他认为，两人如此腻腻乎乎，恐怕会控制不住自己。当他第一次看见"翘臀裙装"——19世纪60年代风靡美国上流社会的时髦女性裙装，紧束的内衣和夸张的翘臀，让女性的身体极度向前倾斜——他坚信，那些女人肯定患有某种先天性身体畸形。第一次乘坐火车时，他惊讶于美国的马匹竟然跑得那么快。后来他发现，拉火车的实际上是机器。他惊讶地说，那些东西看起来特别像大炉子。每当检票员伸手向他索要车票，他还以为他们实际上是想跟他握手。⁶仅华盛顿特区那些建筑的规模就已经让他肃然起敬。在他抵达美国的几年之前，国会大厦已经封顶，其高度达到了90多米！

有关王绥祺到美国后的初期经历，标准的说法是——多年来，他对记者们一直如是说——他在哥伦比亚特区的哥伦比亚学院学习了三年，最后一年转学到宾夕法尼亚州的路易斯堡学院，最终以优异的成绩毕业，然后回到了中国。他的确在前述两所学院学习过，但他早年在美国的经历远不足四年。在许多重要方面，他的说法不过是为自己涂脂抹粉。

王绥祺的确曾在哥伦比亚学院（准确地说是该学院的预科学校）上过学，时间为1868年秋季。哥伦比亚学院是一所男校，专门招收美国南方的孩童，王绥祺是该校建校以来的第一位中国学生。这是一所浸信会办的学校,也是如今乔治·华盛顿大学的前身,它坐落在哥伦比亚特区的学院山(如今的子午线山),已故的花雅各牧师十年前正是从这所学校毕业的。或许萨莉利用工作上的关系,通过域外传教理事会安排了这位年轻人到该校就读,不过,理事会的记事簿里没有任何相关记录。学校的账册里记录了一笔24美元的收入,时间为1868年10月16日,这是王绥祺第一个学期的学费;1869年3月21日,另一笔数额相等的收入也记录在案,不过两笔收入都没有标明来源。[7]有可能是萨莉亲自付的款。

王绥祺抵达时,美国正处于内战结束后的重建阵痛中。两年前通过提案的美国宪法第十四修正案于那年夏季获得批准。该修正案定义了"所有出生在美国和归化于美国的人"都是美国公民,并明确了该修正案也适用于本土出生的奴隶。该法案同时禁止各州未经相应程序即根据独立立法权剥夺人们的生命、财产和自由,并且强调,联邦法保障所有人享有平等权利。虽然该修正案根本没有涉及中国人,多年后,美国最高法院援引该修正案,为出生在美国的中国人申请成为美国公民申明了权利。[8]

不过,同期接受审查的另一份文件大量提及中国人的公民权。1868年秋季,即王绥祺进入哥伦比亚预科学校同期,在不足5公里开外的国会,议员们正在辩论是否批准《蒲安臣条约》①,该条约于7月底在华盛顿由美国和清政府官员签署。蒲安臣(Anson Burlingame)代表清政府与美国政府谈判,他是前美国驻中国公使,清政府对他高度信任。《蒲安臣条约》修补了1858年签署的

---

① 即《中美天津条约续增条约》。

《天津条约》，保证美国政府不干涉中国内部事务，同时给予中国在美国港口城市任命领事的权力。最重要的是，两国政府承诺，接受"每个人拥有改变国籍和改变效忠对象的权利，此种权利与生俱来，且不可剥夺"。另外，"为各自的公民和臣民移民海外和移民回国，双方互为对方提供便利……适用于如下目的：做生意、临时起意、成为永久居民"。[9]

实际上，这一续增条约的后续影响是鼓励中国人向美国移民。随后几年间，美国公众对中国人的态度急转直下。正是由于这个原因，这一条约随后遭到批判，再次进行了修正。条约明确规定："如同享有最惠国待遇的其他国家的公民和臣民，访问美国和居住在美国的中国臣民在美国访问和居住期间享有同等特权、豁免权、免服兵役权。"不过，该条约进而又细化为"本条约包含的所有内容不涉及在华美国公民和在美中国臣民的入籍问题"。[10] 换句话说，该条约签字生效后的实际情形是：美国欢迎中国人访美，其间中国人会受到真诚对待，不会遭到歧视，然而入籍美国不在其列。

在哥伦比亚预科学校学习期间，王绥祺受到的对待与他人相同。与其他住校生一样，他也住在校长奥蒂斯·塔夫顿·梅森（Otis Tufton Mason）家里，并享有等同于校长家庭成员的待遇。[11] 将近30年后，王绥祺当年的老师们回忆说，他让"全校师生都感到恐怖"。他在校时间不长，却给人们留下了深刻的印象。老师们仍然记得，他各方面举止怪异，与众不同，"富于进取，尤其勤奋，像土生土长的美国佬一样精力充沛"。然而，他同时也"具有他那个民族的鲜明特征，性情多变，喜欢树敌，生性顽劣"。同学们喜欢拿王绥祺当恶作剧的对象，不过，他擅长挫败对手，然后以其人之道还治其人之身。他还善于"离间最要好的同学之间的关系，似乎乐此不疲"。老师们还补充说，他对待他人特别专横，似乎其他人必须高看他；老师们还记得，他特别聪明，脑子特别灵活。我们必须说，前述许多特征同样适用于描述王绥祺的后半生，尤其是他希望其他人都高看他这一点。他这辈子从来不缺乏自信，从来不畏惧与他人比拼智力。实际上，他似乎很享受这么做。[12]

哥伦比亚预科学校的成绩单表明，王绥祺在校期间学习了阅读、文法、数学、地理、历史、拉丁文和硬笔书法（这些是当年大学预科学校的全部课程），他在各个方面都表现优异。1868年11月，他的地理和数学成绩为全优，当时他对学校的管理者们吹嘘说，他对数学的认知比老师们还好。[13] 他在阅读、文法、拉丁文和硬笔书法等课程的考试中也斩获了优异成绩。[14]

然而，成绩库里仅存有王绥祺两个月的成绩——10月以及11月的。也许这些足以代表王绥祺在哥伦比亚预科学校学习领域的总体表现。从11月底开始，他已经参与到其他活动中。也许当时他还开了讲座，这是他有生以来的第一次，地点在弗吉尼亚州的亚历山德里亚主日学校。[15] 接着，圣诞节刚过几天，他又出现在位于相邻城市巴尔的摩的主干道浸信会教堂里。《巴尔的摩太阳报》刊登的一则广告如是说：观众们可以亲眼目睹他身穿中式服装出场，他同时会展示"中国皇帝的龙袍"以及其他有意思的物件，他还会向观众们讲述弄到所有这些老物件的方法——总价值仅为25美分！[16] 王清福一辈子都喜欢出人头地，这一点在当时已经显露出来，那时的他尚处在青涩的年纪。他从未在距离皇帝700公里的范围内向他人展示那件"龙袍"，不然他会遇上大麻烦。

王绥祺 3 月份上缴的学费表明，1869 年，在同一学年的第二学期，他与学校仍有往来。不过，人们找不到记录在案的成绩来证实这一点。学费一事，以及 4 月份在华盛顿哥伦比亚特区乔治敦小区西大街长老会教堂进行相同的演讲，6 月份在南华盛顿地区主日学校联盟进行相同的演讲，这些事实都说明，那一年第二学期结束之前，王绥祺一直没有离开华盛顿地区。[17] 可是，他在哥伦比亚学院的在校时间加在一起也不过几个月，比三年的"官方"说法短得多。

学年刚一结束，王绥祺就离开了华盛顿。7 月中旬，他前往马萨诸塞州，在塞勒姆市的休邦议事厅举办了一场讲座，主题为中国的习俗和服饰。之后，为参加美国基督教青年会的会议，他去了缅因州的波特兰市。[18] 1869 年秋季，他开始在浸信会开办的路易斯堡学院上学，该学院是如今巴克内尔大学的前身。他转学之事肯定得到过什么人的帮助，究竟谁帮了他，如今已无从考证。和在哥伦比亚学院时一样，该学院将他安置在预科系学习。登记文件显示，他的监护人是乔治·布利斯（George R. Bliss）教授。[19] 布利斯是讲授希腊语和拉丁语的教授，具有浸信会传教士身份，曾经撰写和翻译过研究《圣经》的评论文章。[20] 教授是个废奴主义者，美国内战前，他曾经保护过逃亡奴隶。实际上，由于倡导在路易斯堡市修建地铁，他和另外两人是当地的名人。[21]

1869 年秋季到 1870 年春季的两个学期，学校的诸多花名册都收录了王绥祺的名字，不过他入学晚，离校早。直到 11 月，他才开始学习算术和恺撒的拉丁文作品；到了次年 1 月，他才开始学习代数，并增补了西塞罗的拉丁文作品。拉丁文是班里其他同学的必修课，然而，学校似乎没有对他提同样的要求。王绥祺各科成绩都不错,不过,他在路易斯堡似乎仅仅居留到4月底,第二学期的后两个月,学校里已经没有了他的踪影。没有证据表明他从该校毕业,更没有证据表明他得到过学校颁发的证书,后来的证据也能佐证这一点。

究竟是什么原因导致王绥祺放弃了学业,如今人们只能猜测。王绥祺与教会决裂数年后,晏玛太牧师成了他最严厉的批评者。按照牧师的说法,王绥祺把上学之事置诸脑后,四处演讲。后来,"他承诺接受改造,返回学校继续上学……大学里的朋友们凑钱……将他从监狱里赎回"。晏玛太牧师还说,王绥祺没有接受改造,资助人只好将他送回中国,因为他"完全不适于做传教士,也不适于成为浸信会成员"。[22] 如今人们已经无从知晓,王绥祺当年的资助人都有谁。

没有任何确凿证据表明,王绥祺当年曾经行为失当,或者说,与教会决裂的责任在他一方。实际上,离开路易斯堡一年后,他仍然笃信浸信会,并保持着与教会的关系。然而,这位年轻人的确痴迷于公开演讲。5月底,他去了南卡罗来纳州,在萨默维尔市和查尔斯顿市开了两场讲座。7月底,他到了纽约州的奥本市,在一座浸信会教堂发表演讲,这次演讲显然是为了筹款,以便继续学业。[23] 依靠奖学金生存的学生常常遭遇缺钱的困扰,因而,凭借智力四处演讲就成了一种办法。王绥祺的演讲由一个代理机构安排,一位名叫C. T.谢泼德(C. T. Shepherd)的先生安排了休邦议事厅的那场演讲,也许他还安排了其他几场演讲。查尔斯顿市的那场演讲,成人票为25美分一张,儿童票为15美分一张。至于演讲的主题,王绥祺又回到了他最熟悉的领域,即他的同胞们的习俗、服饰和宗教,以及与美国人进行对比时,双方在这些方面的差异。作为由美国传教士抚养长大的中国人，在比较两种传统方面，王绥祺具有得天独厚的优势。

美国听众发现，中国文化对他们颇具吸引力。19世纪70年代，反华运动在全美各地掀起高潮，尽管如此，在这个十年刚开始之际，现实中对美国境内华人以及更多中国新移民的仇视，或多或少还停留在美国西海岸；在美国东部，人们仍然认为中国富于异邦情调，对中国人的好奇多于对他们的偏见。1870年，美国境内已有6.3万中国人，其中生活在东海岸的寥寥无几。当年，联邦政府调查人口时，宾夕法尼亚州、新泽西州、纽约州根本没有中国人统计在列；华盛顿特区仅有三个人在列；马萨诸塞州内，仅有数十名中国鞋匠生活在同一座城市。[24] 也许这类统计并不是特别准确，因为在之前的几次人口统计中，中国人虽然数量不显眼，但在纽约那样的地方早已有中国人登记在列。重要的是，美国东部居民对中国人知之甚少，他们仅有的那点认知也许是来自传教士以及曾经到过中国的游客发表的作品，要么就是报刊上的文章。多数人从未亲眼见过中国人。

在塞勒姆市的那次讲座上，王绥祺谈到了中国教育——为什么接受教育的都是男性，以及科举制度是如何运作的。他还谈到了中国人的恋爱、婚姻以及媒婆的作用，进而介绍了女性的缠足习俗，他似乎很反对这种风俗。[25] 在奥本市的那次演讲中，他详细介绍了中国人如何看待外来者。他强调，中国人相信，中国是世界的中心，由于语言、服饰、宗教不同，中国人认为外国人不应受尊重。他还说，由于英国方面的邪恶作为，导致5000万中国人成了鸦片烟民。他进而还说，不幸的是，中国人民"看不出可恨的英国人和带来耶稣宗教的美国人有什么不同"。

王绥祺说，对于来世，中国人没有明确的概念，一部分人相信再生，另一部分人则根本不相信来世。对于上帝之子心甘情愿为人们而死的说法，大多数中国人都觉得不可思议。王绥祺讲了个感人的故事，说的是传教士感化一名中国女人成为基督徒的事。女人和婆婆住在一起，对婆婆必须唯唯诺诺，而婆婆要求她必须在安息日工作，首先必须完成针线活，然后完成拆洗，最后是推碾子——那是个累死人的活。女人觉得自己根本没有出路——或者累死，或者逃跑，或者自杀——她的结论是，自己根本没有可能真的成为基督徒。[26]

这一时期，王绥祺到访过好几个东部城市。[27]然而，时间移至9月，他已经决心返回中国。时至今日，没有任何证据显示，他做出这一决定受到了他人的影响。宾夕法尼亚州地方日报《威廉斯波特宪报》在公告栏刊登了一则短消息：这位年轻的中国人"已经决定返回长满鲜花的大地"（意指返回中国）。他是否厌倦了学习，或者经济来源枯竭了，抑或返回中国机会更多，要么就是他对故土一往情深，至今原因不明。[28]

王绥祺一路西行，来到威斯康星州简斯维尔市，在当地浸信会一座挤满听众的房子里开了个讲座。《简斯维尔宪报》的消息称，由于父亲患病，他即将返回家乡。[29]无论他离开美国的真实原因是什么，事实不会改变，他显然没有完成某位或数位资助人希望他完成的事，他好像对此满不在乎。萨莉·霍姆斯在登州固执地挨家挨户敲门，此举并未让她赢得什么改变信仰的新人。王绥祺是否从中学会了一意孤行，并将其应用到对待学业的态度上，没有证据支持这一点。他人给了他到美国的机会，他内心是否对此充满感恩之情，或者后悔未能充分利用这一优势，也没有证据指向这一点。确切无疑的是，他没有完成学业。另外，他似乎不适于，或者说，他没有兴趣将传教当作事业。

《宪报》对王绥祺的描述如下：他现年大约23岁，"个头比中等身材稍矮，皮肤带有淡淡的橄榄色"。文章还专门提到，他"身穿美式服装，如果没人'提醒'，人们会把他当成长相好看的、绝顶聪明的印第安人的一员"。[30] 引人注目的是，当时是1870年，仅有极少数身在美国的中国人接受美式服装。事实上他并不常穿西式服装，演讲前一天晚上，他全身中式装束，以致一些美国人认为他是一名年轻的女性。演讲时，他向在场听众保证，他不是女性。文章接着说，他的举止"特别高雅"，他的英语口语"不带一丁点儿外国口音"。[31]

对于在公开场合演讲，王绥祺的信心越来越足，听众普遍反映，他总能让大家兴趣盎然，他教大家动手做事时亦是如此。在其一生中，他总是能准确无误地揣摩透美国人对中国人的哪些方面感兴趣——毫无疑问，这是他早年与美国传教士们交往时练就的本领——以便充分加以利用，无论面对的是听众还是读者，他总能准确地投其所好。在简斯维尔市演讲时，他对大家说，最初他不愿意来美国，因为他担心自己受不了"头朝下的生活"。对于东方人和西方人在手势以及习惯方面的差异，他喜欢在演讲中加以对比。例如，中国人向对方问好时，不是向前一步握住对方的手，而是握住自己的手①；中国人将姓氏放在前边，名字放在后边；"中国佬不会花15年时间谈恋爱，然后花15分钟办离婚，这种事在美国却时有发生"。他会用逗趣的方式讲述这辈子第一次身穿美式衬衣的感受，还会向人们展示中国的手工制品，例如

---

① 指作揖。

女人的小鞋（也许是专门为裹成型的小脚制作的小鞋）、筷子、算盘、睡衣等。晚场演讲结束前，他会用汉语为听众背诵一篇晚祷词。[32]

在其事业的这一节点，这位年轻人尚未形成任何特定的人生规划。没有任何证据显示，他由于种族差异在美国遭遇了不好的对待。这一阶段，他不过是在开办讲座，挣点小钱，只要能满足观众的好奇心，他就很知足了。他演讲的主题集中在中国人的生活和习惯方面——与美国的唐人街无关，这一阶段，他与唐人街的中国人几乎没什么交往——当时他很少为受欺凌的种族代言，他所做的不过是向美国人介绍他们不熟悉的他乡客。当时，他还没有把身在中国的传教士们当成抨击目标，批判传教士是后来的事；美国人还没有开始折磨中国人，他还没有感到必须站出来捍卫中国人的权利，当时必须批驳的唯有流行于美国的一种观点——中国人吃老鼠。多年后返回美国时，王绥祺发现，美国各地正在就其境内中国人的未来展开大辩论，他被卷入了漩涡中心，美国已经今非昔比。

在西进途中，王绥祺在威斯康星州做了短暂停留，然后从犹他州奥格登市继续西进，并于1870年10月21日抵达旧金山。[33]他这次西进很可能是乘坐火车，铁路一年前刚刚贯通，在很大程度上，正是由于广东同胞们苦役般的劳作，才有了这条铁路。王绥祺的下一步行动是登上一艘轮船，横渡太平洋，经日本横滨返回中国。[34]当时他可能根本没想过返回美国，如果有人说他想过这事，一定是严重误解了他。

第三章

一块阴谋家的料

（1871—1872年）

1871年年初，王绥祺踏上祖国的土地时，好像根本没有从事传教工作的打算。当时他已经24岁，早已过了成婚年龄，在他的排序表上，第一项内容是返回山东娶妻。他选择的女人——或者说，更有可能是别人替他选择的——名叫刘雨山。她曾经是伊莱扎·哈特韦尔在登州开办的教会学校的学生，某些材料记载，她在该校还当过老师。[1]

伊莱扎是海雅西牧师的第一任妻子，她于王绥祺回国前一年亡故。教会学校创办于1866年，即王绥祺赴美的前一年。因而，王绥祺不仅和伊莱扎相识，也与当时在校的好几个女孩相识，当时登州浸信会社团的规模还很小。由于王绥祺的父亲一直居住在登州——在本书后边的章节里，王绥祺会谈到父亲后来成了基督徒，余生中一直和萨莉·霍姆斯生活在一起——极有可能是父亲代表儿子安排了这场婚姻。[2]登州浸信会社团首领高第丕牧师1863年从上海来到此地，1871年6月8日，在高第丕牧师的主持下，这对新人成婚了。[3]王绥祺和新婚妻子肯定与高第丕牧师非常熟，后者主持他们婚姻一事足以证明，年轻的王绥祺当时尚未抛弃基督教信仰，不过决裂很快就会到来。

王绶祺成婚时接受了自己的新名字"王彦平",这标志着他进入了成人期。[4]"彦"字的意思是"修养"或"优雅","平"字的意思是"和平"或"水平"。我们不知道他为什么接受这一特定的两个字,只知道依照习惯,中国人结婚时都会接受新名字,且名字通常是根据家谱沿袭的。婚后不久,王彦平把家搬到了上海,这或许是因为,与登州相比,上海的工作机会更多。新婚妻子也许与王彦平一道去了上海,或在不久后也赶到了上海。

与登州相比,上海更加重要,也更为国际化。这座城市主宰着中国的对外贸易,那里的外国人数量明显更为庞大。如果将外国平民、海军人员及其他军事人员全都计算在内,1865年时,上海的外籍人士已经超过5500人。时间移至1871年,这一数字已经更大了。[5]

上海浸信会教会由晏玛太牧师创办,共有40位信徒。王彦平刚到上海,即成为其中一员。[6]很快,他在海关总税务司找到了一份翻译工作。晏玛太牧师后来说,在帮助王彦平找工作方面,他起了关键作用,他的说法很可能属实。[7]当时,海关总税务司由外国人主管,其他暂且不说,人事权肯定由外国人做主,这些外国人肯定与晏玛太牧师相识,当时他已经是上海的名人了。

雇用外国人担任海关官员,为的是让海关系统有序运作,中国官员掌权时,这一系统充斥着低效和腐败。这并非清政府迫不得已做出的让步,准确地说,如此安排受到清朝官僚极为热烈的欢迎,因为这增加了他们的岁入,也避免了外国商人与贪婪的、恣意妄为的中国官员直接交往,后者处心积虑地只为自身利益着想。[8]若不是海关官员和商人之间存在语言障碍,他们必然会与中国同行直接交流,这也就解释了他们何以对王彦平感兴趣。1871

年，在上海的中国人里，英语能说得像王彦平一样好的人实在稀有，正所谓"物以稀为贵"。

王彦平在海关职位上并没干多久。数年后出版的一份《上海差报》刊登了一篇评论文章，该文很可能出自晏玛太或者高第丕之手。根据该文的说法，王彦平由于玩忽职守，被开除公职，大约同一时期，他还被上海浸信会逐出了教会，理由是他被诉过上了"放荡的生活"。[9]对这类指控，翻遍与前述人士有关的资料，从中既找不出支持的论据，也找不出反驳的论据，因而无从判断其真伪，而今我们也无法理解，"放荡的"一词究竟指的是什么。前述评论文章公开发表于1877年，当时王彦平早已在美国大肆宣扬佛教和儒教优于基督教，这让传教士社团颇为不悦，他们认为王彦平忘恩负义、人品极差。因此，这些人显然有兴趣诋毁他的声誉。再清楚不过的是，这件事情过后，王彦平与浸信会彻底分道扬镳了。

如果王彦平离开上海海关的原因是玩忽职守，他不太可能在同一系统再次找到工作。有了上海的工作经历，他又找到一个镇江海关的职位，月薪60美元。镇江是个小港口，位于长江沿岸，在上海上游220公里处。王彦平和妻子一起前往那里，妻子不久后有了身孕。与芝罘相同，镇江于1860年向外国商人开放，因而那里需要设立海关，也需要翻译人员。王彦平换了个地方任职，更有可能是一次正常调动。很久以后，一段文字记录的确提到过，他换工作与开除和重新雇用毫不沾边。[10]

然而，正是在镇江海关工作期间，王彦平走上了不归路，这导致他离开祖国，远离家人，流亡海外。这件事本不值得大书特书。尽管太平天国运动于1871年被镇压下去，但在中国的许多地区，反清的小规模冲突一直循某种规律持续着。《京报》是清朝宫廷每日发行的简报，刊登宫廷收到的报告和下达的指令，许多页面上满满当当刊登着关于小规模叛乱和谋反的报告。[11]王彦平的不轨行为涉及从上海雇用一帮令人讨厌的外国人，安排他们携带军火到镇江。他原打算让这些外国人训练一群招募来的中国人，领导这些人实施一次反政府武装暴动。

王彦平雇了个名叫托马斯·卡尔（Thomas Carr）的英国人，安排他另外再雇八名外国雇佣兵，这些雇佣兵的报酬为每人每月100美金。卡尔此前在广州当警官，近期在一条小船上当船长，他接受委托，安排各项事宜。他没有将任务性质透露给招募来的乌合之众，这些人包括英国人、西班牙人、一个加拿大人和一个丹麦人。他只是对这些人说："这是个秘密任务，一旦开始，我会告诉你们。"他弄来了武器，每人装备了一支长枪和一柄长剑，还请来一个中国朋友为他安排一条小船，将他们从上海送往镇江。这些人明白，没有通关文件即进入内陆明摆着属于违法行为，更不用说偷带武器了。

4月初，他们找到一个名叫龙月笙（音）的人，只要付给他30美元，他就愿意跑一趟镇江。卡尔在上海给了他5美元，双方说好，将这帮人运抵镇江后，余款由王彦平支付。他们将那些武器用几条毯子裹住，装进一个大箱子，然后搬上了船。他们以黑夜作掩护，离开上海的时间为4月6日。一路上，纷争一直不断，六天后，他们才抵达镇江。第二天，驾船的龙月笙离船上岸，前去索要余款。他带去一张便笺，外面的信封上注明："海关翻译王先生启"（前述简称指的是"镇江海关税务司"）。便笺上写有以下内容："请付上海到此的船钱。一切顺利。船已在北岸等候。"

真是无巧不成书。令人唏嘘的是,当地海关雇员里有两个人姓黄(或王),龙月笙鬼使神差般地找错了人,他找到的偏偏是个名叫黄昆平(音)的人。看过便笺后,黄昆平告诉龙月笙,第二天到海关所在地讲述事情经过。龙月笙就范了,他告诉官方,事先他什么都不知道,航行途中,他才知道这些外国人的任务,还看见他们带有武器。他听说,这些乘客的雇主是海关的一个姓王的男人,他要训练中国人袭击官府。

上述说法将矛头直接指向了王彦平——这是王清福当时的名字。官方派人搜查了他的办公室,搜出了一把左轮手枪以及藏匿的弹药。不久后,王彦平听说官方正在追捕他,随即消失了。第二天,他托人捎了封信给海关的同事,请那人照顾他的妻子和孩子,同时解释说,他组织了一支由中国人组成的庞大的队伍,他们正在等候更多外国人到来,他的计划是"推翻腐败的清朝政府",但他的计划最终露了馅,被挫败了。[12]

这一事件第一次向世人揭示,王清福与清朝的统治者有过节,无论是在童年时期,还是在美国短暂逗留期间,此前他从未表露过反对统治者的意向。他的怨恨何以在1873年显山露水,人们唯有猜测,很可能是由一系列原因促成的。19世纪大部分时间内,汉人对满族人越来越不满,将他们视作外来者。这些统治者不仅残暴,而且腐败,越来越没有能力实施有效统治,也管理不好中国复杂的对外关系网,出现了怨声载道的情况。王彦平在美国生活过,亲眼见证过另外一幅令人向往的景象,他后来发表的各种文章表明,他对美国的制度钦羡不已,希望将其中一些内容借用到自己的祖国。

王彦平的家已经处于监控之下,不过,他再也没有回去过。在朋友们的帮助下,他的妻子和孩子很快也离开了镇江。参与此事的外国人多半遭到逮捕,被押解到上海,其中几个人首先被送到治安法庭,随后被送交"混合法庭",后者对涉及民事和刑事案件的英国公民有司法管辖权。他们被判关押一至三个月,其中两个人随后被驱逐出境。至于王彦平,《北华捷报》曾刊文嘲笑当局批准从某项"废止叛乱专用基金"中拨付"50美元巨额奖金",将其捉拿归案的举措。[13]

王彦平的计划从一开始就漏洞百出,《捷报》声称,他的计划"似乎愚蠢至极,人们很难想象这样的计划不是凭空想象出来的,真正实施之际,手段竟如此拙劣"。与这一计划有关的中国人"或许都别有用心"。"那个姓黄(原文如此)的人受过良好的教育,说一口相当流利的英语,尽管如此,他们肯定是一帮非常粗鄙的人。总共十来个人,就敢挑起这么大事端,如果这么做是为了达到某种目的,在一定程度上,必须有当地人支持,所以这件事看起来相当愚蠢。据说,秘密帮会里潜伏有来自全城所有衙门的成员,所以,任何反政府举动都是毫无可能成功的。"[14] 然而,对王彦平来说,这次经历肯定不是他最后一次用疯狂的行动推翻满族人的统治。此后,只要有机会,他总会弄出点动静。

这些发生在镇江的事也许根本算不上什么,没必要上报朝廷,《京报》从未提及这些事。然而,王彦平逃离中国后,时间已经过去一年,有关他仍在活动的谣言始终存在。有鉴于此,总理衙门委托镇江和上海当局上报王彦平逃离中国前的活动。总理衙门是清政府的一个机构,相当于外交部。保存至今的文献并非当年诸多报告中的某份原件,而是经过汇总后的一份翻译件。这

份文件出自总理衙门大臣恭亲王致卫三畏的外交通报,后者当时的身份是美国驻北京公使,现摘录有关内容如下:

> 某姓王名彦平者,语言学家,前不久在沪上非法勾结流浪汉数位,未申明理由,未经任何授权,囤积大量军火于镇江,此举无疑涉预谋抢劫及掠夺。闻听官方正在追捕,此人迅即逃往国外。[15]

上述通报转交给时任美国国务卿的汉密尔顿·菲什(Hamilton Fish)之际,卫三畏随信附了一份亲自起草的说明,他没有标明消息来源,内容见下:

> 由于牵涉到一场荒唐的、非法的反抗镇江附近合法政府机构的密谋,他险遭逮捕和处决,逃到了日本。三四名外国水手遭逮捕,分别移交给了各自的领事。讯问他们期间,一些证据显示,某些涉案人确实在谋划叛乱。不过,整件事的起始和经过荒诞不经。事情在起始阶段即引起当朝官员的注意,他们对任何暴动苗头都格外警惕,处处设防,一些人遭到逮捕。我相信,有一些当地人因被查出携带武器,而不幸遭到处决。这些潜在的革命者并没有明显的暴动行为,也未见任何人遭到他们伤害、逮捕、抢劫。[16]

换句话说,卫三畏的线人们认为,王彦平确实是个革命者,但他愚蠢无比!

不过,王彦平对此自有一套说法。1873年晚些时候,王彦平返回美国后,《纽约时报》刊发了一篇关于他的文章,内容涉及发生在镇江的那些事。该文披露的内容肯定出自王彦平本人的讲述。《时报》将这位年轻人描绘成一位传播西方价值观的传道者,以下内容摘自该文:

> 他从一地赶往另一地,四处演讲,传播的信息量堪称巨大。听众反映,他的许多演说主题令人耳目一新,其中的多样性与他们的生活观念大相径庭。他本人则迅速成为政府官员们关注和怀疑的对象。他以令人目不暇接的速度落实了一系列计划,以致其他"天朝"的子民都觉得不可思议。在有限的空间内,他为多达十几个甚至更多社团打下了坚实的基础,从精神层面、道德层面、身体层面改善人民的生存状态,每个社团都以这些为己任。尤其需要指出的是,其中有个名为"同善会"的社团,它以铲除吸鸦片恶习,传播美好的美国社会习俗,提升公众的整体水平为己任。[17]

同月,《布法罗每日信使报》利用近乎相同的材料刊发了一篇文章,增补了一些与革命相关的内容,还直接引用了王彦平的说法,该文部分内容如下:

> "同善会"社团的终极目标是全面控制政府,改变整个帝国内部的体制。他说,这一社团很快在上层人士中扩大和增强了实力,美国和欧洲长住人士也参与了秘密活动,并承诺提供真诚的合作。他们近乎准备好发动一场"政变",以便夺取政权。然而,当局发现了他们的企图。[18]

时间过去不足两年，关于整个事件的说法有了一定程度的改观。《印第安纳波利斯哨兵报》刊文称，王彦平利用其在海关的地位，试图废止中国的鸦片消费，还组织过一些秘密社团。用时不过两年，他已在中国各地设立了众多分支机构，招募了多达4万人。据他自己说，后来他向社团成员们"渐渐披露"，该组织的真正目标并非打击鸦片那么简单，而是积蓄反抗朝廷的革命力量，他认为残暴的朝廷令人难以容忍。[19]

随着时间的流逝，添枝加叶、美化粉饰、夸大其词一直在继续。时间移至1890年，这场闹剧蜕变成了羽翼丰满的外国势力支持的军事政变，见如下报道：

在几位朋友的协助下，他建立了一种秘密的革命社团。身为英语部长，他赢得了好几位驻镇江外国官员的同情。很快，这一组织的成员超过了4000人，他们决定在1874年的第三个月圆日对清政府发动突然袭击。只要拿下镇江，征服整个中国只是时间问题，因为这座城市是清帝国最坚固的城池，也是通往南京、苏州、扬州、上海的要道。[20]

看来，那些美化王彦平的美国记者不太可能有其他现成的消息来源，因而我们可以断定，正是王彦平本人向他们提供了各篇文章的基本素材。对记者们笔下各篇文章之间的一些出入，读者们不必过于介意，因为记者们对发生在中国的事件缺乏本质的理解。不过，有一点几乎可以肯定，随着时间的流逝，王彦平一直在添油加醋！他把自己描绘成致力于在中国建立共和政府的革命者，作为反对鸦片的积极分子，承诺"提升公众的整体水平"，引进美国的社会风俗。对于前来听他演讲的听众来说,这么做收效明显,他有理由这么做。

通过分析不同版本的文章,即可看出其中的夸大成分,甚至还有彻头彻尾的误导。例如,很难想象镇江海关的一名翻译,竟然能在中国各地穿梭旅行,四处发表煽动性演说!镇江远不是"清帝国最坚固的城池",实际上,它不过是个小港口,在太平天国运动时期,它差一点被夷为平地。虽然镇江位于京杭大运河与长江的交汇处,但从战略上讲,在此地策划反清的"政变",选址肯定极不合适,因为清朝的首都是远在将近1200公里外的北京。在中国,具有"同善会"之类名称的社团不在少数,大多数存在于明末清初,都是些接受善款、赈济穷人的慈善组织。这类组织多数集中在中国南方,少数确实存续到了19世纪70年代末,但从不与反政府活动沾边。[21]

王彦平何以仓皇逃离中国,众说纷纭,确切原因至今不明。《纽约时报》称,逃离镇江后,王彦平来到一座口岸城市,得到数位外国领事的保护,随后逃离了中国。[22]同年出版的《上海差报》的说法如下:得到数个领事馆保护之前,他逃到了内地,"在两个月的时间内,他四处流浪,常常被迫逃进山区,一连数日以野草果腹……为了将他捉拿归案,官府开出了一笔巨额赏金。他两次被捕,第一次逃脱凭的是智力,第二次逃脱则利用了国人的贪婪,他使了钱"。[23]王彦平肯定曾向某位记者披露过,在亡命途中,他得到过亨利·霍尔(Henry H. Hall)牧师的帮助,后者是美国卫理公会派驻镇江的传教士。1874年时,霍尔牧师必须昧着良心说,王彦平是个"不可救药的、再普通不过的中国人",他从未以任何方式帮助过王彦平。[24]

谈到王彦平的仓皇逃离，晏玛太牧师在1877年的一篇评论文章中称，他把"陷入贫困的家人丢在了芝罘"。[25] 这表明，仓皇逃离后，他的妻儿回到了芝罘。王彦平离开中国时，孩子的体重尚不足11斤。王彦平亲自给孩子起名"复生"，含义为"复兴"或者"再生"。由于王彦平让全家人蒙垢，孩子的母亲认为，趁着孩子还小，最好给他改个名。按照家人的说法，孩子用了母亲的姓，他的名字变成了刘慕义。[26]

王彦平极有可能经由上海逃离了中国，随后到了日本横滨。他的出逃经历另有几种不同版本，诸如第一站落脚香港的版本。据他自己说，他首先向英国传教士寻求帮助。这种不靠谱的说法出现在1877年发行的《纽约时报》上。英国传教士起初向他提供了庇护，随后宣称，他们必须将他移交给清政府，"他们当然清楚，他会遭受极其残忍的酷刑，然后被大卸十八块"。这篇文章接着记述道，他在所谓的香港传教士们的看管下逃脱，在乡下游荡了两周，然后"逃到了海边"，从海边乘船到了日本。[27] 这篇文章暴露了作者对中国基本地理常识的无知，因为香港本身是个海岛，紧挨中国大陆，设在香港的传教机构也没有义务将王彦平移交给清朝政府，因为该岛自1841年起就已被割让给英国。

有关王彦平生平的一些报道称，他在日本居住了一段时期，但实际上，他在那里停留的时间非常短暂。他本人后来说过，时间长度肯定不够他学会日语。[28] 托前美国领事查尔斯·谢泼德（Charles O. Shepard）上校之福，如今我们还能看到有关王彦平离开横滨的第一手报道。多年后，谢泼德曾经留下一段文字：

1872年，在横滨领事馆，一个绝望的、衣衫褴褛的、垂头丧气的小个子中国人出现在我面前,要求我出主意,并提供保护——尤其是提供保护!他的自然面色理应是桃黄色,却显得毫无血色;由于预见到自己难逃被绞杀的命运,他的身子在发抖。日后成功的阴谋家们都是这副模样,可当时完全看不出他是这样一块料。[29]

谢泼德接着记述道,王彦平讲述了自己的经历,包括他试图在中国建立共和制政府,眼下却必须亡命天涯。他还强调,清朝当局知道他的确切位置,正在全力追捕他,派来的人乘坐太平洋邮轮公司的班轮,计划于第二天抵达横滨,并要求日本政府将他交出去。心存同情的领事告诉他,美国双桅蒸汽船"马基高"号将于当天下午起航,前往旧金山。[30] 领事立即做出安排,让该船的船长收下这位中国年轻人。时间过去不足两个小时,王彦平已经安全登船。谢泼德回忆说,实际上,双桅船沿着航道驶离横滨湾时,用肉眼即可看见进港的那艘班轮。[31]

虽然谢泼德的记述中满是夸张成分——王彦平当时所犯罪行似乎根本没有上报朝廷,因而清政府不可能派军队前往海外将其捉拿归案——但是这段文字明确标定了王彦平返回美国的路径(由于王彦平抵达旧金山的时间可以锁定在1873年秋季,据此判断,谢泼德一年后也离开了)。另外,由于王彦平与谢泼德肯定相识,这段文字非常可信。实际上,1874年,王彦平前往布法罗举办讲座期间,还对居住在那里的这位前外交官进行了礼节性的拜访。

1873年9月,王彦平在旧金山上岸。此前三年,他经历了种种磨难,其间他回了国,结了婚,曾经在两座中国城市工作,成了一位父亲,组织了一起小规模叛乱,为保全性命,最终他只好逃离中国。一般人都认为,他会停下来喘口气,思考下一步该做什么。但事实绝非如此,他没有片刻消停,即开始躁动,他的名字很快上了各种报纸。他一生如此,且乐此不疲。

第四章
弄脏羽毛的鸽子
（1873—1874 年）

1873 年 9 月 9 日傍晚，"马基高"号双桅蒸汽船在旧金山市布莱克波特巴特利街区靠岸不久，有人将一只巨大的信封偷偷带上岸，悄悄送进了当地警察局长的办公室。没有人知道这件事是谁干的。信封里装着一封英文信，内容写在两页宣纸上，信纸上有 7 位中国乘客的签名，同时还代表另外 100 位不愿透露姓名的乘客。这封信的目的是，以船上 14 位青年女性的名义，请求警方干预，因为她们在违背本人意愿的情况下被人带到了美国。[1]

"我们真诚地希望加利福尼亚州执法机构释放善意，尽一切可能帮助受压迫的人们获得自由。"这句话摘自上述信件，该信接着列出了 11 位女子的姓名，由于过分恐惧，其他三人不敢报出自己的姓名。这些女孩当中，有些人因为家贫，父母将她们卖身当苦役，有些人听信了虚假的婚姻承诺，属于上当受骗，还有些人可能遭到了寡廉鲜耻的中间人诱拐。一路上，这些被吓坏的女孩一直受人监控，人身自由受到严格限制，两个大龄中国女人看管着她们。像许多先于她们和晚于她们到达的女孩一样，她们是作为妓女被带到美国的。

在很大程度上，有脸面的中国女性这一时期不会来美国。除非订有婚约，或者受胁迫从事性交易，未婚女性极少踏上这段旅程。由于条件艰苦，且充满危险，担心在外国土地上遭受恶劣对待，来美国淘金的已婚男人鲜有带妻子同行的。铁路工人的劳作艰苦万分，在他们的生活中，根本找不到地方容纳名声好的女性。其结果是，1870年，在加利福尼亚州，每一位中国女性会面对不少于11位中国男性。考虑到如下事实，中国男人很难融入白人社群。前述统计数据足以解释当年的性交易何以兴旺发达，妓院（1870年时旧金山已有159家妓院）何以总是有规律地将眼光投向中国，为的是补充年轻女性的不足。有人估算，1870年时，旧金山大约有2000名中国女性，其中71%受雇于淫秽行业。[2]

引进性工作者的关键角色是个名为"协义堂"的三合会组织。统计数据显示，1852—1873年间，该组织对引进美国的6000名中国女性负有责任。在抵达美国的所有中国女性里，前述数字在总数里占比接近90%。据估算，该地下组织同期的营收大约为20万美元。[3]他们的典型做法是，为色情行业引进的中国女孩首先被带到唐人街的临时住所，完成各项安排后，一手交钱，一手交人。有些女孩离开中国前已经有了特定的客户，余下的在抵达美国后才被推荐给妓院；长相漂亮的前往高档场所，只伺候有钱的中国人；长相不太漂亮的则前往低档场所，那里的客户鱼龙混杂。根据盘剥性质的合同，女孩们必须工作四到五年才能还清来美费用和中间人费用，花在她们父母身上的钱也都要计算进去，投在她们身上的钱必须获得可观的回报。[4]所有这些完成后，女孩们可以自由离开——可以结婚，前往别处工作，或者返回中国。

美国当局认为，监管这样的行业，操作起来有难度。因为管理这些女孩的人通常会限制她们的行动自由，还会威胁她们，如果她们与政府部门合作,就会遭到迫害。不过,"马基高"号上的一些女孩已经表示愿意说出真相。前述信件的执笔人在附言里还补充了一句话:"这些女孩说,这一次她们会勇敢地说出来,在法庭上会当着鸨母的面说出真相,她们被带到这里违背了她们的意愿。"[5]

警察局长首先想到的是避免与在岸边接船的打手发生冲突,除非这些女孩遭到进一步威胁。他安排几名专职警员于第二天前往码头,陪伴这些女孩直接前往警察局。[6] 然而,如此行动并非特别奏效。那些"无耻的老鸨以及她们手下更加无耻的打手们"尾随这些女孩来到警察局,直接上前教唆她们如何对付警察,如何精准地回答即将向她们提出的问题。[7]

警察派人请来了基顺(Otis Gibson)牧师,他是卫理公会的牧师,1865年返回美国前,他在福州当过十年传教士。[8] 教会派他在旧金山工作,负责管理那里的中国国内事务部。基顺学过一些广东话,因而他挨个询问那些女孩,并且向她们提供了多种选择:她们可以来教会,教会可以用个人慈善行动的名义资助她们返回中国;或者长住教会,直到学会一门技能,或者嫁个好人家;她们也可以跟随鸨母离开,从事带她们来的人想让她们从事的行业。[9] 其中好几个女孩坚持说来这里是自愿的,一些人还宣称她们原打算与丈夫或父母团聚,却说不出亲人的名字。最后,其中八位女孩选择前往教会,其他人则由看管她们的那些人带走了。

王彦平救助了八位女孩,《旧金山纪事报》刊文颂扬了他的义举,虽然文章并未明说他在这件事里的具体贡献,后来的报道则明确指出,他是前述信件的执笔人。[10] 让那些女孩灵机一动前往警察局,以便借机摆脱厄运,想出这一策略的人很可能也是王彦平。找来基顺牧师，可能也是他的主意。有个消息来源称，王彦平离开日本时，随身携带有一封致基顺的引荐信；另有消息来源称，他拜托同船的人悄悄带了个便条给牧师。[11] 无论当时具体发生了什么，王彦平在"马基高"号双桅船上的英雄壮举成了他生平经历中被广为认可的部分，随后几年间，但凡他出现在新闻里，人们总会反复提及这件事。

为受压迫的人代言，在王彦平的一生中属于开先河之举——这是在美国的第一次。但就他个人而言，这么做并非没有代价。"马基高"号事件过去没几天，9月20日那天发生了一件事，表明了蜂巢被捅以后马蜂们会有多么凶残。当时王彦平正在市场大街的沃尔夫鞋厂里，表面看来，他去那里的目的是帮助一位朋友落实其担任的领班职务。《旧金山公报》的报道称，在场的中国鞋厂老板们一听说他是什么人，立刻"疯狂地向他冲来，顺手抄起鞋子、瓶子以及手头的一切，向他砸来"。那些人将他从楼梯上抛了下去，致使他滚落到楼梯中段。最终，他以人身伤害罪起诉了其中三名袭击者。[12]

《公报》谴责了上述人身攻击，主要基于如下事实：王彦平是逃离中国当局追捕的政治流亡者——暗指袭击者可能是当局派来的。几乎可以肯定，《公报》这么说是错误的。在海外谋生的中国人几乎不可能认为自己有责任响应清政府的昭告，清政府在他们当中远没有那么受欢迎。更有可能的情况是，这次施暴是由协义堂那样的帮会一手策划的，因为王彦平干预了他们回报丰厚的人肉买卖，从而埋下了仇恨的种子。没过几天，有人告诉王彦平，前述帮会已经开价1500美元要他的命，这迫使他经常更换住处，每天参加活动也格外小心。[13] 这是他在美国第一次收到索命威胁，可以肯定的是，这不是最后一次。对美国唐人街里的错误现象，王彦平眼睛里容不得沙子，总想去纠正，因而他必定会与势力强大的既得利益团伙发生冲突。他经常如此。

既然再次来到了美国，且再无返回祖国的可能，王彦平觉得，让收容自己的国家重新认识自己，肯定有用。"马基高"号事件成了天赐良机。多年后，王彦平曾说："在旧金山期间，一天晚上，我像平常一样睡着，一觉醒来，我发现自己成了名人。"[14] 由于他在拯救那些女孩时扮演的角色，记者们对他产生了兴趣，因而他接受了数次采访。其中一篇采访文章的标题为"了不起的中国佬"，该文刊登在《旧金山纪事报》上，全美多家报纸转载了该文。[15] 王彦平以此为契机，利用自己截至当时的经历造势，推出了一个"正式版"说法，包括他早年在美国的经历、返回中国的经历、多次从清政府手里死里逃生的经历，以及解救"准"妓女的经历。

在整个过程中，王彦平毫无顾忌地往自己脸上贴金。对于在路易斯堡学院的经历，他添油加醋说，他毕了业，也拿到了学位；对于早年在美国四处开讲座的经历，他说自己借机结交了两位废奴主义者——亨利·沃德·比彻（Henry Ward Beecher）和查尔斯·萨姆纳（Charles Sumner）；他还说，在中国，他被指控一系列罪状，包括试图让中国人"美国化"。（在他后来的文章里，从"马基高"号上解救的女孩增加到了200人！）当年的采访曾经在报刊上得到广泛报道。《芝加哥论坛报》的一篇文章里提到，当时王彦平正在寻找"能力要求高于普通服务员和洗衣工"的工作。[16] 的确如此，他当时明显特别适合恢复五年前第一次从事的演讲人职业，以"中国以及中国人用的东西"为题发表演说。

早前在美国期间，这位年轻人的名字为"王绥祺"，在其人生的这一节点，他的名字变成了"王清福"。这是他出名时的名字，"清"字在中文里的意思为"清澈"或者"纯净"，"福"字在中文里可以解释为"好运"或者"幸福"。返回中国期间以及结婚之际，他已经接受了成人时期的名字"王彦平"，不过由于这个名字在中国上了通缉名单，再次更名看来是个极好的主意。一个人同时拥有好几个名字，对中国人来说是很寻常的事。

考虑到协义堂以他为仇杀对象，与旧金山保持一定距离似乎是明智之举。多年后，忆及下决心这么做的原因，王清福归结为两次死里逃生的经历。后来，他多年未曾返回旧金山。[17] 恢复巡回演讲是个水到渠成的结果，对此，王清福是这么说的："马基高"号事件过后，"我被迫走上讲坛，代表我的国家进行演讲"。强迫他这么做的人之一是个杂耍演员，那人的名字是费耶特·洛达维克·鲁滨逊（Fayette Lodavick Robinson）。他更广为人知的名字是"美佬"鲁滨逊，他曾经干过鞋厂老板、莎剧演员和舞蹈教练。其实，鲁滨逊是个小商贩，一生经历过数次大起大落。1872年，他来到了加利福尼亚州[18]，在那里经营一个巡演马戏团[19]。

鲁滨逊在美国西岸的合约于1873年5月结束，他在四顾寻找下一轮机会之际巧遇了王清福。当年秋季，两人达成意向，由鲁滨逊为这位中国演讲人进行推销，带领他进行巡回演讲。鲁滨逊非常适合做推销员，当年10月中旬，他们加上一个名叫黄暄桂的中国人，三个人一路推进到了芝加哥。关于黄暄桂，如今已无迹可寻。芝加哥市长莱斯特·邦德（Lester L. Bond）甚至还接见了他们，显然他们在当地引爆了一波舆情。人们争相排队入场，演讲一场接着一场，王清福如何逃离中国、如何在旧金山的中国黑帮手里遭遇生死劫,俨然成了当地的热点话题。[20]在沿途的每一座城市,王清福好像都开过讲座,不过关于讲座的具体安排,如今已无文字可考。

时间移至11月中旬,他们来到了密歇根州马歇尔市,三人组合在此突然画上了句号。因为鲁滨逊消失了,带着演讲收益潜逃了。鲁滨逊不仅没付给王清福工资,反而留下了一屁股债。这是一次毁灭性打击,然而,这并不是王清福最后一次上江湖骗子的当。《杰克逊公民日报》采访王清福时,他说这次他和中国伙伴被抢的金额达到了200美金。他希望通过演讲获得足够的资金,以便两人返回旧金山。[21]该报对他寄予了同情,还敦促读者们踊跃参与他在杰克逊的演讲,每张入场券的价格为25美分。[22]然而,参与者寥寥无几,王清福在这个城市的收入仅为大约10美元。[23]

接下来,王清福来到了密歇根州夏洛特市,他在该州的居留时间长达数月。为加入美国籍,1874年4月3日,王清福在大急流城向肯特县巡回法院提交了"入籍宣言",法院当天即宣布他为美国公民。申请成为美国公民,通常会耗时五年,分为如下两个步骤:入境美国两年后,申请人可提交"入籍宣言",或称"初级申请书";再过三年,即可提交申请成为美国公民的"二级申请书"。不过,除了前述规定,对于已在美国生活五年以上的未成年人,只要23岁生日之前提交入籍申请,即可享受法外特例。

王清福原本没有资格享受这一特例,不过,他似乎想方设法充分利用了这一特例。实际上,当时他已经年满27岁,但他把出生年份填写成了1851年,年龄填写成了22岁。虽然他移居美国的实际年份为1867年,他在表格上填写的年份却是1864年。他提供的证明显示,他在美国已经连续生活五年以上。但实际上,他在美国的时间加在一起可能都达不到那么久。另外，在此期间他返回中国的时间也超过了两年。这些似乎都是精心安排的虚假陈述，目的是让他看起来有资格享受未成年外籍申请人特例。幸运的是，从未有人发现他填写的信息与实情不符。时至今日，有关他的出生年份仍然无法确定，这主要应归咎于他在入籍文件里填写的虚假信息。

对中国人来说，归化成美国公民可谓史无前例。对美国人而言，这同样非比寻常，以致全美各地多家报纸拿它大做文章，可惜大多数记者将其中一些信息弄错了。例如，威斯康星州《史蒂文斯波因特日报》将他的入籍地点说成了艾奥瓦州，《萨克拉门托联合日报》则说是底特律市。《卡拉马祖宪报》宣称，王清福是全美第一个成为美国公民的中国人。[24] 这与事实不符，1854年毕业于耶鲁大学的广东人容闳早年生活在纽黑文市，早在1852年，他就归化成了美国公民，比王清福早了20多年。其间，还有另外几个人效仿容闳。不过，王清福毫无疑问属于第一批获得美国公民身份的中国人。

返回中国的前景渺茫，这一事实可能与王清福在那一阶段渴望成为美国人有关。不过，也许他当时已经嗅出，对他来说，机会的大门很快会彻底关闭。美国的《入籍法案》于1790年开始执行，当时美国国会已经在讨论为该法案设立门槛，就申请人身份的适当性增补如下一条："在非洲出生的外国人以及非洲人后裔。"时间移至1875年，即授予王清福美国身份的第二年，这一原则或多或少已经被写进了法律。前述文字的本意不仅意味着可以授予非洲移民公民权，同时也明确透露出，亚洲人在这方面将会遇到阻力。

同样是在1875年，美国国会批准了第一部联邦移民法。同时获得批准的还有《佩奇法案》，该法案由加利福尼亚州共和党众议员霍勒斯·佩奇（Horace F. Page）提出，因而得名。[25] 该法案的目标是，限制类似"马基高"号邮轮女孩那样的妓女入境美国。然而，在实践中，该法案将所有亚洲女性移民的数量减少到了寥寥无几。因为人们几乎不可能从美国劳工的妻子和未婚妻当中识别出潜在的性工作者。当年美国人的普遍印象是，所有中国女性都十分淫荡，中国妓女总是勾引白人男性，从事下作的性交易，还把疾病传染给他们。《佩奇法案》距最终全面禁止中国女性入境仅一步之遥。[26] 假如"马基高"号上的女孩们晚两年抵达美国，人们根本不会允许她们离船上岸。至此，美国已经开始推进从法律层面排斥中国人。

在威廉·艾伦（William Allen）的陪伴下，王清福从密歇根州一路向东，继续巡回演讲。艾伦是位绅士，鲁滨逊消失后，他成了王清福的经纪人。1874年6月，王清福在尼亚加拉市一场温馨的祈祷会上发表即席演说，这让他获邀于第二天晚间在尼亚加拉大街教堂以"中国和死里逃生"为题发表演说。在布法罗之后，王清福直奔罗切斯特市，他在那里经历了演说生涯中最风流的一段时光。

7月12日，王清福在布里克教堂发表演说，收到了一捧玫瑰花，还获得了舆论赞誉："无比虔诚的人……为正义吃尽了苦头。"[27] 7月17日，他离开罗切斯特前往帕尔麦拉。时间过去尚不足一周，《罗切斯特民主纪事报》便刊发了一篇文章，该文宣称，他在罗切斯特期间"曾经去过不该去的地方"。根据该文的描述，某天晚上，他和艾伦去了兰卡斯特大街，两人敲开了某位霍尔小姐经营的"开心屋"。艾伦上前询问中国男人可否享受"开心"时,王清福隐身在一片灌木丛后。店主最终允许他进了门。几个年轻女人鱼贯走进前厅,王清福两眼紧盯一个有着一双明眸的、双颊粉红的美女,她名叫艾琳·马丁(Irene Martin)。

至于后来发生了什么,《民主纪事报》耍了个手腕,将想象空间留给了读者。不过,该文强调,事情过去好几天后,年轻的艾琳仍将棒极了的王清福挂在嘴边,她甚至将王清福亲切地称作"查理"——这是王清福偶尔使用的昵称。随后几天,王清福给艾琳写了几封信,其中两封信寄自帕尔麦拉,第三封信寄自纽约州纽瓦克市,每封信都附有一张他本人的照片。

那天晚上,被爱情冲昏头脑的王清福回到了罗切斯特,在一家酒店开了个房间。艾琳从女士专用入口溜进酒店,一直待到将近半夜。艾琳该离开酒店时,大门已经落锁,王清福花钱买通了看门人放艾琳出门,并让看门人对此事保持沉默。后来,王清福于7月21日再次来到兰卡斯特大街,不过,这次霍尔小姐向艾琳提出了警告,绝不允许那个男人再次出现。同一位客人反复出现,定会带来麻烦。

《民主纪事报》称,艾琳坚持说:"不管王清福是不是中国人,他是个地道的绅士,而且,我爱他。"她跟随王清福去了纽约州法明顿市。由于面子问题,她对外宣称,自己是艾伦的妻子。《民主纪事报》进一步爆料说,艾琳曾经嫁给布罗克波特的一个男人,离开那男人迁往罗切斯特前,两人育有两个孩子。"本人认为,"文章在结尾处称,"她称得上是个美丽的女人,但从智力方面看,她是个轻浮的、没头脑的女孩,近乎没有或完全没有自控能力。"[28]《尼亚加拉瀑布宪报》给了她一个称号——"弄脏羽毛的鸽子"，进而还为王清福发出了如下感慨：不知"教会从今往后还能否像迄今为止那样宽容他"，因为他显然是个骗子。[29]

《民主纪事报》那篇文章成了有关艾琳·马丁的唯一消息来源，后来，间或有报道提及她与王清福的交往，追溯各篇文章的源头，全都指向那篇首发文章。就其主体部分而言，那篇文章无疑是可信的，例如，当时王清福是个27岁的异性恋者，和自己的妻子一起生活的时间非常短，也不知道能否再次见到她。不仅如此，据说他对女人很有鉴赏力。1879年，《底特律自由报》曾经在一篇评论文章里挖苦说："他学会的第一个美国习惯应该是'像美国人那样调情'。"文章进一步说："每当在街上遇见漂亮女人，他一定会向对方做出某种崇拜或艳羡的表示。"他的经纪人只好忙不迭地"向脾气暴躁的父亲们、愤怒的丈夫们、气愤的兄弟们连声道歉"。[30]

男人迷恋公认的美女艾琳，这种事不难理解。尽管如此，数年后，王清福对此事还是予以否认。他说，当时是朋友引诱他进了那家妓院，意识到那地方的性质后，他当即就离开了。[31] 漂亮的艾琳随后销声匿迹，那段绯闻本身也没有延续多长时间。尽管当年的报道可信度不足百分之百，不过从许多方面看，它也有其教育意义。在当时的旧金山，与妓女交往的人无论是白人还是中国人，都不会受到法律制裁，但在纽约州，情况则完全不同。在当时的美国东部，中国人非常少，因而罗切斯特的人以前没有想过中国人关照白人妓女是否恰当。在加利福尼亚州，从舆论上诽谤中国人的事早已存在。1874年，这种事也影响到了美国东部的舆论。尽管如此，跨种族交往在当时仍然容易招致非议。正如最初允许王清福进入其经营场所的霍尔小姐所言，如果允许他继续光顾，定会带来麻烦，此言可谓不虚。最明智之举当为谨慎行事，对经营这一最古老行业的从业者来说尤其如此。

或许《民主纪事报》说的没错，与妓女——更严重的是和已婚并育有两个孩子的妈妈——如胶似漆，此事如果广为人知，必定会严重伤害"无比虔诚的"王清福的演讲事业。然而，这种事从未发生。接下来数年间，王清福的事业开始遍地开花。

第五章
轻狂的和有点疯癫的人
（1873—1874年）

全美各地多家报刊都转载了《旧金山纪事报》的推介文章《了不起的中国佬》，这让王清福成了全美范围内的名人。[1] 文章很大程度上既全面又扼要地介绍了王清福截止到当时的人生阅历，某种程度上还美化了他。文章内容包括"马基高"号邮轮上发生的事、他在中国的革命活动，以及他逃离中国一事。康涅狄格州的《哈特福德日报》于1873年10月7日转载了该文，容闳一定是从这份报纸上读到了该文。[2] 容闳正是那位比王清福早了20年来到美国，并于1854年从耶鲁大学毕业的广东人。

尽管容闳早在1852年即已归化成为美国公民，大学毕业后，他却返回了中国。最初，他在香港的一家律师事务所短暂实习了一段时间，然后辗转去了上海，在当地海关总税务司当了几个月的翻译。[3] 大约六年后，同一家机构也雇用了王清福。后来容闳投身商界，与太平天国运动搅和在了一起。再后来，1863年，他遇到了两江总督曾国藩，当时后者也是领兵的将军，正是他最终剿灭了太平军。曾国藩有强烈的兴趣学习军事上强大的西方的技术知识。[4] 他利用容闳的经验和英语技能，派他到海外采购了一些机器设备回国，让中国具备了自主制造某些军火的能力。[5]

顺利完成上述任务的容闳名正言顺地跻身精英阶层，还成了曾国藩私人顾问团的一员。容闳利用自身影响，大力进行游说，以图实现酝酿已久的目标。这一切都源于他的亲身阅历，他的目标是：利用公费大量派遣中国孩子赴海外求学，学生们用15年时间主攻技术专业，学成后回国，利用所学知识为公众服务。曾国藩清楚，中国在军事上非常落后，因而他对此持支持态度。但是，在保守的清廷中，持反对态度的人不在少数。1871年，曾国藩和李鸿章就派遣留学生一事联名上奏朝廷，并获得批准。当时李鸿章的身份为朝廷重臣、省级大员，他最终成了中国最重要的外交家之一。

在为留学项目选择地点时，美国胜出，欧洲遭到淘汰。部分原因在于容闳更熟悉美国，另一个原因是中美两国于1868年签署了《蒲安臣条约》，根据条约规定，在外派学生就学和住宿方面，双方的公立学校都向对方开放。于是，中国将于四年内派遣四批学生前往美国新英格兰地区，每批30人，学习科目包括军事科学、数学、航海、造船和武器制造。项目由陈兰彬负责，他是个老派的儒士，不会说英语，官职也不高，精通英语的容闳是他的副手。

容闳只身前往马萨诸塞州为孩子们安排住宿，1872年夏天，30个孩子和陈兰彬以及另一位官员随后赶到。陈兰彬和容闳在康涅狄格州哈特福德市建立了一家常设驻美机构，起名为"中国幼童出洋肄业局"，一道前来的同僚则去了马萨诸塞州。实际上，哈特福德的机构成了中国有史以来开设的第一个常设驻外机构。在那之前，闭关自守的清朝从未意识到在外国领土上设立外交机构的好处，直到1878年，中国才开创性地在美国设立了第一个正式机构。[6]作为中国第一个海外机构，它已经具备了事实上的使馆功能。尽管该机构未获官方授权行使使馆功能，对于发生在美国的、涉及中国利益的活动，派驻人员会定期向北京报告，同时代为照看地球那半边的古巴和秘鲁，因为中国劳工在这两个国家遭到了恶劣对待。[7]

在哈特福德，容闳将各项事务安排妥帖后，《哈特福德日报》刊发了第一篇关于王清福的文章。几个月后，该报刊登了第二篇关于王清福的文章，不过，文章某种程度上将"了不起的"中国人塑造成了"招摇撞骗的"中国佬！简单介绍过王清福的身世后，该文宣称，他在美国四处演讲期间欺骗了各地的酒店老板和其他人等，还诈骗了包括美国人和中国人在内的好几个人。文章还说，王清福自我介绍时自称是"受中国政府派遣执行特殊使命的官员"。[8]文章最后补充说，王清福对中国文学近乎一无所知。一个月后，由于出了艾琳·马丁的绯闻，该报借题发挥，第三次拿王清福做了一篇小文章。该文称，他"在罗切斯特市进一步展现了邪恶的癖好，让媒体都觉得无颜报道"。该文最后补充说：所有生活在美国的中国人都"断然拒绝与他交往"。[9]9月8日，该报的"私人绯闻"专栏第四次刊登了一篇关于王清福的短文，称他被"驻这个国家的中国官员们认定为骗子"。[10]

自此往后，指责王清福住酒店不付费的文章在其他地方的报刊上也偶有出现。不过，这类指责全都发生在《哈特福德日报》刊发的文章由颂扬变为贬损，以及随后再次刊发一篇贬损文章之后。该报没有提供相关细节，也没有提供能够证实这些所谓不端行为的消息来源。其实，关于王清福从未学过中国文学的说法，来源必定是他的中国同乡，只有中国人才会认为这是特别丢人现眼的事。所谓来自"驻这个国家的中国官员们"的指责，直接将矛头指向了容闳。那时，生活在美国东岸的中国人屈指可数，官员仅有三人，距《哈特福德日报》最近的仅有两人，而其中会说英语的当然唯有容闳。

容闳受清政府委派，执行特殊使命，他是"真正的"政府官员，当然会认为王清福是个僭越者。这样的麻烦制造者遭到中伤，与清政府所在的准外交使团的利益完全一致。所谓王清福自称是中国政府特使。这件事纯属捏造。可以肯定的是，那一阶段，王清福自我标榜为"孔子学说传教士"，或许这成了捏造事实的借口。不过，王清福几乎不可能标榜自己是清朝官员。事实早已很清楚，王清福对清廷没有一点好感。尽管有人说他愚笨，无论如何，他曾经发起过一次推翻清朝政权的暴动。无论是以前在中国，还是返回美国后，王清福在各种发言场合一直对清政府持批评态度。实际上，《哈特福德日报》第二次刊登有关王清福的文章时，同月出版的《纽约商业广告报》刊文称，王清福于6月22日在布法罗的演讲现场"强烈谴责如今的中国王朝政府，以及游牧民族的朝廷，他曾经与他人共谋推翻这一政府"。[11] 先不说王清福主观上是否乐意，既然他公开谴责清朝政府，那么他毫无可能信誓旦旦地自称是该政府的官员。

两个月后，王清福决心借助报刊，将他对朝廷的不满发泄出来。虽然他目前阶段依靠四处开讲座谋生（他全心全意投入写作是十年后的事），1874年8月，他为《纽约时报》撰写了一篇文章，详细介绍了中国劳工在古巴遭受的残酷对待。文章说的是一名广东"苦力"逃离古巴糖厂的经历，他在波士顿接受了王清福的采访。这位年轻人在中国上当受骗，遭人绑架，在古巴砍了五年甘蔗，生活状态和工作状态如同奴隶。王清福的文章再现了他那令人恐惧的经历，包括他如何忍受剥削、体罚以及营养不良。

王清福将此种强制劳动的责任直接指向了清朝官员们的腐败行为。他说，此前25年间，这些官员允许多达10万名中国人遭到如前所述的绑架，在海外饱受奴役。对于他此前何以不愿意说出此事，他解释说："因为我不愿意当着其他国家的面贬低自己的国家。"不过，清朝政府对自己的子民遭受虐待无动于衷、自甘堕落，促使他必须说出真相。[12]

由于哈特福德的机构有责任监管南北美洲其他地方的事务，王清福的文章和随之而来的对清朝政府的指责有可能引起了容闳的注意。无论容闳是否注意过这篇文章，《哈特福德日报》刊发的报道已经具备了足够的攻击力。我们据此可以推断，容闳和他的顶头上司陈兰彬共同起草了一份关于王清福的报告，其中大量引用了《哈特福德日报》刊发的内容，然后将报告寄回了国内。报告最终呈送到了总理衙门，即清政府的外事部门，该部门认为，有足够的理由注意王清福的动向。

标注日期为1874年9月28日的一份翻译文件清楚地显示，清朝政府对《哈特福德日报》的文章了如指掌。该文件为恭亲王奕訢（在位皇帝的叔父，正是他于1861年设立了总理衙门，且一直主管该衙门的日常事务）写给卫三畏的一封信，后者是当年美国驻中国使馆的公使。实际上，恭亲王或多或少直接引用了该文的内容。衙门刚刚完成对王清福的调查，即他以王彦平的名义居住在上海和镇江期间所从事的活动。恭亲王关注的并非王清福早年在中国从事的革命活动，而是各种报道所说他以皇家特使身份在美国招摇撞骗，还打算前往加拿大和英国继续行骗。如果外国人认为他在代表清朝政府讲话,这其中必然隐含着在海外挑拨中外关系的可能性。王清福引起关注的原因正在于此,他尤其会引起官员们的关注,因为对于国际交往方式,他们仅仅具备最低限度的经验。恭亲王的信中写道:"如果他在海外如此厚颜无耻,到处信口开河,必须盯紧他,加以逮捕。如若不然,令人极为忧虑的是,他有可能引发最严重的外交难题。"[13]

恭亲王顺理成章地提出了引渡要求。"尤为重要的是,需立即抓捕王彦平,将其送返中国归案,使其无法继续在他国乱放厥词。我在此恭请你方按我方要求将其捉拿归案。"[14] 这里引用的是该信的结束语。

卫三畏坚信,恭亲王反应过度了。受邀就国际关系问题开讲座时,他客气地向亲王指出了这一点。"在此我必须申明,任何国家的臣民遇到此等指控,必然会逃往另一个国家,他国没有义务对其实施逮捕和审查,此为西方国家的惯例,"这些文字摘自卫三畏的演讲稿,"除非他违反所在国法律。"他进一步向恭亲王指出,美国政府部门很快会意识到,"既然王清福没有得到政府的正式任命,他不过是在冒充特使"。"此类轻狂的和有点疯癫的人完全不可能在那边制造任何事端。想方设法惩处他,并派人逮捕他,在我看来,这种念头没必要公之于众。"在演讲稿结尾处,他补充说,亲王应当"忘掉所有忧虑和担心",这种事在西方不值一提。[15]

私底下,卫三畏对王清福少有指摘。在写给国务卿汉密尔顿·菲什的信里,他是这么说的:"就我对他的了解而言,他不过是个充满激情的、狂热的人,无论什么事,但凡能带来回报和名誉,他都会全身心投入。外交特使身份这一虚假传言,可能仅仅是虚张声势,是报社记者们极度夸张的产物。"[16]

就引渡问题,恭亲王的反应是,引用《蒲安臣条约》中的第16条具体条款。不过,亲王没有一味坚持推进此事,因而此事似乎就这么烟消云散了。对于这些事,王清福是否知情,如今我们无从判断。不过,他肯定坚持认为,如果他返回中国,则必死无疑,因而他的所有行动都以此为准。随后25年间,他从未做过回国的打算,也从未和家人联系过。与此同时,他把全部精力投入到在全美各地为中国人塑造形象方面,并为此吃尽了苦头。

第六章
美国第一位孔子学说传教士
（1874年）

1869年，横贯北美大陆的太平洋铁路贯通，大量身在美国的中国人失业了。令人遗憾的是，发生这种事的时机恰好赶上这个国家处于全国性的经济萧条边缘。中国移民们开始在其他行业寻找工作，有些人去了东部，不过多数人仍留在了西部。中国人愿意接受低工资，这让他们与失业的以及未充分就业的美国人矛盾不断，其结果是，有时候会出现暴力对峙。这种事主要发生在西部。运气不好的中国人经常在冲突中遇上最糟糕的结局。

中国人在加利福尼亚州出现未久，当地就有了反华情绪。不过，新近出现的经济压力加剧了人们对中国劳工的诋毁谩骂。19世纪70年代，随着时间的流逝，中国人的日子越来越难过，当地人对中国人的态度日趋强硬，白人开始寻找各种借口表示不喜欢中国人，其结果是，有人恶意制造了许多刻板的种族形象和替罪羊形象。在地方级和州级立法机构的精心策划下，中国人的生活更加艰难了。多年来，加利福尼亚州批准了一些特殊立法，针对从事渔业、采矿业、熨烫业的中国人课税，将中国人拦在了某些行业之外，还禁止市政工程雇用中国人。

1870年时，美国境内已有7万中国人，比这一现实更让人警觉的是，新移民正在持续地大量涌入。1869年，《纽约时报》派驻旧金山的一位记者在文章中称："犹如青蛙大量涌入埃及一样，借助风帆和蒸汽船，中国人正大量涌入这个国家。"[1] 一项反移民措施在州级立法机构获得了批准，不久后，就完全禁止更多中国人入境的议题，联邦级立法机构展开了激烈辩论。

19世纪70年代以前，中国劳工和移民问题在很大程度上只是地方性问题。然而，随着70年代的到来，中国人问题成了美国全国性的焦点问题。1870年6月13日，75名中国人抵达马萨诸塞州北亚当斯的卡尔文·桑普森鞋靴厂工作，这标志着东部的觉醒。由于有工会背景的美国工人们要求提高待遇、缩短工时，并参加罢工，他们遭到了老板桑普森的开除。随后，桑普森雇用前述中国人取代了他们。中国人愿意接受每天90美分的工作报酬，这还不到桑普森付给工会成员工资的半数；除此以外，他们还愿意接受每天加班一小时。桑普森表示，他们为公司工作满三年后，他会支付路费，让他们返回加利福尼亚。在警察的保护下，这些中国劳工来到工厂，他们抵达时遭遇了人们的嘘声，还有人朝他们扔石头。不过，桑普森当年有权雇用他们。令工会懊恼的是，中国人不仅能干，工作效率也很高。[2]

大家都注意到了中国人的到来，一些人因此责怪雇主，另一些人则诽谤中国人。前述雇工事件并非唯一的事例。同年，新泽西州贝尔维尔的一家蒸汽洗衣房雇用了75名洗衣工，以取代参加罢工的爱尔兰女工。[3] 这些事很快在东部媒体中扩散开来。中国工人到达桑普森鞋靴厂两周后，《纽约论坛报》发表了一篇社论，由出生在苏格兰的约翰·斯文顿（John Swinton）执笔，他是最著名的为工人代言的记者。他在文中做出了正确的预言：中国人问题很快会成为热门的政治话题。正如斯文顿所说,资本家们手里握有的武器让他们能够成为"在美劳工的绝对主宰"。他勾勒出了一幅图景,成千上万的中国工人像洪水猛兽般涌入了美国的工业部门。[4]

斯文顿发表过一篇分为四个部分的长文,其中一个部分充斥着对资本家的抨击,另外三个部分充斥着种族主义的奇谈怪论。在这篇文章里,他从种族、产业、政治、道德四个层面清楚地表达了自己反对更多中国移民入境美国的观点。他在文中预言,更多中国人必然会导致种族杂交,尤其应当看到,在美国的中国人口中,女性占有压倒性的优势。"蒙古人种(当时美国人认为中国人属于蒙古人种)是个堕落的、品质低劣的人种",接着,他进一步解释说,"人类中的蒙古种族是个劣等种族。""蒙古种混血儿"的增加,必将"导致比我们迄今为止所知更低劣的血液输入美国的静脉系统"。[5]

斯文顿不久前访问过哈瓦那,他的看法是,在古巴的中国人所处的恶劣工作条件对美国人是个警示。正如王清福几年前描述的,古巴的中国人都生活在类似强制劳动的状态下,用这样的事实与美国的情况相比,难说公平。斯文顿坚称,只要美国人放下架子,向中国人看齐,在竞争中肯定能战胜中国人。他还挖苦说,这样的对比犹如"车船上的吊铺与正儿八经的床铺相比,烧烤鼠肉与烧烤牛肉相比"。[6] 他接着辩称,允许中国人继续移民,最终必将给不习惯民主的"劣等人民"一个发言机会,使他们对美国人如何管理国家评头论足。"东方人意念中的政府就是专制主义",他宣称,中国人"根本不知道自由为何物"。[7]

斯文顿将最下流的谩骂留给了关于道德的辨析。他的表述如下:"也许孔子学说和佛教都声称,'德'为普世存在的法则,不过,唯有那些……熟悉中国人如何生活的人……才真正知道,在道德方面,千百万中国人彻底沦丧到了何种地步,而这些人如今却受邀移民美国。"斯文顿的指责没有特定的对象,不过,他接着指责中国人不诚实、不道德、下流、淫秽,随之还指责他们拥有"邪恶的和令人痛心的恶习",并且处于严重的病态。他信誓旦旦地说——尽管没有任何说服力——他没有"仇视中华民族的恶意"。他赞成清除那些"整船整船到来的淫荡的中国女人"和"乱伦的以及偷鸡摸狗的中国男人"。[8]

为支持排外,斯文顿找出了许多理由,随着19世纪70年代的流逝,人们渐渐熟悉了他的理念。其他地方的人们提出的理由包括:中国人是异教徒,他们长相奇怪,穿着怪异;他们抱团,不能也不愿意与外族同化;他们生活在拥挤的、不卫生的环境里;他们是鸦片瘾君子;他们吃猫肉和狗肉;他们将黄金寄回国,不在当地消费,无法给美国人带来好处。[9]

上述论调在美国大行其道,在这样的背景下,王清福重新开始了以中国和中国人为题的演讲生涯。过去他讲惯了中国的国内生活,这些内容依然大受欢迎,对于很少遇见中国人或从未见过中国人的美国人尤其如此。不过,事情变得越来越清楚,王清福返回中国前,评判两种文化间的差异即可满足听众,如今则必须向听众推荐更多内容。眼下中国人正在遭受全面炮轰,他们有许多理由不该承受这些,特别需要有个人站出来替他们说话。王清福没打算做全面防御,将该说的话讲尽说绝,他集中讲解的领域是宗教,因为他比大多数人更熟悉这一领域。在这方面,他感觉自己比其他人拥有更大的发言权。有一种印象在美国人当中很流行，即中国人是不信神的异教徒，不讲道德，理应一辈子受诅咒，王清福决心驳斥这些偏见。

为实现上述目标，王清福以鲜明的特色出场，博得了满堂喝彩。1874年9月27日，一身中国本色装束的王清福出现在波士顿帕克纪念堂，这里是单一神教派人士聚会的主会场。王清福以孔子学说为题发表了一次充满想象力的演讲。在演讲中，他自称是中国派到美国的第一位传教士。[10] 他的分寸拿捏得十分到位，一开场，他首先对美国人民出于好意派遣基督教传教士前往中国表示感谢，然后还虚情假意地说，他出席这次演讲是一种互惠姿态。他还提议，每个国家都应当尊奉他此次宣讲的孔子学说，因为这一学说提倡"从精神和世俗两个层面向善"。[11] 就孔子的追随者们倡导的五个核心理念——庄重、礼仪、诚信、贞节、孝顺，他用自己的方式向现场听众做了普及，还一一做了详细解释。他同时还谈到，人们随时随地都需要表现得知书达理，有必要教育孩子们规范言行举止，男女授受不亲很重要，他理所当然还谈到了友情、亲情和尊重父母。

另外，他的演讲并非简单地背诵中国的价值观，而是以此为契机让他所不喜欢的人以及与他观点相左的人付出代价。例如，在一次与听众讨论中国习俗时，他情不自禁地对新教传教士在中国的活动痛加挞伐。对在生活中以及赴美这件事上曾经帮助过他的那些人给予负面评价，这对他而言还是第一次。他的解析很有意思：

> 耶稣会传教士……比其他传教士做得好十倍，因为他们尊重当地人的习俗，遵守当地法律，因而赢得了尊重和友

爱,也能够更好地完成预想的工作。至于新教传教士,情况则完全不同。他们首先主攻最下层的人,深入苦力当中,而那些人最无法理解他们。这样一来,有身份、有地位的上层中国人认为,他们是社会糟粕的一部分,因而不愿意与他们有任何接触,他们因此丧失了在上等阶层发挥影响力的机会。[12]

他言不由衷地赞美了一番旧金山的广东人,其实他看不起他们,称之为"素质最低的"中国人。尽管如此,他赞赏他们基于友谊和相互间的责任形成的凝聚力——这非常符合孔子学说。论及"美德"这一话题,让他有机会介绍中国人的好客,不过,他也借机指责了一番中国境内的欧洲人。他说:"如果美国人有机会深入中国腹地,前往法国人的残忍、西班牙人的暴虐、英国人的贪婪所没有玷污的地方,一定会受到中国人的热情款待和高度尊重,这与世界上其他地方没什么区别。"谈到"谦虚"这一话题时,他在幽默中掺杂了些许自嘲。"成为文明人以前,"他原话如此,"我一直挺谦虚。"[13]

最后,就"孝顺"议题展开讨论时,他介绍了中国人在父母亡故时如何进行哀悼。这让他得到了机会,就美国人指责中国人崇拜偶像给予反击:

失去亲人的人会得到某种东西,为的是随时悼念逝者,用以寄托哀思和敬仰,正是此一习惯导致人们将偶像供奉在庙里。其实中国人崇拜偶像,并不像外人想象的那样是崇拜偶像本身。中国人相信,上天的意志存在于偶像里,因而人们会尊奉偶像。[14]

在另一个场合,王清福曾经就此问题展开进一步讨论。他说:"中国人崇拜偶像的虔诚,赶不上天主教徒崇拜带有一个小人的十字架。所以在中国,寺庙里到处供奉着人像,在人们的头脑里,这些人像代表着某种思想,犹如十字架代表耶稣受难。毫无疑问的是,朋友们,任何形式都无法拯救现世的人。"[15]

在波士顿演讲现场,王清福花费很长时间向听众介绍孔子的一生。他拿孔子和耶稣进行比较,并宣称"孔子的全部信仰可归结为2300年前定下的金科玉律:'其恕乎!己所不欲,勿施于人'"。王清福无意反驳或抨击基督教,他的意图无非是让人们完全明白,中国人的基本理念与西方人的价值观没什么不同,而且出现时间早于西方。[16]另外,可以肯定的是,中国人对上帝怀有敬畏之心,只不过是用自己的方式而已。王清福终生都主张,包括他在内,所有中国人都信仰一个上帝。不过他对此没有明说,总是闪烁其词,在波士顿演讲现场亦是如此。他是这么说的:"我们以自己的方式敬仰上帝,比你们的方式好十倍,也快十倍。"此后,他经常会越过红线,其实他只是想维护中国人,如果因此冒犯了美国人,也只是想影响他们而已。

王清福不大愿意触及却偶尔会谈到的一个话题是"社会阶层"。他出生在体面的家庭里,遇到花雅各夫妇之前,虽然他和父亲有过一段艰难时日,他仍然认为,与大多数中国人相比,自己属于上等阶层。虽然他从未成为中国官场精英中的一员,但如果有人称呼他"官员",他从不会开口纠正对方。他接受的西式教育肯定更加强化了他的优越感。他对新教传教士们的鄙视,是基于他批判他们在下层人身上浪费时间。他有点看不起南方人,实际情况是,在投身事业的过程中,即使在奋力为在美国的广东人争取权益之际,他也会不失时机地对他们横加指责。

对于自己的祖籍国,王清福在言谈中明显开始加入一些浪漫的想象。《纽约时报》曾经评论道:"他会热情洋溢地赞美说,但凡欧洲人和美国人的'残忍、暴虐、贪婪'没有渗透到的地方,中国的老乡依然保持着乡下人的单纯和忠厚。"[17] 他会一而再,再而三地向人们展现一幅中国画卷,其中的和谐及其田园诗一般的场景远远超出实际,尤其超出19世纪晚期数十年动荡的实际。随着流亡时间越来越长,他对祖籍国的看法也越来越脱离实际。

演讲结束时,王清福说:"我有幸成为来自中国的第一位传教士,不过,我希望更多比我更能干的人继续我的事业,也希望你们接纳这一宗教,因为没有比这更好的。"[18] 不过,可以肯定的是,这番话不过是个噱头,意在让听众更加注意他,算不上严肃地规劝美国人改变信仰。几年后,他或多或少承认了这一点。[19] 其实他是在解释自己的观点,而并非劝说什么人,他自称传教士,仅仅是一种手段,为的是引起听众注意。他的这种做法相当奏效。

对于王清福自称是中国派到美国的传教士,《纽约时报》认为,他的这种想法很有意思。而该报的文章恰好帮了王清福的大忙:

> 人们早就预见到存在这种可能性,异教国度的传教士早晚会来到我国,而今终于有个名叫王清福的人现身了……这位反其道而来的名人……最近去了波士顿,且以值得赞颂的热情立即开始了说教,而他面对的人全都像当代雅典城的人民一样满腹狐疑。[20]

可以预见，王清福的演讲会得到广泛报道。连上海租界出版的英文报纸《北华捷报》也转载了《波士顿环球报》的文章。[21]不过，并非所有报刊都像《纽约时报》那样认为王清福很有意思。一个月后，王清福在费城举办了一场题目相同的演讲，《纽约福音传教士报》刊发了一篇反驳文章。该报由长老会主办，主编为思想开放的亨利·菲尔德（Henry W. Field）牧师，王清福对传教活动的中伤让该报感到不快。"从权威人士那里了解孔子的思想体系，属于人们的正当兴趣，无可指摘"，这段文字摘自《传教士报》的社论，"不过（王清福）却迫不及待地挑明了他的意图，他试图污蔑我们远在中国的传教活动"。文章接着指责王清福试图瓦解人们对传教活动的信心。[22]既然王清福已经下了战书，教会的反击自然在所难免。《传教士报》的这次反击不过是第一轮齐射，数年后，手段卑劣的人身攻击才会到来。

不过，王清福对传教士的批判并非完全出于私心。他从孩提时代就和传教士们一起生活，他既对他们表示感谢，又对他们心怀愤怒，肯定有其正当理由。传教士们是他的衣食父母，更有可靠的证据表明，他们救了他和他父亲的命，还免费向他提供了西式教育，这让他的一生企及了其他任何方式都不可能达到的高度。然而，传教士们从未完全接纳他，也没有爱过他，而他从小小年纪就听到他们在言谈中攻击中国人民。他对传教士公开表示蔑视，有其现实基础，至于这一切的背后是否含有私怨和私仇，我们就不得而知了。

此时的王清福还没有与基督教完全分道扬镳，那是后来的事。与此同时，他会继续关注宗教，宗教也是他演讲中的一个主题。接下来数年间，他的演讲邀约持续不断。

第七章
一盘最让人开胃的黏稠调味酱
（1875—1879年）

　　接下来数年间，在美国东部和中西部，王清福到处巡回演讲，内容多为波士顿演讲的翻版，同时涉及的内容包括中国国内的生活、礼仪、习惯等。1874年余下的时间，王清福一直在新英格兰地区活动，为马萨诸塞州和缅因州的听众演讲，11月，他抽空去了趟费城。1875年和1876年年初，他的活动范围扩大了，演讲区域增加了新泽西州、宾夕法尼亚州、俄亥俄州和印第安纳州。1875年年末，他还走出美国，去了趟加拿大，在安大略省京士顿市演讲。[1] 1876年春天，他返回新英格兰地区，当年余下的时间，他一直在康涅狄格州、佛蒙特州、马萨诸塞州的数座城市演讲。这一时期肯定是他一生中最孤单和最疲乏的一个阶段。

　　王清福的演讲并非他自己安排，必须有个机构为他做前期工作，例如预订场馆，准备传单、招贴、通告以及打广告等。1874—1875年的演讲季，他与波士顿的"雷德帕斯演说促进局"过从密切。[2] 这是一家为演讲人服务的机构，服务对象包括19世纪末期一些伟大的作家、演说家及政治人物，如马

第七章 一盘最让人开胃的黏稠调味酱 71

克·吐温、P. T. 巴纳姆（P. T. Barnum）[①]、弗雷德里克·道格拉斯（Frederick Douglass）[②]、爱默生、查尔斯·弗兰西斯·亚当斯（Charles Francis Adams）[③]等。该机构由詹姆斯·雷德帕斯（James C. Redpath）于1868年一手创办，他是一位著名的记者和废奴主义者。该局以演讲人名义与第三方谈判，从收入中抽取10%作为佣金，代理的业务包括安排演说、辩论和讨论会。[3]第三方往往是地方社团或行会，从19世纪初开始，这些组织即已开始在某种程度上参与当地的成人教育项目。演讲入场券通常是每张25美分，不过，有些地方可能会低至每张15美分，或者高到每张50美分。有时候听众很少，不过在较大的城市，可能会有多达4000人到场，王清福的某场演讲也有过多达4000名听众的场景，地点在费城。[4]

时间移至1875年年末，王清福换了代理人，他与威廉·亨利·本内德（William Henry Benade）牧师签署了代理协议。后者是新教派驻费城的牧师，是传播新教（基督教神秘主义、斯韦登伯格主义[④]）的有生力量。由于本内德不是商人，乍一看，这两人的组合有些奇怪。不过，当时新教教会将一些经费拨付给了詹姆斯·斯图亚特（James Stuart）牧师。此人是本内德的密切合作者，也是著名新教人物，他"协助从事神学教育，对象是一位中国年轻人，名叫王清福"。[5]经斯图亚特调教一个月后，本内德指定斯图亚特的儿子莱曼·斯图亚特（Lyman Stuart）与王清福一路同行。[6]这

[①] 19世纪美国著名的演出经纪人。
[②] 19世纪美国演说家、作家、废奴运动领袖。
[③] 19世纪美国政治家、外交官，美国第二任总统约翰·亚当斯之孙。
[④] 斯韦登伯格（1688—1772），瑞典科学家、神秘主义者和宗教哲学家。

意味着，为了让这位中国年轻人帮助传播新教，教会已经做好了计划。

然而，结果证明，王清福是个任性的、代价不菲的客户。愤怒不已的莱曼·斯图亚特在巡回演讲途中给本内德写了封信，将他和王清福一起工作的感触比作19世纪中叶在加利福尼亚打拼的中国工人特别喜爱的一种调味酱：

> 我们终于享受到一位"真正的中国官人"提供的服务，他双手为我们端来一盘最让人开胃的黏稠调味酱，用学生宿舍的流行语说，那东西有如剁碎了的美国"秘制酱"。中国调味酱和美国调味酱的区别是，人们能看清后者的成分，但前者的成分没人能看清！[7]

莱曼负责王清福1875年10月在美国中西部历次活动的出场事宜，他真的完全不知道自己能得到什么。月初，他曾经在怀俄明州和俄亥俄州见过王清福，在那之前，王清福在数周时间里和一个朋友一起在当地长老会教堂里演讲。征得父亲同意后，莱曼为王清福设计了如下战略：在小城市演讲，慢慢积累人气，挣到足够的钱，然后到大城市预订场地。王清福对这样的安排不屑一顾，对这种蹒跚学步的速度非常不满，他专横地——当然也是很不明智的——强迫莱曼立即前往大城市落实场地。

尽管不情愿，莱曼勉强同意了，他租下了印第安纳波利斯期货交易厅10月12日的场次。然而，看到现场听众仅有大约50人，王清福断然拒绝开讲。听众拿到赔款后散去了，并受邀出席王清福两天后在音乐学院的演讲。不过，那次活动也未见什么好结果，两次活动的损失累计为75美元。后来,为当地某报社催账的人到他们下榻的酒店大声索要5.25美元的演讲广告费,当时他们已经无钱付账。酒店老板立即开始驱赶王清福和莱曼,酒店的人往外搬运他们的行李时,莱曼带着借款回来了,这才解决了问题。[8]

从那往后,事情越来越糟糕,王清福不听莱曼的话,在里士满安排的演讲也未见转机——偌大的演讲现场,听众寥寥无几。后来,受债权人诱导的王清福公开谴责莱曼将他的事弄得一团糟,他决心自己单干。他在写给本内德的一封信里赌咒说:"从此往后,我再也不会通过美国代理办事了……我要到别处自己干几天,看我能不能把你们在这件事上造成的损失捞回一部分。"[9]

怀揣拯救原定安排的希望,莱曼给本内德写了封信。他在信里说:"如果我一路跟随王先生,他肯定会清楚地意识到,我为他和他的事做的安排代表的是债权人的利益,所以……在所有场合,他必须每次都按时到场。如果我排定他在某个时间出现在某个地点——他必须准时到场。如果某个场合我们出现失误,他绝不能乱说是因为代理没安排好,用过去的辉煌掩盖自己的失误。"[10] 莱曼的父亲詹姆斯回信表示同意,并提出建议:"唯有一只强有力的手向他施压,才能让他回到正确的轨道上,让他洗心革面。"[11]

然而,王清福极少受"强有力的手"的影响,那次灾难过后,他似乎凭空消失了。时间过去不到一周,莱曼便放弃了整个安排。他总结说,为撕毁合同,与新代理合作,王清福需要借口,因而有意陷他于失败,以显示他"办事没有章法,冷酷无情且忘恩负义"。实际情况是,那个项目的存活时间似乎未能满月。10月底,莱曼在一封信里汇总了与王清福项目相关的各种应偿债务,总计为 209.77 美元。"我们应当在账册的备注栏里写上'吃一堑,长一智',"他在信里总结说,"写完这条,这本账册即可封存。"[12]

威廉·本内德的账册或许已经封存,不过,王清福的巡回演讲仍在继续。他访问了许多小城市,那里的居民以前从未见过亚洲人。《底特律自由新闻报》刊发过一篇文章,描述某天傍晚密歇根州中央铁路售票厅里的如下场景:"当时,大厅里的每个人都好奇地注视着那个身影,时不时会有人挤到他面前挡他的路,无非是想凑近看看他明亮的眼睛和生动的容貌。"[13]然而,并非每一次偶遇都是美好的。一方面由于美国人的偏执,另一方面由于王清福的傲慢和薄脸皮,他经常与人动手。

在宾夕法尼亚州雷丁市,王清福因辫子与人发生摩擦!当时他正和王宇滕(此人是中国人,刚到美国不久,是参加美国费城世界博览会的中国参展团成员[14])一起散步,一名过路的身材高大的醉汉受到辫子的吸引,一路尾随到他们下榻的酒店,扯着嗓门说了些不干不净的话。王清福抄起一个物件,打中了那人的耳根,造成一个不规则的伤口,令他流了不少血。王清福遭到逮捕,不过醉汉第二天没有到庭,由于少了原告,法院只好将他释放。[15]

在威尔克斯-巴里①,尽管王清福有能力当场付款,但某位房东仍然拒绝他入住。对方不仅称他为"苦力",还让他立即滚蛋。[16]在宾夕法尼亚州科斯维尔也出过一档事。当时两个中国人在一家旅社用晚餐,据称,王清福的举止"像是故意不结账就想开溜",店

---

① 美国宾夕法尼亚州东部城市。

主要求他立即付款。王清福脾气暴躁，遇到事端从来不知退让，据称他抬脚朝一扇门踹去，并动手打了对方，还威胁说，离开之前要枪毙对方。王清福最终遭到逮捕，当场被认定有罪，他没办法与对方当场达成谅解——他拿不出17美元就餐费和3美元赔偿费——这意味着，他的确有可能准备不结账就开溜。幸运的是，路易斯堡学院的一个老同学拉了他一把，以他的名义付清了欠款。[17]芝加哥《洋际报》就此事发表过一篇文章，该文宣称，王清福曾经因"猥亵和性侵年幼的孩子"被定过罪，不过该文没有提供任何与这一指控相关的证据。[18]

由于无证开讲座，王清福在明尼苏达州威诺纳市遭到逮捕。一位地方官员要求他交钱，最初他予以拒绝，理由是这地方房子太小，与其花钱买证，他宁肯不开讲。后来，因怀疑对方勒索，他提出只要对方给他开收据，他就交钱。王清福递过去5美元，后者把钱扔到地上，连拖带拽将他关进了牢房。按目击证人们的说法，那人对待他的方式非常粗暴。王清福最终被无罪释放，虽然如此，他对自己遭遇的对待愤怒不已，因而以遭到人身侵害为由，将那位官员告上了法庭。[19]为诋毁原告，被告律师引述所谓王清福与妓女艾琳·马丁有染一事大做文章，这个消息是律师从一份辛辛那提市浸信会办的报纸上翻出来的，王清福断然否认其真实性。不过，庭审后来陷入僵局，事情最终不了了之。[20]

王清福有好斗的倾向，这在很大程度上显示出，他具有反抗不公的胆略，而他矮小的身材掩盖了这一切。《纽约世界报》对他描述如下：他"比中国佬的平均身高还矮，像女人一样，体型偏瘦，举止优雅"。他继续留着一条夸张的、长及地面的辫子，公开露面时往往是一身中国传统装束，包括一顶黑色的真丝瓜皮帽，上身是一件黑天鹅绒外衣、一件马甲和一件黑色的真丝马褂，脚蹬一双白袜和一双彩色厚底绣花鞋，他的衣领为折角立领，白色的真丝手绢上有一枚镶宝石的别针。他有一只硕大的金表，用一条金链拴在大衣内侧，大衣为高立领、金扣子，边沿镶有宽丝带，宽大的袖子上镶有白色的丝线。总而言之，他的样子恰如其分地刻画出一位中国富裕绅士的形象。[21]

王清福最好的形象是那个年代留存下来的一幅画像，出现在1877年5月26日出版的《哈泼斯周刊》上。这幅画像根据乔治·加德纳·罗克伍德（George Gardner Rockwood）拍摄的肖像照创作，原作已经佚失。罗克伍德是19世纪的著名摄影师，19世纪70年代，他的摄影工作室位于纽约曼哈顿联合广场。画上的王清福为坐姿，一身标志性的中国装束，样子潇洒、放松，充满自信。这幅素描展示的是一位个头不高，然而很英俊的男人，四方脸，宽下巴，薄嘴唇，嘴巴相当大，鼻翼很宽，眉毛很有表现力，还有一双扇风耳。[22] 那之后没多久，王清福即彻底抛弃了中式服装，接受了西式服装。

这一阶段，王清福最受欢迎的演讲是关于中国国内生活的那些，不过演讲内容从来都是花样百变。他开始增加一些他认为能引起听众兴趣的内容，与听众探讨中国的文学、法律、政府、社会阶层，向听众炫耀充满异邦情趣的中国制成品，还表演"闪电速算"。[23] 在印第安纳州格林卡斯尔，在一场数学比赛中，他战胜了印第安纳阿斯伯里大学的一位青年教授。比赛要求两人当场用加法计算大约30组数字，王清福借助"机器"完成全部计算时，目瞪口呆的教授连第一栏数字都没有加完！[24] 当然，所谓的"机器"其实是一副算盘，王清福经常向听众展示算盘，效果一向特别好。某位记者写了一篇特别长的文章，介绍王清福那罕见的、价值连城的"算器"——该记者显然将算盘的名称记错了。[25]

随着时间的流逝，王清福开始更为直接地谈论中国移民问题。他指出，西方人身穿奇怪的衣服，说着莫名其妙的语言，他们刚到中国时，中国人怎么都不肯相信，西方人竟然是文明人！大量中国人来到美国，美国人会有同样的反应，王清福认为这很容易理解。"不过我认为，中国人和美国人一样，都是文明人。"王清福声称："中国人懂得的原理以及思想流派，和聪明的美国基督徒一样多。有人告诉我们，那边的四亿五千万人是愚昧的、堕落的，完全不知道天理，更没有上帝概念，因而他们显然没有理智，没受过教育，不懂文雅，没有想象力。"接着，他话锋一转，开始宣扬中国在科技方面的贡献：

> 可以这样说，中国是个高度文明的帝国，智力进步在那里有各种各样的机遇，中国人绝不是无知的异教徒，数万年前就已经不是了。他们发明了一些文明社会最实用的科技，例如活字印刷技术，还有，雕刻也是中国人首先发明的。他们首先发明了航海用的罗盘、第一尊大炮、第一座吊桥、第一座大理石建筑，还有第一个民间防卫组织、第一所学校。所有这些都源自那些异教徒。[26]

不过，王清福最出名的作为是他对宗教的评价，这是他一贯关注的主要方面。1877年4月，他回到了纽约，与备受争议的"通神学会"搅和在一起，还因此结识了"通神学运动"的创始人海伦娜·佩特罗弗纳·勃拉瓦茨基（Helena Petrovna Blavatsky），以及该学会会长亨利·斯蒂尔·奥尔科特（Henry Steel Olcott）上校。该学会看中了孔子学说——在最近几次演讲中，佛教也成了王清福的演讲主题——所拥有的众多信徒，该学会特别关注对世界古老宗教的发掘，以图找到普世真理。[27]

勃拉瓦茨基夫人出生在俄国，是一位占星师、神秘主义者、唯心论者，她有许多追随者，但批评她的人也许更多。她对各种东方宗教特别感兴趣，有意将东方的智慧带到西方。她自称能用九种文字写作，而她能读懂的文字还要多出三种。[28]她在环游世界的旅途中，曾为研究佛教前往中国西藏居住了两年。1873年，她来到纽约，两年后，她和奥尔科特一起创建了通神学会。后者的身份是美国内战时期的老兵、律师和记者，因为改信佛教而远近闻名。

王清福抵达纽约前，奥尔科特已经与他取得联系。奥尔科特认定王清福是个虔诚的、有学识的佛教徒，有可能挑战约翰·韦斯利·萨里斯（John Wesley Sarles）博士于近期发表的声明：成年异教徒如果至死都不承认耶稣基督，定会进入地狱，永世不得超生。[29]萨里斯博士是纽约布鲁克林区的浸信会牧师。奥尔科特原打算安排王清福和浸信会牧师进行一场公开辩论，或许能直接对阵萨里斯本人。这么做是为了证明，佛教徒不是异教徒，因而不应该活在永世的诅咒中。[30]

但这一对阵从未实现。不过，4月29日，王清福却真的与勃拉瓦茨基夫人见了面，地点在曼哈顿西47街302号，即她居住的公寓里。实际上，勃拉瓦茨基夫人已经在与世隔绝的状态下生活了两年，平日里，她仅仅会见朋友和追随者。由于社会舆论普遍将她斥为骗子,勃拉瓦茨基夫人感觉,外部世界的批评让她受不了,因而她选择蜗居在公寓里。那地方显然是个古怪的场所,以"喇嘛庙"之名而名声在外。[31] 勃拉瓦茨基夫人的奇异偏好可谓标新立异和匪夷所思!公寓前厅到处装点着大象的形象、神秘的三元组合以及其他符号。通向客厅的门楣上方悬挂着一颗张着血盆大口的母狮子头,另一扇门的上方吊着一只塞满充填物的蝙蝠,天花板上吊着一只鳄鱼,屋子的各个角落散布有数只蜥蜴、数条蟒蛇、一只猫头鹰和一只狒狒。幔布罩住的高台上矗立着一尊金色的神像,整个公寓到处都是"奇怪的符号"。[32]

一群动物环绕着一把超大号靠背椅,勃拉瓦茨基夫人端坐其上,手里夹着香烟,像主持朝政那样面无表情地述说着佛教教义。她犀利道:"佛教徒们不相信永恒地狱的存在,佛教法师们不会浪费时间追逐其他男人的老婆。"她刚说到这里,奥尔科特上校将王清福领进了屋,向屋里的学会成员们做了介绍。王清福一脸镇定,一举手一投足恰到好处,显得既老练又得体。[33] 早在19世纪70年代,王清福在白人圈子里已经能表现得轻松自如,还能用英语与他人交流,这在中国人里极为罕见。那一时期,美国的中国人极为稀少,美国东部的中国人则更少。关于东部的中国人,也许得这么说,必须将他们与中国幼童出洋肄业局资助赴美的学生们分开来看。

王清福与在场的人谈论佛教,并回答他们的问题,不过他开诚布公地承认,自己不是研究佛教的专家。《纽约时报》称:"他曾经清楚地表明,他对佛教学说和辩论术的了解,与任何一位出身良好且受过常规教育的中国年轻人相差无几。"这毫无疑问是真的,因为他13岁时,花雅各夫妇收养了他,没几年他就改信了基督教，从那以后他几乎没有接触或者说完全没有再次接触佛教，当然也就无法自称对佛教有精深的了解。

不过，他的确与勃拉瓦茨基夫人探讨了神学问题。实际上，谈到"涅槃"的实质时，勃拉瓦茨基夫人从自己当年出版的《揭开面纱的伊西斯》一书里引用了一段对话。"我们都知道，"也许她正是这样对王清福说的，"这种状态意味着与神的最终结合……与个人毁灭是完全对立的。"[34] 换句话说，佛教徒不是异教徒，死后也不会在地狱里遭受火刑；恰恰相反，他们会与神合为一体。

王清福和"通神学者"的交集似乎是场短命的结盟，并给双方都带来了负面评论。勃拉瓦茨基夫人留下了如下一段文字："随着王清福的到来……我们开始收到许多匿名信和诸如此类的东西，以及剪报，说的都是关于他的负面消息。"她补充说，王清福也听说了一两件关于她以及她的信徒的事，还给她看了一张字条，落款为"一个朋友"，内容如下：

佛陀的门徒对眼下所处环境里的人们的特点是否知情？道德和宗教传教者身边的环境理应充满道德。门徒所处的环境是这样的吗？恰恰相反，他所处环境里的人们对一切都充满怀疑。前往最近的警察局查询一下，即可确认这一点。[35]

"除了王清福的言谈和举止，"勃拉瓦茨基夫人说，"其实我对他的优点和缺点完全不知情。他来了以后，在这两方面，他都给我留下了非常好的印象。从外表看，他是个非常真诚和充满激情的学生。"[36]

与信奉通神学的人们交流时，王清福重新审视并抬高了对身在中国的美国传教士们的评价。他煞费苦心地表示，自己特别尊重基督教，他认为，绝大多数传教士都是诚实友善的，他不反对他们在中国尝试改变人们的信仰，也不反对他们为可能改变信仰的人施洗。不过他认为，他们对中国宗教的本质一无所知，因为他们从来不研究它。[37]《纽约时报》的文章称，他反对他们"诽谤和中伤中国的知识阶层，贬低他们是一帮堕落的和盲目崇拜的人。"[38]

正如奥尔科特上校所料，沿着上述思路，王清福将矛头直接指向了萨里斯牧师的论断，即所有成年异教徒注定会遭到地狱之火的炙烤。让王清福气愤不已的是，这与传教士们表达的观点如出一辙。《危诺纳每日共和报》称："他有坚实的理由质疑，基督教传教士怎能以正义的化身自居，并以恶劣的态度对待从未接受过加利利宗教①教育的人民；他还大胆地得出了如下论断：像品行良好的基督徒一样，品行良好的异教徒同样具备进入天堂的好名声；像品行不好的异教徒一样，品行不好的基督徒也应当被领进受难场。"[39]

王清福对信奉通神学的人们说的话，以及接下来他在纽约举办的几次讲座，全都受到媒体的热烈追捧，有些话让人困惑不已，有些则语言恶毒。5月8日，他在斯坦威音乐厅发表了特别适合引用的论述（也的确被广为引用），即"美国人告诉我，老鼠和狗可以吃，以前我真没听过这样的说法"。[40] 王清福甚至激发盖斯·布里托（Gath Brittle）——罗伯特·麦卡派恩（Robert W.

---

① 指基督教。加利利是巴勒斯坦北部地区，《圣经》记载耶稣生于当地的拿撒勒。

McAlpine）的笔名，他曾经在《费城新闻报》和《华盛顿纪事报》担任兼职编辑——创作了一首类似打油诗的作品，发表在《纽约太阳报》上：

美国坚定祈祷人
不如圣僧王清福
第五大道布道场
击鼓撞钟念佛陀
惟见僧佛能如此 [41]
圣书自我炼成真
谓之天下皆真理
杏眼圣徒自南京
初次见面说个啥
双手合十有乾坤
少劳多得

闭目默念无声经
绕开世间人寂灭
上帝一天又一天
佛祖保佑

信念希望与慈善
教义有序三合一
是与不是皆因果
禁忌之间谁之过

面对万众勇陈词

邻里相处乐融融

挡他去路 [42]

王清福发表过各种各样的言论，相关报道无可避免地传回了中国。然而，在华的基督教人士认为，必须驳斥他的奇谈怪论。可以预见，对于王清福胡乱定性基督教社团的活动，社团领导及成员都非常生气。没过多久，两位认识他的牧师——曾经帮助王清福立足上海的晏玛太牧师（将王清福逐出教会的也是此人），以及曾经担任王清福婚礼司仪的高第丕牧师——带头对诽谤他们的人发动了口诛笔伐。

7月25日，《日本每日先驱报》刊发了一封匿名信，《北华捷报》于8月18日转载了该信，这是第一轮联合攻击。该信以负面口吻详述了王清福一生的重要经历，并从正面攻击了他的公信力。该信署名"一位传教士"，作者宣称，由基督教社团抚养成人的王清福忘恩负义，"对先人的信仰一无所知，对中国的礼仪、习惯、历史知之甚少，还不如传教士们。他们给他衣服，安排他接受教育，救他于危难之中，他却反过来中伤那些帮助过他的人"。信中还描述了王清福婚后不久如何染上"放浪的习惯"，因而被逐出了教会。[43]

"作为佛教弘法者，他只对'精心挑选的几批聚集在舒适的纽约公寓房里的通神学信徒'发表演说。"匿名信作者在此引用了《纽约时报》报道王清福在勃拉瓦茨基夫人的公寓里发表演说的内容，文章接着说："他相当聪明，是个称职的江湖骗子。"[44] 匿名信最后补充的内容——"他逃离上海躲进沼泽地带时穿过的外套还在我手里"——暴露了作者的身份,从各方面看,该信都应该出自晏玛太牧师之手,因为王清福仓皇逃离上海之际,晏玛太很可能在上海,而高第丕当时远在山东。当年12月,约翰·海德(John C. Hyde)牧师致信《巴克斯县宪报》编辑,炮轰王清福之际,点名引用了晏玛太牧师的原话,该信的论调和前述信件一模一样,最终结论为王清福"完全不值得信任"。[45]

王清福的女恩人萨莉·霍姆斯对他多少也有些怨言。"沙祺四处宣扬孔子学说、孝悌之道等,把他的老父亲甩给我照看。"这几句话摘自萨莉从中国写给朋友安娜·戴维斯的一封信,"沙祺"是王清福小时候的名字。"'王清福'是他推翻中国皇朝失败以后使用至今的名字……高第丕先生和晏玛太先生写文章揭露他欺诈,不过各报社不愿意登他们的文章,反而更愿意相信沙祺,我估计是因为写了沙祺阴暗面的缘故。"[46]以上内容摘引自该信结尾处。

如果说王清福有不少批评者,好在他同时也有一些盟友。1879年9月,他在辛辛那提市参加了全美自由盟社会议。"唯心论者、自由主义者、自由思想家"经常组织各种聚会,这次大会只是其中的一次,由著名不可知论者罗伯特·格林·英格索尔(Robert Green Ingersoll)组织。王清福对英格索尔渐渐心生崇拜。该盟社倡导教会、国家、宗教自由三者分离,其成员都是坚定的追随者。宗教对民间事务的影响正在变大,这次大会的目标就是遏止这种影响。一位大会代表对《芝加哥论坛报》的记者说,人们应当警惕一个"全国性大型组织",其成员包括法官、律师、神职人员,"他们的目标是将上帝、耶稣基督、《圣经》等字眼写进美国宪法",由此将美国变成神权政体。他同时还就近期的几次涉及亵渎神明和传播淫秽书籍的诉讼和监禁发了怨言。[47]

大会刚结束不久，王清福即在芝加哥接受了《芝加哥论坛报》记者的采访。他声称，他非常高兴出席大会，并将其称作"当代最伟大的改革成就之一"。他给基督教扣了两顶帽子——"前后不一"和"经不住推敲"。他进而还说，他坚信，基督教的许多教义都受惠于相对古老的中国文明。这种无端攻讦并未给他带来更高的知名度，不过将近十年后，他肆无忌惮地对基督教痛加挞伐，其端倪即始于此。他同时还宣称："英格索尔上校为美国做的好事，几乎能与孔子为中国做的好事相提并论。当然，早在2400年前，孔子就开始四处倡导与上校的人生观相同的真理了。"[48] 数年前，王清福曾经将自己比作耶稣基督，如此这般将孔子和不可知论者捆绑在一起，也就不足为奇了。这就好比王清福和孔子是山东同乡，因而宣称自己是其遗产继承人，同时自我任命为美国的孔子学说代言人，在特定情况下可以任意选取一种观点，利用孔圣人表达尊重，道理如出一辙。

接着，王清福做出了真正让人觉得诡异的陈述："我在此郑重宣布，我很快会做好准备，向大家证明耶稣基督曾经造访中国，《新约全书》里的多数篇章都是他从位于南京的夫子庙里学来的。"作为证据，他背诵了一段小亚细亚出土陶器上的铭文，铭文说，该陶器于公元前1200年前后在中国制造。他据此断言，这足以说明"中国人领导了特洛伊人的文明进程"。[49] 当然，对于如此荒谬的说法，王清福后来从未拿出过令人信服的证据，他后来似乎再也没提起过这件事。

采访结束前，记者询问王清福造访芝加哥的目的。"我来此是为了告诉这座邪恶城市里的基督徒，他们一定会得到解脱，"

王清福心不在焉地说,"犹如施洗约翰为基督和他的信徒们扫清了道路,他们的解脱会比其他传教士来得更早。"然而,接下来数年间,王清福在芝加哥的活动与他提到的即将到来的世界几乎没有任何关系,反而与19世纪末世俗世界中美国政治的方方面面有关。

第八章
让华人群体害怕的人
（1879—1882年）

在19世纪70年代，"中国人问题"继续受到整个美国社会的高度关注。1876年总统竞选期间，由于美国两个主要政党在选举中势均力敌，加利福尼亚州的六张选举人票成了巨大的诱惑，迫于该州政治家们的压力，两个主要政党均承诺在竞选纲领中加入中国人议题。民主党推举的候选人是纽约州州长塞缪尔·蒂尔登（Samuel J. Tilden），该党要求修改与中国签订的协议，防止更多中国移民进入美国。[1]共和党推举的候选人是前俄亥俄州州长拉瑟福德·海斯（Rutherford B. Hayes），该党直言不讳地说，国会有责任调查"蒙古人"移民美国和进入美国的问题，并按照"国家道德利益和物质利益"的要求评估这一问题。[2]

到达美国的中国劳工的数量在不断增加，且似无止境，对美国经济形成了威胁。对投票者们而言，这比从任意角度关注中国人的宗教信仰更引人侧目。正因如此，为保护中国劳工，早在1876年，王清福已经开始在各种场合发声。接受《纽约太阳报》记者采访时，即便没有特别明确地或者说有先见之明地触及这一问题，他却直奔劳工问题，阐述了如下见解：

美国完全没必要因劳工市场可能被中国人整垮而担忧，没有这个必要，先生。年复一年，身在美国的中国人都会要求并得到更多工资，我们的人几年之内已经变得富足，然后会返回中国，他们从来不会把美国当成家。他们不投票，很少有人会入籍美国。在整个美国，像我们这样的人总共只有五万。总人数从来没有超过这个数字很多。十年以后，已经在美国的中国人肯定会美国化，在薪酬方面，他们像美国人一样，会要求同工同酬。[3]

1878年年初，"六大公司"[①]提出了一个能够从表面上解决"中国人问题"的方案。该公司是一个位于旧金山的组织，据信是解决美国各地唐人街问题的超级权威，也是美国境内华人群体的代言人。从最初开始，中国移民就组织起了互助社团，以解决社会、文化、慈善、经济、政治层面的问题。[4]这些社团主要分为以下三种类型：以地域（基于移民们在中国的祖籍）划分；以家族（姓氏相同的中国人构成的团体）划分；以"某某堂"命名的秘密社团或三合会。美国所有唐人街都存在这样的组织，这成了美国唐人街的特色，所有"堂"都提供社会服务，调解矛盾纠纷，强调纪律，提供安全和保护，同时还征收会费。随着时间的流逝，这些社团开始向各地扩张，在全美各地都设有分支机构。"六大公司"原为六个最重要的地方行会，后来成了保护伞一样的组织，在解决美国境内的中国人问题方面有着无可匹敌的影响力。

"六大公司"的方案通过电报发给了当时的国务卿威廉·埃

---

① 由在美华人团体联合组成的海外华人组织，后来演变为"中华会馆"。

瓦茨（William M. Evarts）。该方案提议，向每个到达美国的中国人征收100美元人头税，以此阻止更多移民前来，征来的税费可以用于遣返贫穷的中国人。然而，5月8日发行的《芝加哥论坛报》报道这一消息后，王清福大怒，并立即致信报社编辑。[5] 他把这一方案称为"对上等中国人阶层的侮辱"，同时谴责"六大公司"，称其"愚蠢至极，连自我尊重都没有；胆小至极，不值得保护；太无知，不知道人文关怀是人类的需求；太自私，不懂得同情弱者；最重要的是，已经堕落到不晓得如何为自己的国家争光。而且，他们自己生活在这个国家，却想把别人赶出去，甚至连血脉相通的同胞都不放过"。[6] 阻止更多中国人来美，是王清福最终支持的立场，然而在眼下这一早期阶段，他感觉自己因此受到了侮辱。

1878年，王清福在圣路易斯市度过了夏季，从那里辗转来到孟菲斯市。这可不是一趟开心之旅，因为这座城市刚刚爆发了黄热病。缺少污水管道系统的孟菲斯市经历了一场过分充沛的降雨，洼地里满是积水，为传播此种病毒的蚊子提供了大量的繁衍场所。8月13日，第一位病人死亡，随后又有5000多人死去，直到第一场霜降来临，才阻止了此种疾病继续传播。当时社会上流行着一种印象，中国人对黄热病天生免疫。《巴尔的摩宪报》总结说，这种印象源于如下事实："蒙古人种太黄，因而这种疾病根本不会找上门。"[7] 王清福却出人意料地将其归因于鸦片消费。[8] 他坚信，从一种"构造特殊的烟枪"里提取的鸦片和油脂可以治愈这种致命的疾病，十个病人中九个可以治愈，因而他出发前往孟菲斯，帮助那里的人们。这好像是一次行善的机会，与此同时，还可以展示中国办法的优越性。然而，他的治疗方法毫无用处，他的第一位病人是个中国人,在他的关照下,那位病人很快就死了。[9]

芝加哥新近出现了中国人聚居区,不久后,王清福在那里定居下来。1869年,横贯美洲大陆的铁路贯通,在那之前,即使这座城市中有中国人居住,人数也是少之又少。王清福第一次到访这座城市一年后的1874年,当地已有18家洗衣店和一家茶叶店,全都由中国人经营。[10] 1880年的人口普查数据显示,当地已有大约180名中国人。[11] 中国人聚居区在城南,紧挨南克拉克大街,位于商业中心区南边,即主城区中心地带。[12] 从西部来这里的中国人越来越多,华人社区很快成长壮大起来。时间移至1883年,中国人在城里开的洗衣店多达199家[13],到了1890年,中国人的数量增加到近600人[14]。

到达芝加哥未久,王清福即投身到一场"中国人问题"的公开辩论中,对手是个芝加哥白人。王清福就此问题写了一篇社论,发表在《芝加哥论坛报》上。[15] 在一场可以称之为公平的较量中,王清福力压对手威廉·刘易斯(William E. Lewis)先生,后者曾经在航行于中国沿海的蒸汽船上当过水手,这似乎是他参加辩论的主要资质。[16] 王清福一直渴望参加一场这样的辩论,数天之前,他提醒刘易斯,希望他于3月17日上午10点整到达《论坛报》大厦,以便讨论公开辩论的具体安排事宜。他还给《论坛报》写了封信,该报刊登了他的来信。他不无自嘲地——像以往一样,他提供了新闻界竞相报道的素材——署名"愚昧无知的异教徒王清福"。[17] 原本贬义的封号经他这么一调侃,似乎成了一枚荣誉勋章。

辩论按计划准时开始。《论坛报》的裁定为,"传说中的辩论"现场活跃,不过并非特别有意思。文章对刘易斯的评价为,纵然"没有知识，却敢于胡诌"，在描述中国时，他向人们勾勒出一幅充满污秽和邪恶的图像，而且他确实提到了几个人们熟悉的论点。他在结束陈述时说，他认为，只有一样东西可以拿来与"中国佬"相提并论，"那就是老鼠"。[18] 至于王清福，无论是在辩论中，还是在《论坛报》的专栏文章里，他都在挑衅美国人自己称道的自由主义价值观：

> 即使发生这样的事，可能会有多达五六亿中国人登陆美国……难道其他国家的人们可以来这里，中国人却不能享有相同的权利？难道这个国家已经不再自我标榜拥有众多自由开放的学府——饱受压迫的人们的乐园，苦难深重的人民的家园？[19]

同时他还提醒美国人，根据《蒲安臣条约》的规定，他们理应履行如下义务：

> 有一事我们始终无法理解，我们让你们享有了所有权利，甚至给了你们我们自己的公民都未曾有的自由，凭什么我们在你们国家享有的权利要少于你们在我们国家享有的权利？[20]

美国人指斥中国人在美国积累资本，然后送回老家，对这种论调，王清福提出了如下针锋相对的论点：

> 如果说中国佬们拿走了你们的钱财，美国人不也同样拿

走了中国的钱财吗？我来告诉你们事实的真相，一个美国人在中国一年的纯收入，比一百个中国佬在美国三年累计的纯收入还多。[21]

然而，像往常一样，在辩论过程中，他再次以奇怪的论调将自己和广东人拉开了距离：

> 对中国的广大民众来说，你们的港口是否永久性向他们关闭，对他们的利益影响非常小……开放或关闭两种情况影响的……只是帝国的一部分，那一部分并不完全属于中国，作为一条战争通道，它属于英国（原文如此）。[22]

他进一步解释说，当初美国境内的中国人最多只有两位，他就是其中之一。他来自"帝国本身"，因为绝大多数在美中国人的祖居地距香港不足200公里，那一带在英国人统治之下，因而他们的财产不应该由美国人操心。

当然，这是一种完全靠不住的说法。英国对香港岛的占领始于第一次鸦片战争后，1860年扩大到了相邻的九龙半岛，且从未延伸到香港以西150公里开外的广东省各县，那里是美国境内华人的主要来源地。与向北1700公里外的王清福的祖居地山东省相比，除了他，没有第二个人曾经称这里不是"帝国本身"的一个部分。不过，如我们以往所见，王清福总是将在美广东同胞当作外族人。他毕竟是接受过西方教育的专业人士，而不是普通劳动者；他还是个说官话的北方人，而且能说一口地道、合规的英语，不像广东的农民，他们只能说一口让人几乎听不懂的洋泾浜英语。

为了将这一问题解释透彻，王清福举出实例加以说明，尽管中国北方连续五年遭遇饥荒，居住在那片土地上的人们并没有前往海外寻求解脱，他们"宁愿吃掉自己的孩子，也不愿远离故土，移民海外"。也就是说，"广东人层次低，帝国没有给予他们特殊关照，唯有他们才会下贱到想离开家园，前往外国"。他似乎从未考虑其中的讽刺意味——实际上，他本人恰好是这么做的。

王清福对广东人的负面看法，尤其是他认为他们在某些基本层面有别于其他中国人，引出了另一个问题：广东人如何看待自己。在美国的广东人——在那一历史阶段，在美华人几乎悉数由他们构成——倾向于认为，由于自己来自广东省某个地区，自己就是该地区的人，例如四邑人（也有一种说法为珠江以西"四县"区域的人），这一区域的人有别于三邑人（或者说有别于比较靠近广州"三县"地区的人）。一地人听另一地人说话，虽然并非完全听不懂，感觉却是完全不同的口音。人们只要看看"六大公司"那样的互助组织是如何构成的，即可理解这些地区联盟何以强调对宗族要忠诚，这对唐人街的居民至关重要。由于人们都来自同一省份，这些分类对他们来说最为直观。就某个层面来说，他们肯定都知道，自己既是广东人，也是中国人。值得怀疑的是，甚至在面对无法区分他们和对他们抱有成见的美国人时，他们究竟在多大程度上具有中华民族的认同感。

梁启超是中国著名的学者、作家、流亡海外的改革家，他于1903年访问了美国。在第二年出版的日记里，他批评在美华人没有能力超越地方意识或地区意识。他进而还说，"中国人有一种乡村心理，而非国家心态"。[23] 即是说，在广东人眼里，王清福是中国北方人，说一口莫名其妙的方言，与他们有着天壤之别。反观王清福,除了他,再无其他北方同胞与之对比,无论他多么不喜欢南方同胞,在美国人眼里,唐人街的中国人的长相就像一个模子里刻出来的。说到中国人,王清福代表了中国人的国民身份,他具有"中国人"的具体形象,在最终认定"美籍华人"究竟指的是什么时,相较于其他南方同胞,他的形象更容易让人理解这一词汇的含义。

王清福对广东人几乎毫无用处,他们中的一些人以有意思的方式报复了他。1879年11月,两名长住芝加哥的中国居民因一家洗衣店的所有权问题产生了纠纷,王清福被也卷了进去。其中一方为赖宝,除王清福外,他是极少数在美的中国北方人之一,这十分难得;另一方是吴云(音),一个广东人。此二人是国家大街548号洗衣店的生意合伙人,由于利润分配引发了争执,两人决定散伙。两人事先说好,吴云以100美元购买赖宝的股份,尽管赖宝在长达一年的时间里反复催要,吴云却一直爽约。不会说英语的赖宝寸步难行,他找到了王清福,请他帮忙收账。[24]

王清福曾经在3月份发行的《芝加哥论坛报》的专栏文章里做过承诺,只要有中国北方人来美,他会专程前去拜访。王清福之所以接手赖宝的事,也许恰恰因为他是北方同胞,说一口北方官话。当然,也可能是因为,他仅仅想替受害者伸张正义。他认定吴云已经积累了足够的财富,正准备告老还乡,回中国安享晚年。因而他前往法院,申请扣押洗衣店,使吴云无法将其变卖,然后逃之夭夭。[25]

《洋际报》刊文称,这个案子是芝加哥有史以来第一次由中国人提起的诉讼。吴云出庭时,带了"一批证人,包括好几个投奔他的白人",他还出示了一份收到钱的收据,据称是赖宝亲自签的名。然而，那些证人被指都是赌徒，都是"中国人里声名狼藉的成员"。吴云还带来一个年幼的中国孩子，那孩子发誓说，他亲眼看见了还钱过程。不过，后来经证实，那些证人都不足信，赖宝完全不识字。赖宝最终胜诉。

吴云后来决定，如果无法在美国法院得到满意的结果，他就转而求助中国官方，以报复王清福。说干就干，他在一份呈送旧金山"六大公司"的请愿书上争取到20个签名，以捉拿王清福，将其送归中国。请愿书的言辞可谓直言不讳："姓王名勤福（原文如此）者乃逍遥法外之政治要犯，该犯正混迹于吾辈之中，实为华人社区心头大患。吾辈磕请贵司转达大中华帝国现任驻华府全权公使陈兰彬，速派人将前述王勤福捉拿至加州，转送中国皇帝，以叛逃及政治流亡罪斩立决。"[26]

陈兰彬即1872年与容闳一起在哈特福德中国幼童出洋肄业局任职的那位官员。1876年，两人同时被任命为中国驻华盛顿公使，两人还同时晋升为二品大员。[27]当然，陈兰彬非常熟悉王清福的事，肯定不会对他有任何恻隐之心。不过，没有证据显示，他对请愿书一事采取过任何行动。即使请愿书的确递交到了他手里，人们也没有理由相信，就他担任的那个官位，他会有所行动。

王清福说："假如'六大公司'或他们的代理机构对我造成伤害，我会请求美国政府出面保护。"[28]不过，即便如此，面对被捕的威胁，他的反应是暂时离开芝加哥。他去了东部，在好几个城市演讲了一个半月，然而1880年年初，他回到了芝加哥，继续演绎与吴云的冲突。这一次，吴云控告他和两个白人冒名收取许可费，在好几家洗衣店各骗取了2美元。[29]收钱的事确实成立，不过收取的是订阅"目录"的费用，与许可费毫无关系。根据吴云的指控，王清福遭到逮捕，后因罪名不成立得到释放。然而，上述指控撤销后，王清福反过来实施报复，控告吴云作伪证，此案在法庭进行了开庭审理。[30]

王清福在证人席上陈述说，其实他根本不认识吴云，后者恶意攻击他，缘于他反对清朝政府，还因为数年前他在旧金山拯救了一些妓女。他所言或许为虚，因为吴云憎恨他的根源更有可能是赖宝案。吴云案遭到驳回，不过该案充分体现了王清福与地方华人社区某些成员间的关系是以仇恨为特点的。然而，王清福并非普遍不受欢迎，反对他的人没有一个看起来像是好公民。他经历的最严重的冲突，基本上都发生在他与华人社区的坏分子之间。

形势到了危急关头——这么说丝毫不夸张——过了一个月，在第六大街255号的一家洗衣店内，三个中国人用短柄小斧和刀片让王清福的脑袋开了花，显然是企图谋杀他。[31] 幸运的是，创口不深，并不致命。王清福下决心将凶手绳之以法，几天后，他在运河大街和第十二大街路口的"孔汉立洗衣店"看见了那几个加害人，他带着两位警官赶到那里。洗衣店的人否认店里藏有警察要找的人，不过当警察坚持进入里屋的一个小房间时，其中一个中国人抽出一把刀子，另一人挥舞起一只熨斗。警察最终获胜，强行进入小房间，逮捕了袭击王清福的两个人，一个是陆隆（音），另一人是李金（音）。然而，此时门外已经聚集了一群虎视眈眈的人，两位警官被迫带着嫌犯从后门离开，其中一人拼命反抗，迫使一位警察"把他的胳膊拧了好几转"，这才将他拖到门外。[32]

当时全美各地的报刊转载了一条消息：据称，袭击者们的动机是为了赏金。[33] 王清福也相信这一点，所以事发前一天，他前往警察总部申请保护。据他说，悬赏标准如下：将他打趴下赏20

美元；割掉他双耳赏 400 美元；要他的命赏 800 美元。他还告诉警方，芝加哥的中国人"必欲置他于死地"。[34]

王清福这次侥幸逃脱显然成了一道分水岭，导致他对自己的生活和事业做了一番短暂而严肃的重新评估，他再次离开了芝加哥。5 月，他在密歇根州卡拉马祖市做了几场演讲，然后继续北上，去了萨吉诺市东北的贝城。在那里，他向当地的几份报纸发表了一份令人震惊的声明：他打算放弃演说生涯，在城里开一家茶叶店。[35] 他的确履行了承诺，1880 年贝城联邦人口普查资料里有这样一条记录："阿王，第四大街茶叶店店主。"虽然详细信息有误——登记年龄为 24 岁，出生地不是山东，而是上海——毫无疑问，这条登记信息指的正是王清福。他是这座城市里唯一的中国人[36]，当时该城人口总数为 2 万[37]。另外，业主经营的恰恰是一家茶叶店，这符合他此前的说法。

王清福愿意在生活中做出如此深刻的改变，说明了他与本国同胞之间的隔阂有多么深。在他看来，他与他们既没有共同语言，也不属于同一个社会阶层。然而，他在白人圈子里也不受欢迎。在贝城，他寻找的究竟是什么，至今不明。在这座满是锯木场和造船厂的小城市里成为商人，意味着放弃到那时为止他赖以生存的讲坛和职业。另外，这么做会让他完全处于白人社会的包围中，与美国其他地方一样，当地白人社会对中国人的仇恨是与日俱增的。

不过，事情的结局是，时间刚满一个月，王清福又彻底放弃了已经做出的改变，回归了演讲生涯。也许是因为贝城不尽如人意，也许是他觉得孤单，也许是因为生意入不敷出，正如他一生做过的各种各样的尝试所示，他天生不具备商业头脑。无论原因是什么，下一个演讲季自8月份开始，雷德帕斯演说促进局公布演说家名单时，王清福的名字赫然在列。[38]

一年前，王清福在《芝加哥论坛报》刊文称颂拉瑟福德·海斯总统，颂扬他拒绝签署一项法案，该法案禁止载有15名以上中国人的船只停靠任何美国港口（同时还会单方面废除《蒲安臣条约》）。[39] 除此以外，到那时为止，王清福从未就美国党派政治公开发表过看法。毫无疑问，他曾经就"中国人问题"大声疾呼，不过他那么做主要是为了驳斥人们的错误论断和陈词滥调，纠正人们的错误印象。然而，1880年是美国总统大选年，中国移民问题和排华问题成了美国全国高度关注的问题。王清福小心翼翼地观望着当时的政治动向。

参议员詹姆斯·布莱恩（James G. Blaine）是缅因州共和党人，也是参议院最醒目的"每船15人法案"提案人，还是1880年共和党总统提名人的主要竞争者。作为一名种族主义者，他致力于确保中国移民问题成为前沿问题和中心问题，虽然他在总统提名竞选中最终输给了詹姆斯·加菲尔德（James A. Garfield），但是他帮助共和党在竞选纲领中写入了如下内容：对限制中国移民给予特别关注，"通过颁布真正公平的、人道的、合理的法律和协议，取得切实的效果"。[40] 民主党则号召，"除了严控旅游、教育、对外贸易项目，不再接纳中国移民"。说共和党的立场比民主党稍好，其实也不过是半斤八两。[41] 全美范围内一致排华的局面已经初露端倪，国会批准这样的立法只是时间问题。

《大急流城每日鹰报》的记者采访了王清福——他返回了让他成为美国公民的城市，并且登记在第五区进行投票[42]——询问他倾向于支持哪位候选人时，他嗫嚅道："共和党人都是些聪明的异教徒,民主党人都是些糊涂的野蛮人。"这次采访无疑揭穿了他后来的论点,即他"一直以来都是共和党人"。不过,他最终告诉《卡拉马祖宪报》记者,他已经决定将选票投给加菲尔德。[43]

12月,王清福再次回到芝加哥,办了个新讲座。这一次,他关注的重点是经济和劳工问题,其次才是宗教问题。当然,在随后的演讲中,他会适时回到孔子学说领域。时间移至1881年年初,他剪掉了辫子——这是他美国化进程中的标志,也是重要的里程碑。他告诉《洋际报》记者,芝加哥有14个加入美国籍的中国人,随后他又竭力纠正这一说法。[44] 一周后,他带领三个中国人走进芝加哥刑事法院,以帮助这些人成为美国公民。[45]

这一举动彰显的是王清福的典型作风:弄出个噱头撩拨人们的神经,制造点事端,意在吸引眼球。1875年,国会重新修改了《入籍法案》,明确规定非洲人后裔有资格获得美国公民身份,其本意是否认亚洲人的入籍资格。然而,在这个问题上,法律却没有明朗化,其解释也比较随意。例如,对于相同的案例,全美各地联邦法院做出的裁决却相互矛盾。《排华法案》将于1882年成为法律,该法案在这一问题上毫不含糊,其中有如下条款:"无论是州级法院还是美国联邦法院,各级法院均不承认中国人的美国公民资格。"不过,眼下是1881年,前述条款的模棱两可依旧可以被利用。

正因如此,王清福领着梅义、梅三、梅宏基①三人来到法院,表达他们想成为美国公民的愿望。三人中的最后一位来美时已经成年,因而他的入籍宣言——完成宣誓并不等于完成入籍——按

---

① 以上三人姓名均为音译。

部就班地完成了。另外两人移民来美时尚不足十岁,因而从理论上说,他们可以像五年前王清福取得美国国籍一样,根据同一条法律立即成为美国公民。《芝加哥论坛报》的报道称:"他们站在莫兰法官面前,接受法官问询,所有人都注视着他们。"显然,法官此前从未经手过相同的案例,他迅速浏览着手里的文件,然后向几位申请人提了几个无关紧要的问题,随后陷入了沉思,并未当庭做出裁决。[46]

然而,王清福如此作为,无异于向五年前的自己做了重大诀别。当年他曾经信誓旦旦地告诉美国人,根本没必要担心中国劳工,因为他的国人"从来不会把美国当成家……不投票,很少有人会入籍美国"。如今,他正在试图增加真正归化成美国公民的中国人的数量,顺理成章的是,这些人一定会参与投票。王清福剪掉了自己的辫子,开始协助同胞们像自己曾经做的那样成为美国公民,他已经处在以全新面貌出现在世人面前的早期阶段,所谓全新面貌即"美籍华人"。不久后人们便会认可,创造并向世人定义这个词的人正是王清福。

第九章
"美籍华人"一词溯源
（1883年）

1882年5月8日，美国总统切斯特·阿瑟（Chester A. Arthur）签署了《排华法案》，使之成为法律。此前一年，詹姆斯·加菲尔德遭遇暗杀，阿瑟继任，成为美国总统。无论对有望于未来从中国移民的劳工来说，还是对已然在美国的中国人来说，这一法案带来的都是坏消息。该法案对中国劳工移民美国设置了为期十年的暂停限制，在当代历史上，这是第一次出现纯粹基于种族的移民限制。不过，只要携带能够证明自身状况的官方文件，中国商人、学者、外交官、游客（以及他们的直系亲属）仍然可以像往常一样赴美。已经在美国的中国人若是离开美国，也可以再次返回。但条件是，他们必须首先取得有权在美国居住的证明文件。不过，法律明确规定，他们没有资格成为美国公民。

从实际效应看，《排华法案》将美国境内的华人群体冻结了，这一群体大约有10.6万名成员。他们中的绝大多数是劳工，除非返回中国，他们再无希望与家人合法团聚。许多人确实返回了中国，导致在美中国人口总量随着时间的推移而减少。不过，横贯美洲大陆的铁路于1869年贯通后，一些中国人开始向东迁徙。所以，法案获得批准后的数年间，尽管全美范围内中国人的数量在减少，美国中西部和东部的唐人街数量反而增加了。

正是这些中国人促使王清福离开芝加哥，去了纽约，他满怀希望地追随这些人，打算为他们创办一份崭新的报纸。1851年，长老会传教士在加利福尼亚州开始发行第一份中文报纸，19世纪70年代和80年代，旧金山仍然有好几份中文报纸在发行，不过，美国东部从未发行过中文报纸。[1]王清福说，他希望给"落基山脉以东的将近10万中国人"提供一个当地和外国消息的来源。[2]不过，他所说的数字错得实在离谱，就1880年美国境内的中国人而言，满打满算，有7.5万人生活在加利福尼亚州，9500人生活在俄勒冈州，另有7000人生活在华盛顿州、爱达荷州、犹他州和科罗拉多州，此外还有一些人住在其他地区。事实上，只有2500人生活在落基山脉以东，其中仅有700人生活在纽约市。[3]

新报纸共有四个版面，于1883年2月3日问世，时间恰好赶在中国旧历新年之前。王清福最初将报纸的名称定为《美华新报》，字面意思即"美国的中国人新报"，在报头上标注的英文却是"Chinese American"（华裔美国人）。于是，时间移至3月底，他重新为报头上的几个汉字排序，最终排定的名称为《华美新报》，字面意思为"华裔美国人新报"。看到这一变化，一些人可能会认为这是个信号，说明王清福更看重报纸的"中国人"属性。当然也有另外一种简单的可能，他不过是按照既定的英文名称依序为报纸挑选一个更加贴切的中文名称，仅此而已。无论如何，英文词汇"Chinese American"第一次见诸使用是在这份报纸上。虽然王清福从未解释这一词汇的重要性，也没有解释为什么选中这一词汇，该词的含义却再清楚不过了。

王清福的名头是报纸编辑，报纸的出版方为印刷公司，该公司的两个办公场所分别位于下曼哈顿且林大街189号和191号。公司设两名经理,由帕克·科尔(Parker Cole)兄弟担任,也许他们两人正是原始资本的出资方。哥哥E.科尔负责与西联电报公司联络,弟弟L.科尔负责印刷部。[4] 这份报纸的报头很有特点,其中有两面旗帜,美国星条旗位于右侧,传统的中国军队传令旗位于左侧。中国皇家的旗帜——黄底上有个龙形标志——代表皇帝,唯有皇帝能用,即便王清福是王朝的支持者,用这样的旗帜也不合适,何况他从来不是王朝的支持者。因而他只好借用一面战旗来代表中国,旗子上绣了个"令"字,这意味着举旗者正在传达命令或指令。

借助第一期报纸的英文"编者按",王清福阐释了这份新报的办报理念——这是这期报纸唯一的英文文章。"编者按"部分内容见下:

> 长期以来,本报发起人迫切地感到,需要有一个媒介,以便美国和美洲大不列颠各省的中国人能够即时获得他们感兴趣的本地和国外的消息。由于能读懂英文的中国人仅有千分之一,其他掌握英语的民族享有的特权,自然而然地将中国人拒之门外了。[5]

即使仅仅作为当地信息的提供者,市场对《华美新报》的需求也是显而易见的。王清福的朋友汤姆·李的杂货店位于连接且林士果①的莫特街(勿街)上,商店门口有个过道,墙面上整整

---

① 今林则徐广场。

齐齐地贴满了写有各洗衣店开关张时间的告示，以及其他各色广告。到那时为止，这地方成了当地唐人街事实上的消息源。[6]某种更为实际的消息源肯定会让数量不断增长的华人群体受益，我们还应当考虑到，美国人也希望了解关于中国的消息，以及影响美籍华人的国际消息等。

报社显然资金充裕，一位《纽约日报》记者描述，报社拥有纽约"城里最豪华的"总部。王清福的办公室装修基调为黄色，显眼位置挂着一副李鸿章肖像，此人是这位中国编辑崇拜的中国文职高官，因为这位官员同情改革者（李鸿章曾经支持容闳将中国孩子送往海外学习的构想）。办公室书架上的作品出自维克多·雨果、沃尔特·斯科特（Walter Scott）、托马斯·潘恩、罗伯特·英格索尔等人，他们都是王清福喜欢的作家。[7]其中最后一位是个著名的无神论者，1879年，王清福曾经在辛辛那提市亲耳聆听他演讲，两人之间存在一定的共性，因而王清福的某位经纪人做宣传时将他称作"中国的罗伯特·英格索尔"。[8]

《华美新报》是周刊，其日常出版工作绝非易事。尽管中国人早在11世纪即已发明活字印刷术，1883年的纽约却没有中文排版设备。王清福及其他两位相关出版人采用的方法如下：首先，王清福口授内容，一位中文誊写员用饱蘸墨汁的毛笔或硬笔将内容写到纸上，然后通过影印的方法制作石版，即蚀刻石版，用刻好的石版将内容印刷到黄色的纸张上。至于采用黄色纸张的原因，王清福的解释是这是"中国的国色，皇家的颜色"。[9]正因为这种印刷方式投入产出比高，出版发行这份报纸才成为可能；传统的刻版印刷成本奇高，只能成为绊脚石。[10]同一时期，旧金山发行的中文报刊采用的似乎也是这种印刷方式。

王清福雇用了一位誊写员，这件事未免让人疑窦丛生，书写又不是什么特殊技能，他为何不亲自操刀！事实上，他可能不具备这样的能力。有一次，一位誊写员离职，王清福对一位记者说，当时他只好亲自上阵。尽管如此，他实际动手书写的中文文字可能根本不及格。王清福13岁时被花雅各夫妇收养，他接受的正规中文教育在那之前即已结束，甚至有可能在更早之前，他跟随一贫如洗的父亲逃离老家即墨时即已结束。不管怎么说，王清福没有亲自动手书写第一期报纸，真实原因不言自明：中国北方人根本写不出由誊写员代写的《华美新报》四个版面的中文内容，这位誊写员毫无疑问是广东人，几乎可以肯定他是新宁县人。

《华美新报》上的中文文体称得上是一种大杂烩，既有书写用的正规文体，即文言文，这是20世纪初期以前，中国官方使用的文体；也有白话文，专门为中国基层民众保留的文体；还有借用别字标注发音的文体，只有用新宁县流行的台山口音念出来，人们才能听懂，它们或多或少有点像英语，指代的是英语人名和地名。这些文字让王清福这种说官话的人念出来，会显得毫无意义。行文中的一些数字是专门用于写标牌和收据的缩略语，流行于中国南方诸如香港和广州一带的市场上，海外中国洗衣店也用它们写收条，这种写法用在其他场合，会显得毫无意义。[11] 更重要的是，行文中的许多字干脆就是错字——故意写错的字，用于代替同音字。犹如那个时代的大多数中国文章，这份报纸的文章均未加注标点符号。如今，即使让受过高等教育的中国人阅读《华美新报》的文章，也是一件费力的事。不过，王清福时代生活在唐人街的人们阅读这份报纸时，理解方面却不成问题。

第一期《华美新报》同时用罗马字母和汉字标出了王清福的

名字。用罗马字母拼写的名字基本符合如今的汉语拼音规则,王清福平时却不这样拼写自己的姓名。问题远不止如此,不知为什么,在这份报纸上,他的中文姓氏用的是"黄"字,即"黄颜色"的"黄"。大约十年前,在大急流城入籍证书上签名时,他用的可不是这个字,而是"王"字,即"国王"的"王"。后一个字才是他真正的姓氏用字,他的祖上、他本人小时候以及他的后人用的都是这个字。用官话说"黄"和"王"两个字,发音截然不同,用王清福的家乡话山东话说,发音也有不同。不过,用广东话和台山方言说这两个字,它们确实是异体同音字!

自1883年伊始,直到王清福去世,他一直使用"黄"作为自己的姓氏。他从未解释过其中的原因,他当然知道这两个字的区别。即便正统中文教育结束得很早,他也有能力在签名时使用正确的字。也许他是故意选择改变自己的姓氏,因为他的真实姓名被列在中国的通缉名单上。不过,这种可能性不大,因为早在1874年填写移民归化文件时,他已经成为逃犯。另外还必须考虑到,通缉名单上的名字是王彦平,而不是王清福。

王清福用"黄"作姓,更有可能是希望借此与美国的黄氏家族搞好关系,这一家族来自广东。美国的所有唐人街均由按地域或家族划分的行会把持,行会为其成员带来的好处包括借贷、解决争端、殡葬保护等。作为广东以外的人,王清福没有资格加入任何按地域划分的群体,不过加入家族行会却简单易行,只要姓氏相同即可。"王"姓在珠江三角洲的中国人里是个稀有姓氏,而"黄"姓在新宁县却是极常见的姓氏,在美国各地大多数唐人街,黄姓家族都设有行会。[12]王清福曾经好几次应这些行会的邀请,帮助其成员解决法律方面的问题,因而不难想象,与这些人搞好关系，王清福即处于随时可请求他们提供帮助的地位，需要的时候还可请求他们提供保护。无论原因是什么，王清福在美国期间从未主动要求改回原有姓氏。这一事实足以解释，一些学者介绍他时何以使用了错误的姓氏。这也成了王清福后人的心病，他去世后，他们一直在努力进行纠正，效果却不尽如人意。

《华美新报》的广告和文章使用的文字，足以说明出版方心目中的读者是些什么人。他们都是中国偏远地区的人，远离帝国的中心地带。他们能识文断字，却没有受过良好的教育，说话口音很重，多数人不过是普通劳动者。多数广告吹捧的是洗衣店使用的肥皂、漂白剂、化学染料、洗衣盆、套管、别针和熨斗，即洗衣行业使用的各种工具。当然也有旅游公司、文具店、诊所及专卖草药的药房刊登的广告。

留存至今的《华美新报》仅有两期，一期为创刊号，另一期为3月31日发行的第九期。报上的文章写得并不规范，主要为小报式消息，质量良莠不齐，也不是什么重要消息。第一期的文章报道了广州的一起火灾，以及火灾之前的征兆；还报道了缅甸国王送给清廷一头活泼的小白象，它弄伤了几名清政府官员，因而被处死；另外还报道了一名富裕的"外国人"（非中国人）的经历，他致使一名女子怀孕后将其告官，因为该女子向他索要钱财的同时，还与其他男子有奸情。第四篇文章报道的是宝沃瑞大街（包厘街）展出的一条巨大的鱼，每张票10美分，这条鱼吸引了数万人前往参观。

3月31日发行的那期报纸，报道的消息与第一期大致相同。一开始是来自中国的消息，皇帝的一位老师装模作样地拒绝担任战时内阁总理大臣；还有一条消息是中国与数个邻国的边境问题；

另有一条消息是广州的一家医院向贫困的孕妇提供免费医疗服务，并以此名义邀请美籍华人每人捐1美元。这期报纸还报道了华人社区遭到袭击的事，估计事情发生在美国西部；还提到清朝政府试图让美国进行干预，以保护边远地区的中国人。另有一条桃色传闻，说的是一位女子的哥哥杀了她的情人，她闻讯后自杀身亡。这两期刊物完全没有触及《排华法案》。《华美新报》创刊九个月前，该法案已经生效，它极大地改变了在美华人的生活。这两期刊物也没有触及其他政治议题。

2月中旬的某期《华盛顿邮报》报道说，《华美新报》"继续极其刻薄地攻击清朝驻华盛顿使馆"。此类文章没有一篇留存至今，不过人们不难想象，既然王清福总是不失时机地攻击清政府，他一定会充分利用这份报纸。无论王清福在报纸上发表过何种言论，他显然惹恼了郑藻如，后者是中国驻华盛顿使团负责人。因为《华盛顿邮报》接着说："据说遍地鲜花的中央王国外事部门会超前地（原文如此）要求美国政府压制这份报纸。"[13]然而，没有证据表明发生过此类事情。

"互惠订阅"是报业同行在本地以外地区寻求共同发展的通用手段，王清福希望借此与其他报纸进行合作，例如明尼苏达州的《危诺纳每日共和报》。不幸的是，《华美新报》的愿望总是一厢情愿。"只要粗略看一眼带插图的《华美新报》的文笔，即可看出，"《每日共和报》不无挖苦地评论说，"其水准类似于列车员对刚刚停息的暴风雪充满激情地诉说再见，或者比赛过后给双方队员起绰号，明摆着是马后炮。"[14]《费城纪事先驱报》的评论则更加直白：该报看起来像是"旋风中的松林"，该报诸位编辑竟然看不出"错别字和颠倒的字母"，以致"从未读过这份报纸的读者都可以想象它的样子，就像将鸡毛掸子沾满墨汁，然后猛地甩向干净的墙面"。[15] 这份中文报纸的文笔在美国获得的评价大致如此。

《华美新报》在经济方面一直问题不断。每份报纸的零售价为 5 美分，全年订阅费为 2.5 美元。王清福早在 2 月即已宣布，纽约的发行量已达 700 份。这显然不太可能，因为这意味着当地中国人几乎人手一份。另外，从其他地区获得的订阅量多达数千份，包括南方一家铁路公司莫名其妙地要求订阅 5000 份，这看起来更不可能。[16] 王清福曾经对《纽约时报》记者说，对第一期报纸的需求如此强劲，他只好加印 5000 份。[17] 或许这不过是自卖自夸，如果这些数字不是吹牛，也不是印刷错误，毫无疑问，这是重大的经营决策失误。由于当年美国人不懂中文，这意味着，每两个在美长期居住的华人便会得到一份《华美新报》，而四分之三的中国人生活在 5000 公里开外。其实还可以换一种算法，如果将该报分给纽约的中国人，每人可以分得 20 份。

人们向中国商人销售货物的兴趣很浓厚，销售洗衣用品和洗衣设备的经销商们尤其如此。在《华美新报》上刊登广告的费用为每 3 平方寸 2 美元。比较而言，相同的价位在《纽约太阳报》上可以刊登 5 行广告词，而该报的预订量高达 50 万份。[18] 王清福不是商人，他对广告版面进行了限制，而这肯定对报纸的年收入有所影响。他为商业目的划出的版面仅占整份报纸的四分之一，他在"编者按"中明确表态说，他的原则是限制商业版面：

> 我们无法为刊登广告腾出足够的空间；不过，我们会根据读者们的需求腾出必要的空间，以便他们与美国人做交

易，或相互做交易。当然还要考虑货物制造商和经销商的需求，如此利用空间，必须确保其取得互利结果。[19]

不足为奇的是，应收款是个恼人的问题，经营《华美新报》的整个过程中，王清福一直在寻找补贴收入的方法。他兼职为纽约新闻界、《青年伙伴》杂志以及《哈泼斯周刊》撰写英文稿件。7月，他写了一篇关于中国政治荣誉的文章，哈泼斯集团付给他75美元。他曾经说，他正在翻译中国古典小说《反唐》（或称《皇家奴仆》），其实这很可能是《薛刚反唐》的某个版本。《薛刚反唐》是一部清代小说，如果王清福所说的确是这本书，他把书名弄错了，连作者的名字也弄错了。无论如何，他所说的翻译从未真正成书。通过印刷公司，他还为需要中文宣传品的商人们提供翻译和印刷服务[20]，同时还向市场兜售报社的双语服务[21]。

办报经历成为过眼云烟数年后，王清福为美国幽默杂志《小精灵》撰写了一篇颇具调侃意味的文章，题为"一位中国记者的经历"。他在文章中回顾说，第一期《华美新报》的收入为1500美元——不管怎么说，理论上如此。以下内容摘自该文：

总计如下：300美元为现金，1200美元为票据、欠条、应收款登记。我手头有上百份此类白条，我愿意以每张1美元1美分的价格卖掉这些白条。[22]

为维持报社的正常运作，王清福还要应对人事问题。除了数位记者和一位誊写员，他还雇用了一位本地编辑、一位美术师和一位办事员。[23] 第一位誊写员是个姓梁的先生，周薪15美元。4月初，梁先生要求将工资提高到 17 美元，王清福同意了。然而，不久后，在印刷第 11 期报纸的石版将要制备好之际，誊写员再次要求提高工资，还煽动记者们和他一起闹事。王清福拒绝再次为其提高工资，那人主动离职，同时带走了制备好的石版以及制版工具。王清福给每位记者提高了 1 美元周薪，并宣布亲自动手誊写文稿，直至找到接替的誊写员。[24]

4 月底的某个周六傍晚，一大群人聚集在报社外，缘由是报纸未能按期出版。警察试图驱散人群，人们抗拒着，不肯散开，后来王清福借助办公室窗外凸出墙面的避雷针爬出来。他解释说，报社正在接收六种新的中文字体，以及四台霍伊牌印刷机，印刷能力可提高到每小时 3 万份，因而报纸周四才能印出来。这一看似不可能的理由也许仅仅是个拖延策略，以此掩盖出版计划事实上已经陷入财务困境的事实。王清福的说法当然不可能是真的，即便如他早前所说，报纸的发行量已经达到 5 万份，他似乎也没有可能需要每小时 3 万份的印刷量。至今人们也看不出他对字体有什么需求，因为影印制版方式需要的是人工手写。[25]

然而，整个 5 月份，王清福始终没有提及财务陷入困境一事。他甚至宣称，他本人对《华美新报》的发展很满意。他声称："报纸的发展相当符合我的预期。"他还夸口说："进展很快。用自己的母语出版报纸，这么做的价值已经开始得到纽约市中国人的赏识，还因此赢得了新的资助。"[26] 然而，不出几个月，一切都结束了。扼杀《华美新报》的究竟是什么，至今原因不明。王清福曾经回忆自己当编辑的经历，他的说法是，他曾经"两次'被打昏'，四次因刑事诬陷罪遭逮捕，一次因民事诬陷罪被关进勒德洛街监狱，保释金为 2 万美元，还曾两次中毒"。[27] 这都是在报社工作惹的祸。毫无疑问，不必细说前述所有遭遇，其中任何一次遭遇都足以成为终止办报的理由。

《华美新报》一直生存到1883年9月底，报纸的发行止于这个时间点，王清福也随之消失了。数周后，他才再次露面。他的说法是，他不过是换了居住地址。他还进一步说，报社正在进行某些管理方面的调整，他还雇了个美国人管理财务部门。[28] 不过，没有证据表明新一期报纸曾经面世。[29] 报社的雇员们带着钱箱逃跑一事或许成了致命的一击，王清福对此事的回忆如下：

> 我写过一篇论述道德的长文，反对赌博和吸食鸦片。一周后，那些赌徒和赌场经营者闯进报社，试图暴打副总编、财务和本地记者。这三人没有等待事态发展，当天就逃往内地了。后来他们联系我——从巴拿马！他们安然无恙，不过我损失了950美元，被他们带走了，这可是我的全部资产！[30]

《华美新报》寿终正寝了。然而，王清福的记者生涯并未就此结束，他对唐人街罪恶现象的讨伐也没有结束。其实，就这两方面而言，他的征途才刚刚开始。

第十章
抹掉社会的污点
（1883—1885 年）

随着《华美新报》的出版发行，王清福的名气水涨船高。人们总是让他出面，为华人群体代言，由于爱说话，他扮演这一角色深受报社编辑的欢迎。前纽约卫生督察员查尔斯·凯梅勒（Charles Kaemmerer）博士指责唐人街居民宰杀和食用猫和鼠，《纽约时报》刊发了一篇长文，认真分析了这一经久不衰的陈旧传闻，这一说法足以被扣上"食鼠诽谤"的罪名。该报记者采访了多位唐人街住户，包括王清福，后者不仅否认这一说法，还发出了著名的倡议：无论是谁，只要能切实证明中国人吃猫和鼠，他愿意奖励 500 美元。他还补充说，他遍访过中国各地，从未听说哪个地方的人吃猫和鼠（不过他承认，吃狗的事时有发生）。[1]

《纽约时报》将王清福塑造成了唐人街的领袖人物。1883 年 5 月，莫特街耶稣显圣天主教堂青年会举行月度例会期间，这一点体现得尤为明显。当时，该青年会发起了一场讨伐唐人街男人的运动，谴责他们猥亵未成年白人少女。青年会成员们宣称，"人行道上的糊涂女巫们"（即烂醉的下层白人女性）为曼哈顿、布鲁克林、新泽西的小女孩拉皮条，有些女孩年仅 13 岁。这些女人将女孩们介绍给富有而堕落的中国男人，后者因缺少中国女性伴侣，迫不及待地将罪恶之手伸向了白人女孩。女孩们可能被骗吸食鸦片，或者直截了当受到金钱的诱惑。青年会宣称，有多达100名信奉罗马天主教的女孩遭到猥亵，她们被关在唐人街的公寓里，供男人们寻欢作乐。[2]

纽约诸多地方报纸宁愿相信这些无根据的指控，这足以说明当时人们对中国人的偏见有多深。例如，《纽约晚邮报》引用了一位警官的话，他把中国人说得"比意大利人还坏，住在街区里的中国人的先辈们一直梦想成为……沿袭着个人陋习，因而警察们认为，他们远不如畜生"。按《晚邮报》记者的说法，为撰写本文，他采访的"每一位值得尊重的人"都认为，中国人是"邻里们唾弃的对象，也是无以言表的苦难和疾病的根源"。[3]

接下来，《晚邮报》还引用教堂的詹姆斯·巴里（James Barry）神父的话，他宣称"中国人好像根本不知道什么是廉耻"。该报还出乎人们意料地宣称，每当警方试图干预这一罪恶的产业，"总会有政治势力出面保护中国人"。而且，一位警官曾告诉巴里神父本人，"如果在中国人兽性大发时进行干涉，你肯定会丢掉饭碗"。[4]究竟是什么人在代表没有公民权的中国人出面行使这一政治权力，或者说政府里的什么人拥有解雇神父的权力，从未有人披露内幕。

爱尔兰团体成立了一个委员会，主要由天主教人士组成，以寻求警方和某些民间预防犯罪团体的帮助。警方已经开始打击唐人街的诸多赌博窝点，眼下警方已经将注意力转向唐人街的吸食鸦片场所，整个唐人街已经处于实时监控之下。教堂青年会的年轻人从各建筑物的屋顶监视莫特街、佩尔街（披露街）、帕克街（柏克街）的鸦片烟馆，这些场所总是大门紧闭。如果某个场所开门营业,也只能在晚间,并且仅允许中国熟客入内。[5]

最终结果证明,即使前述所有指控确实有那么一丁点的真实成分,也难免有夸大之嫌。青年会曾经请求防止虐待儿童学会出手相助,后者根本不相信这种事的存在,该学会甚至推出奖赏,每证明一个中国人猥亵未成年女孩,只要证据确凿,即可得到50美元,每提供一个受害者的名字,即可得到5美元。王清福立即对这种威胁整个唐人街社区的危险做出回应,他向巴里神父保证,所有值得尊敬的中国人都愿意与他合作,一旦发现窝藏此类女孩的场所,必须将其摧毁。"华人社区根本不知道竟然有这样的经营场所隐匿于鸦片烟馆里,"王清福说,"值得尊敬的中国人们像所有白人一样同仇敌忾,谴责这种场所的存在,只要闻听有这种场所存在,必欲倾全力将其挖出。"[6]

5月11日,在《华美新报》的几间办公室里,一群中国商人开了个会,会议一直延续到凌晨1点。[7]王清福在会上谴责了各种报刊,它们的宣传让所有中国人看起来都像罪人,同仇敌忾地谴责中国人,对所有指控却都拿不出任何证据。[8]他的巧舌如簧一如既往,声称这是"一件极其严肃、极其残酷、极其无情的事,让无辜的人们忍无可忍,必须有所行动"。[9]与会人士通过了一项决议:"会议决定,从今往后,我们将协助美国公民打击我们当中形形色色的犯法者。"[10]

王清福将上述决议的副本交给了警察总监,同时向对方保证,如果真的存在证据,"值得尊敬的中国人"会竭尽所能将证据交给警方。[11]警方任命会说英语的王清福和华里·查尔斯(Warry S. Charles)与警方共同调查此事。[12]一周过后,两人未能查出任何导致无辜的女孩们"陷入毁灭"的场所。唯一追查到的是有个非华裔女性在假借中国人的名字干着这种营生。[13]

对王清福而言，基督徒无缘无故指责中国人放荡已经不是第一次。他决心驳斥这种指控，尽可能减轻对中国人声誉的损害。"对中国佬里的好人和坏人，美国公众必须区别对待，"王清福对《纽约先驱报》记者如是说，"两三个人由于行为不端受到谴责，不应伤及人群里那部分拥有好名声的人……像你们一样，我们已经做好准备，帮助抹掉社会的污点。"

接下来他重拳打击的对象不是前述青年会，而是爱尔兰邻居们：

> 问题是，爱尔兰人正试图把脏水泼到整个中华民族身上……和美国人一样，我们也憎恨犯罪和放荡，所有中国人都希望人们清楚地认识到这一点。我会在我办的报纸上留出整整一个版面探讨这一问题，这个星期，我会多发行1万份报纸，我还会在报上亲自发文探讨爱尔兰人问题。[14]

王清福和破坏中国人名誉的爱尔兰人后裔过招，这肯定不是最后一次。很快他就会与他们当中最出名的人交手，即旧金山人丹尼斯·吉尔尼（Denis Kearney）。

同胞遭到错误的指控，王清福会第一个站出来反对，尽管如此，他眼睛里也揉不得沙子，对同胞的劣迹，他绝不会护短。《华美新报》为他提供了讲台，他也借报纸的发行揭露中国同胞的不良行径。实际上，他常常用英文发表文章，因为每一期报纸都会刊登一两篇英文文章。他这么做或许完全出于道德良知，同时他也相信，在美华人若想得到认同，必须遵守当地法律。也可能在他所持立场的背后，有人际关系的作用，有必须尽义务的束缚，每一位华人社区成员都必须遵守规则。

例如，与王清福合作最紧密的人，数得着的有汤姆·李（中文名李希龄），他是唐人街的著名商人，有"莫特街老大"之称。[15]王清福与汤姆·李最迟相识于1878年。[16]这两人走到一起，人们很容易理解。一些人将汤姆·李称作纽约最富裕的中国人，他与王清福年龄相仿，也已入美国籍，还是罗马天主教徒和共和党人。像王清福一样，汤姆·李能说一口流利的英语，与白人相处如鱼得水——实际上，他娶了个德国女人。他和妻子以及两个孩子住在莫特街4号一家烟店楼上，他还拥有莫特街2号的商铺，专门售卖从中国进口的货物。[17]汤姆·李是唐人街好几个社团的头目，或者是这些组织中的活跃分子。1880年，他成为纽约唯一被任命为副警长的华人。无论从哪方面讲，他都称得上是个善于交际的人。

1883年4月，汤姆·李伙同几个密友，暗地里买下了莫特街的几家商号，继而开始驱逐那里的华人住户。据说，他们打算强迫那些人让出地盘，以抢占他们的市场。[18]几位受害人进行报复，状告他滥用副警长的权力，以提供警方保护为借口，勒索数位华人赌场业主，其实他自己也经营着一家博彩产业。陪审团认为，现有证据足以支持前述指控，可对其进行审判，因而他被免职。[19]

阿楚（音）撤诉后，汤姆·李被无罪释放。阿楚是个鸦片商人，为起诉汤姆·李，他曾经宣过誓，后来却在证人席上提心吊胆且令人怀疑地撤了诉。《纽约时报》报道说，阿楚受到了威胁，这纯粹是意料之中的事。[20]然而这一次，王清福却为汤姆·李进行辩护，他告诉《纽约太阳报》记者，汤姆·李没有向赌场勒索钱财。[21] 他是真的相信汤姆·李是个廉洁典范,还是出于哥们义气才这么说,我们只能猜测。后一种猜测好像更靠得住。

不管怎么说,在自办的报纸上给予华人赌场负面评论,王清福表现得毫不犹豫。在他的终极评论中,他想象中的美国境内的中国人被美国社会同化,绝不应当止于会说一口英语和一袭洋装在身。恰如他在前述青年会指控华人时所说的那样,他的作为包括连根拔除唐人街的恶习,唯有这样,人们才会相信中国人也是行为端正、遵纪守法的市民,而不是自甘堕落的下等人。于是,《华美新报》发行未久,他便开始揭露莫特街13、16、17号开设的赌场。

然而,揭露丑闻是要付出代价的。新闻报道的后果是又一次暗杀企图。6月9日,王清福来到纽约市法院(绰号"坟墓"),要求法庭签发逮捕莫特街16号业主陈鹏弟(音)的逮捕令,据他说,此人计划暗杀他。王清福的说法为,当天早些时候,他去了佩尔街一家杂货铺,当时陈鹏弟也在场,后者大喊着寻找左轮手枪,意图杀死他。[22] 王清福让几位朋友稳住陈鹏弟,他则赶到法庭。陈鹏弟遭逮捕,被关进了"坟墓"的监狱。

王清福和陈鹏弟并非陌生人。王清福对《纽约论坛报》记者说,他在芝加哥生活期间,他的一些敌人出价要他的人头,1000美元买他的命,对他造成严重人身伤害的人可获得500美元。[23] 他接着说,为得到赏金,陈鹏弟和另外两人前往他的住处杀他,幸亏当时他不在家。[24] 这与1880年陆隆和李金二人致使王清福的脑袋开花一案差不多。第三次暗杀王清福的人逃离了现场,躲过了追捕,那人可能正是陈鹏弟。陈鹏弟也能说一口流利的英语,对两人间的恩怨,他的说法与王清福的说法大相径庭。第二天开庭之际,陈鹏弟否认曾举枪威胁王清福，他坚称："很久以前，在芝加哥时，我抽了清福两巴掌，因为他向我借了一顶帽子，却拒绝给我 4 美元。昨天我遇到他时，他过来想打我，我只好躲开。我正在跟他的朋友们说话，他却让人逮捕了我。"[25]

由于王清福利用报纸揭露纽约唐人街的赌博场所，他把陈鹏弟的最新威胁与赌场的敌意联系在了一起，他宣称，正是赌场的人招来并收留了陈鹏弟，直接目的就是要加害他。"我的要求不过是将他置于监控之下，以维持和平，"王清福坚称，"因为我想继续对赌博场所采取行动，我对最终胜利充满信心，一定会把他们打压下去。"[26] 直面可能的人身伤害，王清福拒绝放弃，实际上，像这样慷慨陈词需要相当的勇气。法庭决定审理陈鹏弟案，保释金为 500 美元。不过，诉讼最终不了了之。

然而，陈鹏弟绝不是等闲之辈。1870 年，他来到北美洲，当时只有 14 岁，之后他曾先后在许多地方居住，如加拿大不列颠哥伦比亚省、美国旧金山、波士顿及纽约。他曾经接受过洗礼，成了卫理公会成员，他受过教育，能说英语，会写英文，一身西式装束，而且早已剪掉了辫子。他是个狂热的音乐爱好者，拥有一架钢琴，还能用钢琴弹奏《家，甜蜜的家》。他时不时也会出面为捍卫华人说几句话，同时也会抨击横行的华人混混。简单地说，至少从表面看来，他和王清福属于相同类型的美籍华人，但即便如此，王清福也不会停止与他斗争。[27]

两人之间的案子引起了媒体的广泛报道，芝加哥的各种报纸对此尤为感兴趣。一位《芝加哥论坛报》记者采访了几位认识他们两人的当地主日学校的教师。他们对王清福的描述凸显出他是个特别会拍马屁的人——这并不奇怪，事实上，陈鹏弟显然与主日学校隶属的教会过从甚密。据说，在芝加哥期间，王清福依傍他的同胞，四处乞讨过日子；他还当过告密者，导致警方对一处赌场进行大搜捕；他还背叛父母，让父母留在中国忍饥挨饿；他还对主日学校做过一件出格的事，记者称之为"中式异教徒伎俩"，即让学校雇用两位"水性杨花"的女性当教师！华人中央浸信会总监威廉·皮克特（William Pickett）更是直截了当地说："两人都是无赖，"这是他评价王清福和陈鹏弟的原话，"我也只能这么说。"[28]

后来，王清福利用《华美新报》指控陈鹏弟，利用白纸黑字做这种事很不明智。在一份留存至今的，从6月14日出版的报纸上剪下的英文剪报（当期报纸的其他版面未能保存下来）上，王清福将陈鹏弟称作"凶残的、鬼鬼祟祟的惯偷"，进而指出，来纽约前，陈鹏弟曾经在芝加哥和辛辛那提犯过好几次罪。[29]这为陈鹏弟实施反击提供了借口，他立即抓住机会，指控王清福犯了刑事诬陷罪。他宣称，王清福的文章极大地伤害了他的人格和为人诚实的声誉，并且声称，文章还堵死了他被任命为驻纽约副领事的机会，为弥补损失，他向王清福索赔2.5万美元。[30]为得到逮捕证，他从莫特街17号的塔克·霍普（Tuck Hop）和布鲁克林国家大街280号的阿黄那里拿到了保证金，此二人是他的合伙人。如果最终得不到裁决书，他们每人将为这一行动负担250美元的损失。[31]

6月19日，王清福遭到逮捕，设定的保释金为2000美元。经过数小时尝试，他仍然无法筹集到足够的钱款，警方将他关了起来。《纽约论坛报》记者在那之前采访了他，他当时的说法是：

这纯属曹鹏弟（原文如此）和他那帮赌徒朋友恶意中伤。我可以证明，报纸上每个字反映的都是事实。我一直在尝试捣毁中国人在这座城市开设的赌窝以及其他不道德场所，自然而然地，我会遭到相当一些人憎恨。我认为，警方为此案设定的保释金太高，我也不知道自己最终能否获得保释。[32]

王清福在狱中蹲了好几天，他的辩护律师沃尔特·罗斯博尔特（Walter W. Rosebault）提交了一份抗辩书，要求降低保释金额度，法官将其降到了500美元。足额缴付保释金后，王清福被放了出来。[33] 几个月后，罗斯博尔特律师才开始采取下一步行动，他的策略是让警方撤销逮捕令，理由是前述两名保证金提供者均为虚构。[34] 两人的名字都是通用名："塔克·霍普"是个固定短语，实际意思是"联美"，这个名字来自莫特街17号杂货铺里的一块标牌；而"阿黄"这个名字里的"阿"的意思简单说有点像"先生"，因而纽约所有姓黄的人都可以在姓氏前边用这个字。[35] 然而，法官并未采信这样的解释，律师的抗辩被驳回了。[36]

将近两年后，王清福的案子才进入庭审程序，恰如他惯常的表现，他竭尽所能让庭审进程变成了一场哗众的演绎。虽然法官一开始极不情愿，但在王清福的强烈要求下，他的辩护律师终于说服法官同意当庭点燃一支香，其目的是"净化法庭的氛围，唤醒人们的良知"[37]，因为他可能会传唤一位佛教徒出庭作证[38]。我们不清楚王清福是否真的认为这样的噱头可以帮助他打赢官司，不过，他这么做的确能吸引媒体的注意力，纽约所有主要日报都对此进行了报道。也许这才是王清福的真实意图。

原告出场时，身穿一套按照"伦敦最新流行款式"剪裁的蓝色西装。在等候开庭期间,他显然成了曼哈顿五家洗衣店的店主,以及一家布鲁克林杂货店的合伙人。他否认王清福在报纸上提出的所有指控。王清福同样为这个场合做了精心打扮,闪亮登场时,他身穿剪裁得体的双排扣西式长礼服。原被告双方为自己辩护时均使用英语,现场翻译成了摆设。[39] 王清福否认揭发文章为他亲笔所写——这显然是谎言——不过他承认,作为编辑,他允许文章发表,是基于文章内容的真实性。

原告律师反对被告传唤一位证人——乔阿叶。他坚称,此人不能将手按在《圣经》上发誓,因为他不是基督徒。不过,乔阿叶当庭保证他是天主教徒,因此法庭允许他出庭作证。他说,他在芝加哥亲眼看见陈鹏弟揪住王清福的两只耳朵说,谁要是割下这两只耳朵,就能得到100美元赏金。然而,在对质过程中,乔阿叶的英语突然卡了壳,变得哑口无言,他甚至没有能力回答原告律师提出的最基本的问题!原告律师评价他"傻到了家",他只好彻底放弃。[40] 这导致王清福无法自证。最终,仅仅经过十分钟的协商,陪审团即做出了有利于陈鹏弟的判决,他得到了1000美元的损害赔偿金。

王清福和陈鹏弟两人斗法,这件事成了美国西部、中西部、东部各家报刊,以及纽约本地所有报刊争相报道的题材。许多文章甚至登上了远在伦敦的报刊。毫无疑问,这次诉讼的本质是史无前例的,因而尤其引人关注。即便历史上有过先例,此前也鲜有某个中国人在美国法院以诽谤罪起诉另一名中国人。这样的争执往往会按老规矩在社区内部化解,而非将其公开。19世纪80年代,两名"美国化的"中国人身穿有款有型的西装,在美国法庭用英语对质,这必定会是一出绝佳的好戏。案件的由头不过是所谓的谋杀企图,接着杀出了一位试图与唐人街地下势力做斗争的土生土长的中国人,唯其如此,才让这一事件看起来更像阴谋。这些都是编写煽情文章的素材,肯定有助于提高报纸的销量。不过,这并不会提高王清福所办报纸的销量,因为早在事发很久之前,他的报纸已经停止发行。

第十一章
我会把他赶回沙坑去
（1883年）

如果说美国国内曾经有人赋予"反中国人运动"以生命力，此人非旧金山的丹尼斯·吉尔尼莫属。吉尔尼是个偏执狂、煽动家，还是个有天分的演说家，19世纪70年代末，他积极参与工会运动，因此名扬全美。他帮助创建了加利福尼亚劳工党，这是个反资本主义的、支持劳工的组织。由于工商业界和中国"苦力"让美国工人的工资维持在低水平，吉尔尼对这两者均持批评态度。该党因打出"中国人必须滚回去"的口号而声名鹊起，1877年建党之际，他当选该党书记。

颇具讽刺意味的是，吉尔尼公开倡导本土主义，而他自己却是外来移民，说话带有浓重的爱尔兰口音。1847年，他出生在爱尔兰，11岁登上轮船成为一名侍者，长年往返于印度、非洲和澳大利亚。[1] 1868年，他去了旧金山，在那里加入了卡车运输行业。不过，他很快对政治产生了兴趣，由于经常在周日下午参加名为"自修社团"的辩论俱乐部的活动，他练就了令人印象深刻的激辩技巧。

即便往好里说，美国境内中国社团和爱尔兰社团的关系也是那种遇火就炸的状态。19世纪40年代和50年代，移民美国的爱尔兰人多数是非技术移民，出于种族和宗教原因，白人政府机构对他们抱有偏见。像其他国家的情况一样，19世纪50年代，由于淘金热，许多爱尔兰移民为追求财富远赴美国加利福尼亚州。可以说，爱尔兰移民搭建了一个与在美华人发生第一次碰撞的平台。实际上，在那一时间节点，所有华人都生活在美国西部。如果在社会等级上存在比爱尔兰人地位更低的社会族群，则必定是在美华人。

华人矿工普遍进入了餐饮行业和洗衣行业，或者重新进入了无利可图的矿井。他们像奴隶一样劳作，迫使他们这么做的是偏见，常常还有暴力，而施暴者中总少不了爱尔兰人。19世纪60年代中期，时任中央太平洋铁路公司总裁的前加利福尼亚州州长利兰·斯坦福（Leland Stanford）做出重要决策，雇用华人劳工修建横贯美洲大陆的铁路，以顶替不听话的白人劳工。这些人当中大多数是爱尔兰人，因而两个族群间的仇恨更深了。19世纪70年代铁路建成后，由于经济进入不景气时期，两个族群间的问题便进一步恶化了。

1877年，吉尔尼曾经与某个名为"鹤嘴锄柄打手团"的治安委员会短暂地结盟，后者负责镇压参与暴乱集会的爱尔兰劳工，而集会是为了向全美铁路罢工表示同情。参与集会的工人失去了控制，试图烧毁太平洋邮船公司的码头，大多数中国劳工穿越太平洋都由该公司承运。然而，这一事件过去约一个月后，吉尔尼突然改变了立场。或许他意识到，与工人阶级共进退能带给他更多机会，因而他开始参与每周日下午的集会，在集会上发表反对资本家和中国移民的演说，地点在市政厅旁边一块巨大的闲置空地上。[2] 人们将那里称为"沙坑"，因而人们为吉尔尼起了个"沙坑演说家"的绰号。

像丹尼斯·吉尔尼一样会煽情的人，当时真的找不出第二个。这个粗俗鲁莽的人毫无修养可言,不过,他的能言善辩掩盖了他的所有缺点。他多次发表演说,经常发出威胁,还拐弯抹角地煽动暴力行动。1877年10月,他率领2000人游行到旧金山诺布山顶——那是个时髦的居住区,在此安家的都是富裕的资本家和铁路大亨,包括斯坦福——参加一次群众集会。在熊熊燃烧的篝火烘托下,吉尔尼威胁说,应当凌迟处死"那些铁路巨头、流氓政府官员和三只手的百万富翁"。在另外的场合,他曾经警告中央太平洋铁路公司,限其在三个月内解雇中国工人,否则"斯坦福及其追随者必将自食其果"。他非常清楚地表达了接下来要做什么。"中国人问题解决以后,"这里引用的是他的原话,"我们再讨论怎样对付资本家,绞死、枪毙、碎尸万段,就看哪样更好。"[3]

由于使用煽动性语言和携带武器,吉尔尼多次被捕。[4] 不过,他从未遭到长期关押。1878—1880年间,他所属的劳工党曾经取得过短暂的胜利,该党在旧金山谋得了许多民选官员职位,还在加利福尼亚制宪会议上占据了三分之一以上的议席。该制宪会议已经复会,其目的是重新起草早先于1849年制定的州宪法,与移民事务无关。然而,吉尔尼和他的盟友们促成了本次会议通过一系列种族主义措施,包括禁止中国人投票、参与公共工程项目、为加州的注册公司工作等。吉尔尼名声大噪数年后,《排华法案》才获得全美层面的批准,一些人据此认为,他是这一法案之父。然而,这一说法值得商榷,尽管他对促成这一法案的批准无疑功不可没,但实际上全国范围讨论排华是在他名扬全美好几年以前。

为争取人们支持自己的民粹主义观点、反企业观点和反华观点,1878年,吉尔尼去了美国中东部和东部。他曾经幻想联合全美劳工,成立全国政党,还希望自己被该党提名为副总统候选人。

然而，民众的反应复杂多样，他所倡导的东西仅能满足部分而非所有劳工，许多人参与集会不过是为了娱乐，仅此而已。[5] 各上等阶级以及资本家们对他毫无用处，这毫不奇怪。甚至一些爱尔兰同胞也不买他的账，因为他是个让人又爱又恨的两极化人物，人们在政治方面批判他，并不可避免地触及他按种族划分人类的观点。

时间移至19世纪80年代初，吉尔尼的政治影响力已经大不如前，不过他的名气和野心并未消耗殆尽。1883年，他再次前往东部、到达纽约时，人们对待他的态度已经变得不冷不热。他在美国中央工会大会上露面时，由于他不代表任何工会，大会没有同意他发言，这让他第一次遭遇了挫折。[6] 他没有畏缩，并当即宣布，将在曼哈顿联合广场自行召开会议。不过，在这方面，他同样遇到了阻力。公园管理方负责颁发集会许可，而他们推脱搪塞，将他支到了警察局，后者直接打发他回头找前者，导致他直接去向市长提出申请。[7] 不过到最后，为了向纽约市民发表演说，他被迫自掏腰包，在柯柏联盟学院租了个大厅。

吉尔尼抵达纽约那周，正赶上王清福与某位爱尔兰邻居发生冲突。当年，许多纽约华人居住在爱尔兰人聚集的街区，那里紧邻曼哈顿岛上混乱不堪的五点区。[8] 中国人和其他移民群体拥挤不堪地混居在一起，其中最显眼的当属爱尔兰人。与王清福发生冲突的是弗朗希丝·沙利文（Frances Sullivan），两人住在且林大街的同一幢建筑里，沙利文向警方申诉，王清福打了她。按王清福的说法，长期以来，沙利文不断地辱骂他，那天还把一盆脏水泼到了他身上，他前去与其理论，对方却动手打了他。[9] 对于脏水从天而降一事，沙利文女士将责任推到一名意大利女人身上。王清福进了拘留所,在里面待了两夜,最终因证据不足获释。[10]

吉尔尼东行期间,王清福渴望与其对决。若能与这位偏执的信徒对抗,从中赢得一分,便等于给了排华运动一次沉重的打击。王清福对自己敏捷的才思颇具信心,对于在口才竞技中战胜爱尔兰煽动分子,他同样信心满满。因而,他邀请吉尔尼参与对"中国人问题"的公开讨论。《排华法案》早已成为美国国土上的法律,吉尔尼因而认为,这是个已经解决的问题。不过,中国人总是怀揣希望,这一法案最终会被推翻,王清福一直在寻找机会,让公众舆论倒向中国人一方。因而,7月18日,他以信函方式发出一份挑战书,并派《华美新报》记者阿孔(音)前往阿斯特豪斯酒店,将其亲手交给吉尔尼。

王清福的挑战书没有华丽的辞藻,基本上满篇尽是挑衅性的、居高临下的对爱尔兰人的斥责。在中国人的反抗中,爱尔兰人远不是唯一的对象,《排华法案》在美国获得的支持十分广泛,远非获得在美爱尔兰少数族裔支持这么简单。不过,由于吉尔尼不断地强调中国人低劣,这让他的"爱尔兰兄弟们"授王清福以口实,王清福在气势上压过他好几分:

> 我属于世界上最古老的帝国。按你的说法,你属于最弱小的、遭遇不公对待的、一向没有自由的农奴制的国度。我国的国旗飘扬在世界第三强海军舰队的舰船上。3月17日,有人看见人们不怀好意地在大街上展示你们的国旗,时不时还会有人满怀喜悦地在某家小酒馆顶端升起你们的国旗。我国大使和领事与俄国、德国、英国、法国同仁长驻欧洲所有王室,而你们民族的外交官们在所有酒色胜于政治的场合只

能闲坐在冷板凳上。我所代表的民族，在所有艺术和科技领域都有上千年历史；而你代言的民族由于如今的无知和头脑不清而自惭形秽，更由于所有学识和语言都迷失在神秘的往昔里而经常求人谅解。[11]

王清福将吉尔尼称作"灰头土脸的煽动家"，竟然希望在公众集会上"挑动无知而善良的爱尔兰兄弟们心存偏见"。王清福要捍卫自己的人民，他要求对方承诺，双方在集会上见面，或换个场合见面。"如果你不给我机会，以抗击你试图强加在中国人民头上的小儿科式的漫骂，"王清福在挑战书结尾处写道，"我会公开宣称你是个脑袋空空的饭桶，害怕我揍扁你，害怕我给你那臭烘烘的集会换上新鲜空气。"[12]

阿孔当场询问吉尔尼，是否要给王清福写封回信。吉尔尼已经预见到，如果面对面交锋，他没有任何胜算。因而他回答："我不会理睬王先生。他写的东西满篇都是脏话，等他像有教养的人一样写东西，我会像有教养的人一样回复他。可他根本不会用英文写东西。"[13] 批评王清福的教养没问题，问题是吉尔尼藐视王清福的英文水平，可谓打错了算盘，因为王清福的英文毫无疑问比他强很多。吉尔尼的拒绝又一次给王清福提供了嘲笑他的机会，毋庸讳言，王清福因此还有了更好的主意。王清福认为，吉尔尼不给他回信，肯定是因为不识字；如果对方不想跟他辩论，他就直接挑战对方，安排一次决斗。王清福坐下来，提笔给吉尔尼写了如下一封信：

这封信自始至终由我亲笔书写，以阻止你伺机为胆小如鼠的规避行为寻找托词。前一封信的确是我的誊写员代笔。像你这样的人,居然无法辨认一笔一画写的东西,这可真是臭了一条街!我的书法在中国人当中称得上是拔尖之作,清晰度却依然无法与印刷字体相比。你的谨慎让你避免将书法和拼写用白纸黑字公之于众,所以我完全没有机会判断你是否会用文字进行交流。法律禁止决斗,保护你在异地侮辱我的人民而不受问责。不过,如果你真的置前述保护措施于不顾,你可以任选顺手的武器。面对你,我不会后退半步。我鄙视你。

《华美新报》编辑王清福[14]

王清福自然会确保各种报刊对此事了如指掌,他把以上信函交给了媒体,同时发表了如下感言:"如果他有胆识,或者为人诚实,他肯定会以某种方式与我会面,我会让他因为无知、幼稚,尤其因为胆小而名誉扫地。事实上,如果他假装瞧不起我,对我不予理睬,我会把他赶回沙坑去,让他夹起尾巴做人……我是个小人物,一旦跟侮辱我国同胞的丹尼斯·吉尔尼见上一面,我肯定会报一箭之仇,等着瞧吧。"[15]

也许吉尔尼已经预见到,王清福是个令人敬畏的对手,一旦应战,自己败多胜少。他对《芝加哥论坛报》的记者说,他会对"那家伙以及那封出言不逊的信置之不理"。"这不过是与我为敌的那一方的小伎俩,不过是让我转移对主要任务的注意力。中国人问题已经有了定论,眼下我不提倡花时间讨论它……王清福、阿聪、凯雅、洪发、费峰①等说大话的下流恶棍,或者其他长着杏仁眼

---

① 以上四人姓名均为音译。

的亚洲病夫之类的人眼下的作为，根本阻挡不了我。"一向受新闻界追捧的王清福毫不避讳地公开了自己投入战斗时喜欢用的武器，他没有让新闻界失望，他说："我会让他在筷子、爱尔兰土豆、德国克虏伯长枪之间做个选择。"这番调侃随后成了名言。[16]

恰如王清福所料，一连好几天，他的挑战上了各家报纸的头条。尤其是在美国东部，对他的赞誉占了各篇文章一半以上的篇幅；在自由派圈子里，吉尔尼遭到了羞辱。"让人啼笑皆非的是，"《芝加哥论坛报》评论道，"吉尔尼意识到，中国佬的战斗风格几乎和他一模一样，竟然真的威胁把他赶出纽约。王清福至少在一个方面赢了，让沙坑演说家看起来荒诞不经。"[17] 其他文章则暗指不接受辩论的吉尔尼是个胆小鬼。在对此观点表示赞赏的同时，《阿肯色宪报》对王清福在整个事件发酵过程中的表现做了精准的评价："无论是作为作家还是演说家，王清福都是非常聪明的家伙。另外，虽说他是个感觉论者，他总是在追随时效性的东西，他比'老吉尔尼成熟得多'。"[18]

王清福成功地利用一封充满挑衅意味的信榨干了新闻媒体最后一两天的兴趣。在写给《纽约太阳报》的信里，他表示乐于与吉尔尼进行辩论，就下列领域在中国和爱尔兰之间进行对比：两国间的艺术、科学、道德、历史、文学、影响力以及个人卫生等。"这样一来，吉尔尼有可能不必为求得解脱讨价还价了，"王清福说到这里顿了一下，不无嘲讽地接着说，"我发誓，我会主动分担一半成本。"[19]

第十二章
政治领域的长辫人
（1884—1886 年）

1882年，美国参众两院投票通过《排华法案》后，事实再清楚不过了，在政治领域内，在美华人几乎没有朋友。1880年美国总统大选期间，两个主要政党都在竞选纲领中加入了排华内容，标志着反对中国移民和反对中国人入籍美国在全美达成了广泛的共识。法案本身在国会以大比例差额顺利通过，在民主党控制的参议院比例为2比1，在共和党控制的众议院比例为5比2，签字使其生效的总统是共和党人。

两个美国政党将中国人玩弄于股掌之上，对这样的待遇，王清福深感不快。1884年7月29日，他召集纽约地区所有归化美国的中国人开了个会，目的是成立一个政治协会。这次集会显然不是身在纽约的中国人一起开会这么简单，这是一次中国选举人的聚会，或者说潜在选举人的聚会，唯有他们能够行使政治权利，出席会议的大约有50人。祖籍为中国的美国公民召开这样的会议，在美国历史上是第一次。会议地点在佩尔街32号，召集这次会议的纽约集团推选李琼（音）为临时会长，他是中国烟草制造商联合会的会长、富裕的餐馆老板和寄宿公寓业主，另外还推选王清福为秘书。《雪城标准报》粗鲁地宣称，美国出现了"政治领域的长辫人"。[1]

仅仅召集归化美国的中国人与会，做出这样的决策非常重要，其意义绝不止于召集拥有一点点政治权利的寥寥数人，动员他们享用自己被授予的权利。这是王清福第一次严肃地表露，他已经开始区别对待这些人和其他同胞，因为这些人有着与众不同的未来。填写过归化文件的人都做出过承诺，宣称有意在美国度过一生。这些人无疑比其他人更容易适应当地文化，其他人的目标则仍然是聚敛财富，返回中国，安享晚年，度过余生。归化美国的中国人最主要的特征是，他们学会了英语，放弃了长袍马褂，剪掉了辫子，或者即将剪掉辫子，他们是美籍华人。从这一刻开始，其他人在王清福眼里越来越不重要。当然，如果他们选择在美国留下来，他会继续为捍卫他们的权利而斗争。

一个多星期前，中国驻美公使郑藻如刚发表过一篇训导词，教育大家远离政治。王清福组织这次聚会，无异于公然藐视对方。郑藻如于1881年年末抵达美国，顶替陈兰彬（陈兰彬和容闳应召返回了北京）。郑藻如是个身材魁梧的贵族，曾任上海江南机器制造总局帮办和天津津海关道①。像前任一样，他同时被任命为驻西班牙、秘鲁、美国公使，不过他的主要驻地是华盛顿。[2]

美国众议院批准《排华法案》前夜，郑藻如忍辱负重，一言不发，拒绝了一位《华盛顿邮报》记者让他就该法案发表看法的要求，不过他承认，他会密切跟踪事态进展。[3]甚至在该法案成为法律后，他仍然希望美国境内的中国人接受他领导，远离美国国内事务，他还在纽约安排了一次露面机会，将自己的想法传达

---

① 官名，清代负责监督天津海关税务司的道员。

出去。7月19日，莫特街16号的一个房间点缀着黄色的皇家旗帜，郑藻如身穿墨蓝色织锦外衣和黑色丝质长袍，两件衣裳都绣有金色的盘龙，凸显出这位皇家高官的权位。这身行头还配有黑丝长裤、缎面长靴及一顶插有孔雀花翎的官帽，这是位高权重的象征。[4] 郑藻如就这样闪亮登场了。恰如其分的开场白过后，郑藻如对参会的中国人讲了十分钟话，听众包括汤姆·李，以及纽约最富有的中国人。当时王清福也在场，他在中国是不受欢迎的人，不过在中国司法鞭长莫及的美国领土上，他是安全的。

郑藻如赞扬了纽约的中国人，他指出，此前十年间，中国人里仅有八个人被判有罪，尚无一人醉酒、行为不端、入室盗窃或拦路抢劫。他承认，美国确实有人对中国人抱有偏见，不过他轻描淡写地说，这都是"最底层的人们"所为。他坚称，这并不代表多数美国人的态度。"与英国、法国、西班牙、秘鲁、智利、澳大利亚等其他国家的公民不同，你们在这里没有受到赞誉，"不过他接着说，"你们的时代必将到来，促成这一天到来，完全要依靠你们自身的礼貌、宽仁、诚信、勤勉。"[5]

到此为止，郑藻如的讲话内容没怎么引起王清福的反感，王清福演讲时经常说同样的话。不过，接下来，郑藻如开始了类似波洛涅斯①式的说教，这说明他对美国情况的认识严重脱离现实。他是这么说的：

> 最后我还有几点建议，继续做你们已经做的事和正在做的事，不要吸鸦片，不要与人争吵，不要对簿公堂，另外，

---

① 莎士比亚戏剧《哈姆雷特》中的人物，是个典型的趋炎附势的奸臣形象。

不要参与政治。必须避开美国政治，这里的体制只为职业政客服务，他人参与其中必遭道德低下之害而伤痕累累。[6]

王清福对郑藻如最后的话实在忍无可忍。他认为，礼貌、宽仁、诚信、勤勉并没有给美国境内的中国人带来安全。有证据表明，躲避美国政治给中国人带来了《排华法案》。在7月29日的聚会上，王清福的讲话大致如下：

> 在广袤的美国政治汪洋里，我们不过是一滴水。尽管我们渺小、不起眼，我仍然可以肯定，作为这个国家的公民，只要注意尽到义务，我们原本可以阻止共和党控制的国会投票批准让人丢脸的反华提案。[7]

与美国政客们搞好关系十分重要，王清福没有忽略这一点。不过，他早已参透政客们的从政动机，他常常为寻开心而对其冷嘲热讽。他提醒已经归化的中国同伴们：

> 必须牢记心头，今天骑在你头上的政客其实是彻头彻尾的胆小鬼，他会见风使舵。如果不参与投票，没有投票意愿，他会谴责你像一条怕事的毛毛虫。一旦你出现在投票箱跟前，你就是汉子，就是兄弟，就会有人（只要你跟这种人混在一起）给你敬烟、端威士忌以及啤酒。[8]

接着，他详细叙述了中国人对两个成立多年的美国政党的怨言。"在本届政府治下，在这个自由的共和制国度里，我的国人被禁止接触政治长达十年之久。我们这种人支持他们,为的是维护美国宪法的荣誉和尊严,这些人却没少干对不起我们的坏事。"接着,他把话题转向了民主党,称之为"小偷和强盗"。"这些人将要掠夺和抢劫美国财政部,其恶劣程度比死去的银行总裁有过之无不及。一旦他们掌权,人人都会自危。到时候,为保护自身,每位公民出门时都得武装到牙齿。"

前述参与聚会的选举人决定于8月份重新聚首,公布协会的纲领,不过没有证据表明曾经有过第二次聚会。[9]恰如王清福以前的各种尝试多数都无果而终,新组建的协会似乎也是个短命鬼,它甚至没来得及拥有正式名称。不过,它的象征意义无可否认。参会人数很少,然而与会者都是中国人,都是美国公民,都可以参与投票。这是个重要的开端。

这个初创的组织没有获得多少前进动力,总的来说,原因之一在于,转过一年,在该组织的旗帜下,其成员有机会发出声音,当时却没有人这么做。1885年9月,在怀俄明州辖区内的罗克斯普林斯①发生了暴力冲突,由于当地雇用中国人取代白种人,白人移民们十分愤怒。暴力冲突的结果是28名中国矿工遭到屠杀,另有15人受伤,还有人放火焚烧了中国人的房子,导致联邦军队介入。王清福对此事做了评论,不过,他在媒体上刊出的身份是一位"文明的中国佬",而非某华裔选举人协会的秘书。[10]

罗克斯普林斯事件在美国西部掀起了暴力反华浪潮,最为严重的是,1885年11月,华盛顿州塔科马城发生了驱赶华人事件,随后又有当地治安员放火焚烧唐人街,局面很快失去控制。华盛

---

① 又名石泉城。

顿州州长向总统格罗弗·克利夫兰（Grover Cleveland）求助，后者于 1885 年 11 月 7 日签署公告，授权动用联邦军队恢复秩序。

克利夫兰是民主党人，1884 年当选美国总统，在中国人眼里，他怎么说都算不上朋友。几年后，他签署了《史葛法案》，该法案禁止离开美国的中国劳工返回美国。不过，他伸出援手，试图镇压华盛顿州的暴乱，纽约的中国人对此感激不尽。他们致信总统，该信可能出自王清福之手（当然不是他亲笔书写），他们在信里表达了"无以言表的巨大喜悦"，因为他们听说，总统宣布"保护人民，对错误行径导致的伤害进行赔偿，惩治罪犯，还要防范……造成如此多伤害和死亡的行径"。[11]

上述信函署名"纽约城的中国商人"，而非华裔美国选举人组织。其实，用后一个组织署名更合乎逻辑，也更合适。这一事实足以证明，上述协会在首次会议召开之后并未继续存在。不过，王清福已经成了第一个吃螃蟹的人，成立美国化的中国人的组织已经在他头脑里扎了根。数年后，他会重新创立这样的组织，犹如他创办中文报纸一样，他会重打锣鼓另开张。

1886 年 2 月，西雅图发生了反华暴乱，随后不久，王清福发表了一篇令人震惊的声明。当时圣路易斯市正在审理六名被控犯谋杀罪的中国人，王清福在现场当翻译。他于 2 月 21 日宣称，圣路易斯市的中国人社团接到清朝皇室的昭告，命令美国境内的所有中国人于 5 月 15 日前返回中国。他还解释说，路费由政府负担，个人不必掏钱——来自广东的人除外，由于他们人数众多，按要求需承担一半路费。按王清福的说法，这份昭告没有明确威胁到什么人，不过他悄悄透露，为抗议美国西岸地区对中国人的攻击，清政府有意对美国实施报复，抵制美国的出口，这或许会伤害到生活在中国的美国人,还有可能对他们采取法律行动,估计当时共有9000名美国人生活在中国。[12] 据推测,这样安排是为了让在美华人避开伤害。

一些报刊不相信王清福所说为真,《华盛顿邮报》便是其中之一,而且理由充分。"我们有许多理由断定,不应当认为他说的绝对可信,"该报如此置评,"必须做出'是'与'否'的选择时,其中的否定占比却很高……这可能是王清福凭丰富的想象力虚构的故事,不值得相信……不过,它的确形成了一种可能性,对这个国家的人民来说,这种可能性特别容易接受——只要能排除报复措施——它不过是一种现实存在。"即是说,如果皇帝确实在召回所有在美华人,只要这么做不伤害生活在中国的美国人,《华盛顿邮报》乐见其为真。[13] 肯塔基州梅斯维尔县发行的《每日晚公报》介绍了事情的经过,文章不怀好意地采用了"好到无人相信"的标题。[14]

阿辛(音)是中国驻纽约领事馆的翻译,他对此事的评论如下:"政府采取报道中的做法实施报复,是再公正不过的举动。"不过,他严肃地说,他没有理由认为此事是真的。[15] 同一天,在中国驻华盛顿公使馆,有人以郑藻如的侄子和翻译的身份直截了当地否认此事为真,并补充说,王清福是"非官方"消息的来源。

然而,谣传的确有一点真实成分。中国驻纽约领事易学灏也否认存在任何形式的皇室昭告,与此同时,他对《纽约信报》记者说:"驻旧金山总领事已经发了通知,建议所有中国人离开美国,以躲避美国西部对他们的欺凌。"易学灏还借机抨击美国,他说,在美国商人和传教士在中国继续得到很好的保护之际,在美国的"中国人却根本得不到保护"。他还预言,如果再不采取行动解决问题,每年总额达 8000 万美元的双边贸易必将消失。[16]

  无论如何,前述说法更可能是杜撰,而非事实。大量文字资料可以证明,王清福对南方同胞们存有偏见,所谓中国政府对待广东臣民有别于对待其他地方的人,别人想不出来,他肯定想得出来。这么说肯定能吸引高度关注,这正是王清福期盼的,他捏造这件事可能正是基于这一原因。这么说可能引起人们更加关注发生在西部的针对中国人的暴行,这同样符合王清福的利益。通过仔细分析,人们最终依旧无法轻易证明前述事件为王清福的杜撰,因为一旦人们证实整个事件为杜撰,这对他的名誉无疑是一种损害。虽然这件事短期内足以引起某种关注,但如果放眼长远,这注定是个亏本生意,根本看不出它会带来什么好处。

第十三章
杂碎馆
（1884—1886 年）

尽管《华美新报》让王清福有了实实在在的收入，这份工资从未成为其重要的收入来源。而且，《新报》的消亡再次将老问题摆在了他面前：将来如何养活自己。王清福说过，金钱从未成为他的强劲动力。他这么说或许有些语出惊人，因为家业衰败发生在父亲身上时，他已经有了记忆，那件事导致他们父子在中国成了救助对象。即使在非常年幼时，王清福也拒绝追随自己的教父马休·霍姆斯一起做生意。与上学和成为传教士相比，做生意可以在收入稳定性方面让他更有胜算。和身边的许多中国人不同，王清福的梦想似乎从未集中在聚敛财富方面，即使他那么想过，他也不具备实现此种目标的商业头脑。

无论如何，人必须要有饭吃。时间移至 1883 年年末，王清福不仅没有继续出版报纸，在演讲圈内也没有活跃的迹象。芝加哥演讲代理人亨利·斯雷顿（Henry L. Slayton）代理的名人包括苏珊·安东尼（Susan B. Anthony）①和伊丽莎白·凯迪·斯坦顿（Elizabeth Cady Stanton）②。1 别的暂且不说，1883 年年中，王清福

---
① 美国著名的民权运动与女权运动领袖。
② 美国女权运动的先驱领袖之一，曾提出美国第一个要求妇女选举权的运动纲领。

给亨利·斯雷顿写了封信，他在信里说，另一位代理人已经为他安排了次年2月和3月的演讲，他感觉已经足够了。[2] 他实际所为却是向好几个互不相干的方向全面出击。他投身其中的几件事包括：策划一部戏剧作品，开办一所中文学校，学习法律，去当兼职翻译。最重要的是，他继续投身记者行业，不过他专门为其他出版物供稿，而且都是英文稿，并非中文稿。

《华洋新报》消亡前，王清福甚至坦承过，报社的工作量远不能满足他的编辑使命。"就算我一个人做整份报纸的文章，每天都能做完，"这是他的原话，"由于报纸不是日报，我的工作量连半天都填不满。"那么，在其余的时间里，他都做了些什么？"今年冬天，我会进入戏剧经理人行当，上演一出中国戏剧，横扫整个纽约城。"[3] 这里引用的是他的原话。

王清福特别喜欢中国戏剧，这种嗜好肯定是他年幼时在山东养成的。1883年年初，他为奥斯汀出版的《得克萨斯筛选周刊》写了一篇介绍中国剧目的文章，他在文章里探讨了中国和西方在戏剧传统方面的区别。他解释说，中国剧团仅仅使用少量布景和道具，这意味着，每天晚上演员们可以演出节目单上的任何剧目。有钱的戏迷可以任选一出自己喜欢的戏，就像到餐馆进餐，食客可以任选开胃菜一样，只要交20美元，立刻就能看戏。美国剧院每晚只能上演一出戏，而中国同行在相同的时间段至少可以上演六个经典剧目，每个剧目不超过半小时，可以一个接一个上演，没有幕间休息。另一个重要区别是，美国观众特别看重表演必须贴近真实，而中国演员则"凭想象出演设定的角色，不必模仿真实的原型"。王清福十分肯定地告诉美国读者，如果用其他方式表演，观众会把演员"轰下舞台"。[4]

王清福认为，让美国人欣赏中国戏剧，会帮助他们更好地理解中国人，这一想法和他长期以来的理念如出一辙。也就是说，如果美国人不喜欢中国人，至少可以让他们认识到，中国人总体上是有教养的、讲操守的、遵纪守法的，不会对美国人的生活构成威胁。那年夏季，王清福宣称，他正在为将旧金山的一个中国戏剧演出团引进纽约进行谈判，他曾经计算过，这么做的成本可能会达到近 1 万美元。他提议为此组建一家公司，由 20 位股东组成，每人入股 500 美元，用以租借和装修一座剧场，并支付演员们的开销，演员们于 9 月到达东部，居留时间为三周。[5] 可以肯定，这一计划对王清福的收入几乎没有助益，接受《纽约论坛报》记者采访时，他把这一点说得非常清楚：

> 我不在乎钱——我是在为未来做铺垫……我有个想法，可以帮助人们互相理解。我会在美国创建一家中国剧院，上演中国戏剧，那是世界上最古老的剧种，可以追溯到有文字记载的历史的最初几个阶段。[6]

筛选适合美国观众口味的剧目不是一件容易的事，即便王清福对此没有深思熟虑，他也将这件事反复琢磨了一番。"如果我向美国观众推出一部精选的中国喜剧，他们不会开心地笑，"他对《纽约论坛报》记者说，"他们会郑重其事地对待剧中的每个细节。不过，如果我从千锤百炼的中国古典悲剧里挑一个剧目上演，他们会'笑破肚皮'，撑断裤腰带。"[7] 实际上，无论是当初还是如今，多数美国人都会觉得中国戏剧难以理解。1905 年，一位记者说过，组成中国戏剧的成分是"奇异、古怪、可笑的大杂烩，包括奇装异服、野蛮的柔术造型、恐怖的声音",充其量只是一种嗜好。[8] 王清福解释说,为了让人们看懂,每次开演前,他都会登上舞台,用英语向观众介绍剧情。[9]

凭借才智,王清福到处兜售自己的想法,他夸口说:"我希望在今年秋季带给纽约戏迷们一个真正的惊喜。"[10] 不过,王清福介绍得越多,其计划也越庞杂。当初他萌发的想法不过是引进一个小演出团,演出三周,时间移至9月,他的想法已经膨胀成从旧金山和中国招募75人,组建一家公司,其中包括一支完整的乐队。这家公司将演出最优秀的中国剧目,为适应美国观众的口味,王清福将亲自操刀修改剧本;演出地点包括纽约、波士顿、费城,当然也会前往其他城市。[11] 时间移至1884年3月,商演日程又增加了布法罗、圣路易斯和芝加哥。不过,王清福凭空想象的入场券价格为10美元一张,而当年即已存在能够与之相比的演出,票价不过50美分或1美元。很难想象他的商演能吸引足够多的戏迷,以偿还投资人的投入。[12]

上述想法与王清福创办中文报纸的想法如出一辙,不过是为了引起媒体核心圈内的狂欢。"王清福先生私下说过,一旦他的演唱家开口,茶花女和露西亚都会羞于启齿,"威斯康星州发行的《简斯维尔每日宪报》不无嘲讽地评论说,"这不过是引诱人们换个口味,王清福和来自天朝的人们竟然想超越奥斯卡·王尔德!"[13] 蒙大拿州发行的《巴特城每日矿工报》这样评论道:"触碰莎士比亚大师的作品等于灾难,如今中国人确实必须走了。"[14]《得克萨斯筛选周刊》的俏皮评论更是一针见血:"王清福和中国戏剧演员混到一起,不可能是真的。两个中国佬在一起,谁都不服谁。"[15]

虽然就财务问题而言前景不容乐观,不过,王清福从未放弃引进中国戏剧的想法。1886年,人们仍然就这一问题持观望态度时,《华盛顿邮报》认为,初步实现这一想法已经具备了可能性。然而,该报严肃地指出,中国商人都是谨慎的投资人,纽约地区富裕的中国人有能力筹集到需要的款项,可他们仍然希望看到下注后的回报更牢靠些。该报还透露,为招募演员并组建心目中的公司,王清福正在考虑改造莫特街的一座建筑,他已经吸引了数位"非常富庶的资本家"参与该项目。该报预言,转过一年,中国剧院有可能很快就能变成现实,然而实际情况并非如此。王清福的计划最终肯定会实现,不过需要等到19世纪80年代末。[16]

王清福另外还有个项目,那是一所中文学校,经过简单筹备,于1884年在纽约布朗克斯区的克林顿大街开张。王清福曾经打算使其成为盈利的项目,他雇了个老师,招到的学生计有三位女士和三位男士,其中一位是华尔街经纪人,还有一位是中文周日学校的负责人,后者有意前往中国当传教士。王清福认为,正是传教士们散布了关于中国人的谣言,虽然他常常对他们恶语相向,他本人并不真的反对传教士。通过培训这些学生学习中国本地语言,他将轻而易举地证明,这么做肯定能改变他们对中国的理解。然而,除了一家报纸的报道,再无其他有关这所学校的消息。[17]似乎这也成了这位前报纸编辑的另一个流产项目。

同一时期,王清福还学习了法律,跟随布鲁克林一位著名的律师当学徒。这位律师的名字是威廉·菲尔斯(William E. S. Fales),据说他在纽约华人社区法律事务方面占有一席之地[18],这有可能是因为他会说一口"神秘的蒙古话"[19]。在成为律师前,菲尔斯学的是医科,在某种程度上,他是个多才多艺的人。他是诗人和作家，会说法语，曾经为通神学家勃拉瓦茨基夫人代言，后来还担任过美国驻中国厦门的副领事，还出版过一本描写纽约唐人街生活的作品。想当初，成为律师的先决条件并非毕业于法学院，所以菲尔斯究竟教会了王清福什么基本法条，王清福是否取得过政府颁发的执业证，至今情况不明。不过，至少他确实曾以代理律师身份在美国和加拿大从业。

1885年春天，王清福应邀为加拿大蒙特利尔一位名叫陈寅（音）的洗衣店主当翻译和代理律师。[20] 方家三兄弟在当地洗衣业占有一席之地，陈寅和他们发生了争执。陈寅年前从芝加哥来到当地，为保障钱款安全，他把550美元存放到方家三兄弟手里，随后从中取出50美元作为开业费。他的业务很成功，与方家三兄弟手下的店形成了竞争，他向方家三兄弟索要余款，对方否认欠款一事。另外，按《纽约太阳报》的说法，方家三兄弟打算通过诉讼，以作伪证为口实将他赶出城。当年的详情如今已无法查清，王清福当时的角色更可能是仲裁人或翻译，而不是律师，不过陈寅最终赢了官司。陈寅通过王清福发出威胁，向方家三兄弟提出反诉。[21] 方家三兄弟非但没有害怕，反而齐聚在王清福在蒙特利尔居住的酒店，用短柄小斧对他实施攻击，好在他又一次死里逃生。[22]

陈寅有个朋友名叫李新（音），是一位富裕的美籍华人，他出庭作证，成了陈寅打赢官司的关键。这在反诉中同样是关键，如果陈寅赢了，方家三兄弟会遭到重罚，可能还会有牢狱之灾。然而，7月6日，人们在李新位于纽约州罗马城的家里发现了他的尸体。他家大门上贴有一张手写的纸条，内容为"他去了纽约市"，不过真实情况是，五天前他已经被人杀死在床上。陈寅的数位朋友凑了600美元,要求将凶手缉拿归案,同时恳请王清福就凶杀提起诉讼。如今已知的情况为,6月30日,有人看见一个身穿西装的中国人在李新的洗衣店里跟他说话。根据蒙特利尔开往罗马城的列车上的乘务员回忆,他曾经见过那人手里拿着一大卷钞票,同时也有其他人看见李新携带一卷钞票。

最终侦破此案的人正是王清福,他当律师的工作量远不及当侦探的工作量。根据有人看见凶手在李新的门店里熨衬衣的事实,以及凶手的衣服像是"加拿大款式"的描述,王清福推断此人可能来自蒙特利尔,而且熟悉洗衣行业。他还确认了如下事实:此前一个月,蒙提利尔仅有五个中国人的衣着和人们描述的凶手的衣着相符。笔迹样本排除了其中二人,另有一人不会写英文,其余二人之一为方阿宇(音),方家三兄弟之一,另一人为方阿洪(音),方家兄弟的叔伯兄弟。其中,后者有不在现场的证据,前者7月1日出了城,第二天露面时尽显"疲态和旅途劳顿模样"。王清福在当地有自己的人脉,他给奥奈达县地方律师发了份电报。方阿宇在加拿大遭到逮捕,被引渡到美国,随后被判有罪。[23]

同一年,王清福参与了另一场谋杀案的审讯,这次是在圣路易斯市。不过,他的主要角色是翻译,而非律师。六个"恶棍"(即黑帮分子)被控杀害一名中国同伴,那人向警方报告他们非法赌博,还要作为原告方的重要证人出庭作证。王清福受雇于地方检察官,被告律师立即对其资质提出了质疑,主要原因是,被告为广东人,而王清福不会说被告的方言。这一次,王清福的反应非常不明智,他坚称,由于他从小说官话,他能听懂被告的每一句话,然后将其翻译成英语,这显然是夸大其词。虽然他在美国期间跟广东人以及说台山话的人一起生活过多年,有可能大致掌握那些人的语言,但在庭审期间为广东被告当翻译,很难说他有能力担当此重任,难免失之毫厘谬之千里。最后,反方的质疑被驳回,王清福获批准参与庭审服务。[24]

被告方接着提出,反对王清福以法庭的常规方式宣誓,因为人人都知道,他不信基督教。不过原告方表示,可以让他以佛教方式宣誓。王清福临场即兴发挥,在一张纸上写了如下一段话:"老天在上,如果我有半句谎话,天打雷劈。"接着,双方开始争执,宣誓人应当手握一支燃烧的香,还是刹掉一只鸡的头,法官打断双方指手画脚的争论,坚持让王清福以法庭常规方式宣誓。

庭审期间,王清福的日子一直不好过,整个起诉阶段,他的翻译质量或多或少一直遭到抨击,对方很可能有充分的理由。《纽约太阳报》的评论如下:

> 在此期间,王清福可能是世界上最悲哀的人,由于篡改证人们的证词,他无数次遭到责难。他试图解释,却总是遭到律师们的辱骂,让他颜面尽失。他好几次向法庭提出辞职,却遭到拒绝。[25]

起诉阶段的休庭期过后,为明确指摘王清福的翻译,被告方找来了一位证人。此人名叫J.S.霍珀(J. S. Hopper),是一位传教士的儿子,也是克里夫兰西储大学的学生。他在广州出生,因而熟悉广东方言。他陈述说,庭审期间他一直在现场,他已经在笔记本上记录了整整30页王清福在翻译过程中的"严重错误"。[26]

最后,一名被告被判有罪,王清福返回了纽约。既然他明显没有资格做这件事,首先需要质疑的是,他为什么要接受这份工作,原因至今不明。也许他想借此扬名,或者,也许他把这次庭审当成了法律教育方面难得一遇的深造机会。另外,也许他正需要这笔钱。这已经不是他第一次极度夸大自己的语言能力,此前一年,他给国务卿托马斯·F.贝亚德(Thomas F. Bayard)写过一封信,自称熟练掌握汉语、日语和朝鲜语,而且还毛遂自荐,为外交使团提供翻译服务。如果他真的懂日语和朝鲜语,他是如何学会这两门语言的,至今仍找不到证据。[27]

尽管王清福进行过前述各种各样的尝试,19世纪80年代,他的主要营生还是记者。恰如早前他以演说家为事业,眼下作为记者,他挖掘的同样是自己最熟悉的题目,例如中国和中国人,如今又多了个唐人街。即便有人能做相同的事,其他作家也极少能企及他达到的境界。整个19世纪80年代以及90年代初,他充分利用了一切可利用的资源。(若想概览王清福发表过的作品,可参考本书附录。)王清福为纽约数家主要日报供稿,主要有《纽约太阳报》《纽约世界报》《纽约先驱报》,全美各地的报纸都从这几家报纸挑选文章进行转载。多份报纸曾经多次给他机会,邀请他专职为其写作,然而他选择的是继续当独立撰稿人。《斯普林菲尔德共和报》给出的解释是:"他心里清楚,其他人得不到的消息,而他能得到。所以,无论哪位编辑索要稿件,他都能卖个好价钱。"每篇长度为半个专栏的文章可为他带来60~80美元的收入。唯一的问题是,人们认为他不是特别可信,各家报纸常常需要谨慎核对他引述的内容和事实。[28]

1883—1886年间,王清福售出了大约50篇文章,许多文章没有时限,内容为中国国内旧时生活的写照,题目有"中国时尚""中国戏剧""中国婴儿殡葬""中国修道院""中国缫丝业"

等。撰写这类文章不需要搜集大量事实,主要基于记忆,因而可以很快完稿。不管怎么说,对美国读者而言,这些文章很有意思。通过这些文章,王清福介绍了中国人如何在男性之间划分遗产,没有子嗣的兄长如何过继兄弟的儿子,已婚女性如何与娘家切割关系并将感情转移到夫家——这一切不过是为了给中国和中国人祛魅而已。[29]

然而,王清福笔下的中国成了过分理想化的地方。已婚男人从不担心妻子会因为其他男人离开自己,礼教禁止陌生男人与已婚女性说话。[30] 人们会冷静地动用很少有人触碰的司法制度,赏罚分明,鲜有滥用政治权力的事发生。[31] 从许多方面看,王清福笔下的中国更像他童真记忆中田园牧歌式的回顾,而非成熟冷静的评价和分析。

王清福也尝试过不同的手法。这一时期,他写过一篇非同寻常的、长六页的文章,即经过改编的《西游记》。王清福的长文发表在1885年8月发行的《大西洋月刊》上,标题为"玄奘的故事"。成书于16世纪的《西游记》是个虚构的故事,在中国可谓妇孺皆知。故事主人公孙悟空是个人见人爱的"泼猴",陪伴高僧一路前往印度求取真经。然而,与原作情节相比,王清福的文本在许多方面自由发挥过度,加入了犹太教和基督教的经典故事情节,例如高僧在荒漠里敲击石头,清水便涌了出来。他还把猴王写成了天使,将佛祖写成了上帝,甚至将玄奘比作圣保罗。[32] 不知情的读者可能不会相信,如果说他意在利用这篇文章阐述更高层次的观点,那么他可能是在宣扬佛教以及追寻真理的过程,因为这或多或少与基督教有些类似。[33]

王清福的另一次非典型性尝试为一首诗,这首诗刊登在1885

年的《小精灵》杂志上，用洋泾浜英语写成，配有种族主义格调的插画——出自著名卡通画家弗雷德里克·布尔·奥珀（Frederick Burr Opper）之手，他还为王清福的文章《一位中国记者的经历》画了一幅王清福本人的素描。这首题为"龙"的诗的副标题是"王清福，著名中国文学家"。诗的内容为一个宿命故事，故事里的女主人公是个长得像朱丽叶的"圆脸姑娘"，她站在一家中国洗衣店楼上的阳台上，男主人公是个年轻的男子，他正在用歌声向姑娘倾诉衷肠，一个盗贼将他杀害了。后来，人们将盗贼剁成了肉酱，姑娘则嫁给了一位有钱人。姑娘出嫁时，一条"身形巨大的老龙"从云端俯视着她，同时哈哈大笑。王清福署名时用了中文和英文两种文字，并且附上了自己的地址：布鲁克林区大西洋大道391号。运用此种非常规手段对黄种人搞突袭，没有人知道王清福究竟想达到什么目的。这么做可能会为他带来一些收入，但对促进他的事业却没有任何帮助。[34]

美国境内的中国人如何生活，这是个热门话题。在《异教徒游戏》一文里，王清福用华丽的辞藻描述了赌博游戏"番摊"，分析了投机游戏对许多中国人的诱惑。[35]《中国佬如何入行做生意》一文则详细叙述了刚刚从中国来到美国的穷光蛋打进洗衣行业的全过程：首先是当学徒，最终成为洗衣店的店主。[36] 王清福还撰文介绍了纽约唐人街一座寺庙的贡献[37]，讨论了住户之间的争吵及其原因，例如某洗衣店主为取代前店主，在单位面积不变的情况下，向房东多付租金[38]。然而，这些批评文章都算不上严厉。同一时期，王清福的英文文章始终没有谈到他对鸦片烟馆和妓院的看法。主流媒体贬损中国人的文章已经够多了，没必要再为其添枝加叶。

同一时期，中国美食已经开始在美国白人群体里打开缺口，唐人街的小食店已经开始服务于新食客们。王清福也在这股新潮流中找到了利润点。1885 年，他为早期美国厨艺杂志《烹饪》连续撰写了 12 篇文章，介绍中国的食物和饮料，他同时还为其他报纸撰写过数篇文章。通过《布鲁克林每日鹰报》，他详细介绍了中国的烹饪术，探讨了饮食在中国文化里的重要性，罗列了各种香料和调料，以及中国厨师们制备食品的方法，还特别指明了中国烹饪和美国烹饪的区别，并对收费做了对比。通过这篇文章，王清福让美国读者第一次通过文字"品尝"了"杂碎"，其特点为"蔬菜炖肉"，他还将其称作"中国的国菜"。以下内容摘自该文：

> 每位厨师做这道菜的食材稍有不同。这道菜的主要食材有猪肉、腌肉、鸡肉、蘑菇、竹笋、洋葱、辣椒。可以认为，这些是这道菜的特点，可替换的食材有鸭肉、牛肉、豆豉、豌豆、豆角、土豆片、腌萝卜。[39]

《正确的饮茶之道》一文是由王清福根据他为《烹饪》杂志撰写的系列文章中的某篇改写而成，以向美国人展示这种饮料要如何冲泡才能达到最佳效果，他还详细介绍了最好的茶壶（瓷壶，如果必须用金属壶，就选择锡壶）、正确的茶叶类型（红茶，不是绿茶，因为中国从不出口最好的绿茶）、适当的冲制方法（冲泡，绝不能用沸水煮），以及正确的调味品（不放任何调味品，因为奶类的成分会与茶叶中的鞣酸发生反应，析出的成分为鞣酸蛋白，即制作皮革的过程，因而他警告说，"用好听的话说，将奶类倒入茶水的后果等于喝皮靴和皮鞋"）。[40]

这些文章千篇一律地将中国人民形容为文明、讲理、善良的人民；老实的中国人虽然在那个阶段发不出很大的声音，但是说不定什么时候他们被逼急了，也会在政治上掀起波澜。例如，《中国的政治荣誉》一文最早刊登在 1883 年 7 月发行的《哈泼斯周刊》上，《纽约时报》摘引了该文的部分内容，扩大了该文的影响。王清福在文章中称："条条大路通向权力和地位，向所有人开放。除了教育背景，没有任何歧视——没有裙带关系，肤色和低下的出身不会受歧视。人人平等，只要有能力，谁都可以寻求和得到崇高的地位。"[41] 这是王清福描绘的中国生活的一部分，他使其披上了特别民主的外衣，意在讽刺美国对中国人的种族主义政策——他还故意引用了美国宪法第十五修正案的说法。在《一位天朝美女》（实为一位中国淑女）一文里，美国媒体极尽想象描绘的堕落而淫荡的中国妓女，在他笔下成了受尽凌辱无处申冤的人。[42] 甚至在诸多关于烹饪的文章里，王清福也情不自禁对美国人的"食鼠诽谤"进行了有力反击：

至于说中国人吃老鼠、猫、狗，所有报道都是臆断。在中国，穷人偶尔会吃这些，其他大陆的饥民同样如此。与纽约顶级的德莫尔尼科牛排馆和布伦斯维克饭店的情况一样，在中国，这些东西从未在大餐馆的餐桌上出现过。[43]

美国读者对有关中国以及中国人的事缺乏了解，因而才有可能兴趣盎然、感觉新鲜，王清福有得天独厚的条件讲述这些。直到 1886 年年末，他笔下的文章都是娱乐性的、有教育意义的，没有引起过多争议。然而，这种情况很快将发生改变。接下来的一年，他注定要粉墨登场，发表他一生中最为著名也最有争议的文章，内容为公开谴责基督教。

第十四章
《我怎么就成了异教徒?》
（1887年）

19世纪80年代，王清福有关宗教的想法发生了超乎想象的嬗变。一开始，他攻击的是身在中国的传教士，并宣称自己是反方向派来的传教士，十年间，他一直谨言慎行，谴责传道者的同时，并不触碰基督教本身。从前在中国跟他熟识的牧师们对他痛加挞伐之际，他一直坚持这一姿态。1885年，就中国人的信仰以及中国人对《圣经》的接受程度，王清福在宗教刊物上发表了数篇文章，借此更加直接地攻击美国的基督徒。他没有放弃对传教士的批判，不过他也提了些建议，例如基督徒们应当如何改进方式方法。就像痛打落水狗之后，突然伸手拉对方一把，他声称自己对传教本身是尊重的，同时提出一些善意的批评。

王清福发表了一篇长文，分两次刊登在公理会出版的《独立》周刊上，题为"中国早期宗教的发展"。他试图通过此文介绍中国漫长的宗教史，始自"华夏文明曙光乍现时"，终于孔子时代。他在文中回顾了自懵懂岁月以来听说的各种故事，包括历史的和民间的，主要集中在最有可能吸引西方基督徒的类型上。他把孔子时代的中国乡村生活和基督诞生时代的罗马城镇生活进行类比。[1] 接着，他啰哩啰唆地讲述了姜子牙的传奇一生，将这位公元前11世纪的圣贤和高官看作"占星家、圣人和哲人"。王清福的结论是："普世真理早在（基督纪元）到来前即已出现在世界上，后来，博爱主义在'山上宝训'①中得到了最精辟的阐释，其实这些早已存在。"² 换句话说，中国人是讲道德的人，中国人的伦理体系早于耶稣基督。

《福音在中国》一文刊登在卫理公会出版的《基督教倡导者周刊》上，该文更为直接地倡导消弭中外双方间的鸿沟。自然而然的是，王清福在文章开篇处历数福音传道者们的失败，他声称，经过数千名传教士的努力，耗费成千上万美元投资后，在4亿中国人中，仅有20万人承认信仰基督教。接着他笔锋一转，对好几件事给予了肯定，例如：实际上，福音对中国人颇为合适；中国人愿意接受福音；为使传教获得成功，福音倡导者们必须重新思考其做法。³

王清福笔下描述的未来是，在整个中华帝国，"基督教尖顶和十字将……矗立在每一座庙宇顶部"。他描述了来到海外的中国人成功地改变了信仰，以此说明，在正确的方式下，让其中一些人改变信仰是有可能成功的。他还谈到中国人信奉纯真、节制、宽容、仁慈，这些基本上都是基督教所倡导的。不过他坚称，即便中国人接受上帝，他们也会"让他到远远的地方凉快去"。因而基督徒的任务是说服中国人相信"造物主和他的规矩永世长存、无处不在"。⁴

王清福谴责福音信徒们在许多与宗教几无关联的领域少有作为，例如：英国占领香港，法国在越南北部城市东京（今河内）

---

①《新约·马太福音》第五至七章中耶稣基督在山上所说的话。

开战,外国公司的虚假贸易活动,以及"欧洲各国的外交、军队、海军、战争诸方面",另外还有在美华人忍无可忍的严酷生存环境。他建议,如果西方派遣最好的、最有教养的人当传教士,必须确保他们精通汉语和中国文学,让中国人改变信仰的努力才会更有成效。他还补充说,应当付给他们足够的工资,让他们像对待朋友和兄弟一样对待中国人。[5]

毫无疑问,上述文章展现的是,王清福在为基督教代言方面达到了顶峰。实际上,他的妥协幅度如此之大,让对方误以为他伸出了橄榄枝,全美各地好几份报纸洋洋得意地宣称,王清福已经承认,"将两种类型的宗教拿来对比,基督教优于各种中国宗教"。[6] 然而实际情况却是,王清福乐观地谈到一些中国人最终接受了基督教,却从未说过基督教比其他宗教更好。

不过,或许是因为在改变基督徒的观念方面毫无进展,两年后,王清福在这一领域做了个突然的、公开的大掉头。他向基督教发起了正面进攻,不再让人们以为他赞成基督教"有优势"。美国第一份和最重要的文学杂志《北美评论》月刊决定,开辟数个由系列文章组成的专栏,由知名宗教人士执笔撰文,以阐释和捍卫各自的宗教信仰,王清福的机会来了。《北美评论》曾经是一份死气沉沉的古董级杂志,19世纪70年代伊始,它成了一个自由论坛,让大家在政治领域随意发表各自的观点。出版人艾伦·桑代克·莱斯(Allen Thorndike Rice)寻求的是政治、经济、宗教等多种类型的文章,无论是主流观点还是极端观点,统统来者不拒。不可知论者罗伯特·英格索尔经常给《北美评论》供稿,他是王清福的偶像,也是他批判基督教的同伴。[7]

对读者而言,关于神学的讨论有趣、刺激,广受欢迎。自

第十四章 《我怎么就成了异教徒?》

1886年3月伊始,《北美评论》开始刊登"我怎么就?"系列文章,前后历时四年,每隔数月便会有一篇文章刊出。波士顿南方公理会牧师爱德华·埃弗雷特·黑尔(Edward Everett Hale)撰写的《我怎么就成了唯一神教徒?》是这一系列文章的第一篇,随后而来的有关于长老会、天主教、卫理公会、公理教会以及其他教派的文章,前后总计刊出了超过12篇。该系列文章不仅倾向于主流基督教教派,也包括支持犹太教、唯灵论、不可知论、自由宗教的文章。

1887年年中,轮到王清福的文章刊出了。找他约稿的人是谁,如今无人说得清,不过很有可能是詹姆斯·雷德帕斯,他名下的雷德帕斯演说促进局曾经代理王清福的巡回演讲,而且他在一年前已经成为《北美评论》的执行编辑。王清福的文章《我怎么就成了异教徒?》发表于同年8月,最终结果证明,这是他发表的所有文章里最著名、最有争议、最有打击力度的文章。这是一篇不加粉饰的檄文,与其说文章本身在为异教辩护,不如说是对基督教的谴责。这一次,王清福比以往走得更远,将枪口直接对准了基督教。实际上,他的异教徒特性在文章里多次出现,他这么做与其说是在借助和阐释宗教原则,不如说是在衬托基督教和西方文明的错误和缺陷。越是深入阅读本文,读者越能感受到其中的锋芒和严厉谴责。

"我天生是异教徒,"王清福的文章如此开宗明义,"人们把我当作异教徒抚养大,我学会且实践着它的道德理念和宗教教义,凡做事必循规蹈矩,成为对自己和其他人有用的人。我的良知清澈如许,对未来生活的期许从不会被令人分心的怀疑所玷污。"然而,由于童年时期在基督教朋友们的引领下耳濡目染,王清福接着在文章中表示,他变得"特别想知道真相"。因而,他开始学习有关基督教的一切,探索它的不同教派。然后,他用亦庄亦谐的笔调做了如下陈述:

> 我对基督教的教派林立深感讶异,且每个教派均宣称,在通向天国的唯一狭路上,自己的教派是唯一的领路人。我深入研究了长老会,吓得我浑身颤抖,全身而退。我深信上帝无情无义,因为他早已将命运悲惨的大多数人类族群打入了永恒的地狱。向智慧如我的异教徒们宣扬这样的教义,只会让我们疑窦丛生,但愿他们相信我没说谎。然后,我又对浸信会的教义稍做研究,结果发现,其中也是派别丛生,且披着不同的"外衣"。各教派都对初始启蒙的优势,以及应用的方法和时间争论不休,轻浮如此,只让我觉得恶心……卫理公会更让我吃惊,那是个电闪雷鸣的宗教——充满了说教和聒噪,要么你让对方吃惊,要么对方让你吃惊,犹如一阵痉挛来袭——人们竟然如此"体验"宗教。公理公会让我知难而退,因为他们腻腻歪歪,自我感觉至善,只想吸收高调的信众。一元论教派似乎怀疑一切,甚至怀疑自己的信仰。新教有数个派别,其教义基于某些新奇和古怪的东西——像教友派那样。我认为,这样的教义不值得非基督徒给予认真对待。新教各派歧义众多,不过,在某一点上却真切地趋于一致,即对天主教的仇恨,而天主教是基督教更古老的形态。对这种仇恨,天主教更要加倍偿还。[8]

完成对各教派的分析后,王清福转向了对《圣经》的深入分析。《圣经》同样给王清福的调侃和讽刺提供了充足的素材。让他不明白的是，公正仁慈的上帝为什么要制造大洪水，随后又发配自己的儿子拯救明显不值得拯救的人们，那些人"一旦有机会……就会追随其他神祇"。接着，他谴责了基督教教义对拯救的态度。"既然上帝是公正的"，他抗议说，那么无论罪孽深重的人坏到什么程度，竟然也像"在上苍的葡萄园里劳作的人"一样有机会得到拯救，这种理念本身就不公正。王清福在想象中看见自己在来世遇到中国人的死对头丹尼斯·吉尔尼，后者正忙于"组织一支天堂十字军，将我和其他人立即送进来世"。王清福早前曾经跟神智学者们对话，作为对此事的回顾，他认真思索过，什么样的宗教会允许"杀人犯、凶手和盗贼"借助简单的临终忏悔升入天堂，而一辈子行善、捐粮捐衣给衣食无着者的异教徒们却被送往地狱，仅仅因为他们从未听说过基督！"我阅读《圣经》越深入，"王清福说，"越害怕自己会变成基督徒。"[9]

对王清福而言，"异教教义"不过是"华人特性"的另一种说法。在构建自己的论据时，除了中国人，他从未考虑或参考其他非基督教民众或非基督教文化。考虑异教教义究竟好在哪里时，无论是直截了当的陈述，还是闪烁其词的陈述，与基督教教义进行对比，他从未远离表面。他指出，异教徒们从不渴望改变信仰，他们宁愿相信自己的教义足够强大，仅凭自己的力量即可挽留其信众。然后，他再次阐述了作为黄金法则的异教教义的基本信条。

接着，他的文章锋芒毕露，咄咄逼人：

> 我们异教徒的信念是全人类都幸福，而基督徒唯一现实的信念似乎是赚钱（崇拜金牛犊）……一位异教徒银行家

两年里赚的钱，甚至还不如一名基督教牧师一年赚的多。我并不想谴责牧师们赚钱，我谴责的是他们赚钱的方式。那些著名的基督教牧师，有几个真的相信其宣扬的所有基督教奥秘？……改变信仰的人越多，教会的利润越丰厚，神职人员口袋里的财富也越多。[10] "布道者"自己都不相信的事，却强迫轻信的"会众"相信，然后让他们乖乖地把钱从口袋里掏出来，如若不然，美国成千上万基督教传教者们将如何生活啊？[11]

接着，王清福又转向了从前曾经触及的主题：基督教传统学说派生自更为古老的中国文明，后者在许多重要方面优于前者，其中包括社会秩序（和纽约州的人口相比，在4亿中国人里，杀人犯和抢劫犯更少）；政治理念（全体中国人在法律面前均享有平等，相比而言，美国却存在基于"种族、肤色以及出身低下者"的政治迫害）；尊敬长者（基督徒们"忽视并且虐待长者"，而异教徒们不这样）；好客（陌生人在中国会有宾至如归的感觉，不会有"当牛做马的感觉——有用时任人驱使，无用时被弃之不顾"）；慈善（异教徒为行善而行善，而基督徒哪怕做一点点好事，"为的都是眼前的荣誉和未来的犒赏，奉献给上帝只是为了换取丰厚的收益"）。[12]

最后，王清福列出了中国对基督教西方世界的一长串抱怨：

英国人想得到中国佬的黄金和贸易，但嘴上却说，他们想得到的是"向传教士开放中国"。实际上，他们强迫中国开放港口时，鸦片贸易才是他们想实现的唯一的、最重要的传教任务。无论是在社会层面还是道德层面，基督教送给中国佬的这一臭名昭著的见面礼在中国造成了太多伤害，所有基督教人道机构用两百年时间都无法弥补。由此导致的罪恶的负担，我们会让你们基督徒和你们对黄金的贪婪承担；数千万诚实的、正当年的男人和女人，屈服于由此而来的身体的和道德的重压，虽然不会很快死去，却在经历过短暂而痛苦的人生后死于非命！你们以基督教为刺刀，将这种全民族的大规模诅咒强加给了我们，你们竟然不明白我们怎么就成了异教徒？[13]

王清福的最终结论是"己所不欲，勿施于人"，以及"像爱自己一样爱邻里"，两种说法对基督徒和异教徒同样都是戒律，而基督徒却无视它们。"我一直是异教徒，这就是根本原因！"他在文章结尾处称，"我真诚地欢迎美国基督徒前来了解孔子学说。"[14]

这篇檄文的本意是振聋发聩，撩拨人们的神经，它没有让人们失望，掀起了一场轩然大波。除了高曝光率，全美各地许多日报都对该文做了摘引。仅就摘引该文用于发表其他文章这一举动来说，足以让某些人气愤；《克拉克斯维尔标准报》引用该文后，《加尔维斯顿每日新闻》对该文的编辑进行了公开指责，质问该编辑是否认为"异教徒具备值得基督教国家的人们尊重的优点"。[15]许多著名宗教人士利用教堂的讲坛对王清福的论调进行反驳。[16]当然，人们没有理由怀疑自己的信仰和文明所具备的优越性，或者说，人们无法接受低层次的、让人瞧不起的族群成员的批评，谁都不能指望王清福的文章会博得人们的同情。可以预见，这篇文章会激起一场非常疯狂的反击,多数是批判或报复性质的,这些文章大多发表在基督教刊物上。

《开放的天庭》是一份为宗教和科学牵线搭桥,让双方相互沟通的刊物。它引用了一篇文章,批评王清福的文章"汇集了全世界的邪恶,竟然还声称这些都是基督教的恶果;文章接着将所有邪恶与美德一一排比,还给它们贴上了异教标签"。这篇文章接着推出了自己的结论:"王清福的文章虽然列举了许多事实,但是该文对基督教实在不公,这种不公全都基于它对待一种宗教制度的风格和意志,与其倡导者对待所有宗教制度的风格和意志完全相同,都是习惯使然。"换句话说,基督教没有深入研究异教,便将其妖魔化,固然铸就了大错,不过用相同的方法实施反制,同样是不公正的。[17]

《基督教倡导者周刊》刊文称,王清福与基督教分道扬镳,部分原因是他没有得到称职的基督教导师引领。他以诙谐的口吻记叙与丹尼斯·吉尔尼在想象中的来世见面,完全"基于通过基督获得拯救的错误观念"。《周刊》认为,基督徒们从王清福的文章里唯一能得到的教训是,重要的是教导异教徒们区分基督教和基督教文明。[18]该观点将出现在一位中国基督徒发表的长篇批判文章里,该文刊登在次月出版的《北美评论》月刊上。

作家杰西·格鲁姆拜因(Jesse C. F. Grumbine)是研究神秘学和基督教神秘主义的权威,他在一元论杂志《唯一神》上发表了长篇评论。在文章里,他没怎么反驳王清福对西方文化的批评,反而提出了质疑:中国社会难道更好?或者,面对同样的挑战,中国社会难道会表现得更好?"王清福忘了,我们眼下经历的威胁比中华帝国经历过的所有危机都更可怕。"这句话摘自该文,不过，作者没有明确指出他说的危机是什么。"我要问他，面对我们这样的情况，中国人能否做得更好。"[19]

《纽约论坛报》刊登了一封批评王清福的来信，署名"王·梦·发"。作者认为，王清福的言论包括多个错误。首先，该作者声称没有任何美国基督徒参与过罗克斯普林斯屠杀中国人案；其次，王清福断言英国人希望中国开放是为了派遣传教士，他认为这不准确，他解释说，后来英国人确实派了传教士，"他们实际上急于按照自己的理解，将拯救带给成千上万中国人"；最后，假如中国人像王清福所说的那样，既有智慧又受过良好的教育，传教士们怎么可能有必要设立医院，以拯救伤者和病人。来信人的结论是："美国和英国都不是基督教国家，这两个国家只不过在其疆域内拥有数量庞大的基督徒，他们对政府行为可以产生巨大的影响，然而，他们不可能永远阻止随机的小错和全国性的大错。"[20]

对王清福的文章尤其没有好感的是在上海的传教士，长老会办的刊物《教务杂志》指出了王清福文章里的破绽，例如"对知识分子实施最完善的教育，可能导致他们对基督教的曲解达到极致"，以及"纯科学教育不可能改变知识分子的心态，甚至不能说服知识分子"。[21] 英国国教传教士西德尼·帕特里奇（Sidney C. Partridge）牧师在中国生活了三年，他反对王清福的异教重视道德一说，他坚持认为，怀疑和不信任普遍存在于中国各地。"每个人外出时都会随身带一杆秤，"《多伦多每日信报》引述帕特里奇牧师的原话称，"将物品递给买家前，每个商贩都要称一称买家付的钱。"他还反对王清福所说的中国人夫妻关系和谐，他坚称，在那个国家，人们竟然漠视男人为娶妾拳打脚踢甚至杀害自己的妻子，一切都肆无忌惮，不受惩罚。"这一切都说明，"《多伦多每日信报》的评论称，"福先生（原文如此）对自己的宗教形成了错误的印象。他过于相信说教，对实情和实例近乎视若无睹。"[22]

上海出版的《北华捷报》在头条位置刊登了一长篇评论。"以普通智力水平的中国人为例，"文章开宗明义地说，"可能的话，就以年轻的中国人为例，将其送往英国或美国接受教育，即通常意义上的教育，然后等他学会读书和写字时，去中国化程度已经达到完全无法理解中国当下事物的本质。"《北华捷报》没有集中点评王清福对基督教的批判，而是批评他远远脱离自己祖籍国的实际。文章接着说："尽管他自称中国人和异教徒，他所说关于中国的事与现实之间有着非常宽广的鸿沟，长期在这个国家生活的人难免会怀疑，他有意置事实于不顾，要么就是他对自己的国家一无所知。"[23]

《北华捷报》有理由对王清福进行谴责，他有关中国的说法明显不符合实情，而且一向不够真实，包括如下记述："中国男女青年获得婚姻许可的前提是在道德层面符合如下条件：能够成为贤妻良母和勤勉的丈夫。"还有，为孩子们选择终身伴侣时，"如果孩子们提出足够的理由反对结亲，父母会重新进行选择"。文章接着辨析说，实际上，"所有让人尊重的中国家庭……都会给每个孩子指定一门婚事，几乎不考虑男方或女方的道德条件和个人喜恶"。文章还反对王清福的如下论断：若想在美国法院获得补偿，必须用钱贿赂——他的言外之意是，中国没有这样的事。让《北华捷报》疑惑的是，对这一问题仅有初步了解的人，竟然胆大到对此妄加评论！可能的原因是，王清福对祖籍的看法过于理想化，并非有意或故意歪曲当时中国的实际。《北华捷报》对王清福在此问题上的评价可谓不偏不倚。[24]

然而，对王清福这篇文章，各方反应各异，并非所有刊物都持否定或不屑一顾的态度。包括思想开放的基督徒在内，一些读者认为，王清福提出的尖锐问题值得认真思索。长老会刊物《和解说词月刊》用很长的篇幅转载了该文的集萃，并在评论中称："外人露骨地道出了分裂的基督教的羞耻和弱点，我们极少遇到让人如此丢脸的事。"虽然该刊认为，王清福没有资格对基督教说三道四，但同时也认为，他的文章是发人深思的好由头。[25]艾奥瓦州发行的《勒马斯环球报》刊文称，王清福的文章"促使公众思考一些东西，比如，人们突然敏锐地意识到，文明的宗教竟然也有一些奇怪的东西"。[26]《犹他州日报》则认为："训练有素且头脑清醒的王清福给当代各个宗派送来了一些难以下咽的苦药……如果各种形态的基督教信众认真留意那些真心的观点，然后追索这位异教作者的评论文章所无法参透的、由苍天展示给人间的纯真的福音，现世的结局一定会更好。"[27]

一位署名"波·伊·葛"的《纽约论坛报》读者在来信中称，了解聪明的异教徒如何看待基督徒，会让人们收获颇丰。这位读者承认，福音书的教义和基督徒们对待异教族群的常规做法之间存在"巨大的矛盾"，他还假定王清福不仅道出了许多非基督徒的感受，也道出了由于教会内部缺乏团结而饱受困扰的基督徒们的感受。在波·伊·葛眼里，王清福的文章"从本质上看"并不是对基督教的冒犯，而是对当代"多头"基督教的基本事实导致的离心倾向的冒犯。[28]王清福谴责英国人扮演将鸦片引入中国的角色，教友派报纸《教友信息报》从中看出了王清福的贡献，该报文章称:"基督真正的追随者们……作为政府的臣民,对政府施加影响时肯定会有所顾忌……也会像河水流向大海一样,全速推进正义在大地上的普及。"[29]

也有人趁着王清福掀起的这场论战玩起了文字游戏。《圣何塞晚报》取笑王清福滥用自己名字里的"清"字,在英语里,与此字读音相近的词(chin)隐含的意思是:王清福是个大嘴巴或者话痨。[30]《波士顿先驱报》说得更绝,该报称,他"比我们认识的绝大多数异教徒更有理由成为(异教徒的典范)"。[31] 对王清福所说的"我怎么就成了异教徒",《克利夫兰老实人报》用双关语进行了回答:因为你是男人,如果是女人,"就拼不成'异教徒'这个词"①。[32]《芝加哥论坛报》提出了一个更为新奇的说法:王清福喜欢异教教义的原因之一是中国对侵吞公款的人使用死刑。"如果在华尔街搭建个断头台,"该报编辑们在文章中称,"它会成为广大银行储户理想的守护神。"[33] 与此一脉相承,宾夕法尼亚发行的《诺里斯敦先驱报》以玩笑的口吻写道:"王清福……竟然会问'我怎么就成了异教徒?'我们无言以对!这片土地上到处都是各种各样的教会、免费学校、受贿的议员、周日棒球联赛,也不乏反贫困的侠士,可他依然自称异教徒,他应当为此感到羞愧。"[34]

一位不知名的作者——也许是《生活》杂志创办人约翰·艾姆斯·米切尔(John Ames Mitchell)本人——在《生活》杂志发表了一篇短小的专栏文章,表达了与王清福类似的观点:

---

① 英文 heathen(异教徒)一词中含有男性第三人称代词 he。

如今这年头，周日学校的校长们迁往加拿大时，裹挟的是他人的资金；他人奉献新颖的想法时，著名神职人员往往会斥其为不诚实和精神错乱；大主教们往往不合时宜地沉湎于与不听话的牧师们争吵……在这片大地上，几乎每一位基督教人士都会把自己的手伸进另一位基督教人士的口袋……道德成了墙上的文字，罪孽横行大地……荣誉不再基于道德水准，而是基于财产多寡，这种时候出现一篇题为"我怎么就成了异教徒？"的文章，似乎是大势所趋。[35]

该文刊出未久，王清福的文章便发表了，该文引发的争议十分巨大，以致《北美评论》月刊采取了一项史无前例的举措——在下一期月刊上刊登一篇反击文章。为此，该刊专门选了个中国人李恩富，他撰写的专栏文章题为"我怎么没有成为异教徒？"，还专门加了个副标题"驳王清福"，这是为了避免读者以为两篇文章之间没有关联。李恩富究竟是《生活》杂志亲自找来的，还是宗教支持者找来的，如今已无从查证。宗教支持者渴望看到有人用文字挑战王清福的论点。

李恩富的履历令人印象深刻。他是广东人，于1873年来到美国，是中国幼童出洋肄业局派到美国的120位学童之一。和王清福一样，他"从出生到成长阶段一直是异教徒"。后来，13岁那年，他接触了基督教。不过，他的具体情况是，他改变信仰的地点不是在中国，而是在马萨诸塞州的斯普林菲尔德，时间是在与著名美国福音传道者德怀特·莱曼·穆迪（Dwight Lyman Moody）见面之后。然而，他并没有立即加入教会，因为他唯恐这么做会导致肄业局的官员——不是别人，正是陈兰彬和容闳二人——把他立即遣送回国。

1880年,李恩富进入哈佛大学学习。不过,1881年,他和其他中国同学一起应召回国。当时的清政府唯恐所有孩子会西化到不可挽回的地步,因而终止了留学项目。随后不久,李恩富加入了广州基督教长老会。1884年,为完成耶鲁大学的学业,他设法回到了美国。他通过撰写文章和从事文职工作挣学费。[36] 在耶鲁大学期间,他成了第一个加入美国大学优等生协会的中国人。和王清福一样,他也四处演讲,话题为中国人的生活习惯。他的英文文笔也特别好,实际上,那年他还出版了一本自传体回忆录,书名为"我的中国童年"。

颇具讽刺意味的是,李恩富正是王清福推崇的标杆型的美籍华人:李恩富熟练掌握英语,剪掉了辫子,融入了当地,甚至还娶了白人女性为妻,他的妻子是前纽黑文市选美冠军伊丽莎白·莫德·杰罗姆(Elizabeth Maud Jerome)。他赶在仍然可以办理手续时,填写了入籍美国的第一批文件。[37] 和王清福一样,他也是华人权利的坚定倡导者,此前一年,在哈佛大学毕业典礼上发表演说时,他谴责了美国的反华偏见,还列举好几条强有力的论据来反对《排华法案》。1889年,他再次为《北美评论》月刊撰写了一篇评论文章,题为"中国人必须留下"。李恩富和王清福对大多数问题都看法一致,不过论及宗教时,两人却站在针锋相对的立场上。

李恩富小心翼翼地围绕王清福的主要观点进行驳斥,对他的论点逐条加以批驳。对王清福关于基督教各派之间互相对立的说法,李恩富认为这不值一驳,他把这种不协调称为"人类本性的弱点"。他的论据是,基督教本身有抽象和具象之分,更有正确应用和错误应用之分。与王清福不同，在接受《圣经》的神学性方面，李恩富没有体会到任何困难。"我完全承认《圣经》传达的所有内容为真，"这段引语摘自李恩富的文章，"我承认，有些内容我无法理解，而且没有人指望我完全理解。"李恩富仔细思考过王清福所说的与丹尼斯·吉尔尼在来世见面一事，他声称："实际上，这正是'基督教拥有的'改变人心的力量，如果丹尼斯·吉尔尼不小心掉进天上的耶路撒冷（又称"新耶路撒冷"，《启示录》称耶稣复活后新耶路撒冷会从天堂降临），他也会变得像小绵羊一样乖巧，也会说出这句话：'中国人必须留下，没有他们，世界就不完整！'"[38]

李恩富的基本论据是，王清福分不清基督徒和基督教倡导者之间有何区别，或者说，辨不清真假基督教倡导者之间的区别。他引用孔子的原话说明这一点："朽木不可雕也。"他认为，正因如此，那些采取暴力手段或通过司法途径迫害中国人的美国人，即便他们自称是基督徒，实际上他们根本不是。恰恰相反，基督教是解决这一问题的方案，而非障碍。"如果这个国家仅剩一丁点对中国人的情意，"这里引用的是李恩富的原话，"也仅仅存在于基督教教会里。"[39]

对王清福文章里的其他观点，李恩富逐一加以批驳。纽约的谋杀和抢劫发生率固然很高，然而，没人知道同样的事每年在中国会发生多少次。他否认基督教鼓励年轻人虐待老年人，同时宣称，可以肯定地说，异教徒们"明知没有回报或得不到好处时，绝不会出手做好事"——这与王清福谴责基督徒的原话分毫不差。对于英国侵略中国一事，他的原话为："如果英国真的像它自诩的那样是个基督教国家，永远也不会发生鸦片战争。"

"一直以来，基督教始终都能满足我各方面的精神需求，"李恩富在文章结尾处表示，"由于我希望今生得到幸福，憧憬在未来世界获得美满的永生，我相信并且接受基督教教义的真实性。"为了向王清福的文章结尾看齐，李恩富诚挚地邀请"所有美国、英国、中国的异教徒投身到救世主身边"。[40]

从许多方面看，这两人的思想交锋都相当引人瞩目。这次辩论中的双方均为中国人，两人都选择在美国度过一生，而且各自在人生的某一节点改信了基督教。双方的过招你来我往，全程用的都是考究而地道的英语，面对的则是广大的美国普通民众，中国人不是他们的目标受众，可能仅有极少数中国人知道这次辩论。古老的中国与移民接收国的宗教和文化在辩论中得到了深掘，辩论还涉及两种文化间的天壤之别，以及未来的竞争关系。简而言之，这样的对话不可能发生在两个中国人之间，只有可能发生在两个美籍华人之间。

第十五章
每磅50美分的肉身
（1887年）

李恩富的文章刊出后的次月，王清福得到了与宿敌丹尼斯·吉尔尼再战一轮的机会。两人初次交锋四年后，吉尔尼再次来到美国东海岸。在政治领域，如今的吉尔尼已经成了明日黄花。《排华法案》得到批准后，遗留了许多漏洞，国会此次复会将讨论修补漏洞，吉尔尼赶在会前抵达东部，为的是赢取人们对一个代议法案的支持。《纽约世界报》听说吉尔尼到来后，向王清福和吉尔尼两人发出了举行一场辩论的邀请。

前述法案由俄勒冈州共和党参议员约翰·米切尔（John H. Mitchell）提出，最终并不成功。如果这一法案获得批准，美国将单方面废除中美两国签署的各项协议，目的是阻止所有中国人入境美国。[1] 吉尔尼认为，排华政策没有得到充分强化[2]，并认为，中国人为规避这些政策设计了许多借口——在这两方面，情况确实如此——吉尔尼理所当然是提案的坚定支持者[3]。东部各州的支持至关重要，太平洋沿岸各州已经表示赞成堵住漏洞，东部的人们却总是阻拦实施更为严厉的措施。一旦米切尔的提案获得批准，吉尔尼便打算北上，前去说服加拿大人，以阻止那里的中国移民。他认为，只要中国人不辞辛苦抵达加拿大，跨境进入美国是一件再容易不过的事。[4]

在吸引公众的注意力方面，王清福犹如狐狸一样机敏。吉尔尼也是如此，因而在这次东行期间，他接受了直面王清福的挑战。《波士顿环球报》对两人面对面交手的画面垂涎已久，该报声称："观看和倾听王清福与丹尼斯·吉尔尼正面交锋，以便彻底解决中国人问题，犹如观看和倾听这个国家智者之间久违的唇枪舌剑的盛宴。"[5]辩论于1887年10月18日鸣锣打响，双方以相互握手开场。

两人间的反差可谓天壤之别，《芝加哥论坛报》描述吉尔尼时连续四次用了"宽"字，描述王清福时连续三次用了"细"字。吉尔尼身高1.75米，个头不算高，不过和王清福相比，他却高出半头。《芝加哥论坛报》形容吉尔尼像尼安德特人一样壮实："宽肩膀，厚胸脯，肌肉发达，粗壮的脖子上立着一颗又宽又圆的脑袋。一双小耳朵支棱在两条隆起的颈大肌上，丰满的双颊呈樱桃红色，一双灰蓝色的眼睛略显突兀。他的双手又宽又厚，十指短粗，留着褐色短发，还有一小撮红色的短上髭，加上又宽又低的额头、稍微上翻的鼻子、阔嘴唇、方下巴，这些加强了他的好斗特性。"[6]

与之形成鲜明对比的是，身材矮小的王清福看起来像个典型的美国绅士。他身高大约1.57米，"身形细长，动作敏捷犹如灰狗，浑身都是蒙古人种特征，一双手又细又长……细瘦的身上没有一块赘肉，一双黑色的眼睛炯炯有神，闪闪发光"。[7]同期发行的《奥古斯塔纪事报》对王清福也有一段描述，让他的形象更加完整："个头不高，却穿着长外衣，头上端端正正扣着一顶窄边圆礼帽，黑色短发修剪整齐。他的外衣是黑色斜纹布料的，直排扣一直扣到领口。他的裤子特别贴身,一双鞋很小,鞋尖却很尖。他穿的是立领衬衣,扎着窄领带。"[8] 简言之,他已经远离了数年前那种长辫拖地和身穿中式马褂的扎眼形象,如今他的穿着打扮和绝大多数美国华人同胞完全不同,在当时,接受西式行头的美国华人少之又少。

辩论地点为《纽约世界报》报社,尽管《波士顿环球报》对这场辩论有言在先,很难说它"从头到尾势均力敌",其实大部分时候相当沉闷。多数媒体采用逐字逐句的方式进行报道,以下内容摘自《菲奇堡哨兵报》:

王清福说:"吉尔尼先生,据我所知,你反对所有中国人,你这次来纽约就是要跟他们战斗。"

吉尔尼打断了王清福咄咄逼人的话语。

他反驳说:"我可没把中国人作为一个族群来反对,我反对的是他们来这里当农奴、雇农和奴隶。如果爱尔兰天主教徒、英国新教徒或德国路德教徒通过签订奴隶一般的合同来美国,我照样会反对。我反对的不是中国人这个族群,而是他们的奴性。我反对他们,因为他们是根据合同让人带到美国来的。"

与吉尔尼此前的演说相比,明白人立刻意识到,他彻底告别了过去,成了个和平主义新人。

王清福当即尖锐地指出:"你这是一派胡言,而且你无法证实自己的说法。你能给我找出一个根据合同来美国的中国人吗?"

"所有人都是根据合同来的。"吉尔尼反唇相讥。

"我就不是根据合同来的，"话说到这里，王清福显然来了兴致，"我还成了美国公民。"

"这与联邦决议相悖。"吉尔尼悻悻地说。

"你说错了，并不相悖，"王清福冷静地说。"我是美国公民，我投票支持了民主党老好人，有时候也支持共和党老好人。你所说的联邦决议是错的，如果这些决议反对中国人归化成美国公民，就是违宪。如我在15年前成为美国公民一样，如今的中国佬也有权成为公民，这是宪法条款的解释，而宪法是我们的前辈们，以及——"

"你是说你的前辈们吧，"吉尔尼的语气里有了些愠怒成分，"没错，你的前辈们跟美国的决议有什么关系？没有任何关系。你不能称呼宪法制定者们为你的前辈，哼！"

王清福冷笑一声，他显然笑里藏刀，他说："我称他们为我的前辈，因为从政治角度说，他们的确是。"[9]

接下来，辩论成了双方的骂战，《纽约太阳报》的报道如下：

吉尔尼说，中国人吃老鼠；王清福反驳说，爱尔兰人吃的远比老鼠还低贱。

"中国人都有奴性。"

王清福答："而你是个只会说脏话的骗子。"

吉尔尼怒火中烧，他说："你这是在挑衅，如果你是认真的，我就把你扔到窗外去。"

王清福说，他像不谙世事的匹克威克（狄更斯作品《匹克威克外传》主人公）一样真诚。[10] 听到这一说法，吉尔尼一下子泄了气。[11]

这次辩论无论如何都称不上智者之间的较量。不过，舆论一致认为，王清福打败了吉尔尼。《韦恩堡哨兵报》宣称，记者注意到，辩论内容没有任何新意。"双方好几次称呼对方为骗子，不过，小个子中国人始终保持着冷静，如此一来，在很多时候，他都占据着绝对优势。"[12] 伊利诺伊州罗克福德市发行的《每日宪报》称："在智力比拼中，中国佬以压倒性优势干掉了旧金山雄辩家，让他疲于应对，直到无赖吉尔尼无计可施，主动放弃。"[13] 全美各地的报刊都在头版头条用欢快的笔调庆贺王清福的胜利，例如《芝加哥论坛报》的标题为"丹尼斯·吉尔尼认输了"；《亚特兰大宪法报》的标题为"丹尼斯·吉尔尼棋逢对手"；《旧金山纪事报》的标题为"吉尔尼大失所望"；《克利夫兰老实人报》的标题为"被可恨的中国佬打翻在地了"。没有一家媒体认为吉尔尼获胜。

《纽约太阳报》将王清福称作"一位值得所有人尊重的中国对手"，进而还称，"与丹尼斯·吉尔尼先生比拼时，他从未处于守势，总是处于进攻态势，这个国家没有第二个中国佬能跟他匹敌"。[14] 正因如此，王清福再次向吉尔尼发出在公开场合进行一次辩论的挑战。然而，吉尔尼拒绝了。他的解释是："我不想转移公众对米切尔提案的注意力。无论如何，我认为你不是我的对手。"这给王清福提供了一次嘲弄对手的机会，就此结束了关于辩论的探讨，他嘲讽说："而我绝对想不出把你这样的人称作对手！"

既然达不到最高目标，那天晚上，王清福和另外三个中国人便退而求其次，做了一件稍逊于公开辩论的事。这三个中国人中有王清福的好朋友、唐人街大佬汤姆·李。他们决定前往柯柏联盟学院，出席吉尔尼为自己安排的一场演讲。在空出一半座位的礼堂里，他们坐到了前排的几个空位子上——诘问演讲人的理想位置。《纽约太阳报》不无挖苦地说，他们是礼堂里穿得最考究的人。[15]

吉尔尼演讲过程中，几个中国人数次大声哄笑——吉尔尼取笑中国人时如此，他故作严肃时亦如此。吉尔尼提到法律规定中国人没有资格成为美国公民时，王清福大声说："制定这条法律的人肯定是爱尔兰人。"[16]王清福试图向吉尔尼提问，周围的听众发出让他安静的嘘声，因为这样的举动相当孩子气。不过，舆论再次宣称王清福成了赢家。《沃斯堡哨兵报》总结说："那天在纽约演说时，丹尼斯·吉尔尼再次像'沙坑演说家'那样说中国人必须离开，王清福先生……迫使善辩的吉尔尼嗫嚅道，不明白对方在说什么。长着一双杏眼的绅士要求吉尔尼用事实说话，后者当场气疯了。"[17]

王清福渴望安排一场与吉尔尼的公开辩论，对中国人来说，这是异乎寻常的。在中国社会内部，矛盾冲突都通过传统的、不事声张的方法，以间接方式化解。人们会认为，打破固有的表面和谐，在公开场合与对手直接争斗，这么做非常失礼，因而是一件非常丢脸的事。王清福之所以这么做，可能的原因是，他觉得吉尔尼是个特别难对付的敌人，不可能与之言归于好。他甚至认为，对方太另类，超越了中国常规礼仪的条条框框，是那种不值得尊重的人。或许是长年生活在美国的缘故，王清福已经远离了中国的传统行为方式和价值观，这只能说明他脱离传统有多么远，以及他接受美国文化那种直面冲突的方式有多么充分。这肯定是非常有效的战略，如果在所有与吉尔尼的冲突中都采用记分方式评判输赢，人们会普遍认为王清福是赢家。

1887年年末，王清福重新回到了巡回演讲的老路上。当然，他已经不像以往那样在演讲方面投入那么多时间，也不会去那么多地方。如今，他的代理人是詹姆斯·庞德（James B. Pond）少校，他是一位经验丰富的经理人，其客户包括亨利·沃德·比彻、马克·吐温、P. T. 巴纳姆、布克·华盛顿（Booker T. Washington）①、弗雷德里克·道格拉斯、阿瑟·柯南·道尔（Arthur Conan Doyle）等人。在这一轮演讲中，王清福第一次出场的时间是10月18日，地点在加拿大安大略省京士顿市，演讲题目为"我何以是个异教徒？"，他需要身穿全套中式服装登场。[18] 于是，10月13日那天，他来到尼亚加拉瀑布城，准备从那里进入加拿大，以前他曾经多次从此地过境。不过，这次情况有所不同，由于他是中国人，加拿大边检官员将他喊到一边，让他缴纳50美元"人头税"。他面临两种选择：交钱入境，或者原路返回。

这一税种是加拿大对美国《排华法案》的响应。中国人在加拿大的经历几乎就是在美经历的翻版。1858年，加拿大不列颠哥伦比亚省西部地区也经历了淘金热，其热度在19世纪60年代大部分时间里保持不衰，导致数量庞大的第一批中国移民像潮水一般涌向加拿大海岸。先期到达矿井工作的移民来自美国加利福尼亚，紧随其后的直接来自中国。19世纪60年代，修筑美国中央太平洋铁路期间，中国劳工扮演了主要角色。与此相同，1880—1885年间，修筑加拿大太平洋铁路的一些标段时，他们也扮演了同样的角色。[19] 铁路建成后，经济衰退袭击了大不列颠哥伦比亚

---

① 美国政治家、作家、黑人运动领袖。

省，数千中国劳工失去了工作。大量失业的中国人乐意承担低薪酬工作，白人工会工人将其视为不公平竞争，恐惧促使他们开始反击。种族主义导致美国于1882年开始排挤中国劳工，加拿大显然也出现了类似现象。

19世纪70年代，美国加利福尼亚州批准了一些法律，限制中国居民的活动和特权。加拿大不列颠哥伦比亚省亦步亦趋，试图在本省范围内限制中国移民，却不见任何成效。为达目的，该省开始推动全国范围的立法。加拿大的华人数量从未超过在美华人数量的零头，1881年，中国人的数量尚不足4400人，虽然后来又有大约1.7万人前来修筑铁路，但十年后，依照1891年的人口普查数据，其中有9000多人离开了。[20] 在加拿大的480万人口中，中国人虽然仅占很小的比例，但与美国的情况相同，他们密集地聚集在西海岸，因而在该地区，他们十分显眼。

加拿大总理约翰·麦克唐纳（John A. Macdonald）认为，铁路建设正在进行，在这一节点采取行动反对中国移民，是相当不明智的。1884年，部分国会议员试图制定一部排外法，这个工作移交给了一个名为"中国移民问题皇家调查委员会"的机构，托付其完成的任务是，在下一次立法会议期间提出行动方案。然而，这并非一个客观的流程，因为最终结果早在起始阶段就非常明晰了。委员会的一位成员说："委员会的目标是找到证据，以证明限制中国移民的原则是适当的，且符合各个省以及大区的利益。"[21]

召开过数次听证会，权衡过其他国家（尤其是美国）的经验之后，委员会推荐了一种策略，某种程度上有别于美国国会三年前采取的排外政策。铁路建成后的1885年，加拿大国会通过了《中国移民法案》，该法案旨在削弱移民势力而非完全阻断未来的移民。其机制为，对所有入境加拿大的中国人按人头征收50美元税费。与美国的情况相同，在所有移民当中，加拿大唯独将中国人挑出来，唯有中国人被要求交税。从短期来看，在减少中国移民流入方面，这一措施相当成功。1882年，入境加拿大的中国人为8000人；1887年，人数减少到124人。不过，人头税从未完全阻止移民，政府便只好逐年提高税率。直到1923年，加拿大才采取措施，完全排除了中国移民。[22]

10月13日，加拿大移民局将王清福关押到安大略省克利夫顿山，办完手续后，又将他遣送到京士顿市。[23]当然，依以往的习惯，王清福不停地大声抗议。他不断地强调自己从1874年成为美国公民以来的良好品行，以及自己的纽约港务局主任助理身份——他说的是当年收到过美国消费税委员会对他的任命。[24]不过，移民局主管官员不为所动。[25]加拿大的中国移民登记总册中没有留下王清福的入境记录，按理说，每一位完税人都应当记录在案。[26]虽然王清福不断地抗议，但位于克利夫顿的美国领事馆留存的档案显示，在发过誓和陈述完所有事实后，他的确缴纳了50美元。

王清福愤怒不已！由于陈寅和方家三兄弟的官司及其相关事宜，以及后来调查李新谋杀案，他曾经多次出入加拿大，从来没有人说过他需要缴纳人头税。不过，那都是在前述法律出台以前。《布鲁克林每日鹰报》报道："王清福愤怒了，他反复说，他要让那个税务官下不来台。对于他谴责那位官员死脑筋，许多加拿大人都有同感。"像往常一样，王清福对这次遭遇做了精妙的评述，《布鲁克林每日鹰报》随后引用他的话说："我交的钱……我这个异教徒的肉身每磅超过50美分，所以挺值钱！我今天就返回纽约,咨询几位朋友后,我会前往华盛顿,找当局理论我的案例。"[27]

王清福提出抗议的基础是,向他征税是个错误,因为他是美国公民。[28] 因此,为赢得同情和支持,他做了自己该做的事——将此事包装成美加两国间愤怒的争议,加拿大拒绝适当考虑美国公民的要求。由此,他可以做成两件事:一是通过此次纠纷,他可以将美国媒体,也许还可以将美国政府拉到自己这边;二是由于美国的《排华法案》导致人们对他的公民身份产生了一些怀疑,他可以借此赢得人们的支持。这的确是个问题,从美国国务院最初的反应即可看清这一点。根据《俄勒冈人早报》的报道,国务院的立场是:"他的美国公民身份无法得到确认。"[29] 就类似问题,《爱达荷州政治家报》挖苦说:"对于如何认定美国公民身份,与某些东部的法学家相比,加拿大政府似乎有更好的见解。"[30]

王清福利用自己的切身经历引发人们的愤怒,他在这方面取得了部分成功。《特伦顿新闻晚报》报道,他宣称自己的目的是"确定本届政府是否宁愿看着华裔美国人受辱,也不愿承认其美国公民身份"。该报接着表示,希望王清福获胜。[31]《弗兰克·莱斯利新闻画报》完整地报道了加拿大当局不想赔王清福钱,还用貌似不相信的笔调写道:"加拿大竟然号称文明国度!"[32]《波士顿环球报》则反过来嘲讽王清福,还质疑他要求赔偿的动机。该报评论说:"他已经从中得到了许多广告收入……他演讲的门票收入已经有了着落,足以弥补支出的费用。"[33]《俄勒冈人早报》也站在加拿大一边,宣称:"法律说得很明确,每一位入境加拿大的中国人必须缴纳50美元,拥有以下证明的人除外:美国人、学生、政府代表或雇员、其他机构的雇员。而王清福没有这类证明。"[34]

王清福先后写了两封信，将自己的情况直接摆在国务卿托马斯·贝亚德面前。在 10 月 17 日的信里，他抱怨自己"像欠税商品一样被安置在加拿大政府的库房里"。[35] 由于没有收到任何回复，10 月 31 日，他再次寄出一封信，抱怨自己的前一封信无人理睬。[36] 11 月 18 日，贝亚德终于行动起来，把王清福的投诉信转寄给美国驻加拿大圣詹姆斯市法院特使爱德华·菲尔普斯（Edward J. Phelps），指示他将此事转告英国政府，要求对方做出解释。[37] 第二天，贝亚德给王清福回了封亲笔信，将采取的措施告知了他。[38] 贝亚德是否真的希望伦敦方面给予答复，抑或他仅仅是在走过场，如今已无从考证。不过，档案里确实没有英国政府给予答复的记录。

就王清福遇上的这件事，最大的问题是，他（以及《俄勒冈人早报》）对相关法律的理解有误！加拿大的《中国移民法案》根本没有提及人头税征收对象的国籍，身为加入美国国籍的中国人也不能享受豁免。《俄勒冈人早报》开列的免除列表以及说明身份的必要证件都正确无误，不过根据加拿大法律，国籍不能成为享受豁免的条件，前述移民局官员向王清福强调的正是这一点。

既然从外交渠道得不到满意的答复，1888 年 2 月，王清福再次前往加拿大，这次他同样没留下缴纳人头税的记录。[39] 这次他去了蒙特利尔，表面看来，他是去雇请律师，起诉加拿大政府，因为前一年 10 月他在加拿大政府手上受了辱，遭遇了损失，他要求对方赔偿 2.5 万美元。[40] 不过，也许是受了律师的点拨，王清福更换了起诉理由，他宣称自己理应享受豁免，因为这一税种明确列出对科技人员实行豁免，而他当初前往加拿大是为了参加科技方面的演讲。[41]

王清福演讲的主题是宗教而不是科学,就算暂且将此事放到一边,仍然存疑的事实是,他入境时既没有携带,也没有出示任何一级政府开具的能够证明其科学家身份的文件。如果这件事曾经留有文字记录,显然如今已无从查找,我们也找不到任何关于此类案件的庭审记录。不过,出手与不公正的收费做斗争——或者对媒体宣称自己一定要起诉——是典型的王清福风格。试图废止上述法律,远远不是王清福所能企及的目标,他鞭长莫及。即便如此,他总是能放大偶遇的不公,凭借自己的天赋弄出些响动。

第十六章
纽约的中国人
（1887—1889 年）

19 世纪 80 年代末，王清福是纽约唐人街社区的一根顶梁柱，且以非正式大使的身份与广阔的外部世界打交道。1886 年 11 月，他在唐人街设了一席晚宴，招待消费税委员会会长威廉·安德鲁斯（William S. Andrews）。半年前，当时的纽约市长任命安德鲁斯到消费税委员会任职，该委员会负责颁发酒类执照，并收取执照费。[1] 安德鲁斯对外宣称，长久以来，他一直想品尝中国菜，因而王清福在莫特街 14 号一家类似纽约顶级的德莫尔尼科牛排馆的时髦餐馆摆下豪华中式宴席，邀请的客人包括安德鲁斯和他的几位朋友，以及一些报社的人。[2]

王清福使出浑身解数，教安德鲁斯和他的几位朋友如何使用筷子。随后，共有 14 道菜的宴席开始，进餐过程持续了将近三个小时，菜品包括炒面、烤鸭、墨鱼、带骨鸭爪、炸梭子鱼、中式腊肠、猪油炸童子鸡、苦瓜、两道汤、果脯、蛋糕和水果，饮品包括茶、米酒、雪梨酒和杏子利口酒。[3] 王清福安排这次盛宴，有其秘而不宣的动机——他想在政府部门谋个职位。转过一年，他显然成功了，他被任命为唐人街专职巡视员。[4]

与诸如安德鲁斯之类有权势的人物建立关系，叫作懂政治，因而王清福结交的高层朋友越多越好，一方面为了自己，另一方面则是为唐人街。在此，我们必须提及纽约十三俱乐部的成员们，那是一家由名人组成的晚餐俱乐部，为首的人物是纽约城市法院首席法官戴维·麦克亚当（David McAdam）。1888年9月，王清福在朋友汤姆·李位于莫特街4号的餐馆设晚宴款待麦克亚当。纽约55位"最著名的政治和社交人物"[5]出席了这次包括13道菜的盛宴[6]。

王清福还要随时准备陪同突然到访唐人街的访客。他曾经服务过一位来自哈特福德的绅士，此人在缅因州发行的《卡姆登镇先驱报》刊发了一篇匿名报道。王清福带领他参观了一家餐馆、一家鸦片烟馆和一座寺庙，还为他讲解了中国人的名字和风俗习惯。[7]王清福还试着将这类参访组合成一项稳定的产业，他在《纽约世界报》刊登了一则广告，其内容为，凡有兴趣出访中国或参观唐人街的客人，可以直接与他联系。[8]

王清福深谙博爱的公关价值所在，尤其是这种事发生在华人社区以外时。1889年春季宾夕法尼亚州约翰斯敦洪水事件（1889年，宾夕法尼亚州降暴雨，引发洪水，导致约翰斯敦2209人遇难）过后，为确保有关受灾程度的消息透明，王清福和汤姆·李直接向唐人街的中国商人们解释和散发消息，以鼓励他们赈济灾民。不过，王清福忍不住抓住机会为异教徒扳回几分。他向《纽约世界报》记者指出，中国捐助者们总共捐出296美元，然而在捐助者名单上，"没有一个信基督教的中国人为这一高尚的人道主义目的捐过1美元"。[9]

唐人街有众多社会组织同时共存，王清福可能是其中好几个组织的成员。1885年年初，他为《弗兰克·莱斯利新闻画报》写了篇文章,介绍一个名为"月进会"的中国地区文学俱乐部,其成员每月聚会一次,大家在一起交换诗文,目的是"在中文方面互相促进",王清福可能是成员之一。[10] 1887年旧历新年,他出席了一次人们普遍认为是"中国洪门"的社团筹划的晚餐会,或许他也是这一组织的成员。[11] 他还是1888年前后成立的"义合行"的秘书长,汤姆·李是该行会会长。[12] 这一社团大约有200位中国商人,年度活动之一是夏季出游,每次活动都邀请美国朋友携夫人参加。参与活动的美国人由汤姆·李事先亲自选定。[13]

所有报道义合行的文章均声称,该行会明确排斥信基督教的中国人。[14] 多年来,信奉基督教的中国人经常举办周日学校野餐会;表面看来,夏季出游是异教徒们对前述传统活动的回应。[15] 实际上,许多消息源言之凿凿地声称,汤姆·李是个天主教徒。[16] 1888年7月,夏季出游组织方预订了一艘轮船,参与者达到400人,其中半数为美国人,轮船载着一船人绕过史坦顿岛,绕岛时还施放了中国烟花。整个航程由一个德国管乐队、一个中国弦乐队和一个四重唱声乐队伴随,乐曲的主基调为小夜曲。饮食包括冰激凌、三明治、拉格啤酒、姜汁汽水,以及中国人最爱的"炒杂碎"①之类的东西。[17] 一些人显然还享用了鸦片。王清福用英语发表了一段演说,他表示,希望"中国人和美国人结下深厚的友谊"。[18] 客人里没有中国夫人,不过,中国人娶的一些白人夫人以及受邀参加活动的美国人携配偶出席了活动。[19]

理所当然的是,王清福在美国没有夫人陪伴。实际上,几乎没有证据表明,他有过任何持久、私密的朋友关系。作为唐人街

---

① 亦称"李鸿章杂碎"。

社区的中流砥柱，他或许是许多社会组织的成员，他必须具备相应的能力，以便号令广泛的社会组织，随时响应各个组织的号召。一旦某人遭到逮捕，需要翻译，或陷于某种危困状况，王清福是个招之即来的帮手。纽约治安法庭处理王三（音）案时，他当过翻译，当时查理·曼状告王三欠债不还。[20] 永柏道（音）因刺伤邹明（音）和抢劫12美元遭到关押时，第一个想到的人也是王清福。[21] 为李玉笃（音）出殡一事，王清福向纽约警察局申请从莫特街到格兰街渡轮码头的行进路线许可，给数个地方政府部门带来了麻烦，事后他致信《纽约太阳报》，感谢主管官员和其他人等出手相助。[22] 李方（音）和李福（音）兄弟在纽约哈莱姆区投资洗衣行业失败后，王清福建议他们到长岛阿斯托利亚区投资土地，他们在那里租了12亩地，种植中国蔬菜。[23] 其他城市的中国朋友们陷入困境、需要援手时，王清福总是随叫随到。1889年5月，他曾经为此去过芝加哥和费城，数年后又去了布法罗。

不过，以上这些怎么看都是日常的人际关系，而非私密的个人关系。好在1886年12月15日发行的《纽约先驱报》刊登了一篇长文，介绍了王清福在美国数年来的生活，其中罕见地提到他的爱情生活。在中国，王清福婚后与妻子共同生活的时间非常短暂；除此之外，已知他唯一一次与女性交往是1874年在纽约州罗切斯特市与妓女艾琳·马丁的往来。但愿《纽约先驱报》的报道可信，1886年，王清福爱上了一个名叫艾达·梅（Ida May）的阿拉伯彻尔克斯①女性，后者不幸嫁给了一个名叫汤米·霍拉罕

---

① 阿拉伯地区少数民族。

（Tommy Holahan）的爱尔兰人。[24]

满头金发的艾达当年在一家小博物馆工作，霍拉罕在那里遇见了她。虽然纽约城没有留存他们的婚姻记录，据推测，他们成婚于1881年。艾达和霍拉罕一起住在公寓里，生活的艰辛在她身上留下了印记。不过，数年后，她遇到了王清福，而且"她仅存的金发和姣好的面容冲进了王清福脆弱的心脏深处"，王清福疯狂地坠入了爱河，他在洗衣店的记事板上为艾达写了好几首长诗。《纽约先驱报》嘲讽说："写在穷人区洗衣房记事板上的几首诗如此之长，外行人根本分不清哪些是诗，哪些是洗衣房的记录条目！"王清福主动表明了爱意，艾达则接受了他的示爱，并且追随王清福，在他位于邦德街33号的半地下居室里和他一起生活了一段时间。某家报纸嘲讽地报道说，其实"王清福浪漫的婚姻生活里唯一缺少的是婚礼"。[25] 后来，霍拉罕通过诉讼离婚，王清福成了共同被告，说不清为什么，他用的是假名威廉·约翰逊（William Johnson）。《纽约先驱报》预言："过几天，王清福和艾达可能会前往新泽西履行法律手续，成为真正的夫妻。"[26]

他们从未成为夫妻，他们的恋情一直是两人间的秘密，没过多久，这段恋情即宣告结束。不过，王清福的经历展现了中国单身男人在美国面临的窘境，主要原因有二：一方面，中国移民的男女比例严重失衡；另一方面，中国人所处的社会地位相对较低。由于中国人一旦回国结婚，便不可能合法地返回美国，为解决性需求，他们只好找妓女，或者与下等阶层的女人结婚，几乎没有其他解决方案。即使不存在法律障碍，有社会地位的年轻白人女性一般也不会嫁给中国人。"中国佬的白人妻子都不是上层社会的人,"这里引用的是1889年出版的《芝加哥论坛报》的观点,"她们都没有享受过好的出身、教育以及财富带来的奢华。"[27]

像以往一样,王清福通过写文章和演讲做到了收支平衡,1887—1889年间,他发表了60篇面向美国读者的文章,半数以上文章说的都是美国境内中国人的事,其他讲的则是在华中国人的事。许多此类专栏文章首先发表在纽约地区的报刊上,《纽约世界报》《纽约太阳报》《纽约先驱报》《纽约论坛报》全都购买过他的文章,全美各地大大小小城市的报刊都转载过他的文章。1887年,《纽约世界报》甚至刊文介绍了"聪明的、小个子的、面容干瘦的、改变信仰的异教徒王清福"本人,还特意介绍说,他是个久经沙场的番摊玩家,"像多数波希米亚人一样,对上等酒类来者不拒",而他最喜欢的"烈酒"是杜松子酒。[28]

美国人对发生在唐人街社区的事感兴趣,而王清福将唐人街市面上出售的以及中国人常吃的食物以拉家常的方式娓娓道来,他介绍了海参、苦瓜、燕窝、腊鸭爪等。[29]他介绍了唐人街理发店之间的价格战,还解释了中国人为什么会进军洗衣业。[30]他发表过一篇长文,介绍中国人的药方,还为读者们讲述了唐人街的居民们如何料理后事。[31]他介绍过中国人的迷信,还介绍过中国人的泥土占卜(即风水)。1888年8月,《大都会》杂志刊发了他撰写的一篇长文,其中有漂亮的插图,题为"纽约的中国人"。他笔下的许多文章都取材于这篇文章,而这篇文章本身也是多篇独立文章的汇总,该文十分发人深省、融会贯通,研究19世纪美籍华人境遇的学者们至今依然会加以参考。[32]他撰写该文的目的似乎是要把中国人描绘成当地众多有趣的(当然也是无害的)外来族群之一,在曼哈顿一隅自我划定的地界里扮演着安分的角色,让外人立即感到他们容易接近,且富于同情心——他们干净、老实、忠诚、不酗酒。[33]

然而,对于国人那些令他人不快的习惯,特别是吸食鸦片和赌博,王清福比以往公正了许多。例如,在一篇介绍唐人街街头小吃的文章里,他谈到"喉咙火烧火燎的鸦片瘾君子"尤其喜欢吃西瓜。[34] 在《大都会》杂志刊发的文章里,王清福极其详尽地描述了销售和消费鸦片的过程。[35] 不过,在一篇详细记叙吸食鸦片过程的专栏文章里,他又为吸鸦片行为做了一些辩解。他是这么说的:"与喝威士忌的习惯相比,养成吸鸦片的习惯更困难,概率也更低。必须经过很长时间的吸食,才会养成离不开鸦片的习惯。"他还补充说,纽约大多数中国佬吸食鸦片,不过是"偶然为之,为的是稍稍麻痹一下自己"。[36] 在另一篇文章里,王清福声称,"中国人生来"会玩番摊,即便是进监狱,也无法阻止中国佬赌博。[37]

作为能够从唐人街不断挖掘新闻的唯一特约写手,王清福以乐胜(音)1888年9月的豪华婚礼为题,同时为《纽约太阳报》和《纽约先驱报》撰写了一篇报道。乐胜是一位年老的富商,刚刚从西海岸迎娶了一位年轻的新娘。为招待应邀参加婚宴的所有宾朋,乐胜预订了八家中国餐馆和一座寺院。[38] 同月,王清福另外还写了篇文章,介绍一位16岁的新来者,她有一双最小的脚,后来成了纽约最漂亮的中国女孩,最终嫁给了纽约城最有钱的中国商人梁阿淡(音)。[39] 转过一年,王清福在一篇文章里描述了阿忠(音)进退两难的困境,为迎娶许配给他然而身在广州的姑娘,他必须考虑卖掉位于纽约的赚钱的洗衣店,因为《排华法案》

禁止女方来美，而他一旦离开，便再也无法返回。[40]

利用阿忠的遭遇写文章抨击《排华法案》，对王清福来说也是反常之举。在写给《大都会》杂志的文章里，他实际上还为《排华法案》做了辩护——至少是为其中的部分内容辩护。"说到这份反华提案的不公正，无论人们的普遍看法是什么，这份提案已经止住了移民潮，"这里引用的是王清福的原话，"毫无疑问，已经身在此地的一万名中国人强烈支持这一提案，因为这让他们对已经建立起来的行业形成了封闭性垄断。"这句话指的是洗衣行业。[41]这仅仅是个铺垫，数年后，王清福将会清楚地表达自己的立场，届时他会反对强加给中国人的不允许其成为美国公民的种种限制，不过他并不反对削减多余的中国移民。

关于在美国的中国人，王清福另外撰写过一篇文章，刊发在1889年1月的《大都会》杂志上。乍一看，这篇文章没有任何新意，与他笔下的其他专栏文章大同小异，像是他最熟悉的一些主题的汇总。不过，这篇文章有一股咄咄逼人的气势贯穿其中，他此前的文章可没有这种气势。他在文中称，中国人"现在是，将来也是白种人在政治和社会层面唯一的对立面"。他继而冷静地论述说："美国境内的中国人不会与美国的其他族群同化。"与他一年前发表在《大都会》杂志上的文章对照，这等于180度大转弯，他在那篇文章里说中国人本质上并不排外。[42]他还把这个问题抛给读者，要求读者回答，美国人是否"乐意与他们接触到的其他种族同化，因而丧失自己原有的特性"。[43]换句话说，每个骄傲的民族都不会认为自己低人一等，不会接受有关民族同化的最基本的诉求。王清福当然有权提出这样的质疑，不过，这与他通常反复告诫人们应当赢取美国人的心的态度相矛盾，也与他后来的观点相去甚远。他后来的观点是：对美国境内的中国人而言，正确的道路是融入当地文化。

1888年和1889年，《大都会》杂志刊登了王清福的两篇小说。虽然有传闻说，这两部作品都是"根据原作翻译而成"，其实它们根本不是翻译作品。王清福根据童年时期听来的故事编写了这两篇小说，他写得相当随性，但凡记不清的情节，他都随意编写。1888年发表的第一篇作品是《宝云阁——蛇公主传》，改编自《白蛇传奇》①。44 这是中国宋代的一个寓言故事，说的是蛇精化身为美丽的女子，出嫁后没几年又变回了原来的形态。第二篇作品为《武则天——天朝女皇》，根据中国唯一的女皇武则天的身世编写。毫无疑问，这是王清福这辈子篇幅最大的作品，长达71页，《大都会》杂志用连载的形式分八期才刊载完。45

也许王清福希望读者通过阅读《武则天》，看到"全民族谋划推翻一个残忍而腐败的政权"的可能性，这与他强烈希望推翻清政府有关：

> 作为"中国的反叛首领……如今的流亡分子，扮演了推翻如今当政的游牧王朝的反叛角色"，王清福有许多强硬的理由将自己比作故事里那位流亡的、思想开放的亲王。王清福的选题同样会让人联想到篡权的女皇和如今在中国当权的慈禧太后……由于力主汉人当政，力主在中国实施现代化改革而遭到流放，王清福将自己的故事构思为推翻武则天的革命，寓意（也是理由）是推翻大清王朝。46

---

① 即《白蛇传》。

大约在同一时期,王清福创作了第三篇小说,题为"满族人的女儿",于1890年年初以连载形式刊出。主角是个燕特儿①式的人物,故事里的年轻中国女孩女扮男装逃离家人,坠入爱河,入伙成了土匪,最终以男儿身进京通过了科举考试。[47]王清福是否试图通过这些文章改变某些观念,他写文章的根本目的在多大程度上是为了挣钱,如今我们唯有推测。他笔下有关自己祖籍国的文章主要是旅游见闻,这同样是我们的猜测。撰文介绍中国的节假日、中国的占卜者,以及中国人如何种植小麦等,不需要花费太多时间,也不需要做太多调研。

然而更有意思的是,同一时期,王清福撰写了数篇比较中美文化的文章,针对的是饶舌的人和富于侵略性的人。显然,他的目的是诱使美国人思考。"称我们为异教徒,请便吧,"该段摘自他的一篇论述中国文明的文章,"在社会管理和社会秩序方面,我们中国人更胜一筹。"他接着补充说:"我们不会假借社会和政治改革之名,组织一帮胆小的匪徒,不受惩罚地抢劫和杀戮。"[48]还有一篇文章题为"中国佬的批判",瞄准的是美国式腐败:"总而言之,被赞誉为伟大的金融家的那些人,其实际所为包括收买法律,安插法官,控制参议员,用个人意志逼迫和调整天然产品的价格……其行为与国家和人民的利益相悖。"他强烈建议美国人"像我们(中国人)那样做,让胜任的人担任官员,付给他们足够的薪水。如果他们效率不高、不诚实,就立刻撤职。如果他们在道德方面和金钱方面有败坏行为,应当像对待叛国者一样处死他们"。[49]

---

① 美国电影《燕特儿》中的人物,是一位在20世纪初的东欧为了追求梦想而女扮男装求学的犹太女孩。

就美国对罪与罚的宽松态度，王清福用了好几篇文章加以挞伐。在《中华王国的道德观》一文里，他详细讲述了各种各样的常见罪行在纽约仅仅受到如此"轻的惩罚"，如果换作他的祖籍国，肯定会受鞭刑、被关押，甚至砍头。[50] 在一篇发人深省的论述中国司法的文章里，他对比了中美两国的情况：在中国，判断有罪无罪是司法官员的责任；在美国，律师们现身法庭，进行辩护和询问证人，审判结果由陪审员们决定。王清福承认，中国的方式如果落在独裁者手里，可能会出现对法律的滥用。不过，他更推崇中国的方式，只需对法律加以"诚信监管"即可。因为他觉得在美国，寻求公正代价高昂，律师和陪审员们往往会成为障碍，各种漏洞往往会让罪犯避开司法惩罚，而普通民众还要负担陪审义务。[51]

中国人的婚姻是否失败，就这一问题，《大都会》杂志记者曾经向王清福寻求"中国佬的回答"。王清福毫不掩饰他的信念，即在婚姻的所有方面，中国都强于美国。中国没有离婚的说法，中国人的婚姻生活"普遍美满"，在中国，"每个家庭都充满了幸福和安逸"。与之形成鲜明对比的是，"婚姻的噩梦在美国四处弥漫，充斥着各地的离婚法庭"。[52]

1889 年年初，王清福甚至找机会在圣汤姆斯圣公会教堂的一场辩论中做了个别出心裁的举动。其实，事情原本与中国人毫无关系。那次辩论的焦点是，教会在主教堂为交费的教区居民预留专座和主教堂的座位向其他教区居民完全开放，究竟怎样做更合适。王清福写了了首打油诗，拿唐人街的寺院和圣汤姆斯教堂做对比，借机讽刺圣公会教徒：

唐人街有中国庙，
四海之内皆兄弟。
圣汤姆斯教堂里，
算账才是亲兄弟。

从当初仅仅利用文字介绍中国人，到利用文字为中国人辩护，王清福走了一段漫漫长路。他认为，美国社会在某些领域乏善可陈。如何对比中国社会和美国社会，报道又该如何写，他一直在摸索和探路。这些不过是场外热身，不过是他积极参与美国政治的一次不显眼的飞跃。

第十七章
我一直都是共和党人
（1888—1889年）

对王清福来说，为美国读者写作很重要，因为在排华政策显现出有意义的向好变化之前，必须软化美国公众对中国人的态度。不过，将注意力逐渐转向政治之际，他才意识到，教育中国人同样至关重要。因而，1888年，他决定再次尝试办刊物。6月9日，第一期《纽约新报》面世。与《华美新报》的命运相同，《纽约新报》并不赚钱，不过这份报纸与众不同，它是一份带插画的周报——实际上，王清福对外吹嘘说，这是世界上第一份带插画的中文报纸。这份周报有四个版面，周报团队得到报业集团的支持，王清福延揽的人包括刚刚从旧金山过来的前《香港周刊》编辑洪英（音），以及名叫汪龙（音）的插画艺术家。报社选址在且林广场10号，办报宗旨为在美国政治领域发出声音。王清福希望将其办成一份既幽默又讽刺的报纸，还计划让每期报纸都配有卡通插画。[1]

虽然世上已经很难找到这份报纸的原版，但当年其他报刊对它曾经有过一些明确的报道，王清福利用该报，为的是实现其政治目的。第一期头版头条刊出的社论（及卡通插画）即直指"中国问题"。[2]详见下文：

第一幅卡通画的内容为，年轻的中国皇帝正在问政，画里有数位已经归化成美国公民的前中国臣民。由于最近生效的相关法律，这些人无法入境美国，同时天朝政府也拒绝他们返回故里，因为他们已经宣誓效忠其他国家，这等于宣誓背叛皇帝的朝廷。有人禀告皇帝，这些人已经无法返回美国，皇帝下旨，让朝廷大员们将这些无国籍的人扔进水里喂鱼。[3]

王清福将《纽约新报》当作讲坛，力促在总统竞选中与格罗弗·克利夫兰唱对手戏的共和党人本杰明·哈里森当选。在6月29日刊发的社论中，王清福阐述道，哈里森有主见且公正，参议院力主禁止中国人入境美国，他是反对派的主力。据称，该社论由王清福亲自翻译成英文，《纽约先驱报》当日进行了转载。然而，这篇译文实际上与原文出入较大，因其目标受众是美国人，而非中国人。现摘引王清福撰写的英文文本部分内容如下：

《纽约新报》始终相信原则，我们办的报纸提倡原则。对本·哈里森来说，原则是重中之重。哈里森和《纽约新报》均认为，美国的存在不仅仅是为了诺亚的三个儿子含、闪、雅弗的白种人和黑种人后代，也是为了亚当的黄种人后代。如若不然，这个国家就不是我们心目中的美国了。[4]

1888年是美国总统选举年，一年前，人们已经清楚地看出，选举双方的得票会非常接近。民主党希望在西部各州巩固地位。目前该党在西部好几个州面临的情况和前一次败选时一样，以加利福尼亚州为例，当时该党仅以非常微弱的劣势败选。[5]做出真心反华的姿态，应该是个好策略，清政府适时地为他们如此作为提供了契机。作为罗克斯普林斯大屠杀的后续，1885—1886年间，美国西部出现了反华浪潮。应塔科马华人的请求，克利夫兰总统对此次反华浪潮实施干预，因而赢得了纽约华人的赞誉。这不仅引起了美国境内中国人的关注，也引起了清政府的关注。清政府强烈要求美国政府秉持公道，进行赔偿。不过，清政府还认为，要求美国政府善待美国境内的中国人的同时，必须有所行动，限制人们往美国移民。[6] 既定的行动是，与美国达成一项新协议；1887年，清政府派遣李鸿章的嫡系张荫桓前去谈判。

克利夫兰政府乐见签署一份新协议，因为尽管有《排华法案》，中国劳工仍在不断地流入美国。阻断这样的流入，民主党肯定会赢得反华投票人的好感，尤其是美国西部投票人的好感。不过，谈判伊始，美中两国的立场相去甚远，谈判因而一拖再拖。国务卿托马斯·贝亚德提议，30年内暂停中国劳工前往美国和返回美国。中国方面则反过来提出冻结移民20年，同时强烈要求纳入免除条款，在美拥有财产和家庭的劳工除外；更重要的是，各州和地方政府显然没有向中国人提供充分的保护，必须增加补偿，加强联邦政府的干预程度。就最终文本进行谈判始于1888年3月，美国同意为中国人提供进一步保护，中国同意20年内停止向美国移民，并限制中国劳工返回美国，除非后者在美国拥有1000美元以上资产，或者父母、妻子、孩子仍然身在美国。[7]

协议的出笼一波三折，最终签署已经是不可能的事了。美国国会里的共和党人不想在选举年将胜利拱手让给民主党人，而发生在广州的暴动延迟了清朝政府的签约程序。社会上有谣传说，中国人根本不会批准该协议，忧心忡忡的民主党人决定单方面采取行动。[8] 宾夕法尼亚州众议员威廉·史葛（William L. Scott）是该党的领导成员，他提出一个议案，最终以他的名字命名。《史葛法案》永久性禁止中国移民，同时禁止已经获得返回授权的中国劳工回到美国。1888年9月18日，该法案获得批准，并于两周后开始生效，导致多达2万名已经拿到有效返回证件的美国华人的返美计划搁浅。至少有600人已经踏上了返美归途，却不被允许登岸。[9]

克利夫兰总统游说并签署了《史葛法案》，哈里森将军身为参议员时即投票反对《排华法案》，所以在美华人从这两人当中选出一人并不困难。与其说哈里森反对《排华法案》是出于对中国人的爱，不如说是由于他认为，单方面废除《蒲安臣条约》会是一场灾难。[10] 即便如此，事实就是事实，他曾经反对限制中国移民，反对否定在美华人的公民权。因而，6月25日，共和党在芝加哥提名哈里森和前纽约州国会议员列维·莫顿（Levi P. Morton）组队参加总统竞选时，全美各地的唐人街组织了许多庆祝活动。为庆祝选择此二人为竞选搭档这一喜事，各洗衣店门前张灯结彩，烟花噼啪作响。《纽约星报》模仿广东话发音，将此二人的组合称为"阿拉森和猫登"组合。《纽约星报》记者采访了多位纽约唐人街"说英语的二十二公"（这是《星报》自定义的说法）成员，还引用了其中几个人的话，例如开杂货店的张永和（音）是这么说的："我总是投票（给）阿拉森——他欢喜中国人——我不（是）民主党。"[11]

《纽约星报》记者与王清福有过一场对话，后者直截了当地说："我一直都是共和党人，就原则而论，我肯定支持共和党候选人。"当然，他这么说不全是真的；他不止一次批评共和党，仅

萨莉·利特尔和花雅各的结婚照,摄于1858年。本照片承蒙德博拉·吉赫·钱伯利(Deborah Guiher Chamblee)提供。

小小年纪的王清福也许在这张照片上。原照片标注有如下文字:"花雅各夫妇的孩子们与中国小伙伴们,金华。"照片上有三个白人孩子和三个中国孩子,右起第三个年龄最大的中国孩子也许就是王岁奇(王清福小时候的名字)。照片来源:耶鲁大学神学院图书馆特色馆藏图书分馆海雅西家藏书信。

此为目前能够确认是王清福本人影像的少数几张仅存的照片之一,当时王清福是宾夕法尼亚州路易斯堡市的学生,照片由专业摄影师拍摄,时间大约为1870年年初。当时王清福年近23岁,尚未开始长年穿西装,也未剪掉辫子。本照片承蒙宾夕法尼亚州路易斯堡市巴克内尔大学贝特朗图书馆特色馆藏图书和大学档案分馆提供。

王岁奇的成绩单。来自哥伦比亚学院预科学校1868年的学生成绩档案。本照片承蒙乔治·华盛顿大学特色馆藏研究中心复制。

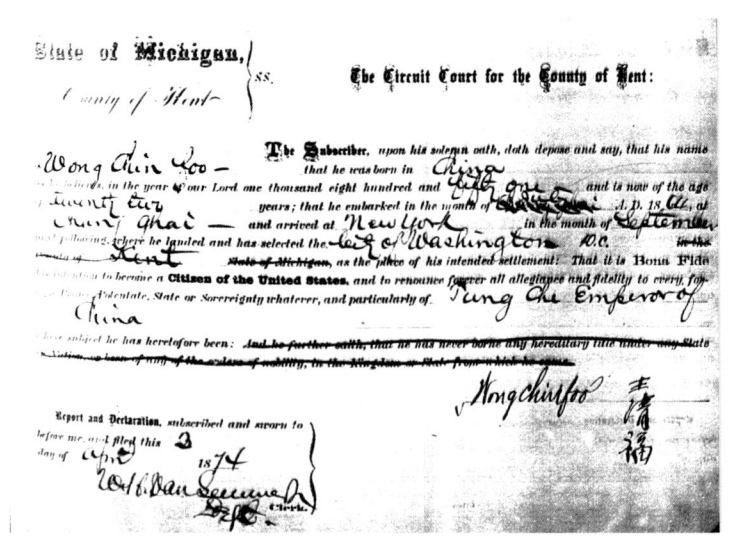

为取得美国公民身份,王清福于1874年4月3日在大急流城填写了"入籍宣言"。他是美国境内的中国人里第一批完成此程序的人之一。

1877年5月26日出版的《哈泼斯周刊》刊登的一张王清福的照片,由乔治·加德纳·罗克伍德拍摄。原版照片显然已经佚失,不过这幅高度逼真的工笔画幸存下来。照片里的王清福在中式长袍马褂里边穿了件西式高领衬衣。宽松的袖子表明,他是个接受过一定程度教育的人。

晏玛太牧师（1819—1888），王清福的批评者之一（选自《传教士晏玛太的生平》）。

卫三畏（1812—1884），本照片选自卫三畏之子卫斐列（Frederick Wells Williams）所著《卫三畏生平与书信》（1889年出版于纽约和伦敦）。

1883年2月3日在纽约出版的第一期《美华新报》的头版版面。这是在美国落基山以东问世的第一份中文报纸，该报报头上标注有英文"Chinese American"，这是该词第一次见诸出版物。

勃拉瓦茨基夫人和亨利·奥尔科特上校,摄于1888年。

丹尼斯·吉尔尼(1847—1907)。

—I then came to New York and started the "Chinese American."

弗雷德里克·布尔·奥珀笔下的王清福漫画像，这是王清福撰写的《一位中国记者的经历》一文的插画，该文刊登在1885年4月出版的幽默杂志《小精灵》上。

王清福与加拿大政府就有关缴纳50美元人头税的争议，成了著名漫画家约翰·威尔森·本戈（John Wilson Bengough）带有种族主义色彩的讽刺漫画的主题。这幅漫画刊登在1887年10月29日出版的加拿大幽默杂志《吸睛》上。本图承蒙加拿大汉密尔顿市麦克马斯特大学图书馆威廉·雷迪档案及研究馆藏资料分馆提供。

IT DOESN'T PAY!
Wong Chin Foo—Why AM I a heathen?

李恩富（1861—1938），本照片选自他的自传《我的中国童年》（1887年出版于波士顿）。

梅宗周，他广为人知的另一个名字为"协龙"。本照片承蒙唐人街博物馆基金会暨芝加哥美洲华裔博物馆提供。

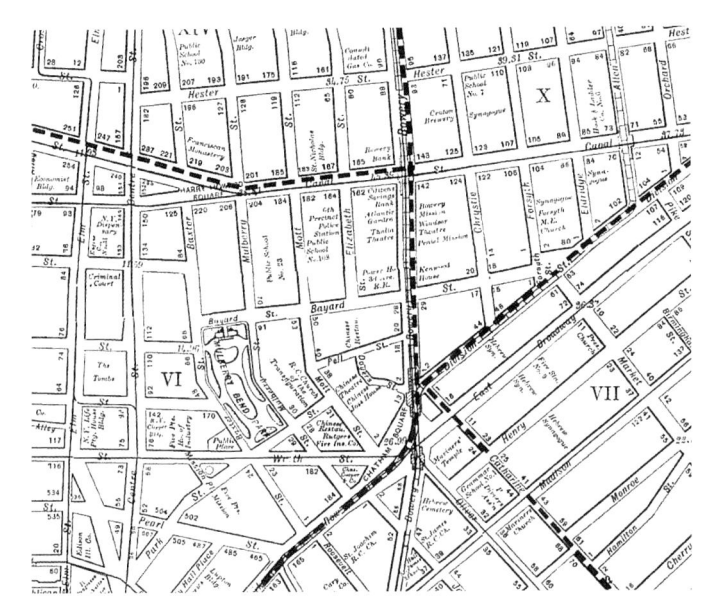

19世纪晚期的纽约唐人街地图。

《一家中国餐馆》。这幅插画出自《纽约的中国人》一文，该文刊登在1888年8月出版的《大都会》杂志上。

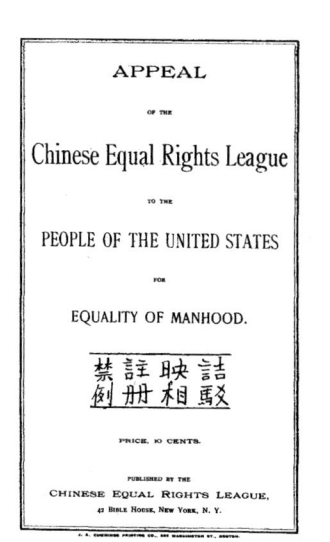

《华人平等权利联盟吁请书》封面。封面上的中文字体非常难看，其内容亦非封面英文的译文，中文大意为"抵制登记条例照相规定"。

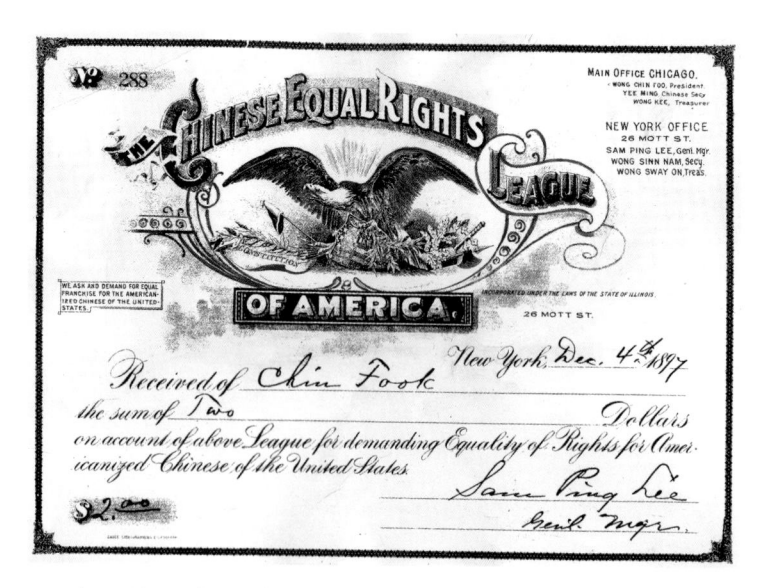

1897年12月4日华人平等权利联盟开给陈富（音）的会费收据。本照片承蒙旧金山公共图书馆旧金山历史中心提供。

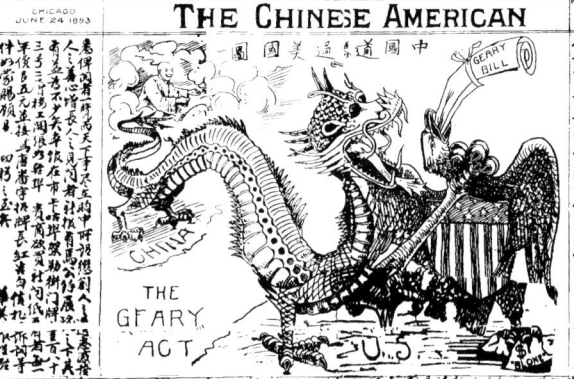

1893年出版的第一期《华洋新报》，该报涉及的几个主题比王清福此前出版的几份报纸更为严肃。头版文章直指《基瑞法案》，文章所配插图为卡通画，画里的中国龙正与美国鹰进行殊死搏斗。本图承蒙芝加哥历史博物馆提供。

纽约圣经大楼。王清福为华人平等权利联盟租借的办公地点为纽约圣经大楼42号。由于王清福的反基督教立场，该联盟选址在美国圣经学会总部所在地颇具讽刺意味。

位于多也街5至7号的中国剧院。

关于王清福创建新政党的文章，刊登在俄亥俄州纽瓦克市出版的《倡导者日报》和全美各地的多家报刊上，同时还配有一幅素描，画里的王清福看起来极像白人。这一形象出现在1896年7月24日出版的报纸上。

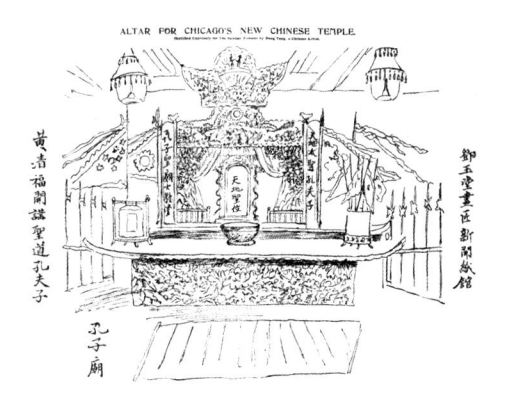

芝加哥新孔庙里的祭坛。这幅横跨五个栏目的写意素描出自华人艺术家邓玉堂（音）的手笔，原画刊登在1896年12月13日出版的《芝加哥论坛报》上。

The Chinese News.
WONG CHIN FOO, Editor and Publisher.
253 DEARBORN STREET

We demand the equality of rights and franchise for the Americanized Chinese of the United States. Lovers of Liberty, and patriots, help!

Chicago, Dec 30 1896

My Dear Son

It is needless to say that I was more than glad as well as surprised to receive your letter. Oh what can I say — how shall I begin this letter I feel so guilty in a certain for these long years of silence to my Dear ones at home. It is not my fault. I have tried every way to find the proper means by which a letter could reach your great and noble mother. But every one seemed desired to hide from me the only comfort of my life — I think partly they were right to hide my poor suffering little family from me. And it was for your sake they have punished me. No longer had not been for your little friend Mr Y P Yew

王清福写给儿子的第一封家书，落款日期为 1896 年 12 月 30 日。自儿子婴孩时期以来，王清福一直没见过他。来源：王清福家族收藏。

The whole matter of the things is that I do not like Chinese ways nor Chinaman any more, they are a whole lot of rascals cheats and good for nothings. And they are shameless + dirty I will never be able to live among them any more

王清福写给儿子的最后一封家书的残片，落款日期为 1898 年 7 月 18 日。来源：王清福家族收藏。

仅一年前，与丹尼斯·吉尔尼辩论时，他曾经声称，有时候他也会投民主党一票。[12] 尽管王清福如此这般重新诠释了自己的过去，事实明摆着，他的同情以及其他在美华人的同情，全都直接投给了本杰明·哈里森。

王清福的社论是否能让哈里森受益，是值得怀疑的。《纽约先驱报》的评论称，他的社论反而激怒了共和党，讨好了民主党，为证实这一点，记者在大街上随机采访了几个人。[13] 更大的问题是，来自华人社区的支持对哈里森究竟是福还是祸。由于纽约的中国人里仅有大约45人具备投票资格，其中30人完成了投票登记，更由于全美范围内中国人的数量加在一起都显得无关紧要，他们的选票对最终投票结果的影响可以忽略不计。[14] 因而，关键问题是，中国人的支持对"非"中国投票人会有什么影响。

从王清福最好的朋友汤姆·李的切身经历中，我们可以看出一些端倪。实际上，作为义合行的代表，汤姆·李曾经与共和党全国委员会有过接触。义合行是拥有200位中国商人的行会组织，汤姆·李是会长，王清福是秘书长。汤姆·李正式提出了一套支持哈里森的方案，对方客气地拒绝了。"他被告知，他的想法毫无疑问闪烁着政治家的智慧——中国佬的支持对各位领袖来说可谓大快人心，"《路易斯维尔信使日报》的报道称，"不过，如果形成文字报道出去，必定是一场灾难。"据报道，还有一位没有透露身份的中国人到共和党全国委员会求见，不过当时他身穿整套中国传统服饰，他的样子"吓坏了在场的工作人员和秘书"，他们甚至没让他走进前厅。第二天，他换了一套西装，这次他受到了接见。《路易斯维尔信使日报》的推测是，中国人投出的选票肯定受欢迎，然而，"任何让中国人归化为美国公民的动议，对哈里森和莫顿组合必定是一场灾难"。[15]

纽约的中国人下定决心，尽自己所能帮助哈里森。1888年11月3日，即投票前三天，王清福在且林广场10号《纽约新报》报社召开了一次20人出席的会议。按照《纽约世界报》的说法，这些人身着"纽约最新款美式服装"，包括圆顶礼帽、金链怀表以及"最新花色的蝴蝶结"。每位到场的人都能说一口流利的英语。牢记共和党警告的王清福起身，对在场的人讲了如下一番话：

> 各位先生，今晚我们开会，目的是动员拥有美国公民身份和投票权的美籍华人成立一个组织，考虑几个计划，以应对下周二的选举权使用问题。我们要向纽约居民展示我们的团结。我们不能说出将要支持哪个政党的候选人，因为没有哪个政党需要我们。我们必须利用"无言的投票站"，让人们感受到我们的力量。[16]

当然，这是个荒谬的提议，因为所有人都知道，中国人支持哈里森——其中一份报纸在头版头条将其称作"中国人哈里森"。[17]另外，有投票资格的中国人投出的数十张"无言的选票"，不会对纽约居民展示出什么明确的信息。汤姆·李第二个发言，他继续保持着神秘，他强烈主张"对美籍华人公民的众多敌人筑起坚固的前沿阵地"。他没有正式提及哈里森，不过他提醒大家稍微考虑一下如下场景，《纽约世界报》的说法为："勇敢的本·哈里森曾经如此投入地反对禁止中国移民的法案，如果美籍华人不把票投给他，投票当日确实会让人特别寒心。"汤姆·李提议，选举日当天，大家再次开会，正式决定怎么投票。[18]

后来，出席当天会议的人同意组成一个永久性组织，取名"华裔公民联合会"。他们推选汤姆·李为主席，哈宝（音）为副主席，詹姆斯·巴普蒂斯塔（James C. Baptista）为秘书长，还推选威廉·辛、吴琪（音）、王清福组成执行委员会，由王清福担任委员长。选举日当天，那些人是否再次开过会，我们不清楚，因为确实没必要那么做。王清福创建的"华人平等权利联盟"数年后声名鹊起，他是第一个美籍华人选民协会的创建者，然而，人们普遍认为这次会议——或者更早的一次集会，即1884年王清福组织的纽约地区已经归化的中国人的集会——真正标志着美籍华人开始参与美国国家政治。

在美国总统选举中，主要候选人在全民投票中领先，对手却在选举人团投票中大获全胜，这种事在美国历史上仅仅发生过三次，1888年的总统选举就是其中一次。哈里森在西部的加利福尼亚州、俄勒冈州、内华达州、科罗拉多州领先，得票率却以47.8%不敌克利夫兰的48.6%，最终则在选举人团投票中获胜。在美中国人为此欢呼雀跃，不过结果证明，入主白宫的哈里森并不是他们寄予厚望的那种朋友。正是哈里森于1892年签署了延长《排华法案》有效期十年的后续法案，这给他们的生活带来了更加沉重的负担。

由于美国的"政党分赃制"，王清福从哈里森当选中看到了在联邦政府谋取职位的机遇。新一届政府掌权不足一个月，他就给国务卿詹姆斯·布莱恩写了封信，要求前往中国的某个通商口岸担任翻译。他用的是印有《纽约新报》信头的信笺，他在信里的自我介绍如下："论出身是个中国人，不过本质上和职务方面却是美国人。"他开诚布公地承认自己想谋个职位，以便"在纽约过上好日子，好于异教徒编辑和普通记者"。论及他有什么资格谋取这样的职位时，他说："在应用清政府的官方语言和文字方面，我能做得像所有三品大员一样好，我还像所有'皇帝'一样清楚如何对付他们（指清朝官员）。"在这封信的结尾处，他信誓旦旦地向国务卿表示："我是个诚实的'异教徒'，也许是唯一敢于壮起胆子为谋取职位而折磨美国伟人的人。"[19]他说的一点不错。

王清福谋取上述职位，目的远不止增加收入这么简单，他可能有更深层次的考虑。由美国政府任命，前往北京或某个通商口岸任外交官，不失为明智之举，这么做既可以返回中国，又可以免受清政府的司法追责。如此一来，他就有机会与家人团聚了，过去这些年，他与家人没有任何联系。伴随他的要求而来的问题是，他是不是已经厌倦了流亡美国的生活，因为多年前曾经回过一趟家，他再次想回家了。事情可能并非如此，为了成为美国公民，为了捍卫自己的美国公民权利，他已经投入了太多，而且外交官职务本质上是临时编制。更有可能的情况是，他只是想以外交官身份比较省心地回国，与家人团聚一段时间，而非永远在一起。

1889年年初，王清福仍然在使用《纽约新报》的信笺，这说明这份刊物当时可能仍处于运作状态。这毫无疑问意味着，当时王清福仍然在使用且林广场10号的办公地点。有关这份报纸的消息最晚到1891年1月仍然见诸文字，虽然如此，这份报纸究竟存活了多久，准确时间如今无人能说清。[20]关于这份报纸的市场前景，有一篇报道提到：当时有"多达上万名中国佬生活在纽约及其周边地区"，这很像王清福的说法。[21]这说明，要么别人向他提供了不实信息，要么他对潜在的读者数量仍然抱有幻想，因为1890年时，纽约市的中国人很可能少于2000人。[22] 如果《纽约新报》的印数与王清福的假设一致，更大的可能是，该报很快便陷入了财务困境。

然而，1890年10月6日出版的《波士顿环球报》刊登了一则消息，副标题为"波士顿新闻界新来的中文刊物"。该消息称，王清福参与了一个项目，似乎是《纽约新报》出了个副刊。文章提到10月的某期《中国新闻月刊》的出版人是王清福和梅飞跃（音），报社地点为哈里森大街36号。[23] 当时波士顿确实有个类似的刊物报社，中文名称为《华洋新报》——1893年，王清福再次挺进出版界，出版了该刊物。虽然《中国新闻月刊》的发行至少延续到1902年，但王清福的参与无疑很早就结束了。至于《纽约新报》，它最后的发行日期至今不明，不过它的存世时间似乎不算很长。

第十八章
如果你再写那样的东西，我就把你的头砍下来
（1888—1891年）

铲除在美华人的恶习，是王清福多年来承诺要做的事。在他看来，若想成为美籍华人，必须放弃诸如吸食鸦片之类有害的、来自旧世界的恶习。美国多数唐人街都成了赌博场所、卖淫场所和鸦片烟馆滋生地，因为在中国人到来之前，唐人街发展壮大之地大多都被认为是肮脏的城市中心区。王清福认为，中国人理应获得尊重和权利，但只要和这类不良的、有时甚至是犯罪的活动有牵连，中国人就不大可能如愿以偿。

1888年，在纽约地区经营提纯鸦片的中国商号，王清福数得出来的有大约25家，其中既有零售商，也有批发商。还有11处吸食鸦片的"营业场所"，鸦片的售价为1两3.95美元。王清福的文章称，每位瘾君子每天消耗半两鸦片。按批发价销售的鸦片为1两3.7美元，包装规格为每听2两多，客户不仅来自曼哈顿，也来自纽约州及其周边大小城镇。据王清福统计，纽约的鸦片贸易交易额接近每年100万美元。[1]

在当时的美国，使用鸦片及其衍生物并不违法——进入20世纪后才算违法。不过，为阻止人们吸食鸦片，联邦政府开始向这一行业课税。19世纪80年代末，鸦片的税率约为每斤11美元，

因而走私鸦片成了利润丰厚的行当。进入美国的鸦片多数来自加拿大，而违法行为大都由中国人从事。进入纽约的鸦片往往在中国装船，在加拿大不列颠哥伦比亚省提纯，经加拿大太平洋铁路运往东岸，再由小船沿圣罗伦斯河运进城。另一种方法为成批装船运往美国，不过必须事先取得经美国运往第三国的合法手续，一旦货物上岸，便立即转移。[2] 例如，1885—1888 年间，经纽约运往哈瓦那的鸦片为12.6 万斤，据估算，实际运抵哈瓦那的仅有7200 斤！按每斤11 美元的税率计算，山姆大叔①骗走的税额约达131 万美元。[3]

由于走私毒品抢走了政府的税收，属于经济犯罪，因而美国财政部负责对其实施打击。纽约港务局负责监督此类行动的人是莫里斯·霍拉罕（Maurice F. Holahan），他是纽约坦慕尼协会的会员，曾担任纽约州众议员，1885 年，格罗弗·克利夫兰总统亲自任命他为首席特派专员。[4] 王清福直接向霍拉罕本人提出一个大胆的想法，不仅可以实现他的愿望，即铲除中国人吸食鸦片的习惯，还可以满足他的生活之需——他的建议是由他帮助政府抓捕走私犯。[5]

在写给霍拉罕的信里——不知怎么让新闻界知道了这封信——王清福要求任命他为财政部特派专员，他保证会揭露纽约唐人街的大规模走私活动。由于他在唐人街有人脉，处理这类事他可能占有优势。然而他提出，但凡通过他的努力截获的走私品，其价值的半数归他个人所有。[6] 霍拉罕认为，王清福的条件太苛刻，他对一位报社记者说，无论如何，他无权按照这样的条件雇

---

① 指美国。

用王清福。[7]

其实,王清福比任何人都清楚,干涉华人黑社会利润丰厚的商贸产业,从来都不可能毫无代价。据他估计,纽约是多达350位中国"黑老大"的地盘,《纽约电讯报》将这一词汇解释为"中国亡命徒"。可想而知,王清福提议帮助打压鸦片贸易不出两周时间,已经有人提出要他的命了。3月6日,王清福请求埃塞克斯市场街治安法庭签发逮捕令,前去逮捕恶棍利胜。王清福声称,头天晚上,对方将他打倒在地。当时王清福正带着一位美国朋友游览唐人街,不小心闯入了黑老大们的秘密会场。利胜和其他人抓住他的领口,将他暴打一顿,还试图勒死他。[8]若不是王清福的朋友将他拽出来,护送他回到家,那些人可能已经将他置之死地。

报刊文章没有将此次袭击与王清福建议打压鸦片走私直接关联起来。两年前,圣路易斯市的六名中国恶棍被控谋杀,王清福曾经前往审讯现场当翻译,文章反而将此次袭击与他那次经历关联起来。然而,王清福坚信,正因为他报道了唐人街黑社会组织,才让他成了十字准星瞄准的目标。王清福出庭时特别不拘小节,《纽约世界报》引用了当时他与法官的对话:

"我看起来像胆小鬼吗?"

法官回答:"不像,我只能说,你是个特别勇敢的小个子。"

"我相信我的生命正受到威胁,"小个子中国佬说,"你没必要取笑我,法官,这是事实。"他顿了一下,接着说,华人赌徒们抱怨他多次带警察到他们的窝点。[9]

第十八章 如果你再写那样的东西，我就把你的头砍下来 207

法官签发了逮捕利胜的逮捕令，还保证王清福将来会受到保护。[10] 后来利胜是否遭到关押，已无从考证，不过王清福似乎在一定程度上实现了对利胜的报复，或者至少破坏了他的名声。几个月后，《纽约太阳报》刊登了一篇署名"王"的文章，可以肯定，这是王清福的手笔。文章称，利胜和一些人正在佩尔街 10 号组建一个无政府主义帮派，其目标是"通过暴力掌握中国人地盘上的税收"。按照该文的说法，唐人街 40 多家赌场每家每月向当地的一个堂会上缴 10 美元保护费。为掌控这一收入渠道，利胜和他的同伙袭击了一些堂会成员。王清福说，许多人在袭击中受伤，然而没有人敢于将事情公开，因为"他们怕极了这伙武装到牙齿的四处活动的人"。[11]

在一段时期内，利胜一直是王清福的主要敌人。2 月初，王清福和一位美国记者正在莫特街上行走，一个年轻人将他骗进路边一座房子里，那人说，利胜在楼上将一个名叫玛吉·威廉姆斯（Maggie Williams）的美国女孩捅了六刀，女孩已经奄奄一息。那人接着说："从这里上楼，一进屋你就能看见她浑身是血躺在床上。"王清福正要上楼，机警的美国朋友嗅出其中有诈，一把将他拉住。王清福后来将这件事称作"一个阴谋"，"试图让我落到一帮黑老大手里，利胜是这帮人的头子"。两人不仅没上楼，反而去了伊丽莎白街警察局，20 分钟后，他们带来一位警察。毫无疑问，整座房子压根没有出事的迹象。[12]

有人悬赏 500 美元要王清福的命，如果刺杀成功，另外还有 3000 美元追加费，以保证其离开美国。王清福的朋友们都力劝他远离莫特街，他偏偏在那一周陪同另一位美国记者到莫特街 19 号做短暂采访。那栋建筑为海娃（音）所有，海娃是一名番摊玩家和警察的居间调停人,王清福去那里采访,肯定属于上当受骗的结果。我们很难排除如下可能性,即他那么做完全是自投罗网;如果真是那样,事情的结果正中他下怀。一个名叫王克(音)的人"开始责骂我,因为我写了一篇报道新番摊馆开张营业的文章",王清福后来说,"我承认文章是我写的,他突然跑过来,抓住我的脖子,使劲掐我的喉咙,嘴里还说:'如果你再写那样的东西,我就把你的头砍下来。'"王清福的朋友把他救了下来,当时他的脸色都快憋红了。[13]第二天,王清福前往图姆斯治安法庭宣誓并做了陈述,请求签发逮捕王克的逮捕令,不过法官仅仅同意签发传唤王克第二天到庭做陈述的传唤证。[14]没人知道后来发生了什么。

王清福经常与他人发生各种冲突,一些相关报道推测,唐人街黑社会对他的仇恨源于15年前的"马基高"号事件。今天看来,这仍然有可能,因为人的记忆很持久,在整个北美,许多堂会在各唐人街都有分支机构,多数堂会由旧金山控制。虽然王清福经常被骂得狗血喷头,但是他似乎真的很享受与黑社会作对。1889年5月,他前往芝加哥为一个名叫林同胜的人做辩护,后者被控秘密携带武器扰乱社会治安。林同胜在克拉克大街329号阿苏(音)的商店里工作,他掏出一把左轮手枪,用手枪对准了一些进入商店的中国人。[15]

在兵工厂治安法庭庭审期间,王清福指出,实际情况是那些人企图抢劫商店,林同胜只是在保护阿苏的财产。他强调说,警察到达现场时,误判了当时的情况,抓错了对象,让真正的强盗(都是黑帮分子)逃之夭夭了。王清福在法庭陈述说:"一小撮不劳而获的人,一直在掠夺在这座城市辛勤劳作的中国人的财产,他们懒得出奇,却想尽各种歪门邪道搜刮钱财。"王清福还指认这伙人的头目是查理·李，他是一个黑帮分子，曾经率领同伙犯下好几桩暴力罪，造成了经济损失和严重的人身伤害。王清福还提到，芝加哥一些富裕的杂货商曾密谋一个计划，雇用暴徒赶走那些与他们竞争的小经销商。[16] 王清福还宣誓作证，要求法院签发逮捕查理·李及其帮凶的逮捕令。[17] 但没有人出面指控查理·李，法院只好将他释放。[18]

在许多场合，王清福总是与信仰基督教的中国人过不去。返回纽约途中，他在费城逗留了一段时间，有十名中国人被控通过番摊赌钱，他在费城逗留是为了帮这些人辩护。显然，中国基督徒们告发了那帮人，而这些基督徒原本也是经过禁赌学会改造，改过自新的赌徒。[19] 王清福这次来费城是为了帮助克里斯坦·尼斯（Christian Kneass），他是那帮人的辩护律师，以前曾经在纽约执业，也许王清福在纽约结识了他。谈到王清福对基督教的著名观点，《费城时报》的文章说道："王清福自然而然会把同情给予异教徒中国佬……他采取的是新奇、聪明而有效的方法，教导见证过赌博的证人们如何应对眼前的基督教法庭，以及获得免罪的最佳办法。"

《费城时报》接着记述了王清福和被告们在费城唐人街中心区雷斯大街916号的一次会面，这成了庭审前的一次全装彩排。该报显然已经认定被告有罪，因为该报描述王清福的状态说，他"对自己有能力战胜法律的公正信心满满"。文章强烈暗示，准备庭审证据时，王清福唆使他人作伪证，还将他的临场指导比作对"演员们做哈姆雷特式的点拨"。

美籍华人联合会是一家基督教协会，可能与起诉那十个人的组织同属一个派别。原告方的翻译来自该联合会，名叫赵树椿

(音),这次审判让他有机会与王清福互相攻击。赵树椿是广东人,1869年来到美国,最初在加利福尼亚州奥克兰市学习英语,并接受洗礼,成了卫理公会信徒,学成后在加利福尼亚州联邦法院担任翻译。他先后在波特兰市和俄勒冈州生活,后来去了巴拿马,在那里监督修建巴拿马运河的劳工。再后来,他去了纽约,有一段时期,他依靠开讲座介绍中国宗教为生。在那一时期,他认识了王清福,随后他移居到了费城。[20]

如今看来,首先发动第一轮攻击的是王清福,他指责赵树椿接受纽约赌徒们的贿赂后离开了纽约。赵树椿反唇相讥,事实正相反,纽约黑帮分子悬赏1000美元要他的人头。随后他对王清福展开了一轮恶毒攻击:

说到王清福,我希望向美国公众申明,他是中国海盗的儿子。他的海盗老子在一次远航中被捕,奉中国皇室之命,在福州被砍了头。如今王清福仍然是遭中国官府通缉的人犯,只要他回到中国,肯定会被砍头。[21]

这段话摘自报刊文章,赵树椿接着说:

大约六年前,王清福去了芝加哥,试图勒索那个城市的赌徒和洗衣店店主。那里的中国佬组织起来,成功地将他赶出了城。他去了辛辛那提市,接着又被赶了出来。他在圣路易斯市也碰上了同样的遭遇,最后他才到了纽约。

赵树椿的言论让王清福怒火中烧,他前往《费城时报》报社,打算驳斥上述言论。然而，就庭审和他在其中扮演的角色，报社反过来向他提出许多问题。他不得已承认，因为参与审判，赌徒被告们将要向他支付一笔远高于400美元的费用。[22] 随后，王清福致信《纽约世界报》为自己辩解，以反驳赵树椿的言论。当然，王清福具备充分的以其人之道还治其人之身的能力。他宣称，赵树椿是中国南方人，根本无法知道他早年的真实生活经历。接着，他猛烈炮轰赵树椿是"《费城时报》臭名昭著的顶级中国骗子"。他声称，赵树椿在纽约期间曾因敲诈莫特街的赌徒而被警方锁定，还因为同样的缘由在费城遭到逮捕。在长篇大论的结尾处，他愤愤不平地说："过去16年在美国期间，我做过的所有与海盗有关的业务不过是盗取美国人的思想，却让忘恩负义的卑鄙小人赵树椿及其同伙得了便宜。"[23]

如今人们已经无法确定，王清福同意在费城为上述案件出力的真实原因究竟是什么。他对基督徒没有好感，这个不假——追踪报道整个案子期间，需要严格区分异教徒和基督教徒，《费城时报》毫无疑问尽了最大努力。对赌徒们而言，王清福同样一无是处，除了扫除毒品，他的"十字远征军"还要荡涤美国各唐人街的污垢，当然也包括打压赌博。

1890年6月，王清福的远征扩大到了奴隶制层面。同月，他向纽约警方报告，李基（音）在莫特街11号自己家中囚禁了一个17岁的名叫孙漪（音）的漂亮中国女孩。他花费600美元买下了这个女孩。出售孙漪的人名叫阿峰（音），正是他答应和孙漪结婚，将其带到了纽约。不过，他需要钱，以便偿还赌债。[24] 囚禁孙漪期间，李基曾极其残忍地虐待过她。

《纽约电讯报》的报道称，"大约200名面相忧郁、低眉顺眼、畏畏缩缩的中国佬"列席了图姆斯治安法庭6月16日的庭审。[25]其中包括代表"六大公司"的赵万胜、圣巴塞洛缪中国人行会的余桂鸣、长老会中国传教团的许芹——这些人都是中国基督徒。孙漪向在场的人讲述了自己的经历。[26]然而,庭审现场没有一个人听得见孙漪的证词,李基现身法庭时,她吓坏了,浑身剧烈地颤抖着,法院的人只好将她带进法官办公室。孙漪的说法为,最初她给一位富裕的中国商人太太当侍女,不过后来她爱上了阿峰,两人有过几次秘密约会,她被解雇了。随后她得到基顺牧师的传教团的保护,这个传教团正是15年前向"马基高"号邮轮上的女孩提供庇护的同一家旧金山机构。阿峰找到基顺牧师,提出希望跟孙漪成婚,由于女方也表示同意,牧师便将女孩交给了阿峰。[27]然而,所谓结婚纯属子虚乌有,阿峰将孙漪打扮成男孩带到了纽约。不出十天时间,阿峰玩番摊累积的债务已经高达1.8万美元,然后他就把孙漪卖了。[28]

李基强迫孙漪过着一种"恐怖的生活",不仅囚禁她,还把她卖给寻花问柳的人。《特伦顿新闻晚报》的报道称,每当她反抗,总会"挨打挨饿,直到屈服"。最终,孙漪的叫喊声引起了他人的注意,最早发现她的是几个"自己也是堕落之人"的白人女性。有人将消息传给了王清福,他转手将消息透露给了警方。警方找到孙漪时,一开始她非常害怕,不过警方很快将她带到拘留所,置于保护性的监管之下。由于交不出2500美元保释金,李基被关押起来,不过警方最终还是将他释放了。[29]

英文报刊全都立场鲜明地谴责"十恶不赦的李基"。[30]不过,华人群体对此却有不同看法。《特伦顿新闻晚报》的报道称,唐人街社区的人对李基遭到逮捕感到愤怒,甚至有人行动起来,进行募捐，为给他辩护做准备。[31] 或许这是一种夸张的说法，感到不痛快的也许仅仅是黑社会，或者是李基的朋友们。至于他们愤怒的原因，不外乎王清福插手此事，这一点并不出人意料。《旧金山召唤报》报道了如下预言："中国奴隶贩子们会采取联合行动……铲除卷入年轻的奴隶女孩孙漪案件的施救者和主要证人。"该报进一步称，王清福已经采取措施，每当他在唐人街公开场合露面，总会有两个美国朋友陪伴。[32] 王清福亲口告诉采访他的记者们，他已经习惯于威胁他生命的阴谋。[33] 他早已料到插手这一案件的后果，他一定会遭到人身攻击。[34]

孙漪案将王清福和关心此案的中国基督徒们置于相同的阵营，基督徒们也反对奴役和卖淫。多年来，王清福总是直言不讳地批评他们的信仰及其众多实践者，其中一些人必定对王清福耿耿于怀——赵树椿即是一例。不过，纽约唐人街是个小天地，王清福感到，自己总是不得已和基督徒们搅和在一起，而这些人像他一样，也反对黑社会的犯罪行为。他们有共同的价值观，这可能是王清福从小到大由基督教人士陪伴的结果。虽然他很早以前即宣布放弃基督教，但他依然经常说，基督教实际上产生于他所推崇的早期亚洲传统的基础上，因而两者有许多共同点。或者，换一种简单的说法，王清福意识里的"美籍华人"概念包括接受一整套美国人的价值观，其中也包括基督教的本源思想。

曼哈顿应当有个永久性的中国剧团，这是王清福长期以来的梦想，而黑社会甚至让他的这一梦想也蒙上了阴影。时间移至1889年，在王清福的请求下，中国顺天乐皇家剧团定于1889年春季在纽约温莎剧院进行为期两周的演出。汤姆·李成了演出的出资方，然而，没有人看好演出的订票情况和利润预期。先期运作刚刚安排就绪，一个谣言便开始四处流传：旧金山黑社会已经放出狠话，要杀掉剧团的所有成员。[35] 汤姆·李给旧金山的堂弟写了封信，核实谣言内容是否属实，反馈的信息为内容属实。戚阿龙（音）是个臭名昭著的杀手，《旧金山纪事报》对他描述如下："身材魁梧如希腊神话中的赫拉克勒斯，双手比约翰·沙利文①的双手还大，肌肉比铁还硬，脖子粗壮，像牛脖子。"戚阿龙三周前已经出城，和另外六个人结成一伙，目的是杀掉剧团里的四位主演。[36] 如今我们不清楚，这一行动针对的是不是王清福和汤姆·李，当时人们相信情况的确如此。《匹兹堡电讯报》曾经预言：如果这一计划成功，这两人一定会赔钱，大概会赔上一大笔钱。[37]

过了一个月，王清福又有过一次与黑帮分子狭路相逢的经历。9月中旬的某天傍晚，他刚刚走进多也街，一个名叫戚新（音）的鸦片烟商掏出一把手枪对准了他，因为他们两人以前曾经有过争执。王清福赶紧趴在地上，以躲避子弹，然后躲到一个碰巧路过的美国男孩身后，如此才摆脱了困境。王清福发誓说，他会设法让警察逮捕戚新。但他是否真的那么做了，如今已无从查证。《纽约太阳报》曾经引用他的一段话："如果能在唐人街以外找到工作，我肯定会接受，我担心一些中国人会杀死我。"当然，这绝不是王清福第一次从黑帮分子手里侥幸逃脱，不过，这是他第一次公开表示希望离开华人群体。[38]

王清福与唐人街黑社会冲突频现，一段时间过后，这一切开始变得索然无味了。《纽约电讯报》甚至开始怀疑他说的经历是

---

① 19世纪80年代美国著名的重量级拳王。

否属实。"他刻意让唐人街以外的野蛮人相信,生活在这座城市的他的族人全都极端仇视他,"该报的评论文章写道,"不过,人们有充分的理由相信,王清福的真实嗜好是反复提醒其同胞,让他们以某种行动不断地干涉他人从衰败的东方带来的独特的消遣方式和习惯。"[39] 华盛顿特区发行的《评论和记录》则更像挖苦,其文章称:"他向人们讲述这样的阴谋已经超过15年,至今没人发现有什么黑帮分子从背后袭击过他。"

真实情况是,许多黑帮分子对王清福恨之入骨,因为他总是以净化美国的唐人街为由搅黄他们的生计,而且他从不畏惧与他们作对。正如人们所见,他总是能聚集起超乎寻常的胆量,常常刻意让自己处于受伤害的地步,因自己所从事的事业而饱受攻击。或许最让人诧异的是,只要他活着,就会有故事。

第十九章
唯一没有国籍的纽约人
（1891年）

《排华法案》不仅阻止了大多数中国移民返回美国，也让该法案获批前已经归化成美国公民的极少数华人掉到了地狱边缘。1882年以后，不断有人冷嘲热讽地对王清福说，他的公民身份不再有效。王清福声称自己是美国公民时，丹尼斯·吉尔尼曾经对此予以纠正[1]；王清福遭遇加拿大人头税刁难时，美国国务院坚称，他的美国公民身份"无法得到确认"[2]。这两种说法均让混沌的事实变得更加混沌。

不过，《排华法案》相关条款是用"将来时态"表示的："自即日起，联邦法院和州级法院不得再授予中国人公民权。"王清福总是说，他的公民身份始自1874年4月3日在密歇根州肯特县巡回法院完成归化程序之时。可是，这是否意味着他有权像其他美国公民一样享受所有美国人的权利和特权，则完全是另一码事。

1891年年末，王清福前往纽约联邦政府大厦，向联邦民事法官约翰·希尔兹（John A. Shields）提交护照申请，理由是他要短期出国旅游。他没有列明旅游目的地，不过按照媒体的说法——人们会认为，王清福这么做是为了确保整个事件得到广泛报道——他的申请给联邦民事法官留下了极为深刻的印象。他强调，从法律上说，他是归化的美国公民，曾经参与市级、州级、联邦级选举；他已经断绝了与中国的关系，因而清政府已经将他"注销"；他只想得到某种证明，以确保他的公民身份在海外得到承认。[3]

"我不能给你办护照，"希尔兹说，他给出的解释是，"按国务院指示，中国人没有资格申请护照。"说完，他拿出一封助理国务卿威廉·沃顿（William F. Wharton）给他的回信，王清福的朋友汤姆·李一年前曾经申请护照，这是针对那次申请的回复。汤姆·李同样是在《排华法案》获批之前成为美国公民的，他原打算回一趟中国，不过他的申请同样遭到了拒绝。

沃顿在回信里说，拒绝颁发护照给中国人是有依据的，他援引的是1878年美国加利福尼亚州第九巡回法院对阿叶案做出的判决，当时阿叶申请的是美国公民身份。该判决依据的是1875年的《入籍法案》修正案，该修正案对提交归化申请的人做出了资格限制，除了白种人，还包括"出生在非洲的外国人以及非洲人的后代"。[4] 中国人当然不是非洲人，法院拒绝给予阿叶美国公民身份的另一个理由是，根据条例的释义，中国人也不是白种人。[5]

不过，还有其他密切相关的参考判例。阿叶案判决后不到三个月，一个名叫阿鑫（音）的中国人向纽约州巡回法院提出归化为美国公民的申请，他还有个英文名字叫查尔斯·米勒（Charles Miller）。他在美国生活了28年，娶了个爱尔兰后裔为妻，由于纽约州法律规定本地人不得继承外国人的财产，为了将房产过继给后人，他才希望获得美国公民身份。[6] 拒绝阿鑫的理由和拒绝阿叶的理由相同。不过，当年晚些时候，黄阿义（音）向纽约州民事诉讼法院提出申请后，他的归化申请却得到了批准。黄阿义总是西装革履，是个能说会道的烟草商人，在纽约生活了八年，娶了个爱尔兰女人。经手这一案件的法官对《纽约先驱报》记者说，他给予这个人美国公民身份是基于如下考虑：这件事可以成为判例，相关法则可以通过上诉确立。"如果我们可以接受黑人们以及其他外国人，我就不明白，拒绝中国人是基于什么样的考虑，"这里引用的是法官的话，"除了白种人和黑种人，宪法没有列出其他人种，所以我认为，中国人要么是白种人，要么是黑种人。"[7]

尽管如此，就汤姆·李的申请，威廉·沃顿在回信里清楚地表明，国务院认为，阿叶案的判例适用于汤姆·李的申请。另外，他进一步说："他手头现有的其他证件明确赋予的权利，不受无法领取护照的制约。"[8] 换句话说，汤姆·李有无资格享受美国公民的其他特权，与他是否有资格获得护照无关。"经这么一说，迫于无奈，汤姆·李只好认命，"《纽约太阳报》的评论文章写道，"然而，同样的道理，王清福似乎并不买账。"[9]

王清福有时候会给《纽约太阳报》写文章，因而该报对他相当了解，眼下的事若是弄不出大动静，他绝不会善罢甘休。这也许才是王清福事实上的终极目标，因为我们至今都无法证实他真有前往什么地方的愿望。有可能整个出国旅游一事不过是个策略，不过是借机让民众见识一下归化美国的中国人必须忍受的不公。王清福完全清楚汤姆·李遭到拒绝一事，他甚至为此写过一篇文章。[10] 他完全没有理由认为自己会遇到不同的待遇。他似乎也做好了铺垫，确保这件事得到广泛报道。王清福喜欢做这种出格的事，1881年，他在芝加哥带领三个中国朋友走上法庭，要求获得美国公民身份，本质上用的是相同的策略。[11]

《匹兹堡电讯报》转载过一封王清福的来信，人们可以从中看出，他多么会粉饰自己：

> 我刚刚意识到，我是纽约唯一没有国籍的人！无论什么人陷入我的境遇，所有光明和希望顷刻间便灰飞烟灭。一个没有国籍的人，先是遭到中国的遗弃，继而遇到美国的不承认，这一切究竟是为什么？……哀哉如我，难道美国联邦政府有权如此倒行逆施，竟然剥夺了我的公民权和其他应有的权利！[12]

王清福的煽情的确博得了同情。《斯普林菲尔德共和报》的文章先是挖苦地建议，他应当"改个名字，留个上髭，剪掉辫子，乔装打扮，混入非洲人的行列"，以便获得护照。接着，文章转入了严肃的话题："他是对纽约有贡献的市民，妨碍他获得全面公民身份认证的规定不仅极其愚蠢，更是野蛮至极。"[13]《匹兹堡电讯报》则认为："他说的是实话，而且说得很动人。接下来，聪明的美国公民们应当逐条逐字对照美国《宪法》判断一下，他说的没错。"[14] 一个充满同情心的（可以说是固执的）读者用匿名方式给《雪城先驱报》写了封信，他自称认识王清福有十年之久，让他无法理解的是，凭什么王清福"不能像不够开化的、迷信的黑人一样拥有正常的投票权，或者像纽约东区的流氓地痞一样拥有正常的投票权"。接着，他咬文嚼字地问道："与普通意大利移民相比，更白、更干净、更聪明的王清福难道还低一等？"[15]

当然，这世上难免会有喜欢诋毁之人。《奥林匹亚早报》不相信王清福动机纯正,该报文章称,他的行动更大程度上是出于自私,而不是严肃地谋求某种政治权利。"他把自己放大为没有国籍的人,"文章如此调侃王清福,"却不说自己没有了报纸,是个需要广告之人。"[16]事实上,在那一阶段,王清福可能已经不再发行报纸,所以很难说他试图通过扬名直接获取经济利益。

《纽约太阳报》在一篇后续文章里为王清福详细谋划了多种解决方案,并且预计,如果为此事提起上诉,很可能徒劳无功。因为根据法律,国务院没有义务向任何人签发护照。不过,文章为他指明了另一条出路:"或许,对王清福而言,为了从法院方面获取对其公民身份的权威裁决,最好的办法是参加投票,竞选成为国会议员。"[17]王清福自称,成为美国公民以来,在超过17年的时间里,他多次参加投票,显然他此前从未遇到过问题。不过,毫无疑问,当月晚些时候,他必定会在投票登记环节与官方发生冲突。后来,经证实,整件事都与中国人获得美国身份毫无关系,一切都与警察腐败和华人黑社会有关。

1891年10月23日,王清福前往多也街9号进行投票登记,他填写的住址是莫特街11号。他在纽约期间似乎没有什么固定居所,莫特街那套房子实际上是租给李清(音)的,而李清是他的朋友,王清福只是隔三岔五在那里睡一觉。[18]然后,11月3号那天,伊丽莎白大街警务局的詹姆斯·珀金斯(James T. Perkins)警官逮捕了王清福,罪名是违法登记。这是个重罪,而那天是许多城市的投票日。当天有许多人因为与选举有关的罪行遭到扣押,例如妨碍选举官员罪、恐吓投票人罪、违法登记罪等,王清福只是这些人里的一员。那可是纽约黑势力坦慕尼协会当道的年月。王清福是这些人里唯一的中国人。[19]他被带到图姆斯治安法庭,由帕特里克·迪弗（Patrick Divver）法官主审，王清福为自己做无罪辩护。

让人觉得奇怪的是，王清福说，他原本真没打算在那次选举期间投票，至少这是他的说法。他遭到逮捕的地方不是投票站，而是多也街和宝沃瑞大街拐角处，当时他正在那里等候一位朋友。[20] 由于交不出500美元保释金，他遭到关押，第二天就被提审了。他强调说，他已经在莫特街11号居住了八个月，这一说法遭到逮捕他的警官的反驳，迪弗法官裁定罪名成立，要求组成陪审团审理定罪。[21] 王清福的保释金由商人瓦伦丁·纽伯格（Valentine Neuberger）提供，他在德国出生，在莫特街拥有一家马车行。他与王清福究竟是什么关系，如今已无法查证，至少在开始阶段，他愿意用位于曼哈顿103街东段223号和225号价值4.5万美元的房子和地块做抵押。然而，11月12号，地方刑事法院提审王清福以后，不知出于什么原因，纽伯格撤回了承诺。[22] 王清福再次遭到关押，等候开庭审理。[23]

早在11月9日开庭前夕，王清福已经向外界暗示了他的论点，亦即他的主要辩护方向。他坚称，自己遭到警方迫害，因为他在努力揭发唐人街许多罪行累累的企业。照他的说法，这么做等于插手《费城问询报》所说的"某种警务补贴"。[24] 也就是说，王清福揭发鸦片烟馆和赌博场所，是在逼迫警方对这些场所采取行动，等于剥夺商家为维持营业而向某些腐败警官上缴的保护费。

主审王清福的法官是弗雷德里克·史密斯（Frederick Smyth），他是一位有着廉洁美名的法学家，为王清福辩护的是著名律师休·科尔曼（Hugh Coleman）。公诉方首先传唤的证人是伯纳德·加尔祖拉（Bernard Garzzola），他是选民登记处的工作人员。他承认,看见面前站着个中国人要求登记,他的确感到诧异,王清福向他出示了有效的归化文件,并且自称在莫特街11号居住了八年,他便同意王清福进行登记。当时,加尔祖拉或某个在场的人通知警方核对王清福的登记信息,警方随后展开了调查。[25] 如今已无法查清,这是不是当时的程序,不过当年似乎没有这样的程序。

接下来出场的证人是逮捕王清福的警官詹姆斯·珀金斯。他作证说,他前往莫特街11号调查过,然而没有人能确认王清福居住在那里。至于交互询问期间出现的问题,例如警方是否真的与王清福有仇,法庭不允许他作证。[26] 下一个出场的证人是侦探约瑟夫·希尔墨(Joseph Schirmer),他证实了珀金斯的证词。王清福认为,这位侦探正是他经历的这场麻烦的源头。在交互询问时,科尔曼律师把焦点对准了警方的腐败问题:

"那么,侦探先生……难道你没有读过这座城市某家早报的文章,大意是关闭贫民区番摊店和吸鸦片场所,极大地减少了辖区警局的收入?"

希尔墨侦探答道:"我认为我看过那类报道。"

"难道你没有指责过王清福写的那类文章?"科尔曼律师的问题咄咄逼人,"他写那篇文章后,你没有威胁说要修理他?"

"我没有威胁说要修理他,"希尔墨回答,"我没有说过那样的话。"[27]

《纽约世界报》的文章称,希尔墨作证时承认,他确实谴责过王清福是文章背后的推手。他只是否认自己发出过威胁。[28]

李褚（音）作证时说，他把位于莫特街11号的整栋建筑租了出去，王清福从未在那里生活过，但他承认，王清福曾在那里住过几夜。《纽约太阳报》用粗俗的文字将李褚描述为"肥胖、一脸倦容的中国佬，一身中国装束"。[29]《纽约世界报》指出，李褚是唐人街番摊协会的财务总管，强烈暗示他对王清福毫无同情可言。

被告方有五六个证人分别出庭作证。他们说，9月和10月，他们在莫特街那个住处见过王清福，而且每次去那里都能见到他，有时在李清的公寓里，有时在楼上的餐馆里。[30] 接下来轮到王清福为自己作证，他辩称，大约三四个月前，李清"彻底破产"了，他最早在那个时间段搬过去和李清住在了一起，每周在那里睡三到四夜。他没有交过房租，除了内衣裤和一把左轮手枪，他的个人财物都没有放在那里，不过他有一把大门钥匙。他的其他私人用品都装在一只箱子里，放在莫特街5号的一家餐馆里。[31]

指导陪审团时，史密斯法官告诫陪审团成员，他们只需考虑一个简单的问题：投票日之前30天内，莫特街11号是不是王清福的合法住所，不必考虑警方所说的逮捕王清福的原因。接着他还补充了一番话，让陪审员们倍感放松，他说：即便王清福在那个地方过夜无规律可循，只要他自认为那里是他的家，即为合法。[32] 陪审团成员离开审判厅，进入合议厅，十分钟后就回来了，最终裁决为：王清福无罪。如今我们已经说不清陪审员们当时的真实看法，是认定怀恨在心的、腐败的警方特意把王清福挑出来实施报复，抑或是真的认定王清福的选民登记合法。

王清福案确实引发了一阵舆论骚动。《匹兹堡电讯报》解释说，人们普遍认为，起诉王清福完全是基于如下事实："纽约黑势力坦慕尼协会勒索鸦片烟馆所得的收入急剧减少。"该报也对美国的腐败程度提出了质疑："首先由警官们建立一种税收制度，以课税方式勒索涉黑企业，然后将他们的仇恨导向积极铲除鸦片烟馆的人，最后启动法律机器除掉讨厌的告密者。"[33] 宾夕法尼亚州布拉德福德城发行的《每日纪元报》抱怨美国的现状说："在多数法院，相比于权利平等，偏见是个更为重要的因素，对公平竞争的爱竟然以如下事实彰显：很长时间以来，纽约唯一因破坏选举法遭受惩罚的人居然是个中国佬，而他的确是无辜的。"[34]《纽约世界报》用幽默的口吻，称王清福是"中国记者和文学家，唐人街番摊和犯罪团伙的首席揭露者"。王清福获得赦免一事足以证明，"西半球上空的雄鹰依然在鸣叫，星条旗依然在迎风招展"。[35]

由于违法登记，王清福遭到逮捕和审判，这诠释了19世纪末唐人街的腐败达到何种程度。这也清楚地表明，他在改革上所做的努力不仅导致他与华人黑社会的既得利益发生了冲突，同时也与美国政府机构发生了冲突。公众花钱原本是让官员们强化法律，他们偏偏背地里从应当打击的对象那里捞取大量实际好处。颇具讽刺意味的是，王清福在唐人街最亲密的盟友很可能是该地区的基督教领袖们，王清福承诺铲除罪恶，以便本土美国人更容易接受华人社区，双方在这些问题上立场一致。

十分难得的是，对前述诉讼案件的各种报道让王清福的私生活公之于众，如今看来，他过的是一种毫无色彩的生活。他呈现给世人的形象是：手头缺钱，缺少亲人，居无定所，全部家当装在一只箱子里，寄存在一家餐馆里，总是在寻找免费过夜的地方。他的处境让人们看得很清楚，他不是那种受金钱驱动的人，也不是追逐有形物质的人。正相反，王清福是那种追逐时代所赋予的事业，既能倾心投入其中，又能从中获取能量的"忠实信徒"。他对是否拥有其他大多数东西似乎完全无所谓。

然而，他并非没有朋友，或者完全无人赏识。大约在庭审即将结束或者刚刚结束之际，他染上了肺炎。那是一次严重的感染，《纽约时报》描述卧榻上的王清福像是"一具保存完好的木乃伊"。人们用中医药为他治疗。终于，完成某种包括焚香和摆设鸟类标本的仪式后，为他治病的医生宣布，他已经脱离了危险。《纽约时报》的文章称：那一刻，一整夜守候在楼下等消息的50个中国人全都兴奋起来。[36] 毫无疑问，王清福有许多敌人，不过他身边也有对他关心备至、真心希望他好的人。

第二十章
华人平等权利联盟
（1892年）

  由于违背供求规律，无论是《排华法案》，还是其他所有人为设定的排斥中国人的措施，最终都不是很成功。强劲的经济力量继续驱动追求财富的中国工人和通过廉价劳力牟利的美国人走到了一起。《排华法案》获得批准后，在数年时间里，虽然上万中国人离开了美国，但美国财政部1889年3月到1890年12月的实际记录显示，华人人口出现了净流入，总数增加了4700人。[1]

  走私中国人到美国既普遍又有利可图，好几家富裕的中国公司参与了这一违法贸易。为应对驱逐出境，他们在美国所有重要通商口岸雇用代理人和最好的法律人士，伪造文件成了例行公事。当时，非法入境的费用为每人大约200美元；人们普遍相信，许多政府官员都是这些大集团的雇员。"严格和公平地执行这项法案颇有难度，"《纽约时报》的文章称，"违反该法案却是容易的，还有利可图，对违法者极具诱惑。"[2]

  问题在美国西岸尤其严重，不过，人口贩运也让美国东岸尝到了苦头。《盐湖城先驱报》在一篇评论人口走私的文章里称："中国人对纽约的入侵如今已经成为既定事实。"另外，中国人不仅经加拿大和墨西哥来到美国，在西班牙政府帮助下，古巴人也帮助他们规避法律。西班牙政府给他们颁发护照，允许他们以虚假借口在美国落地，其借口为，他们是中国以外某第三国的归化公民，不过是途经美国前往其他国家而已。理所当然的是，一旦落地，他们很快便消失得无影无踪。航运公司也在其中蹚浑水，据说，每个月他们会帮助上千人登陆美国。1889年年末，王清福曾经说过，纽约出现了多达300个"陌生的中国佬"，而且多数来自国外。[3]

《排华法案》将于1892年春季到期，恰好赶在人们预计又一次势均力敌的总统竞选的几个月之前——现任总统本杰明·哈里森和前任总统格罗弗·克利夫兰再次展开了竞争。虽然排斥中国人不再是总统竞选的主要议题——民主党竞选纲领中包括一项"严格强化各项抵制中国移民的相关法律"的要求，共和党对这类问题则一言不发——某种程度上，延长有效期却是板上钉钉的事。[4] 1888年，加利福尼亚州支持了哈里森，最后他仅以微弱优势获胜。而此时，反中国人情绪依旧高涨，此次竞选将会再现当年的场景。（克利夫兰最终赢得了选举，仅以147票微弱优势获胜。）

在保留《排华法案》核心内容的必要性方面，各方有着广泛的一致性，分歧主要集中在以下方面：如果增加限制条款，对中国移民应当增加什么限制，对在美华人会带来哪些负担。1891年，一个小组委员会前往加利福尼亚州，该小组的结论是，除了直接延长有效期——外加严格的强化措施——其他修改完全没有必要。不过，对1890年刚刚就任众议员的民主党人托马斯·基瑞（Thomas J. Geary）来说，这么做远远不够。[5] 基瑞认为，现行体系缺陷太多，他希望对其进行强化，禁止所有中国人进入美国。除了外交官，他还希望对偷带他人进入美国口岸的航运公司进行处罚，对穿越边境时被抓获的中国人实施逮捕和驱逐出境，还希望以"人身保护"为借口在美国落地的人不得保释。当然还有，继续禁止中国人加入美国籍。他还赞成强制所有在美国的华人随身携带证件，以证明他们在美国长期居住的合法性。[6]

许多国会议员谴责这些提交上来的修改意见没有必要，人们明确表示的主要担忧为，一旦修改获得批准，必定会单方面废止与中国签订的许多协议。最后，各方对一份议案达成了一致，与此前的所有文件相比，该议案更加苛刻。所有与中国移民有关的法律将再次延长十年的有效期，凡因无法证明自己拥有合法在美居住权而遭到逮捕的中国人，将自行承担举证责任。进入"人身保护"程序的中国人不再享有保释资格。

然而，最具争议的条款是一项注册登记新规，它相当于在美国国内使用的护照系统。[7] 该法案获批一年内，华人必须根据要求申请数份居住证明，且须24小时随身携带。未随身携带证明的华人一旦遭查，必须从事一年重体力劳动，然后离境，除非能自证身体有恙，或自证出于其他无可避免的原因没有拿到相关证明，且早在法案获批前已经成为美国公民。华人如遇后一种有争议的处境，至少要有一位可信的白人证人出面为其作证。5月5日，《基瑞法案》在众议院以186票比27票的压倒优势获得批准，而在参议院获得批准的优势却小得多，为30票比15票。[8] 颇具讽刺意味的是，截止到那时，最让人难以忍受的反华人立法偏偏由本杰明·哈里森总统签字生效。四年前，在美华人大力支持的总统候选人正是此人。

如今我们已几乎找不到华人于上述提案获得批准前，在国会从事重大院外活动①的证据。3月初,《旧金山纪事报》刊登的一篇文章曾引用中国驻华盛顿公使馆发出的威胁,一旦该提案成功获批,中方将驱逐当时在中国的 3000 名美国教师、商人、传教士,更重要的是,中方将断绝两国外交关系。如今看来,中方似乎并未与美国国会有过建设性接触,提案中哪些条款可以接受,双方也没有就此展开任何谈判。[9]前述立法得到批准后,也未见中方有什么即时反制措施。

然而,美国财政部于 7 月 7 日公布了华人必须填写的几份申请表,随后将其散发给所辖区域内有华人住户的各位官员,表格上同时用中文标注了警示性填写要求,以及对违规者的惩处措施。表格上还标注有,作为登记的组成部分,华人登记者必须提交本人照片——托马斯·基瑞当初曾经提出过这一规定,国会对该提案进行讨论时将其删除了——还必须列出两位可信的、品行良好的证人。[10]华人对此反应强烈。

对这一新法律,中国人的正式反对来自三个层面。首先,清朝政府发出的声音让太平洋两岸的人们都听到了。在北京,总理衙门要求废止这项法案,一方面因为它违反美国宪法,另一方面因为它违背双方签署的协议条款。在美国,中国驻华盛顿公使向美国国务院提出了抗议,与此同时,中国驻旧金山副总领事欧阳庚也发出了与总理衙门相同的声音。欧阳庚是 19 世纪 70 年代中国幼童出洋肄业局资助的 120 位来美学习的学生之一。他指出,正是《基瑞法案》使美国独立战争为之奋斗的那些原则处于岌岌可危的状态,虽然他的说法有种族主义内容,

---

① 说客或利益集团运用各种手段,影响国会立法和政府决策的行为。

却也是发人深省的类比：

> 非洲父母们在荒蛮的丛林里长大，被人用链子缚住手脚带到美国，为什么这些人的孩子长大成人后会成为美国公民和投票人？与美国相比，中国有数千年文明史可以追溯，为什么受过良好教育的中国孩子却成了局外人？一旦允许美国的印第安人自由选择，他们会选择暴力对抗，唯有子弹和刺刀才会让他们屈服；但凡遇到恃强凌弱的美国人的不公对待，中国种族迄今为止一直都在忍辱负重，出生在美国的中国男孩女孩都在公立学校接受教育，为什么印第安人反而比中国孩子更受欢迎？[11]

文章接下来引用的是欧阳庚最著名的话，这番话针对的是要求所有华人提交照片和随身携带证明文件的规定："知道《基瑞法案》对于在这个国家辛勤劳作的华人意味着什么吗？先生们，它意味着华人处于你们饲养的狗的地位！"[12]在发给国内的电文里，欧阳庚准确地表达了华人对《基瑞法案》如此愤怒的原因：登记新规让人丢脸丢到了失去人性和不可原谅的地步！

对《基瑞法案》的第二轮抨击来自"中华会馆"，人们对它以前的名字"六大公司"更为熟悉。这是一家总部设在旧金山的盟会组织，它负责照料美国各唐人街的日常活动，为唐人街的华人代言。中华会馆首先将该提案的译文呈报给中国皇帝，同时恳请陛下直接出面干预。然后，该会馆花费整整一个夏季雇请了两位律师，此二人建议，该提案通过法律诉讼即可破解。宣布通过法庭诉讼挑战该提案的同时，六大公司于9月9日发出一份公开宣言，强制所有在美华人每人上缴1美元，以支付诉讼程序的开销。[13] 计划返回中国的华人安排行程时必须向跨太平洋船务公司出示六大公司的文件，以证明他们的所有债务已经偿清，船务公司才会为他们安排行程。正因如此，六大公司对在美华人有着决定性的影响力，强行摊派费用时，六大公司也处于强势地位。[14] 通过这样的运作方式，六大公司希望为这次法律诉讼募集10万美元。

不过，最重要的是，六大公司劝说人们进行非暴力抵抗。在新体制下，美国政府要求生活在美国的所有华人必须在1893年5月5日前进行登记。六大公司认为，登记过程是违宪的，因而该公司不仅严禁在美华人前去登记，还明确表示，如果拒绝登记的人遭到逮捕，他们会负责捞人，而对于顺从政府的人，他们不会做任何事。[15] 然而，试图挑战法律，也需要静候该法律生效之日。这意味着，5月5日前他们无法立案。

若将华人世界比作三条腿的凳子，这第三条腿无疑属于王清福和一个新成立的组织，王清福最初将其称作"华人民权联盟"，很快又将其更名为"华人平等权利联盟"。王清福于1892年9月1日召集了一次会议，目的是为了探讨反对《基瑞法案》的策略，他把该组织的成立日期定在那次会议当日。对某些人来说，这个日子标志着美籍华人时代的到来。当天有150位"东岸各州说英语的华人带头人"参加会议，其中的核心人物毫无疑问依然是1888年美国总统大选前夕自称"华裔公民联合会"成员的20位美国化的中国人，以及1884年王清福第一次召集纽约地区已经归化的人开会期间与会的50位中国人。9月1日那天，与会者提名出生在加利福尼亚州的李三平为主席，他是费城富商，会说英语、德语、西班牙语；大家还提名汤姆·袁（音）为财务总管，王清福为秘书长。他们还酝酿召开成立大会，即于9月22日在柯柏联盟学院召开一次大规模集会，以抗议"残忍、不公、极端非美国方式"的《基瑞法案》。[16]

依据王清福的说法，超过1000名杰出的美国人——男性和女性平分秋色——来到柯柏联盟学院，出席将近200位中国商人和职业人士列席的会议。[17]《芝加哥论坛报》小心翼翼地指出，这些都是"身穿美式裤子和头戴圆顶礼帽的华人"。[18]许多女性是主日学校的教师，好几个人带来了自己的学生。现场还来了好几位一身牧师装束的神职人员。这成了一场充满活力的集会，好几个人的演讲被尖叫声打断，而且一些声音竟然来自对中国人的事毫无同情可言的人。[19]

王清福宣布大会开始，大会由约瑟夫·谭（音）博士主持，他是纽约著名的华人医生。[20]谭医生明确道出了《基瑞法案》背后的诸多政治动机。"这个提案，"谭医生说，"是太平洋沿岸那些政治煽动家的杰作，过去15年间，他们一直在贬损我们……我们成了两个政党的牺牲品，尤其是在总统竞选前夕。我们一直在遭受摧残，连世界上最野蛮的国家都不会放任这样的摧残。"[21]说到这里，他顿了一下，接下来的话他刚说了个开头："签署这份提案的总统正是竞选连任的候选人……"还没等他说完后半句，不知什么人连喊了三声"哈里森总统万岁"，引起现场听众发出一片嘘声。[22]

接下来发言的是王清福，《纽约时报》的报道称，他谴责该提案时用到了"含义更为丰富的词汇，因为他的词汇量比第一位发言人大得多"。[23]《纽约先驱报》援引他的话说："大家都听到过生活在美国的爱尔兰人表达不满，意大利人亦如是，不过我认为，大家从未听到过中国人表达不满。如今中国人要这么做了，而且有严肃的理由这么做。这世上难道会有哪个种族比我们遇到的迫害更糟糕？我们的境遇比俄国的犹太人还糟糕！"[24]

接下来发言的是爱尔兰人吉福德·纳尔逊（Gifford Nelson），他是布鲁克林区贝德福德大道浸信会教堂的牧师，他在发言中具体列出了华人为美国公共财政贡献的总额，高达2400万美元，包括税收、进口、关税等。[25] 最后发言的是威廉·德里克（William B. Derrick）博士，他是卫理公会的黑人牧师、共和党政治领袖，以及斯蒂芬·鲍德温（Stephen L. Baldwin）博士，他以前在中国当过传教士。即便王清福看出了实际生活中的讽刺意味，与他诉求相同的人都是神职人员（其中一个还当过传教士），他也从未提起过这一话题。

所有发言结束以后，全体与会者一致通过了一项决议，其中包括如下内容：

> 参加本次大规模集会的人均为美国人，我们在此做出决议，并公开宣称：前述提案不仅荒谬、不人道，还与宪法相悖。我们在此宣誓，支持纽约华人民权联盟在大会上提出的对前述提案的抗议。[26]

有人在会场外的几条走廊里散发一份名为《全美反华人日报》的刊物，不过在场华人对场外抗议未予理睬，警方也没有介入。[27] 事后，名为"纽约反华人同盟"的组织的成员丹尼梅耶（M. Dannemeyer）将王清福的组织称为骗子机构。"根本不存在这种事,"丹尼梅耶对外宣称,"抗议示威是由六大公司发起的,因为新法规阻止他们大量偷运更多苦力进入美国。"[28]

时间移至10月底,华人民权联盟制定了如下策略:游说美国国会废止该提案,或者至少应当剔除其中一些最让人不快的内容。该联盟还酝酿了一些计划,在波士顿、费城、芝加哥等大城市召集同等规模的集会,还制作了正式印刷的呼吁书。[29] 这份呼吁书没有署名,不过字里行间处处彰显王清福的风格,我们几乎可以肯定,它出自王清福的手笔。因为,文中许多段落与他发表的其他文章里的段落类似。此外,即便有英文文笔非常好的人,也极少有哪位同辈堪与运用英文炉火纯青的王清福比肩。王清福身披美国星条旗,奋笔疾书了一份充满激情的呼吁书,撩动着美国人民向善的本性。以下为呼吁书的部分内容:

> 作为长住美国的居民,我们像其他民族一样,要求得到对人性的尊重。同时我们也相信,依照共同的人道原则和美式自由观,我们的人性终将得到承认……仁慈的、有着热爱自由情愫的美国人民,他们是权利平等和司法公正的爱好者,他们当中诞生了值得大书特书的人物,例如乔治·华盛顿、托马斯·杰斐逊、亨利·克莱、查尔斯·萨姆纳,最后还有亚伯拉罕·林肯,每个人都是世界的公民、人类的朋友、自由的卫士;还有值得大书特书的战士,例如威廉·谢尔曼、菲利普·舍利丹、约翰·洛根、尤里西斯·格兰特,他们在争取自由的事业中展现的大无畏壮举,让人们在美国式发展的伟大征途上得以见证——美国式发展模式被全世界各国竞相模仿。[30]

王清福接着写道：

因而，在这个接受我们安家落户的国度里，在生存的赛跑中，我们吁请机会均等——我们数量庞大，近乎一生都在这个国家度过，我们承认这个国家为自己的祖国。我们的座右铭是："所有强烈希望成为美利坚合众国公民的人，必须品行端庄和身体健康。"[31]

呼吁书的结尾如下：

请将我们当人对待，我们一定会尽人的本分，帮助你们阻止威胁到合众国福祉的、令人厌恶的罪恶。像你们一样，我们不希望更多中国人来到这里。这里的中国人越少，我们与你们相处的条件就会越好。[32]

对王清福及其"美国化的中国人"盟友们来说，直截拒绝承担中国移民继续涌入的责任，这是最明确和最公开的一次。为了继续留在美国，以完全的美国公民身份分享其未来，他们只能寻求保留自身的特权。实际上，在这一历史阶段，继续移民似乎找不到更多拥趸者。某些白人自由主义者除外，这些人从一开始就反对《排华法案》，如今他们仍在继续抵制将中国人阻挡在美国以外的所有企图，他们认为，这么做是出于偏见和不公。对移民问题，虽然清朝政府的官方表态是不满，却并不支持他们，六大公司也不支持。显然，阻止未来移民已成定论，没有任何人希望将时钟拨回十多年前。因而，王清福强调说，在美华人希望事情接下来的大规模集会选址在波士顿,时间为11月18日晚,地点为特莱蒙圣殿浸信会教堂。王清福找到自己的朋友小威廉·劳埃德·加里森(William Lloyd Garrison, Jr)出手相助,他是伟大的废奴主义者威廉·加里森的儿子,自己也是民权活动分子。大会前一周,加里森给许多波士顿名人写了信,请求他们在一份致国会的请愿书上签名。请愿书部分内容见下:

> 自《逃亡奴隶法案》出现以来,没有哪个法案如此臭名昭著,如此玷污这个国家的法典汇编。它违背所有仁慈的本能,置我们与中国之间的协议义务于不顾……遭受这一法案指向性迫害的人都是无辜的、守法的受害人,他们正在静候美国国会在头脑清醒时重新审议该法案。该法案因党派之争,以所谓紧急事态为由仓促通过,背后并没有广泛的民众基础。号称信奉基督教的国民竟然会认为,这样的立法有其正当性,这种事根本不可能……应当立即无条件废止其中的注册登记新规。[33]

李三平和王清福两人都去了波士顿,他们走访了所有该走访的机构,接受了记者们的采访,散发了一份请愿书,《波士顿环球报》逐字逐句转发了其中大部分内容。尽管天气恶劣,仍有大约500人出席了大会,包括阿朗索·艾姆斯·麦因纳(Alonzo Ames Miner)博士,他是普救派教堂的牧师,塔夫茨大学前校长,他主持了这次大会;另外还有乔治·洛里默(George C. Lorimer)博士,他是特莱蒙圣殿教堂的牧师。[34]李三平首先发言,其主要思想此前已经披露过，他的英语极其漂亮。接下来发言的是王清福，《波士顿环球报》对他的发言做了如下描述：

> 他说话清晰，语速快，有条理，他的英语之好，与所有美国大学毕业生别无二致。他身体结实，一脸灿烂的表情，身穿双排扣长襟礼服和斜纹裤子，胡子刮得干净利落，像所有基督徒一样，头发梳得规规矩矩。[35]

经过数年演讲的磨砺，在观察和引领听众的兴趣和渴求方面，王清福早已锻炼成驾驭现场的老手。他善于顺水推舟，适时调整内容。他首先对马萨诸塞州进行了一番恭维：

> 感谢上帝，这个伟大的共和国还有这么一处地方，这里的人民有足够的胆量，为了原则，为了受压迫的人类奋起反抗。与高贵的查尔斯·萨姆纳以及著名的、不朽的威廉·加里森同住一城的居民们，又一次冲在了最前沿。每当国家荣誉处于危急中，或者问题涉及人类自由，为捍卫这些，马萨诸塞州高贵的小子们永远都会随叫随到。[36]

接下来，他极尽所能描绘了一幅中国人在新体制下悲惨至极的生活场景：

> 15万对犯罪一无所知的人，将要被强行从洋溢着温馨的家里拖出来，并投入监狱。而原因仅仅是，他们出生在中国……将要成为国家级罪犯，他们当中每个人完成拍照后，

其照片将会存放到国家罪犯相片陈列室内。他们小心翼翼呵护的家庭，经过长年累月劳作和磨难才盖好的房子，都要被拆得七零八落。加利福尼亚的基瑞推出了残酷的法案，经此一击，在15万能干的人里，每一位正直的人都会成为贫民，甚至比贫民还要贫困千倍……他们将要像牲口一样被装上船，带离可爱的家园，带离这个国家，然后被抛弃到没有朋友、没有家人、没有生活来源的陌生的海岸。而人们一直在教导他们，应当像热爱祖籍国一样热爱这个国家。[37]

这是一篇令人动容的演说词，不过严格地讲，王清福所说并不属实。当然，他夸大了数字，他所描述的那种命运，仅有缺少合法入境文件的人才会遇到。对其他华人而言，他说的结局并非在所难免，他们需要做的不过是登记注册而已。

王清福接下来的一番话像是一篇独白，在基督教复兴会议上说这番话会显得更为恰当：

噢，上帝，为伺候另外半数人，你创造的人半数为奴为仆，以便成为另外半数人的玩偶和足球，以便另外半数人不受惩戒地折磨和侵害他人。在你听来，他们痛苦的呼喊犹如音乐，这怎么可能，不可能！我要重复三遍，这不可能！天上不会有这样的上帝，地上也不会有这样的暴君，在19世纪的今天，人们不会允许如此残忍的国家做出如此下作的事！[38]

接下来，王清福发表了一大通丑陋的种族主义言论，大意为让中国人丢脸的主使是爱尔兰人，另外，爱尔兰人不怀好意，正在试图"控制这个伟大的共和国"。或许因为这部分内容实在低俗，《波士顿环球报》仅仅报道了大意，没有转载文字。王清福在演说结尾处谈到华盛顿率军横渡特拉华河，以及血洒邦克山的英雄们。最后他还补充说："唯有废止这一荒诞的提案……唯一伟大和光荣的合众国之光荣的星条旗，才会再次骄傲地飘扬在处于上帝乐土上的各个州的上空。"[39]

接下来发言的是小威廉·加里森，他指出，美国内战结束27年后的1892年，为一群遭到压制的人寻求庇护，似乎是时代的错误。他用事实谴责了基瑞的提案，中国人毫无防备，被剥夺了公民权。"在政治游戏里，"他强调说，"偏见对选票有着强大的控制力，公民一旦没有了投票权，就没有安全感……昨天是黑人，今天是中国人，明天就会轮到白种美国人。"最后，加里森严厉谴责了马萨诸塞州每一位给《基瑞法案》投赞成票的立法者，他把他们的名字逐一点了一遍，然后提出一个冗长的解决方案，号召马萨诸塞州议员团成员们纠正这一错误。[40]

在前述以"华人平等权利联盟"的名义发出的信里，加里森说得非常清楚，联盟成员们并非执意要求完全取消禁止中国人移民美国的禁令。在大会发言中，加里森强烈暗示他不赞成这一立场。"如果我是中国人，"他在发言中称，"我要求的平等绝不会止于如此狭隘的范畴。生活在这个世界上的公民应当享有的权利和特权，我都会要求享有。在追求生存、自由、幸福的过程中，人人机会均等，人类中的一部分人却声称将我排除在外，我会嘲笑这么做不道德。"[41] 在大会的后续议程中，听众中有人站起来表示，他不同意加里森在信里表达的方案，这一问题因而突显出来，那人自行提出一套方案，要求彻底废除《基瑞法案》和其他移民法规,以及所有与之相关的法规。大会采纳了他的方案,没有人提出异议。[42] 这说明,王清福所说在美华人对全面禁止移民非常满意,是夸张的说法。

华人平等权利联盟试图推动美国国会废除前述立法,与此同时,其他中国人也在尝试不同的途径。清朝政府试图通过美国行政部门寻求外交解决方案,六大公司则试图走司法程序,让法院宣判该法律违宪。这三种途径看起来不怎么协调,不过虽然每种途径面对的是不同的政府部门,相互之间却并非特别矛盾。在一片喧嚣中,当然会有不同的声音。中国幼童出洋肄业局前副主任容闳曾经是王清福的劲敌,他也置身于争论中,让公众有机会见识了其中的不协调。

结束中国驻华盛顿公使馆的任职后,容闳于1881年回到中国。不过,他仅仅停留了很短一段时间,第二年便返回美国与家人团聚了。他的妻子于1886年去世,但他在康涅狄格州哈特福德市留了下来。1892年12月,容闳在写给匹兹堡长老会牧师伊利亚·唐虎(Elijah R. Donehoo)的信里声称,如果美国政府强行推出《基瑞法案》,中国会废除所有条约义务,断绝商业关系,停止保护生活在中国境内的美国人。经查,唐虎负责面向中国人的传教事务。如今我们已无法查清容闳在代表什么人说话,他曾经在驻华盛顿公使馆任职,可能依然与那里保持着热络的关系,不过他与清政府已经没有了任何往来。

容闳所写信函的原件早已佚失,不过,《匹兹堡电讯报》报道这封信时,将容闳描绘成了信奉基督教的华人代表,并且声称他的组织已经雇请了数位律师。第二年《基瑞法案》生效后,无论哪位华人第一个被捕入狱,他们都会出面为其上诉。"容闳告诚人们,"摘引自前述文章,"所有信奉基督教的华人必须等候有了判例再去登记注册。"文章援引容闳那封信的内容时是这么说的:典型的李三平和王清福的行事风格,如"以华人平等权利联盟的名义,在纽约东方俱乐部"领导下的运动,同时代表着"信奉异教的团体"。[43]

"东方俱乐部"是个美国化的华人团体,其成员包括在纽约地区广为人知的一些中国基督教领袖级人物,例如在王清福组织的柯柏联盟学院大规模集会上发言的约瑟夫·谭,以及企业家伍积勋,后来他成了华人平等权利联盟的副秘书长。东方俱乐部是个进步组织,其公开宣称的宗旨为"促进文学心性,陶冶会员间的双向交流"。[44]虽然东方俱乐部的一些会员同时也是华人平等权利联盟的成员,这两个组织却有着明显的区别。在反对《基瑞法案》的斗争中,东方俱乐部的参与似乎非常少。约瑟夫·谭以俱乐部的名义雇请了一位律师,以维护纽约布鲁克林区600位华人的权益。[45]不过,他这么做与华人平等权利联盟没有任何关系。

如今没有人说得清,在整个事件中,容闳极度夸耀自己的角色,究竟是不是为了往自己脸上贴金;他说错华人平等权利联盟的主张,究竟是不是有意为之。王清福当时就认为,这两件事绝非无意。《华盛顿邮报》转载了前述文章后,身在纽约的王清福立即一挥而就一封读者来信,将其投给了《华盛顿邮报》,他在信中抗议道:

请更正错误……有关贵刊转载匹兹堡报刊的文章称,容闳和本市东方俱乐部正投身于华人的抗争。实际情况为,容闳和东方俱乐部秘书长正投身于打击华人平等权利联盟,因为他们嫉妒本联盟在美国华人中的成功。由于本联盟对华人的支持，华人踊跃向本联盟捐款，对容闳和他的合伙人却视而不见。[46]

两次大规模集会以及印刷呼吁书消耗了华人平等权利联盟的大部分资金，时间移至1892年年末，联盟的财政几乎枯竭。王清福起草了一份呼吁书，请求"所有热爱人权和美式自由的人出手相助，以便联盟能继续伸张正义"。[47]全美各地的报刊都转载了这篇呼吁书。除此之外，王清福另行撰写了一篇致全美报刊编辑的通讯，吁请大家"借助美国舆论及其无所不能的编辑团队之力，帮助我们为获得公正投入绵薄之力"。[48]

王清福未能说服《纽约时报》，该报12月18日的社论称："华人平等权利联盟选择了非常不恰当的时间激起民愤，以废除《排华法案》。"该报承认，"没必要那么急于"推出《基瑞法案》，同时批评该法案对在美华人设置附加限制，同时坚持认为，"要求长住这个国家的华人居民'立即补办公民身份然后才能享受国民待遇'，这么做实在太过分了"。社论的结束语是："华人平等权利联盟代人发言时应当更稳健些，提要求时应当更谦虚些。"[49]

有件事《纽约时报》说得没错：美籍华人想及时获得公平对待，这是不可能的。不过，王清福已经箭在弦上，不会分心注意该报的建言。

第二十一章

因为这个议案，生为"中国佬"就等于犯罪？

（1893年）

若想让美国国会撤销《基瑞法案》，必须有人提出新议案，做这件事的人是约翰·弗雷斯特·安德鲁（John Forrester Andrew），他是马萨诸塞州民主党人。安德鲁是个律师，毕业于哈佛大学，1888年当选议员，是众议院外交事务委员会成员。1892年改选期间，他丢了席位，不过他在众议院的任期到1893年3月3日才结束，时间足够他提交议案。他得到的结果是一次听证会。

最早就此问题向众议院提交请愿书的人是小威廉·劳埃德·加里森，一开始，他呼吁波士顿地区的朋友和熟人递交请愿书，随后又从参加特莱蒙圣殿浸信会教堂大规模集会的成员那里收集请愿书。而王清福当时正在纽约收集请愿书，1893年1月4日，他用印有华人平等权利联盟信头的信笺给加里森写了封信，该联盟的办公地址为纽约圣经大楼42号——由于王清福的反基督教立场，该联盟选址在美国《圣经》学会总部所在地颇具讽刺意味。他在信里说，他手头已经有了更多请愿书，很快会送往波士顿。信头标注的信息显示，王清福已经是该组织的会长，李三平的名字已经消失（不过几年后，他的名字重新出现了），汤姆·李和汤姆·袁两人使用的是王清福以前使用的秘书长头衔。信头的其他信息包括：伍积勋为副秘书长，李凡新（音）为会计。王清福还在信里披露了几项计划，事关当月晚些时候在华盛顿举行的一次大规模集会，他还提到已经弄到手几封推荐信，收信人都是华盛顿的名人，他还与那里的好几家报社建立了联系。[1] 王清福是记者出身，他从骨子里清楚"公关"的价值，这比"公关"一词的出现早了好几十年。

王清福当时明显开始意识到"舆情政治"和"同盟军"的重要性。在中国人的诸多努力之下，有一群美国人是既得利益者，即生活在中国的美国人，他们不太愿意让自己的声音出现在国会上。而王清福做事却不留死角，1月3日出版的《北华捷报》刊发的一篇文章称，他们收到华人平等权利联盟的一封来信，请求该报利用其"对美国商人以及美国居民及其俱乐部的影响，形成适当的决议，将决议文本送回美国，以便向国会出示"。该报在一篇评论文章里明确指出，王清福非常清楚，必须做这些人的工作：

> 只要美国国内有一两个著名美国公民开个头……为撤销《基瑞法案》，身在中国的所有美国人都会在递交国会的请愿书上签字。并非因为他们担心《基瑞法案》如果真的付诸实施，会导致中国政府实施某些报复手段……而是因为他们对中国人怀有公平正义之心。[2]

《北华捷报》预言，一旦该法案真的付诸实施，肯定会"对中国人、美国人以及全人类造成灾难"。[3]

加里森将手头的文件都转给了国会议员安德鲁。1月10日，后者将文件转给了众议院，《纽约时报》将其称作要求撤销《基瑞法案》的"海量请愿书"。大多数签名者为律师、商人、公众人物，分别来自马萨诸塞州、纽约州、宾夕法尼亚州。加里森建议安德鲁将请愿书按国会选区分类，以便对每位议员形成更直接的压力。不过，由于请愿书太多，而且许多都没有标注地址，安德鲁决定将所有请愿书装订成一套文件，无限放大了请愿书的戏剧效果。[4] 十天后，他又递交了另外33份请愿书。[5] "在令人讶异的请愿书中，"《纽约时报》的评论称，"签名的还有意大利裔和德国裔美国公民，他们不愿意看到伟大的共和制的美国剥夺其他人的特权，仅仅让他们享受这些特权。"[6] 这或许是出于恐惧，在华人之后，轮到的可能会是他们。

安德鲁还递交了著名不可知论者罗伯特·英格索尔的一封来信，他是王清福崇拜的人之一。英格索尔在信里说："位于所有立法之上的是公正，位于所有宗教之上的是人性。我要让所有肤色和种族的人都享有我享有的各种权利。"[7] 可以预见，英格索尔的这一立场为他招来了一些负面评论。他关于"来美国是中国人天赐的权利"的言论遭到《孟菲斯商业报》的斥责，并给他扣上了"做作、僵化、肤浅的修辞学家"的帽子。[8]

安德鲁议案从外交事务委员会主席詹姆斯·亨德森·布朗特（James Henderson Blount）那里赢得了一次听证会。布朗特是来自南方的民主党人和白人至上主义者，他的离任时间也是3月份。召开听证会的时间定在1月26日上午11点。1月21日出版的《纽约时报》称，王清福出席听证会的身份是"华人平等权利联盟会长"，他似乎打算占用全部预定的答辩时间。[9]《波士顿环球报》的报道称,安德鲁在尽最大努力,试图将其他委员会成员也拉过来列席听证会,他采取的措施很有希望为他赢得一次投票表决。[10]

不管怎么说,在当月,美国法院系统出现了一个重要进展。1月18日,处理阿钰(音)案时,明尼苏达州杜鲁斯市的一位联邦法官做出了有利于被告的判决。阿钰是个遭逮捕的中国人,法官伦塞勒·纳尔逊(Rensselaer R. Nelson)接手案件时,阿钰正处于人身保护令期限内。纳尔逊法官的裁决如下,他宣布,《排华法案》及其后续修正案违宪。阿钰被控非法入境美国,巡回法院判决他从事30天强制劳动,然后驱逐出境。[11]纳尔逊法官认为,下级法院超越了权限,仅仅当着一位联邦民事法官的面召开了一次听证会,未经庭审即援引法律中的惩罚条款,这违反了美国宪法的基本准则,准则保障人人享有陪审判的权利。[12]

《旧金山召唤报》的评论称,纳尔逊法官的裁决似乎会让排华一事上升到最高法院,直接拷问最高法院这种做法是否符合宪法。该报在同一篇评论中抱怨称:"看起来荒谬的是,美国不能从其境内排除任何阶层的外国人。"[13]第二天,《旧金山召唤报》在另一篇评论中称,纳尔逊法官的裁决并未在《基瑞法案》的支持者里招致过多反对。文章援引多位立法者的预言:这项裁决站不住脚,即使它能站住脚,国会也已经做好准备,对该法案的任何缺陷进行修正。[14]

1月26日,伴随着上述背景,在汤姆·袁的陪同下,王清福来到外交事务委员会。这极有可能是中国人第一次出现在美国国会的某委员会里。[15]王清福早在一周前就到了华盛顿,住进了威拉德饭店。国会议员托马斯·基瑞碰巧也住在同一个地方,不过没有证据表明两人在那里见过面。[16]

许多报刊在报道中都援引了王清福的如下开场白：

> 我们代表身在美国的15万中国人说话，他们早已不是移民，而是长住这个国家的善良的居民；中国人已经在这个国家居住了10年、20年、30年；中国人在这个国家安了家，立了业，牢记并遵守这个国家的法律，相当多的人在这里的学校接受过教育，改信了这里的宗教；他们反对《基瑞法案》，不仅因为如果他们做不到该法案规定的事就会遭到残酷的、非人的惩罚，更因为该法案将他们与盗贼和罪犯归为同类，用等同于对待刑事犯的方式获取他们的照片，还让他们说出10至40年前见证过他们到达美国的证人。我们没有要求人们施以援手，我们呼吁的是看得见的公平。[17]

接着，他历数了美国化的中国人以及守法的华人公民的优良品行，这些人里的多数人都有钱、有文化、有教养，每年向美国财政部缴纳上千万美元。[18] 他还简单引述了一些美国宪法条款，罗列了一些参与废除这一立法的社团组织，然后将人们的注意力引向"安德鲁提案"，他把最富戏剧性的演说词留到了开场白的结尾：

> 身为中国人的中国驻美公使（在华盛顿）上流社会如鱼得水，中美双方的人互相接受和互相认可，而他所代表的那些人，多数人有钱、有文化、有教养，他们每年给美国财政部带来上千万美元收入。根据这一令人作呕的议案的

规定,仅仅因为生为中国人,他们就被分类和贴上了罪犯标签。你们要的是这个吗?难道这就是当代司法公正最为开明的认知?[19]

因为这个议案,生为中国人就等于犯罪?因为我拒绝拍照,就应当派人半夜里把我从床上拽下来?不,我绝不会像罪犯那样违背我的意愿接受拍照!我宁愿去上吊!我们为什么要向种族歧视、侮辱非难、无理指责[20]、剥夺权利[21]低头?

这篇开场白辞藻华丽,无疑是王清福在美国国会露脸的巅峰时刻。然而不幸的是,在此后与外交事务委员会成员们一对一问答的过程中,他的表现不尽如人意,其中包括与众议员基瑞本人的问答。《旧金山召唤报》显然逐字逐句刊登了两人之间的交锋:

基瑞先生客气地问:"那么,你能否告诉我们,你们中国人希望颁布什么样的法律?"

"我们希望恢复《基瑞法案》获批之前即已存在的局面。"

"你的意思是,"基瑞顿了一下,接着问,"恢复《史葛法案》获批之前的状态?你们希望获得回到中国然后返回美国的授权?"

"我们希望有一条法律规定我们不必去照相,"王清福顿了一下,接着说,"我们不想让他人像对待犯人一样对待我们。"

"可是,王清福,"基瑞先生试图以理说服对方,"依你刚才所说,你的要求就没道理了。这是最人道的法律。按照以前的规定，中国人常会被捕和被关起来。如今你们只需拿出证件，即可免于横遭干预。"

"许多中国人根本不可能得到证件。"王清福反驳道，"除此之外，还有让人受辱的事，我们不希望像重罪犯那样让人照相，我们都是守法的人。"

"不过，你也承认，在美国的中国人达到了15万，"基瑞打断了王清福，"几年前只有9万，你怎么解释这多出来的6万人？毫无疑问，这不是自然增长的数字，这些人是非法入境的，人人都知道这一点。像你一样留短发和穿西装的中国人能有几个？给你们照相的原因正在于此。你们中国人不守法，你们在美国受到如此对待的原因正在于此。我们仅仅要求你们取得证明，并没有要求你们为此付一分钱。"[22]

基瑞显得很谦恭，在一对一问答过程中，他显然胜过王清福一筹。总体上说，《旧金山召唤报》是反华人的刊物，如今没有人说得清，该报是否遗漏了部分对话内容，或者做了错误的引述。对于是否希望回到《史葛法案》出台前的状态这一问题，王清福的态度是回避，基瑞充分利用王清福夸大在美华人人数这一软肋，攻击其中国人守法的说法。

随后，外交事务委员会主席布朗特问王清福，如果国会让社会状态恢复到《史葛法案》获批之前的状态，相关法律的实施如何才能比以前更有效：

王清福答："让中国政府以及船运公司负起责任。"

"可是，我们如何才能让中国政府负起责任？"主席接着问，同时按捺不住笑起来。

"每犯一次法就罚一次款啊。"

现场爆发出一阵大笑。布朗特接着问："我们是不是必须派军队过去收取罚款？"

"我认为那倒不必，"王清福说，"因为中国会缴纳罚款。"[23]

王清福显然乱了方寸，而且找不到台阶下。对船运公司实行罚款原本不在华人平等权利联盟的行动纲领之内，更不要说对中国政府实行罚款了。而且，不管怎么说，对一个主权国家实行罚款显然行不通。接下来，在与纽约州民主党国会议员阿什贝尔·菲齐（Ashbel P. Fitch）一对一问答的过程中，王清福回归了自己的老生常谈，即他经常发表的荒唐言论，所谓"中国政府对广东人不大上心"，这让他处在了更加尴尬的境地：

菲齐先生问："如果我没理解错，你是在捍卫这个国家的华人，而且不希望更多华人到来？"

"没错。这个国家的大多数华人来自中国的一个小省份，人们称那地方的人为广东人，中国政府对他们不那么上心。国家对他们根本就无所谓，只要他们能挣钱，没人会关心他们去什么地方或做什么事。"

王清福当即意识到，他刚刚不打自招，信口开河得有点过分，在外委会引起了一片笑声。然而，他接着说，中国政府丝毫不鼓励他们移民美国。

基瑞先生插进来问："不过，他们往美国移民，中国政府为什么不阻止?"

听到加利福尼亚人基瑞的问话,菲齐先生转向他,问道:"如果中国那么做了,你和太平洋沿岸的人们愿意接受已经在美国的华人留下来吗?"

"那当然,我们不反对已经身在美国的中国人。"基瑞回答。

布朗特先生转向王清福,问:"如果中国政府对广东人真的漠不关心,为什么还热衷于为那些身在美国的人争取权益呢?"

王清福答道:"中国政府热衷的是保障某些协议中的权益,除此别无所求。"[24]

在听证会的某个节点,对于华人反对前述法律,王清福表示了支持,这引起基瑞的强烈指责。他说:"如果这项法律这么残酷……你应当支持对其进行强化,它的残酷性一定会很快导致它被废除。"[25] 这番话显然言不由衷。王清福当场进行了反驳——他毫无疑问会这么做——但他说了什么,如今已无据可考。

外交事务委员会没有采取任何行动便休会了。虽然好几位委员上前与王清福握手并道贺,但他显然没有做到最好。毫无疑问,他已经筋疲力尽。此前好几个月,他一直忙得连轴转,其间他组建了华人平等权利联盟,制定了该组织的大政方针,为争取支持,在数次大规模集会上演讲,最后还成了该组织的掌舵人。《旧金山纪事报》称,王清福在外委会的运气差到了家,"事情结束前,他差不多成了个失魂落魄的人,他的话全都白说了"。文章进一步指出,他说话蛮不讲理,几乎失去了所有与会者的同情。[26] 不幸的是，这成了王清福的诸多失败之一，他通常不会与听众如此疏离。不过，在演讲过程中，用美国人的不足与中国人光辉的正面形象做对比之际，有时候他会忘乎所以。

王清福在美国国会的战斗结束了，而且失败了。"本次国会开会期间，这肯定是最后一次触及废除这项法律。"这番话是基瑞对《旧金山召唤报》记者说的，他说的没错。[27] 在外交事务委员会露面，虽然算不上王清福最风光的时刻，安德鲁提案的厄运却并非他的表现所致。不到一年前，《基瑞法案》在同一个众议院得到批准，而且投票差额达到近 7 比 1 之巨！人们首先必须清楚地知道，在同一届国会废除该法案，肯定没有一丝一毫胜算。

不过，对王清福的事业而言，这次作证或许有着非常重要的正面作用。1893 年 4 月初，即听证会三个月后，也即注册登记期满前一个月，美国财政部长约翰·卡莱尔（John G. Carlisle）批准了政府强化《基瑞法案》的修改条例。对于批评之声，他的让步包括：取消必需的照相步骤，原定居民合法身份必须由两位证人担保，改成了只需一人担保。[28] 数年后，《芝加哥论坛报》的评论称："《基瑞法案》某条款要求中国佬的护照上必须有本人照片，据说王先生 1893 年在华盛顿众议院外委会的演说导致了该条款的撤销。"[29] 若果真如此，对美籍华人而言，这实际上可谓是一次非常重要的胜利。

最有可能抚平中国人各种愤懑的地方是各级法院。投身职场以来，王清福经历的种种法律诉讼可以列成一张大单子，因而他明白无误地认为，美国国会和政府机构没必要对一个被剥夺了公民权的群体负责，公正更可能来自没有感情色彩的法律人士。无论是中国政府、六大公司,还是美国国会和政府,都在期盼美国最高法院裁决《基瑞法案》的合法性。对这么重大的命题,阿钰案注定无法承载定论,5月5日注册登记截止日期过后,第一个遭到逮捕的中国人才能有这样的资格。

六大公司的联合抵制非常奏效,美国国税局长的说法为,截止到1893年5月5日最后期限那天,仅有13179人申请证件,尚有将近10万人没有递交申请。[30] 3月,六大公司与数位清政府的派驻官员密谋后宣布,为抗衡该议案,他们不仅制订了计划,还可以雇请最好的法律精英摧毁该议案。为此,他们已经向每一位华人募集了款项,筹集到的资金计有6万美元。他们雇请了托马斯·赖尔登(Thomas S. Riordan),此人是中国领事馆的律师,他进而雇请了一个团队,包括纽约州律师协会前会长詹姆斯·卡特(James C. Carter)、前美国驻英国大使约瑟夫·乔特(Joseph H. Choate)、美国内战时期在亚伯拉罕·林肯总统内阁担任常务总检察长的赫布利·艾什顿(J. Hubley Ashton),以及某前总检察长、参议员、国务卿的儿子马克斯威尔·埃瓦茨(Maxwell Evarts),他自己也是个非常有才能的律师。[31]

六大公司的策略还包括与联邦司法专员密切协调,由最高法院尽快复审该法案,关于该法案是否违宪,联邦司法专员像中国人一样急于尽早见到结论。六大公司和联邦司法专员达成了如下意向:5月6日在纽约而非旧金山逮捕三名华人,三位被告交由联邦法官审理,按照约定,由后者宣判驱逐三位被告出境;根据人身保护令,第二位法官随后接手审理该案,由这位法官将该案发回复审。如此一来,他们的案子即可交由最高法院复审。然而,最高法院的法定休庭日期为5月15日。被告律师和联邦司法专员将联手要求最高法院于5月12日安排一次加急听证会，如此即可尽早得出结论。[32]

一切都按部就班地进行着。5月6日，方悦庭（音）、黄权（音）、李乔三人在纽约遭到逮捕。三人均为洗衣店主，由六大公司的律师提前选定。前两人没有申请长期居住证，李乔提出过申请，然而被驳回了，因为他指定的证人都是华人，而非白人。[33] 选择此三人是经过深思熟虑的。由于案情不同，律师们得以运用不同的论证方法挑战《基瑞法案》。纽约南区联邦巡回法院做出了不利于三位被告的判决，正如所料，法院为三位被告签发了人身保护令。庭审结束后，三位被告临时入监。[34] 与此同时，美国财政部长向负责国内税收的地税官员们签发了一纸通令：收到新通知前，不得依据前述法案逮捕任何华人。[35]

上诉日期排在了5月8日。两天后，最高法院听取了双方的口头辩论。最高法院必须考虑多方面因素，其中包括《基瑞法案》是否与《蒲安臣条约》相抵触，"强制劳动"条款是否违反宪法中关于酷刑和非常规刑罚，以及关于未经相应程序即剥夺他人财产和自由的描述。[36] 五天后，在"方悦庭诉美国法律"案中，最高法院以6比3的票数判定前述法案符合宪法。最高法院裁定，即使与此前签署的协议相悖，国会也有权排除外国人。一旦做出决定，国会有权制定一套程式，以便造册登记和识别外国人，《人权法案》赋予的宪法保障不适用于外国人。[37] 为华人工作的律师们此前曾经对胜利充满信心，这次失利带来的打击肯定如芒在背，其中一人提请最高法院在下次开庭期间重审该案，被最高法院驳回。

这一裁定对华人构成了大问题，他们中的大多数人如今失去了正式身份,而且严格说来,他们也成了驱逐出境的对象。对克利夫兰政府来说,这一裁定更是个大问题,未注册登记的华人将近10万,而除了国会拨出的用于遣返华人回国的5万美元专款,政府再无其他预算。按《华盛顿邮报》的估算,驱逐所有未注册登记的华人出境,保守估计也要消耗600万美元。六大公司的律师之一提出的数字为1000万美元。[38] 除了应付驱逐华人出境问题,政府还要应对如下可能的现实:清政府曾对美国发出过警告,不仅会断绝所有外交和商贸关系,还会驱逐所有生活在中国的美国人。清政府一定会言出必行,实施报复。[39]

由于绝大多数华人都没有注册登记,部分解决这一问题的方案显而易见,即重新开放登记,允许希望这么做的人申请登记。这些人没有注册登记的原因是,他们曾经被告知,人们最终会推翻前述法律。《纽约时报》曾经做出预测:"毫无疑问,如果登记程序重新开放,90%的旧金山华人都会在一周内申请证件。"[40] 这显然是个乐观的预测,因为正如众议员基瑞所说,相当数量的人属于非法入境,处于这种状况的人肯定拿不出规定的文件。不过,对于那些能够证明自己合法入境的人,上述解决方案可谓十分实际可行。

行将接任外交事务委员会主席的众议员詹姆斯·麦克里里(James B. McCreary)是个来自肯塔基州的民主党人,当时他成了风光无限的人。意识到106668位华人中已经注册登记的仅为13242人,而驱逐这些人出境的费用仅余2.5万美元,麦克里里提出了一项修正《基瑞法案》的议案:将登记期限延长六个月。[41] 他还提出了其他几项修正案,包括继续推进根据该法案启动的各项进程。尽管遭到众议员基瑞反对,经过对某些文字的仔细斟酌和修饰，1893年11月2日，麦克里里的修正案得到批准，成功立法。王清福是个从不轻言放弃的人，尽管他无意放弃斗争，推翻《基瑞法案》的战斗至此基本宣告结束了。

第二十二章
公平正义的狂热追求者
（1893年）

为了在纽约建一家中国剧院，王清福已经追梦十年，时间移至1891年年末，这一梦想眼看就要成为现实。当时他已经得到足够的财力支持，在多也街5至7号路段租用半地下层和第一层，并改装好了一座舞台和一段过廊，使之成为一处拥有300个座位的剧院。他甚至组建了两家演艺公司，一家在纽约演出，另一家巡回演出，两家公司都已经开始彩排节目。王清福唯一缺少的是商演许可。[1]

前景可谓一片光明。王清福找到了威利斯·霍利（Willis Holly），他是市长休·格兰特（Hugh J. Grant）的秘书，霍利预计，只要市长认为演出场所会按照"让人尊敬的方式"经营，他会乐于批准演出许可。[2] 然而，随后谣言四起，例如那地方实际上会成为玩番摊、吸食鸦片的场所，并传到了市长耳朵里。因而，市长在12月底决定拒发许可，这惹恼了王清福。他对一位记者表示："不颁发许可是个侮辱，也是个报复……既然允许希伯来人和德国人商演，我认为，中国人也应该得到同样的特许。"[3]

王清福怀疑谣言散布者是威利·查理（Willie Charley），他曾经在纽约布鲁克林区法院担任翻译，曾申请在剧院工作而遭到拒绝。"我会为此找他算账，"王清福咬牙切齿地说，"几个月前，因为行为怪异，他在莫特街'挨了顿揍'，这次他又得挨一顿揍了。"[4] 王清福自己经常遭受皮肉之苦，很少威胁他人。即使他真的采取了行动，如今也无据可考。

时间又过了将近两年，两位市长换了位，大幕最终开启。当时，剧院已经转到一个名叫赵峰的人手里。如今我们不清楚的是，王清福当时是否还与剧院有关系。不过，不容否认的是，这是他个人夙愿的实现。眼见这一项目终于结出果实，肯定会给他带来极大的满足。第一次商演日期为1893年5月25日。[5] 观众挤满了过廊，在喧嚣的鼓点声和锣钹声中，演出团30位演员身穿精心制作的、色彩艳丽的戏装闪亮登场。依照传统，所有女性角色均由男性扮演。王清福对商演成果非常满意，一个月后，他为《纽约先驱报》撰写了一篇长文，详细介绍演出的剧目、演技、观众等。[6]

市长办公室一次又一次拒发演出许可，片区警察总会借口剧院在吸引赌徒前往唐人街而前来骚扰。尽管如此，中国剧院的经营活动依然持续了好几年。赵峰的亏损额达到了1.7万美元，剧院于1897年关门谢客，随后不久又易手他人了。[7] 不过，剧院的设施保留了下来，进入20世纪后，那里偶尔还会有演出活动。王清福取得的一些成就，存在时间比他的寿命更长，至少在一段时期内，中国剧院是其中之一。

中国剧院第一次商演大约一周后，王清福应约赶赴芝加哥，前去帮助黄氏家族打官司，对手是人数众多的梅氏家族，起因是一次血腥的世仇报复。

当时芝加哥唐人街梅氏家族的人口可能多达500人，而黄氏家族的人口介于50到100人之间。[8] 梅氏控制着芝加哥的华人政坛，他们在唐人街或多或少以老大自居。

双方的仇恨可能源自"世界哥伦布博览会"，即1893年5月到10月在别名为"风城"的芝加哥举办的世博会，参会者多达2700万人。当年美国向全世界各国发出了参会邀请，46个国家接受了邀请，中国却不在其列。[9]美国的反华暴力事件和反华立法导致中美两国关系持续紧张，中国政府拒绝参会。另一方面，许多在美华人认为，这次博览会是一次不容错过的机会。此前20多年，中国人的声誉遭受了沉重打击，最近就《基瑞法案》展开大辩论期间，这种打击尤甚。因而，好几位美籍华人领袖认为，如果世界大舞台上缺失中国令人骄傲的文化，可就太丢脸了。如果中国决定不参会，在美华人会挺身而出，借机展示在美华人的文化。

拍卖中国场馆特许权时，芝加哥梅氏家族的数位成员参与了竞标，这帮人由两兄弟带队，一位是梅宗凯，另一位是梅宗周（他的另一个名字"协龙"更广为人知，此为他名下的"协龙英凯公司"的简称）。然而，在关键时刻，另一个集团以志在必得之势入场竞标，从大会组委会手里竞得了组建中国场馆的各种特许。该集团的成员包括商人和前铁路承包人汤信[10]、杂货商黄其以及中医师陈杰初[11]。三人组建了"华美参展公司"，注册地为犹他州奥格登市（那里是汤信的大本营），投入的资金为30万美元，其中四分之一来自旧金山的数位华商。[12]

这次意想不到的挫败让梅氏家族从两方面付出了沉重代价。他们赢得特许经营权原本是板上钉钉的事，有273名参会演员和手艺人直接来自中国，梅氏家族显然从华盛顿为这些人拿到了入境许可[13]，要么就是他们伪造了这些人的入境文件[14]。这些人已经离开中国，正在赴美途中，却只好在普吉特海湾掉头，这是一次财务方面的沉重打击。另外还有心理方面的损失，规模和力量更为弱小的几个家族把他们打败了。黄氏家族和梅氏家族之间原本就有芥蒂，不过在梅氏家族几位头人看来，这些损失足以让他们下决心对黄氏家族实施报复。尽管黄其算不上黄氏家族的人，他的父母却属于黄氏家族。

促使王清福赶往芝加哥的突发事件是，1893年3月29日，一位名叫黄阿洛（音）的年轻学子遭到毒打，施暴者为乔治·李和梅陶逦（音），两人均为梅氏家族成员。[15]黄阿洛来美的时间大约在1882年，当时他只有14岁。一开始，他在蒙大拿州当厨师，后来为了西北大学的学业，他大约在1888年搬到了邻近的伊利诺伊州埃文斯顿市。[16]他离开南克拉克大街一家机构以后，前述两人一直尾随着他，对他施暴的地点是南拉萨尔大街卢克里大厦附近一条小巷子里。[17]两人将他暴打到失去知觉，一连好几天不省人事。

如今人们已经说不清，这次袭击究竟除了缘于世博会的合同竞争，是否还有其他原因，不过特许权竞拍肯定是原因之一。黄阿洛很快就要到世博园里的中国村上班，尽管如此，没有证据显示袭击他的人知道这一点。《芝加哥论坛报》的文章推测，黄阿洛以前做的事延续下来的积怨也可能是一个原因，梅氏家族为了将黄氏家族某成员赶出城，曾经诬告那人入室盗窃，当时黄阿洛是黄家的翻译。[18]这次黄阿洛没认出袭击者是谁，不过黄氏家族认定此二人为前述两个梅氏家族成员，且当着警方的面指认了此二人。[19]3月30日，警方以故意伤害罪将二人逮捕。保释金为2000美元，有人交了保释金，交款人可能是梅宗凯。[20]

王清福此前从未与梅氏家族发生过正面冲突。遥想当初，

1881年在芝加哥短暂停留期间，他实实在在帮助过三位梅氏家族成员获得美国公民身份，其中一人可能正是梅宗凯①。[21] 如今没人说得清，他是否因此与黄氏家族成员关系密切，或者相反。不过，这种可能性确实存在。由于王清福的姓氏在中文表形文字里的书写方式与"黄"字不同，他与芝加哥黄氏家族没有宗亲关系。尽管如此，刚到美国时，他改用了"黄"姓，或许还参加了黄氏的宗亲会议。

黄氏家族招来王清福的原因是，他们希望有个能说一口流利英语的华人在法院为黄阿洛代言。王清福正是这样的人，他还拥有其他强项：掌握一定的法律知识，对芝加哥唐人街的混乱局面了如指掌，面对各种各样的敌人时近乎毫无惧色。《芝加哥论坛报》的文章称，由于害怕报复，没有哪个当地华人愿意指控梅氏家族。相反，王清福巴不得有人对他实施报复，他"基于以往的经验相当自负"，文章还把他称作"公平正义的狂热追求者"。[22] 的确如此，如果说有人对唐人街恶棍们的报复习以为常，此人非王清福莫属。他身上的疤痕即铁证。

4月11日，该案件交由治安法官爱德华·格伦农（Edward T. Glennon）审理，王清福俨然成了代理律师。其实黄阿洛的首席律师是约翰·斯特拉斯伯格（John B. Strasburger），此人是当地著名律师。他提出，应当重新逮捕两位被告，法庭接受了他的提议，并将保释金提高到1.2万美元。王清福向法庭出示了一份医生证明，宣称黄阿洛因身体原因无法到庭，并据此申请延期诉讼。王清福做陈述时，梅宗凯一直愤怒地注视着他。延期诉讼获法院批准后，

---

① 指本书第八章中提到的梅三。

王清福又提出，反对梅宗周为两名被告提供保释金，其依据是梅宗周没有美国公民身份。《洋际报》的文章描述称，梅氏两兄弟"扯着嗓门谴责王清福，他们说，无论他走到哪里，总会挑起派系斗争，伤害当地华人"。至于王清福，则反过来声称黄氏家族一直遭受黑帮分子迫害，自4月8日他到达以来，一直存在针对他的生命威胁。[23]

为赢得官司，梅氏家族只得奉陪。他们重新开辟战场，派遣家族成员梅霆（音）另案控告王清福伪造医生签名，为黄阿洛编造无法出庭的借口，并申请将王清福逮捕归案。法官签发了逮捕令，随后逮捕了王清福。根据检察官的要求，本案于4月12日撤诉。王清福请来为其辩护的律师查尔斯·德怀特（Charles W. Dwight）事后告诉一位记者，他遭到了梅氏家族的无理骚扰。毫无疑问，事情看起来的确如此。[24]

与王清福作对的芝加哥势力中，最强大的并非梅氏家族，这样的"荣耀"理应属于州检察官雅各布·科恩（Jacob J. Kern）。没过多久，王清福已经弄清楚，这位公仆与梅氏家族穿一条裤子。王清福告诉一位《芝加哥论坛报》记者，他已经有了结论，"中国人若想在芝加哥得到公平正义，唯一行得通的办法是买通梅氏家族"，并找到科恩。以下为王清福的叙述：

> 州检察官科恩通过哈里森大街警察局长科克告诉我，想让我去他的办公室见个面。局长把话带到后，我立刻租了辆车，到市中区警察局找来两位探员当证人，在他们陪同下，我去了科恩的办公室。我们到达后，那里的人要求我单独前往科恩的办公室。办公室的门刚一关上，科恩先生就坐到椅

子上,将两条腿搭到桌子上,面对着我,突然开始了下面的对话:

他一开口就说:"我认识你。"

我回答:"好啊,我很高兴省却了自我介绍。"

他接着说:"你一来芝加哥就惹麻烦。你是个麻烦制造者,中国人平静生活的搅局者。"

我特别惊讶,所以我说:"我猜你一定认错人了!"

"没有,"他停了一下,接着说,"我认识你是因为以前这座城市发生的混乱。几年前你来过这里,在中国人群体里制造了事端。"

"的确如此,"我这样回答,"几年前我是来过这里。不过,我来这里是为了缓和我的国人之间的混乱,而且我把事情办成了。"

"梅宗凯把当时的事都告诉我了,"科恩先生说,"他是芝加哥长住居民。跟你说的相比,我更相信他的说法。另外,我得让你明白,如果你控告梅宗凯或梅宗周,就等于控告我。这些人是我的朋友,说什么我都不会控告他们。"

"一些中国人曾经跟我说,"当时我这样回答,"无论梅宗凯或梅宗周做什么,州检察官都会护着他们,当时我还不相信。"

"你应该相信,因为这是真的。"科恩先生说。

"如果是这样,那好吧,"当时我这样说,"那我就不告梅宗凯和梅宗周,我改为告你了。为帮助我的国人获得公平正义,我曾经跟纽约警察局和其他更难搞定的对手交过手,这次跟你交手,我绝不会退缩。我的一生就是要献给事业,帮助我的国人获得公平，即使在这个过程中输掉，我也会在荣耀中死得其所。"[25]

黄阿洛的律师斯特拉斯伯格支持王清福的说法，不过说到此事，他略显谨慎。他说："为这个案子提请公诉的事，我去找科恩先生帮忙。大陪审团已经做好准备，我的请求理应非常适时地……获得批准。科恩先生却拒绝了，虽说他给出了其他拒绝的原因，但是他毫不掩饰他们是朋友这一事实。虽然我没有掌握证据，但我可以从道义方面判断，通过他的部门，肯定得不到不偏不倚的公诉。"[26]

《芝加哥论坛报》记者找到科恩，听取他的说法，他基本上肯定了王清福所说的。除了攻击王清福时口无遮拦，他出言谨慎，尽可能做到不偏不倚，以下为他的说法：

> 依我看，王清福就是个投机分子。他这个时候光顾芝加哥，我认为他的目的就是在中国佬当中引起纠纷，然后从中渔利。我和梅宗周已经认识好多年了，他是个富裕的商人和爱好和平的人，我从他那里得知，人们都觉得，王清福从来都是善于挑拨离间的人，他总是在有中国人的地方四处活动，表面上装作宁愿牺牲自我，实际上在为自己捞好处。我自以为对中国佬了解得足够透彻，我确信王清福来这里是为了在唐人街制造事端。我认为，改变这一局面最稳妥的办法，就是把他臭骂一顿……我对他说话时态度相当粗鲁，就是想让他明明白白地知道，如果他挑起事端，威胁到这座城市的平静，这一政府部门绝不会向他提供帮助。我相信，我这么

做是在履行自己的职责。[27]

这一次,王清福没有像多数情况下表现的那样,为达到目的而夸大事实,他描述的与科恩的会面可能稍有自我标榜之嫌,基本事实却不算过于偏颇。科恩本人也承认了王清福所言:首先,他不会没有偏向;其次,他会偏向梅氏家族。这已经足够有杀伤力了。王清福公开谴责科恩有偏向,这一事实表明,为了让黄阿洛得到公平正义,他已经豁出去了,在此过程中挑战科恩这样的实权人物,他已经将自己置于潜在的危险之中。虽然当初他这么做有可能是个计谋,如今看来情况却似乎并非如此。更有可能的大背景是,科恩确实处在梅氏家族的掌控之中,梅氏家族有办法与高层交朋友,并维持关系。

梅宗周继续利用各种场合攻击王清福,他对《芝加哥论坛报》记者说,王清福和黄氏家族合谋,开价600美元要他的命。另外,王清福还提出,如果梅氏家族付给他500美元,他就会放弃黄阿洛一案。王清福不仅否认了这两项指控,还反驳说,梅宗周能影响民事法院的原因在于他的财富。各家报纸对这一案件的最终审判结果没做什么评论,不过或许正如媒体所说,更重要的是要让所有庭审看起来公正,包括这次庭审。正如不到两年前,在美国总统大选期间,王清福在纽约因"违法登记"遭到过逮捕,他和其他华人都意识到,指望"美国司法机构一碗水端平"完全不现实。这个国家充斥着富裕的赌徒和走私者,他们乐意并且有能力补偿收入微薄的政府官员,进而让他们为自己做事,华人没有能力通过投票赶走腐败的官员。对付这些官员,除了媒体,王清福这样的改革家手里几乎没有武器,他已经非常习惯于在必要的时候利用媒体。

当然,比起单纯依靠媒体,更好的办法是控制媒体。正是这次来芝加哥,王清福人生中第三次——如果将波士顿的《中国新闻月刊》也算进来,应当是第四次——决定出版一份中文报刊。有人异想天开地吹嘘,这份报纸一定会成为"世界哥伦布博览会期间的文学奇迹"。王清福就势于4月宣布,他要出版一份八个版面的、带插图的刊物,办刊宗旨是"让华人美国化",即"影响这个国家的每一位中国人,使其变成美国公民,开口能说英语,身穿美式服装,像身边的爱尔兰人一样参与美国政治"。[28] 与王清福合作的人包括为世博会工作的查尔斯·斯坦顿（Charles S. Stanton）和芝加哥石版雕刻家约翰·亨宁（John W. Henning）。在奥尔巴尼人J.S.霍伊（J. S. Hoy）和唐纳德·麦克唐纳（Donald McDonald）的资助下,王清福创建了"纽约新报公司",并享有一半的利润分成,公司的股本总额为1万美元。[29]

即将出版的新报纸定名为《华洋新报》,这与王清福当年在纽约办的第二份报纸的名称几乎一致。[30] 世博会开幕不到两个月,第一期报纸便正式出版了。不过,报头的名字却令人意外,王清福反而更加怀旧,沿袭了《华美新报》用的英文名称,中文名称为《华洋新报》。这与他在波士顿出版的那份《中国新闻月刊》如出一辙,这个名称如今的标准翻译应当是"海外华人新闻报"。新版《华洋新报》面世之际仅有四个版面,政治倾向远比王清福此前办的几份报纸更加浓厚。一如王清福此前办的所有中文刊物,这份报纸的中文质量非常低劣,满篇皆是错别字和语法错误。像前几份报纸一样,这份报纸也带有色情小报的特点。尽管如此,报纸头版刊登了一篇关于《基瑞法案》的文章,该法案一个月前刚刚获宣布符合宪法。该文称，六大公司谴责该法案，认为其获得批准是因为政府不作为。[31]

像往常一样，广告内容包括洗衣店耗材供货商的供应品，还包括出售的中草药、皮货、房地产、电报汇款、火车票等。连成片的广告中间居然夹杂着一篇奇特的文章，不加掩饰地为基督教唱赞歌，仅用几句话就介绍了圣灵、圣灵感孕、亚当和夏娃、钉在十字架上的耶稣的故事，接着号召读者们为得到永生和幸福赶紧接受福音。考虑到王清福对基督教的仇视，这篇文章很可能是付费的。

这份报纸的部分版面完全是英文内容，毕竟这是王清福号召美籍华人学习的文字。其中一篇文章介绍了"世界哥伦布博览会"，华美公司投资9万美元在芝加哥南公园建成的"中国村"包括一座剧院、一家餐馆、一个大集市和一座布满佛像和雕塑的寺庙。[32]公司还雇请王清福在村里发表演说。[33]王清福高度赞誉参会的展品，同时严厉批评清政府的不参与政策：

> 这次世博会没有伟大的中华帝国的官方代表参会，国家没有与百姓同乐的意愿！为惩罚敌人所谓的过错，国家选择的是一种非常软弱而愚昧的方法，拒绝与整个世界正常交往……不让中国人民正常参与这届伟大的世博会，不仅等于放弃了19世纪，更是放弃未来数个世纪许多千载难逢的机会……对中国而言，正常的方式为，像个勇敢的男子汉一样站出来，为捍卫民族荣誉，像其他现代国家一样笑对变幻的世界风云……[34]

王清福善于见风使舵，具备一副好口才，几个月前，他面向国会议员们进行控诉之际，他说的"所谓的过错"是真实存在的；同期报纸还刊登了一篇《基瑞法案》给在美华人带来耻辱和不公的文章。不过，一旦涉及清政府，王清福便揣着明白装糊涂。毫无疑问，每个人都可以指责清政府用错了表示抗议的策略，不过如此弱化诸多抗议理由，与王清福此前采取的姿态严重不符，他曾经逢人便说该法案造成的伤害。

与之形成鲜明对比的是，王清福对数位芝加哥华人始终赞不绝口，他们勇敢地走出队列，让中国人在世博会上长了脸。王清福用中英两种文字赞誉了陈杰初医生，他是一位"深深地爱上"美国和美国人民的中医师。"与其他中国人不同，他来到了这里……将资金投进了这个国家的房地产和高标准实体公司，他参与的所有投资都成了真正的金矿。"汤信也参与了房地产投资。王清福还称赞陈医生和汤信两人剪掉辫子，身穿美式服装，渴望成为美国公民。王清福美誉黄其为克拉克大街的华人杂货商，他也许是芝加哥最富有的、视金钱如粪土的华人。[35] 在王清福的余生里，这些人成了他生活的组成部分，陈医生和黄其成了华人平等权利联盟的活跃分子，年轻的黄阿洛同样如此。数年后，汤信和王清福一起参与了奥马哈市举办的一次大型博览会的竞标。

为配合世博会，王清福打算在芝加哥召开一次全国性代表大会，为此，他酝酿了好几个宏大的计划。他在刚刚创刊的《华洋新报》上刊登了一份公告，号召所有有兴趣的华人踊跃参与，该公告部分内容见下：

> 我们希望再次正式通知说英语的美国华人，尽快将你们

的联络方式告诉我们,以便我们转告"华人平等权利俱乐部"成员,以便他们知悉,反馈的人数足以召开一次全国代表大会,然后及时启动各项准备工作,在芝加哥世博会期间召开本次大会,以便你们到来之际可以实现两个目的:其一为亲身感受今生今世最宏大的场面,其二为亲身参与中国人在中国以外的国家举办的规模最大的活动之一。活动参与者有机会选出为自己的权利代言的领导人。由于全世界所有国家都将在世博会上展示真实的自我,这期间来一趟芝加哥比通常情况下来好几趟更划算,即使花掉半年的收入也值得。[36]

王清福的全国代表大会未能在世博会期间召开,不过,芝加哥大规模集会在次年召开了。这次大会不仅要为华人争取平等权利,更要为促进这些权利的实现创建一个崭新的政党。

第二十三章
数次虎头蛇尾的事业
（1894—1895年）

"世界哥伦布博览会"闭幕未久，王清福回到了纽约，随着他的离去，《华美新报》的第二次浴火重生也以夭折告终了。1893年12月，全美各地好几份报纸都刊登了一则短消息：财政部部长约翰·卡莱尔——负责强制执行所有排华法律的正是此人——已经任命王清福担任华人巡视员。[1]当年，此种巡视员往往受雇于海关部门和联邦移民管理局，整个19世纪90年代，前一个部门对来美移民负有一定的管理责任，后一个部门创建于1891年，两个部门都是美国财政部下属单位，会外派巡视员，依据管理中国移民的法律实施强制管理。[2]

王清福终于实现了获得联邦政府任命的愿望。不过，从表面上看，基于他所持的观点，他竟然会同意接受这样的职务，或多或少会让人感到意外。在全美范围内，他是批评《基瑞法案》最尖刻的人之一，而他竟然会与强制执行该法案的部门签约！王清福赞成停止从中国往美国移民，这个不假，可是他竟然愿意成为政府官员，负责将自己的国人拒之门外，进而驱逐非法入境的中国人，这让人感到意外。不过，好在王清福的职责中至少有一部分与禁止鸦片进口有关，这倒是他完全支持的一项事业。

关于王清福的任命,《华盛顿明星报》发表过十分有意思的看法,将其称为"把天朝的人拉下来,置于让人开化和开心的政府雇员工的资单上,至少在这个方向开局良好"。文章接着评论说:"王清福具备在警务部门以及其他政府部门履职的能力,假如部长先生能理解到位,美国国内他那一族的明白人都会立即效仿他,剪掉辫子,穿上西装,学会投票,甚至会守法经营洗衣店。"尽管这番评论的后半段语带挖苦,王清福肯定会同意其内涵。[3] 即便王清福对接受这份工作有些疑虑,如今也找不到留存的物证。另外,正如此前王清福从事大多数事业都没有常性,他在这个位置上也没干多久。实际上,若干年后,他否认自己接受过这一职务。[4]

官方正式宣布任命前,王清福似乎已经开始担任一份临时职务,当时他在约翰·韦伯(John B. Weber)手下工作。韦伯是共和党人、内战时期的退伍兵,也是纽约州北半部选出的连续两任国会议员,他从1890年起担任纽约港务局移民管理处第一任处长,在这个位置上一干就是三年。王清福曾经对《华盛顿邮报》记者说,韦伯很快意识到,为有效遏制中国人偷渡以及鸦片走私,他需要能够得到的一切帮助。按照王清福的说法,韦伯不仅保证付给他"高额回报",还答应帮助他拿到驻中国某地总领事的职务。[5] 这两项任命都是此前王清福梦寐以求的:有稳定收入的政府雇员,和在祖籍国担任外交官。[6]

按《华盛顿邮报》文章的说法——王清福似乎正是这篇文章的消息来源——王清福在任上干得非常棒,他抓获了许多偷渡者,还多次帮忙协调,查获了大量鸦片。实际上,他干得太好了,因而上级派他前往波士顿,那里有个华商集团,他们在加拿大帮助中国劳工偷渡,按人头抽取200美元费用。王清福所处的有利地位让他能够从华人社区内部获取情报,他发现,这些钱的一部分最终流进了某些联邦海关官员的腰包。他把这些情况汇报给了韦伯,卷入其中的人包括路易斯·蒙哥马利(Louis M. Montgomery)上校,他是南方军退伍兵,负责新英格兰地区的海关工作。

有一次,他们三人在韦伯的办公室开会期间,王清福对蒙哥马利的谴责让现场氛围达到了白热化程度。"当时现场一片混乱,"摘自《华盛顿邮报》的文章,"王清福声称,他是被人从办公室里扔出来的,当时他裤子上还粘着上校的波士顿靴子印。"王清福被辞退了,他宣称,当时还扣发了他一部分工资。他让一位朋友代领欠发的工资时,朋友被人赶了出来。后来王清福威胁说,他要起诉韦伯。可是,无论是在纽约还是在马萨诸塞州,都没有相关案件的存档记录。[7]

不过,王清福受雇于财政部的经历并没有就此结束,随着哈里森总统内阁收官,韦伯也于1893年卸任。鉴于不断爆出的腐败消息,财政部部长卡莱尔任命托马斯·沙尔夫(J. Thomas Scharf)上校前去调查所谓纽约港务局华人巡视员履职造假一事。沙尔夫是个作家、记者、历史学家、北方军海军退伍兵,他重新雇用了王清福,"并且向其郑重承诺,让其成为终身的全职海关官员"。这有可能解释清楚,为什么官方任命王清福履职的时间会在12月。然而,王清福的履职时间仅为三个月。王清福声称,一个匿名的竞争对手向沙尔夫提供了虚假信息,因而他成了受害者。无论外人对沙尔夫说过什么,足以在他和王清福之间播下不信任的种子,王清福担任海关巡视员的短暂经历就此画上了句号。

临时在波士顿工作期间,王清福再次与他人发生争吵,为此他还上了法院。在波士顿西区乘坐有轨电车时,王清福抱怨行车速度太慢,这让电车售票员感到不快,并开口骂他,"不仅声音大、喋喋不休,还专门点出他的国籍"(摘自《特伦顿时代报》的文章)。王清福转而将电车公司告上法庭,要求对方赔偿1000美元精神损失费。[8] 即便这一案件真的得到了审理,王清福是否得到过赔偿也值得怀疑。王清福返回纽约后不出几个月,在纽约27街东街,一帮街头混混打伤了他。[9] 如今不清楚的是,打他的动机是否为种族歧视,不过确实有这种可能。那个年代长大的年轻人认为,华人低人一等,因而常常对华人动手动脚。其中一个男孩因此被捕,被提起公诉。如今看来,王清福好像经常作为原告上法院。尽管如此,值得注意的是,在法院里,有时候华人能得到公平对待——虽然情况并非总是如此。不过,在其他政府机构,华人多数时候会遭到拒绝。毫无疑问,王清福经常通过法院寻求赔偿,原因正在于此。

对于在政府部门工作,王清福依然兴趣不减,为当上巡视员,他于3月份向纽约消费税管委会主任递交了一份申请[10],希望重新任命他干老本行,即唐人街专职巡视员[11]。在随后到来的秋季,他突然去了乔治亚州——事实最终证明又是一次短期外出。10月初发行的《亚特兰大宪法报》在文章中称,王清福已经到了亚特兰大,也许会居住相当长的一个时期。对于尚不熟悉王清福背景的亚特兰大人而言,该报在引述他的简历时准确地将其描述为"极少数闻名全美的中国佬之一"。[12]

王清福前往亚特兰大可能是为了纪雷(音)医生和汤姆·李(和他在纽约的朋友不是同一人)的庭审,这两人因为开设鸦片馆于10月5日被捕。[13] 王清福此次来亚特兰大似乎是为此二人当翻译和鉴定证人。他对庭审现场的人们说，由于气候原因，生活在他祖籍国的人们有时候必须吸食鸦片，虽然中国政府不支持这么做，但这并不比喝威士忌更丢脸。[14] 王清福这次南行的目的，或许也包括与黄金生医生进行谈判[15]，《亚特兰大宪法报》的文章将后者称作美国最著名的中医师[16]。

黄医生是个年近60岁的中草药游医，当时他来亚特兰大已有数月。1892年，他曾经在科罗拉多州特立尼达县生活；1893年，他曾经在新墨西哥州拉斯维加斯市生活；1894年，他曾经在得克萨斯州圣安东尼市生活。王清福到来时，黄医生已经在亚特兰大三个地方开过业，每次搬家，他都会带上种子、根须、草叶、树皮等药材。他的小店里摆满了中国扇子和其他东方"文物"，他还将印在羊皮纸上的文凭挂在墙头。[17] 或许是受到这个产棉州和即将在亚特兰大市皮德蒙特公园举办的国际博览会的吸引，黄医生来到了这里。博览会的6000个展位吸引了大约80万参观者。[18] 为维持生计，黄医生需要美国患者上门。1895年，亚特兰大的华人十分稀少，五年后的1900年，联邦人口普查时，仅有46位华人统计在列。[19] 当地华人人口基数实在太小，不足以让华人药剂师维持正常经营。为吸引美国患者，黄医生甚至花钱将客户的好评刊登在《亚特兰大宪法报》上。[20]

如今没人说得清，王清福是到达亚特兰大以后认识了黄医生，还是两人以前就认识。不过不管怎么说，10月9日，王清福宣布了自己的意向：他会留下来，跟中医师一起开诊所。[21]《亚特兰大宪法报》的报道称，王清福将负责营业，医生将专注于问诊，两人将"为本市居民带来治疗各种疾病的全新方式"。

这么做符合王清福的性格，他总是积极参与能够展现中国人优越性的活动——这一次他参与的是医疗。尽管对这个行业缺乏认知，如往常那样缺少全面的商业评估，他照样一头扎进了问题成堆的经营活动。黄医生的英语远不如王清福的英语好，这毫无疑问是他对此种安排感兴趣的一个原因。向美国人解释中国的东西，没有人能比王清福做得更好；推销新项目，也没有人能胜过他，新开张的诊所需要美国患者。吸引黄医生的另一个原因是，王清福或多或少有点钱，可以投入门店的经营中。[22]

《亚特兰大宪法报》的文章称："到目前为止，美国中医师们的行医对象多数时候是华人。不过，王清福说，他希望信仰基督教的人们也能体验黄医生的有效疗法。"王清福告诉该报记者，在他和黄医生的照料下，众多美国医生宣布放弃的一位"病入膏肓"的华人重症患者奇迹般地部分治愈。患者服用了一段时间由多种草药煎熬的汤药，迅速康复起来。[23]

仅仅过了大约两周时间，两人便分道扬镳了。王清福告发黄医生的欺诈行为，要求将其逮捕。[24]他控告医生胡编行业信息，并坚称本案涉及"一大笔钱"，自称在被诈骗了75美元之后被扫地出门。黄医生遭到逮捕，等候开庭审判。不过，几天后两人到庭时，王清福改口——尽管医生一直被关押在市监狱里——控告医生让他始终"在不间断的威逼下惶惶不可终日"。为保证自身安全，他只好每周花费3美元雇了个黑人保镖。[25]

第二天，形势反转，医生反告王清福作伪证，不过主审法官驳回了医生的申诉。王清福大获全胜，医生在被关押一周半后获释。没有任何报道提及王清福是否追回了钱款。[26]不过，王清福在美国南方的短暂停留就此结束，他从亚特兰大回到了"风城"芝加哥，在他的余生中，他把这座美国城市当成了家。

第二十四章
美国自由党
（1896 年）

  为挑选参加 1896 年总统大选的候选人，美国各主要政党计划以中西部作为召开党代会的地点。选民们希望，各党将主要竞选议题集中在经济方面，包括免费铸造银币和关税。对王清福而言，移民问题和美国华人入籍解禁问题仍然是最重要的，但在全国性选战中，这些已经不再是主要议题。可王清福仍然天真地认为，撤销对美籍华人公民身份限制的政治意愿依然存在。为达目的，他厚着脸皮拜访两大政党人士，寻找在两党全国代表大会上发言的机会。[1]

  王清福首先与共和党人见了面，共和党全国代表大会于 6 月 16 日至 18 日在圣路易斯市举行。王清福说，他前往拜会该党人士，却遭到了拒绝。这可能是真的，因为 5 月底他去过圣路易斯，当时该市遭遇了飓风，受损严重，死亡人数上千，他去那里的目的是援助华人灾民。[2] 后来，他又试着接触了民主党人，该党全国代表大会将于 7 月 7 日至 11 日举行。该党的确接待了他，虽然可能只是做做样子。王清福曾经向《芝加哥论坛报》记者透露他申请在两党大会上发言的原因，不外乎是为华人申请公民身份摇旗呐喊。不过到最后，他发出了近乎不加掩饰的威胁：

我来这里是想在参会代表们面前现身,代表中国人发个言。中国人想得到的权利,没有理由不给他们。他们得到应有权利的时间快到了。30年前,但凡有人说黑人也可以当选国会议员,人们会把说这种话的人当成疯子。如果他们不让我在大会上发言,我就租个会场,自己召开一次大会,将人道主义者团结到我身边,组建个崭新的平台。[3]

王清福列举的数字为400—500名已经归化的华人,无论哪个政党支持他的主张,这些选票就可能归属该党。[4]不过,对于投票人数最终会达到1300万的大选而言,王清福提到的数字没有吸引力。即使富于同情心的白人和黑人助王清福一臂之力,他也无法以自己的号召力切切实实组织一个选区,以便两党中的任何一个政党认为,他的发言值得听取。可能两个政党均认为,这么做弄不好反而会疏离更多宁愿维持现状的选民。到最后,华人公民的身份问题根本没有出现在任何政党的竞选纲领中,引起两党重视的都是阻止廉价劳动力移民的问题。[5]

王清福兑现了此前发出的威胁:如果得不到两大政党支持,他将自己组建一个政党。他租下了芝加哥哥伦比亚剧院7月12日(即民主党代表大会闭幕后的第二天)的夜场,然后勇敢地宣称,他将召开大会,组建全新的美国自由党。为招揽参会人员,他不仅印刷了宣传品,还拜访了许多记者。[6]他曾经对一位记者说,他和他的盟友诚邀"所有热爱自由的人士"前来参会。说到已经归化的华人——这些人和希望成为美国公民的人们都是他的支持者,他声称代表他们——他在一个段落中三次提到了美国国旗:

这些人来这里是为了长期居住,他们已经学会热爱这个国家的社会制度,他们的爱国热情足以让他们团聚在星条旗下,为了这片接受他们的大地的荣耀和安宁,他们甚至会拿起武器,与祖籍国抗争。我们的一些国人拒绝接受生活在一起的人们的衣着、语言和日常生活,拒绝与当地居民融为一体,我们不是在为他们代言。我们为之代言的是这样一些人,他们会为光荣的星条旗感到骄傲,他们会饱含爱国激情地说出:"这是我的国家,那边那面旗帜是我的国旗。"[7]

王清福曾经对《波士顿环球报》记者说,他真心希望新成立的政党于当年11月选出党主席。毫无疑问,他不相信这种事能够成真。[8]

令人失望的是,这次大会仅仅吸引了200人到会。王清福的公关本能再次陷他于彻底失算。《芝加哥论坛报》第二天刊文称,那晚的大会以王清福值得称道的一通演讲开场,他谈到了华人在美国遭遇的中伤和迫害。他还谈到,一旦获得允许,估计会有1万名美国华人有意归化为美国公民,每当谈到这些,会场便响起掌声。不过,后来他犯了个严重错误:他邀请现场听众随意上台发言!好几个人上台发言,并且远离了主题。一位名叫杰伊·霍金斯(Jay Hawkins)的先生首先表示,他赞成给予华人选举权,不过他的话题随之转向了白银自由流通;一个名叫托马斯·史密斯(Thomas Smyth)的人上台后,首先罗列了全世界他去过的30多个国家,最终他回过神来,号召人们给予妇女投票权,随后他又谈到了与商船队有关的事,以及"维多利亚女王"号邮轮和古巴等。某位来自圣保罗的"肯尼"先生发言时的确谈到了赞成给华人投票权，不过他赞誉华人勤奋、忠诚、可靠的同时，还专门谈到了他特别欣赏的一点：华人每天换四次衣服。[9]

王清福意识到，他已经完全失去了对大会的控制，因而当晚没有强行通过任何决议，他反而宣称，成立新政党会在"另一个场合"实现。他请求所有赞同他的事业的人将通信地址邮寄给他。[10]他感到失望，不过并没有因此气馁，因为他仍然宣称会成立政党和推出主席候选人，一切都要在总统大选前仅剩的四个月内完成。[11]

好几份报纸在王清福的单一政纲之上为他增加了一个条目：除了废除限制中国移民的法律，新政党还会致力于废除用机器替代人力的方案。[12] 1896年，在美国劳动力市场上，机器的效率是人们热议的话题，尽管如此，这毫无疑问不是总统竞选的议题。王清福此前从未提及此事，如今看来，他此后似乎也没有提到过，因而这些报道完全有可能是对他的误解。

王清福是这场运动的领袖，不过他并不是唯一的骨干，《波士顿环球报》提到的人还包括陈柏新、伍枝客、梅明、周思刚、李柏军①，他们都是芝加哥人。[13]一些芝加哥唐人街的大人物隔岸观火，组成了"王清福梦"的"严重对立面"。《波士顿环球报》以梅宗周和梅宗凯两兄弟为例，称他们是从未放弃向中国效忠的一批中国人的代表——他们也确实没有成为美国公民——而且他们还嘲笑王清福的想法。[14]将这一切简单地归咎于黄阿洛一案导致的个人恩怨未尝不可，就此前两位梅氏家族成员的案子来说，情况可能确实如此。不过，留存至今的事实为，王清福仅仅选择

---

① 以上五人姓名均为音译。

性地为美国化的、会说英语的华人代言,很明显,他极其不愿意保护已经身在美国的绝大多数华人。这些人要么不愿意与当地人同化,要么没有能力这么做。美国唐人街有许多人仇视他,肯定与此有关,因为这些人与他没有个人恩怨。

时间移至秋季,王清福已经绝口不谈组建新政党的事。11月2日,共和党候选人威廉·麦金莱(William McKinley)在势均力敌的选战中击败了民主党人威廉·詹宁斯·布莱恩(William Jennings Bryan)。《克利夫兰老实人报》的报道称,麦金莱当选未满两周,11月14日,王清福创办了他此生最后一份中文报纸,那是一份四个版面的双周报,他将其命名为《美义新报》,英文的意思是"新美国正义新闻"。不过,王清福本人仅仅将其称作《华人新闻》。[15] 当时,他对出版报纸的流程已经非常熟悉,以前雇用外人做的许多工作,他都改为亲自捉刀。《华盛顿时代报》的报道称:"王清福亲自担任办事员、记者、编辑和主笔。"[16]

唯一存世的一份《美义新报》为"第一期第二号",出版日期为1896年11月14日。这是王清福名下最严肃的一期中文报纸,内容涵盖许多政治议题。这期报纸刊文介绍了孙中山,文中提到他为"强我中华"做了许多事,并提到此前一年他遍访美国的经历;还刊文扼要介绍了美国人如何选举总统;另有一篇文章谈到,伍廷芳有可能受命接任驻美公使。当然,这期报纸没有忘记强调美国境内中国人的权利:必须组织起来,力争成为美国公民。[17]

和王清福以前办的报纸相比,这期报纸所刊广告的跨度扩大了许多,包括往日本、上海、香港电汇款项的广告,以及食品、酒类、药品、香烟的广告,还有屠夫、管道工、代磨剃须刀的补锅匠刊登的广告。14年前的《华美新报》刊登的广告几乎都是洗涤用品，这份报纸的广告显示，与以前对比，美国华人的生活领域有了相当可观的拓展，人们也比从前有了更多选择。[18] 当然，在一定程度上，这同样昭示着王清福在招揽广告方面比以前做得更好，也更富于创造性。

和王清福此前办的报纸一样，《华人新闻》的中文版质量堪忧，满篇皆是语法错误和错别字，思想方面也欠缺逻辑性和完整性。单从字体上即可清楚地看出，王清福办的几份报纸，每种报纸雇用的都是不同的誊写员。事实上，在不同的报纸之间，文风的差异远大于手写字体的差异，不仅每种报纸的文章体裁不尽一致，誊写方式也不统一。这意味着，每种报纸不仅誊写员不同，文章写手也不同。王清福名下的英文文章几乎每一篇都无可挑剔，对比这些报纸的中文文章，无论是文章的内容、行文的流利程度还是逻辑，人们不难从中得出结论：这些中文文章都不是王清福的手笔。王清福的中文水平不足以堪此大任。

王清福自办的报纸是他的最佳讲坛，他至少利用其支持过一位地方政治候选人，即竞选芝加哥市长的市议员约翰·梅纳德·哈伦（John Maynard Harlan）。1897年2月20日，王清福在当天出版的报纸的头版社论中对哈伦给予了明确的支持，他认为，前一届政府的市政团队以"行贿"和贪腐为特点，哈伦则是一剂解药。这期报纸没有留存下来，不过，《芝加哥论坛报》提到了这期报纸的中英文内容。王清福赞誉哈伦的政治理念，还信誓旦旦地告诉读者们，这些理念"与孔子的道德观及其政治伦理高度契合"。王清福进一步指出："哈伦和中国人想法一致，当他谈到希望颠覆美国人的政治文明时，他俨然成了一位中国哲学家。"对王清福而言，这已经是高度赞誉了，不过芝加哥显然没有准备好迎接一位满脑子孔子思想的市长。哈伦遭遇了民主党人小卡特·哈里森（Carter H. Harrison, Jr.）的痛打，后者赢得了68%的选票。[19]如今看来，似乎并没有太多投票人读过王清福支持哈伦的文章。同样值得怀疑的是，王清福当时与这份新出版的报纸究竟还有多少关系。这是因为，前一年11月25日，王清福给马克·罕纳（Mark Hanna）写了封信，他希望在胜选方组建的新政府里谋个职位。罕纳是负责麦金莱总统竞选班子的政治家。由此可见，尝试组建美国自由党的计划流产后，王清福显然转向了支持共和党。[20] 王清福致罕纳的信写在印有《华人新闻》信头的信笺上，部分内容见下：

> 《华人新闻》是美国唯一的共和党中文报纸。共和党总统参选人获提名前，本报在圣路易斯市创刊，本报全力支持麦金莱参选，出版人的利益反而退居其次。由于本报不遗余力的努力，全美华人都投票支持共和党的金本位制。大约3000名出生在中国本土的华人以及500名入籍美国的中国人据此投出了选票。[21]

如今已知的事实是：有充分的证据显示，王清福自己组建政党的尝试一直延续到共和党全国代表大会召开之后；他所说报纸在圣路易斯市创刊不可能是真的；他说的投票支持麦金莱的华人人数可能是夸大其词——无论如何，这一点在当时根本无法核实。不过，当年11月14日之前，的确曾有一期《华人新闻》出版发行，如果这份报纸确实是双周刊，它肯定于大选前一两天出版，出版地点几乎可以肯定为芝加哥。王清福在写给罕纳的信里夹寄了一份该报英文版的剪报，文章称，他终于转向了支持麦金莱。

以下内容摘自这篇文章的结尾段落:"这个国家不仅伟大,而且富裕,咱们付给麦金莱少校的薪水应当超过法国人付给法兰西总统的薪水,以此让小小的法兰西共和国颜面尽失。"如今已知的事实为,当年王清福对麦金莱的支持不过如此。

可是,在写给罕纳的信里,王清福竟然凭借这一点直言不讳地提出:

> 本报编辑据此要求在新近履职的政府机构中谋个职位,或者前往某驻中国领事位置上任职。这是唯一一次提交此类申请,务请酌情赐予。[22]

如今看来,我们没有理由认为,当年共和党政府会很快宣布对王清福的任命。不过,罕纳对胜选方分派职务的事非常认真,他显然在回信中就王清福出任华人巡视员和翻译官的可行性征询过他的意愿,但原信已经佚失。这正是两年前王清福在财政部长卡莱尔手下担任的相同职务。不过,在12月3日的回信里,王清福否认了这一事实,这让人很难理解。然而,王清福在回信里向罕纳保证,如果在共和党政府中担任此职,他会倾心效劳。

在同一封信里,王清福就自己担任此职能做些什么进行了明确的表态。尽管他诅咒《基瑞法案》下地狱,但对于禁止华人入境,他没有任何异议。以下内容摘自他写给罕纳的信:

> 我以为,我非常同情这个国家的人们对华人问题的看法。美国的华人劳工和洗衣店主已经过多过滥,缺少的是商人。与美国人相比,我能更为准确地识别这两类人,若能得到有

效的帮助，我能在一年内完全阻止华人苦力入境。[23]

上述职位从未真正落实到位，不过王清福似乎不再为此分心，他已经开始着手落实另外的项目，他刚刚创刊的报纸也会在其中扮演角色，那就是在芝加哥为美国人修建一座孔庙。这一宏大的计划——王清福策划的大多数项目要么一开始恢宏无比，要么最终如此——最初要求在城里某座现成的建筑内设一处祭拜大厅，最终建成一座"巨型神庙"，王清福将担任神庙的"大祭司"。[24]

1896年11月底，王清福开始咄咄逼人地推进这一计划，他必须为如下事实承担责任：美国引以为傲的多元宗教作为正面范例接受的信仰，可能会反过来与基督教发生正面冲突。"中国宗教学家们有诸多计划，最低限度是让整个芝加哥市改变信仰，改信孔子学说，"这是《芝加哥论坛报》的论调，"芝加哥信仰基督教的人们一直在试图改变华人的信仰，事实上，如今华人正在反其道而行之，他们在为美国人修建周日学校，传授孔子学说的内容给美国人，他们还要修建一座大型临时建筑，在里面宣扬孔子的伦理道德。"不仅如此，《华人新闻》从当期开始将部分版面改成了英文版，为的是吸引美国人，以推进传教活动。[25]《芝加哥论坛报》刊发了一篇后续文章，将王清福与福音传道者德怀特·穆迪相提并论，当时后者正在策划一场宏大的改革运动，将整个美国变成信仰基督教的国家。[26]

第一次活动暨开幕仪式的时间定在12月13日，地点定在芝加哥的金布尔大厅。宣传材料称，王清福登台时会身穿"圣袍"，现场宣讲"东方道德观和社会伦理，一切都依照孔子学说的仪轨"。参与者不必缴纳任何费用，现场会有人以华人权利平等联盟的名义募捐。借助此项活动，王清福得以一箭三雕：利用孔庙传播孔子学说，利用《华人新闻》扩大影响，利用权利平等联盟坐收渔利。《芝加哥论坛报》在文章中称，王清福计划同期出版第二份刊物——一份名为《东方之光月刊》的杂志——作为《华人新闻》的辅助刊物，以传播宗教理念。该刊将同时致力于孔子学说和基督教教义在伦理道德方面的比较。[27] 但这一计划从未开花结果。

12月13日出版的《芝加哥论坛报》头版重要位置全都是关于此次活动的提前报道，版面上不仅有一篇长文，还有一幅出自某华人艺术家之手的、占据五个栏目宽度的新建孔庙祭坛的巨幅素描画。《芝加哥论坛报》的文章称，"祭典仪式"最终将与"流行于中国的仪式大致相同。当然，至少一部分仪式的设置本质上是为了影响美国人的思想，必须对它们加以某种程度的修改，使雄辩的成分比平日里更显突出"。[28] 文章还对现场设施以及祭坛本身做了详细介绍，还专门提到，"除了重大场合，一般不会有音乐"。文章并没有明确道出预计会出现什么样的"重大场合"。

王清福说得很清楚，孔庙的目标受众不是当地华人，而是本市的美国人。"真心实意追随孔子的人……多数是来自芝加哥的美国人，远多于当地华人。"这段引语出自王清福，不过，他从未以真正的美国人作范例，来证实这样的奇谈怪论。论及广东同胞时，王清福总是一副趾高气扬的态度。有一次，他不屑一顾地说，"芝加哥的普通中国佬"实在是"过于愚昧，难堪宣扬中国理念的重任"。

多数人会把这次活动当作一场纯粹的闹剧。基本上可以肯定，王清福13岁以后从未踏进过孔庙，令人高度怀疑的是，他怎么可能真的知道如何演绎祭典仪式。说实话，在提前刊登的文章里，《芝加哥论坛报》直白地告诫："整个仪式无疑将沿袭讨论会形式，第一次实践活动极有可能完全没有宗教仪式的踪迹，这样的仪式有待日后引进。"换句话说，王清福对宗教仪式不是特别熟悉，因而会完全放弃仪式，让祭典进程顺其自然，采取演讲会和讨论会的形式。

最终的开幕大会与其说是宗教活动，不如说更像是王清福以孔子学说为主题从事过多次的演讲，听众中也未见可能熟悉传统仪式的华人。王清福的所作所为不过是意在影响美国人，并非真的令其改变信仰。他重新编排了以前用过的演讲主题，额外增加了一些新内容。《芝加哥论坛报》大量引用了一些他的演讲片段，如今看来，他似乎是在强行推广孔子思想，同时指出美国社会的一些谬误。"你们花费了将近20个世纪研究《圣经》，20个世纪以来，你们一直在祈祷，还试图向不信邪的异教徒们强行灌输自己都弄不懂的学说。"一番谴责过后，王清福字斟句酌地问："如果整套改良学说历经数千年未能取得预期的结果，早就该把它绑在大石头上，扔进芝加哥河里，早就到尝试新东西的时候了，对吧？"[29]

接着，王清福脱口而出，念叨起"阿弥陀佛"。这句"佛号"与孔子学说没有丝毫关联——这说明王清福临时抱佛脚，一时没弄清两者之间的区别——意指救难、得涅槃、投胎来世，而这些都不属于孔子学说的范畴。[30] 不过，王清福第二天会见各路记者时，一切都回归了理性。他与记者们探讨了孔子学说中的社会礼仪、尊老敬老、君臣之道以及其他金科玉律。[31]

王清福还利用会见记者的契机鼓吹一夫多妻制，此前他从未表述过如此激进的思想。他宣称，这么做可以避免离婚。他的原话为："不必如此残忍，只要能合法地得到另外的妻子，男人们就不必与原配分开了。"另外，他还添油加醋地说："完美的政治制度……是真砍头，而非开除公职，如此即可迅速减少侵吞公众资产者的人数。"[32]他这么说肯定无法激发人们的想象力，两种说法均无法引起美国听众的注意。

然而，开幕仪式过后不到一周时间，一切都在突然间结束了。12月19日，王清福宣布，他要暂时关闭金布尔大厅里的神庙，推迟在芝加哥从事的传教活动，因为他的"工作量实在太大"。不过，这次关闭并不是"暂时"的。接下来一周，他承担了在密歇根州杰克逊城传播孔子学说的工作，然后又前往伊利诺伊州数个城市做起了相同的工作。他进一步解释说，他还为某"旨在推进中国国内改革的学会"工作，那将占用他大量时间。就此而论，他的说法完全正确。

第二十五章
一封美国朋友们的来信
（1894—1897年）

成为美籍华人，意味着做出效忠美国的承诺，接受美国的为人处世方法。不过，王清福从未声言，因为这意味着与中国一刀两断。毫无疑问，他自己从未这么做过。随着岁月的流逝，对中国的事情，王清福的认知越来越模糊，越来越不准确，想象的成分也越来越多。虽然他事实上手握归化成美国人的文件，他的爱国热情却丝毫未减。像大多数美籍华人一样，对中国的国内政治、内部冲突和国际关系，王清福有自己的鲜明看法。他还对中国的未来怀有美好的憧憬，表达观点时，他从不遮遮掩掩。

19世纪末，清王朝衰败，国家长期处于战争、叛乱、社会矛盾中，两次鸦片战争不过是这一切的序幕。虽然远在美国境内的中国人处于和平环境中，他们对中国的一切都心知肚明。19世纪80年代，法国人为争夺越南北部的控制权而侵略中国之际，19世纪90年代，明治维新时期的日本为兼并朝鲜而侵略中国之时，美国媒体无论什么时候有需求，王清福总是招之即来，他总能带来犀利的观点和精彩的解读。他的信息是否准确，或者他对未来的看法是否切合实际，完全是另一码事。例如，他信心满满地——当然是错误地——预测中国在两场冲突中都会获胜。[1]

就前述第二场战争而言，王清福真心实意地希望中国大获全胜。许多美国媒体预测，日本必将获胜，因为它拥有西方技术和现代战争机器，而中国处于落后状态，尚未适应变化的时代，王清福对这一切不屑一顾。[2] 他的理由极其愚蠢，与军事准备几乎没有关系。他的解释是："日本是个东方国家，却不是拥有阳刚之气的国家，还屈服于西方的影响，成了西方文明进入东方的楔子。"接着，他两相比较说"东方文明的阳刚之气植根于中国"，它"更为古老、更有男子汉气概、更加宏伟的文明最终必将战胜女性居统治地位的民族，以及崇尚柔弱信条的西方"。在王清福口中，两个亚洲国家之间的战斗好比《圣经》中的大决战，他是这么说的："这是东方男子汉气概的、阳刚之气的文明与西方愚蠢、矫情、女性居统治地位的、债务负担沉重的、割裂的文明之间最后的战斗。"[3]

王清福曾经表示过如下希望，中国应当引进西方模式，将自身重塑成现代民主国家，如今他却对西方文明抱着过度否定的观点，如何协调这两种观点，他无意做出解释。不过，在随后一次更加令人费解的观点披露过程中，他公开表示，自己实际上"更喜欢"日本。与他的东西方对决理论如出一辙，他的理由似乎完完全全基于他丰富的想象力。以下是他对记者说的话：

> 日本人……代表了蒙古种族的文化、爱国主义以及最优秀的品质。如今统治中国的游牧民族来自中亚，他们是外国人。所谓纽约的中国人来自中国南方，实际上他们是混血种族的后代……三百年前，游牧民族将真正的中国人赶到了日本，他们带着典籍资料、宗教信仰、民族情感等，在那里定居下来。[4]

换句话说,在王清福看来,广东人和带一点混血的满族人等民族,都不能被称为"真正的"中国人。这样的荣耀应当给予日本人,他们是伟大中华的正统传承人,正在为争夺朝鲜宗主国的位子与中国作战。如此荒谬的理论出自王清福的偏见,这种理论从未得到广泛传播,也没有事实依据。然而,不管怎么说,王清福却不遗余力地对此进行鼓吹。

大约同一时期,王清福发表了一篇极其猛烈地抨击广东同胞的文章,标题为"中国的上等人和下等人"。他在文章里明确表示,他认为,所有居住在广东省内的人,实际上都是"下等人"。他常常因为身边的广东人而感到难堪,他总是不失时机地将他们当成替罪羊,把美国境内的中国人的弱点都安在他们身上。他笔下的广东人"跟俄罗斯的犹太人一样,既机灵又狡诈,都是些大商人和大匠人,省外的商人们都怕他们,其他阶层的中国人都对他们咬牙切齿"。他固执地认为,外人瞧不起他们,因为"他们太狡猾,缺乏同情心,良心上无所顾忌,讨价还价时总会将对手逼到死角。他们把钱当爹娘",他还进一步宣称,"为了钱,他们什么事都做得出来"。[5]

不仅如此,王清福进一步说,广东省"从未出过哪怕是一位伟大的、高尚的人物,没出过著名的学者、伟大的战士或伦理改革家"。和广东人一起生活了这么多年,王清福更加看不起他们。在他眼里,他们不过是没有文化的苦力,他显然不希望外人将自己与他们混为一谈。他对广东人的指责与美国种族主义者对广东人的总体看法别无二致,即便他曾经想到过这一点,他也从未在文章里明确表示过。

中日战争前夕,《波士顿环球报》曾经预言,王清福"手握日本天皇密令"，很快将从旧金山启程前往香港。按《波士顿环球报》的说法，据了解，"他有全权委托书，受命为大量采购最新武器和弹药谈判"。王清福本人可能是这一消息的来源，即便不是，肯定也是某次会见记者时，他半遮半掩地走漏了消息。他承认，他可能很快将前往中国，对方问他是否肩负着为日本购买武器的责任，他敷衍说："这我不能说，孩子……我受命保密，泄露消息我就死定了。"[6]自不待言的是，没有丝毫证据显示，王清福接受过日本人的任何指示，或者他在为日本人做事，再或者那一时期他去过旧金山，更不要说前往远方的亚洲了。

也许王清福有个秘而不宣的动机，希望看到日本人在朝鲜获胜。若果真如此，他在中国人里并不孤单。对于早已在中国酝酿变革的势力来说，只要能削弱清政府，加速它的倒台，无论什么事都可以认为是好事。因而，清廷成为日本人的手下败将，肯定也是好事。"对我来说，"王清福对某报社记者说，"我希望看到中国发生革命，随后建立共和国。当然，我必须说，对于建立这种形式的政府，民众尚未完全做好准备。不过，时间不等人。"[7]王清福倡导推翻清政府已有多年，因而这算不上什么新鲜事。让人感到新鲜的是，中国国内有人和他观点相同，正在尝试让那一时刻早日到来。此人就是孙中山，一位广东医生。这一事实给王清福带来了不便，揭穿了他言之凿凿的错误说法：广东"从未出过哪怕是一位伟大的、高尚的人物"。

孙中山是一位出生在中国的医生，早年曾在美国夏威夷州檀香山市接受教育，后来在广州和香港学医，1892年以后在澳门行医。由于当时腐败已渗透中国社会体制的方方面面，人民对政府事务没有任何话语权，厌倦这一切的孙中山希望中国和平过渡到共和制国家。在中国与日本发生纷争时期,孙中山和一些人向政府请愿,提出改革要求。[8] 他甚至直接致信李鸿章提出要求,而他的种种努力都碰了壁,他最终认为,有必要采取更加激进的措施。[9]

1895年,兴中会计划在广州发动起义,目的是推翻当地政府,然而密谋被挫败,孙中山的一些同伴遭到逮捕并被处死。[10] 由于清政府悬赏孙中山的人头,他最初逃到了澳门,随后又逃到香港。两天后,他登上一艘前往日本的汽轮,在日本剪掉了辫子,蓄起了上髭,穿上了西装,然后从日本登船前往夏威夷。他在那边有许多亲戚,包括他的哥哥。1895年12月6日,他到了夏威夷。

"兴中会"是孙中山于1894年成立的组织。[11] 流亡海外期间,为了给新成立的组织筹款,孙中山把注意力转向了海外华人。越来越多的海外华人支持在祖籍国掀起一场革命,组成某种形式的代议制政府。[12] 孙中山在夏威夷住了半年,随后在1896年6月离开夏威夷,去了旧金山。他在美国本土游历了三个月,访问了一些华人人口基数较大的城市,以赢得他们的支持,他将此行称为"一次穿越美国的胜利之旅"。[13] 1897年,孙中山出版了《伦敦蒙难记》,他在书中追溯了这次旅程,虽然他没有罗列走访过的城市,但我们几乎可以肯定,他前往纽约途中在芝加哥停留过。如果他在停留期间会见过同情他的人士,几乎无法想象他没见过王清福。

孙中山到访芝加哥,可能是在王清福创建新政党的计划流产以后。王清福家族记事中的证据显示,两人见过一次面。[14] 更有力的证据来自当年晚些时候,孙中山收到了王清福的一封来信。[15]

当时,孙中山在华人圈子以外仍然默默无闻,实际上,他访问美国一事,美国媒体没有进行报道。然而,不久后,他成了全球头条新闻人物。1896年9月23日,他搭乘"麦竭斯底"号轮船离开纽约。离开前，有人提醒他，应当提防中国驻美公使。这位满族人公使震惊于孙中山受到美籍华人的热烈欢迎，正企图加害他。[16] 孙中山离美赴英前，此人拿不出能阻止他离美的计划，因而他电告驻伦敦的同僚，孙中山将于一周后抵英。[17]

10月1日，孙中山抵达英国，开始走访一些老朋友，包括康德黎（James Cantlie）医生，孙中山曾经在香港跟他学医。10月11日，一些中国同伴将孙中山诱骗至位于伦敦波特兰街49号的中国公使馆内，将他强行扣留。中国外交官们的计划并非寻求合法引渡，而是绑架他，将他诱骗上船，带回香港，然后带回广州，依据年前败露的阴谋将他审判和处死。

孙中山暗地里托人将一张纸条转给了康德黎，透露了自己遭到强行关押的消息。康德黎转而求助于苏格兰场①和英国外交部，尽管孙中山被带离公使馆的日子已经迫在眉睫，两家机构均未迅速采取行动。因而康德黎雇了个私人侦探到公使馆盯梢，然后将事情的来龙去脉告诉了《伦敦时报》。很快，伦敦当地各种报刊满篇皆是中国公使馆绑架事件的报道，舆论压力逐渐增强，英国政府出面要求公使馆释放孙中山，最终他于10月22日获释。[18]

孙中山获释一事成了国际新闻，实际上，这是美国媒体第一次对孙中山有了兴趣。王清福绝不会坐失这么好的机会来谴责清政府的傲慢和背信弃义，他甚至在《华人新闻》上发文描述孙中山受了刑。[19] 英国媒体的消息远不如他的消息多。事情过去后，孙中山在英国停留了数月，12月1日出版的伦敦《每日新闻》刊发了一篇对他的采访，以下内容摘自他对记者说的话：

---

① 伦敦警察厅的代称。

> 我刚刚收到……一封美国朋友们的来信。他们感谢英国媒体在我遭受关押期间出手相助，还让我做主，将此信投给合适的报社。如果你愿意来我的住处，我就把这封信交给你，你可以在伦敦《每日新闻》上发表。[20]

毫无疑问，这封信的执笔人是王清福，他还在信封上写了一句话："如果你认为合适，可将此信交给伦敦的报纸发表。"孙中山将王清福称作美国的朋友之一，加之王清福写在信封上那句话的口吻如此随性，这些都充分表明，他们两人很熟。若果真如此，他们见面的时间唯有前一年夏天孙中山在芝加哥短暂停留期间。孙中山此前从未访问过北美大陆，而王清福自1873年以后也从未离开过美国。

该信的开篇如下：

> 孙中山先生是中国最能干的爱国者，美国"华人爱国和自由联盟"万般竭诚感谢具绅士风度的英国，无所不能的英国媒体历经数次人道主义壮举，于近期为孙先生争得了自由，从中国暴君和篡权者手中挽救了他的生命。近三百年来，中国当权者没有为数千万受奴役的中国民众做过任何事，反而恣意妄为地掠夺他们，折磨他们。

在解救孙中山方面，对媒体的作用高唱赞歌，这正是王清福的风格。只要感觉媒体尚存可资利用的价值，身为记者的王清福从不会放过机会。就此次事件而言，这又是一次呼吁在中国实现自由的机会。该信接下来的内容见下：

中国篡权者们选择的斩首对象，正是孙中山以及爱国和自由联盟成员这类型的人。过去半个世纪以来，篡权者们已经意识到，如果这些具有崭新思想境界的人继续壮大实力，他们在繁荣的国家对宽容的人民进行剥削和掠夺的时日就要到头了。只要这些老朽的"顽固派"和"守旧派"继续掌权，中国人民根本不可能在西方化和现代文明方面前进一步。英国和美国已经给我们提供了全新的思想，让我们开了眼界，让我们的头脑几乎像他们一样洞悉和思考问题。我们特别希望这个帝国能够超越愚昧无知的统治者。我们认为而且清楚，他们是我们前进道路上的绊脚石。[21]

一年半以前，王清福曾经挖苦地、颇为搞笑地谴责"西方愚蠢、矫情、女性居统治地位的、债务负担沉重的、割裂的文明"，上述新说法无疑与之相去甚远。[22] 不过，毫无疑问的是，对西方文明以及西方文明应用到中国的潜能，上述新说法更为精准地体现了王清福的真实想法。接着，他又得到机会痛击可恨的清政府：在就中日战争赔款问题进行谈判时，清政府向日本人做出了可悲的让步。

如果清政府心里装有大众利益，而不是统治者自己的利益，近期处理日本事务之际，排在首位的应当是孙中山这样的人选。有了当代人选和思想，他们根本不必赔偿那可耻的两亿美金。这么大一笔巨款，中国统治者们一分钱都不必赔偿，然而，他们的臣民却必须为此流血流汗。若能挽回如此离谱的羞辱，伟大中华帝国的每一位子民宁愿高高兴兴地以命相抵。然而，篡权者们的政策却是对这样的人全都弃之不用。

一个自以为爱国的中国人，反而希望日本人在战争中获胜，从表面上看，产生这种想法非常离奇。然而，斟酌再三后，人们会强烈地认为，王清福之所以看好日本，完完全全是基于打倒清政府的愿望。

王清福在该信结尾处的落款为"华人爱国和自由联盟会长"，以及"《华洋新报》编辑"。此前人们仅仅听说过他拥有后一个头衔，所谓"华人爱国和自由联盟"好像是个凭空捏造的机构。与"美国自由党"不同，王清福编造的这个新机构甚至连正式的开幕大会都没召开过，媒体后来再也没有提及这一机构，可能它从未存在过。由于王清福从未在孙中山的兴中会担任职务——孙中山指定毕业于斯坦福大学、当时在加州大学执教的邝华汰为该机构在美国的负责人，该机构的主要驻美分支位于纽约和旧金山——自封一个头衔和隶属机构，或可与孙中山的运动联系在一起。

王清福真心实意地希望自己能与孙中山的组织挂钩，他曾经对《芝加哥论坛报》的记者说，孙中山的组织与他的美国化的中国人组织"自由联盟"有联系。他还神秘兮兮地告诉该记者："我们一直希望这一组织处于地下……直到各项计划完全成熟。不过，既然这么多组织已经暴露，或许聪明的做法是发表个公开声明。"不过，直到今天，人们都不清楚，王清福的联盟与孙中山有多少实际联系，或者两人是否有过某种真正意义上的合作。王清福对《芝加哥论坛报》记者说的话或许是他的任性表达。他还说："我们即将向统治王朝建议，让他们接受我们的改革主张。如果不接受，他们必须让位。"孙中山曾经尝试过这一战略，而且失败了，1896年年末，他毫无疑问不会再次实施这样的计划。[23]

刚刚创建一个组织，即能与真正尝试在中国发动革命的人物合作，王清福大受鼓舞。也可能是眼看大清王朝的末日已经临近，王清福重新乐观起来。他酝酿了个一箭双雕的计划，一方面可以继续推进革命，另一方面可以确保自己与其保持关联。12月下旬，王清福突然宣布，芝加哥将成为某革命团体总部所在地，该团体将策划推翻清政府，然后取而代之。使用"团体"一词，好像是受了正在进行的古巴革命的启发，实际上，会见《芝加哥论坛报》记者时，王清福直接提到了古巴的革命斗争。[24] 该报将王清福当成这一团体的负责人，并进一步推测，如果革命成功，"清政府将被迫向外族人让位，王清福将辞去芝加哥孔庙大祭司职务，接受李鸿章腾出来的中国总理职务"。[25] 公平地说，就我们所知，王清福从未表露过这样的野心。

当年12月，王清福宣布，孙中山打算再次前往芝加哥，为"团体"建立运作机制，使之运转起来。[26] 王清福和一帮人正在策划一场盛大的招待会。"孙中山手里有钱……可他手下没人，"王清福说，"不过我们有一些人，他们身在美国，愿意为中国而战，只不过他们手里没钱。"还好，王清福已经有了个全面的方案，他接着说："我们希望组建一个投资人集团，为军人和购买军火提供资金。对这样的集团，我们会授予他们在中国修建铁路和兴办棉织厂的许可，为期90年。这必将带来数不清的利润。"他还进一步披露，他们计划发动一场针对中国的武装革命，根据地为"南海某合适的岛屿"。[27]

如今，没有证据显示，当时王清福是在代表孙中山说话。正因如此，他做出的承诺最多只能代表他自己，以及他的一小批追随者，代表不了其他任何人。王清福还宣称，为安排"团体"的住宿，他租下了芝加哥南克拉克大街329号。不过，正是从此处开始，人们已经无法从他的话里区分他常说的两项主要事业之间的区别。"位于克拉克大街329号的这座砖石建筑的上层，将成为自由中国的摇篮，"王清福对《芝加哥论坛报》记者说，"以后的名称是华人平等权利联盟。"接着，他一一道出了以下团体成员的名字：梅春周、袁三、于永、董唐、李龙、易华①，其中有许多名字确实与"华人平等权利联盟"成员的名字相符。

王清福似乎从未想过，位于芝加哥的"自由中国的摇篮"，如何协调他所倡导的两种远征。首先必须明确，众多美籍华人对祖籍国发生的社会变迁表示关切，这不会引起任何麻烦，不过这种事非同寻常。曾经宣誓效忠美国的一些人，如今却接受了"团体"的任命，一旦出生地的政权发生更迭，该团体将接管国家，而这部分人早已宣布放弃中国国籍并归化成了美国人。他们真的是美籍华人吗，抑或仅仅是生活在美国的中国人，一旦祖籍国适宜并方便返回，他们是否将义无反顾地回归？

王清福似乎从未真的考虑过上述问题，不过到最后，这已经没有实际意义了。孙中山没有再次前往芝加哥与王清福及其团队进行协商，没有任何集团出面宣称得到过在中国修建铁路的许可，从南海某岛屿发起的革命也没有发生过。王清福再次将精力投入改善华人在接收国的待遇，不再关心祖籍国的事情。

---

① 以上五个姓名均为音译。

第二十六章
帮助美国化的中国人入籍
（1897年）

1896年岁末，王清福十分狂躁、精力不集中，或许也疲乏到了极点。不管怎么说，那一时期，他同时在做以下几件事：出版一份报纸，建造一个祭祀场所，管理一家民权机构，外加策划推翻清政府。不过，一个非常重要的意外横插了进来。12月，一个名叫阎永平（音）的青年男子前来拜访王清福。对阎永平的其他情况，如今已无法查证，仅有的记录为，他刚刚去了趟中国，好像还去了山东，回美国时带了一封重要的家书，托付人是王清福的儿子王复生。

为了逃命，王清福于1873年离开中国，去了日本横滨。当时他的儿子还是个婴孩，此后他从未与孩子及其母亲联络过。王清福声称，多年来，他曾经尝试与母子二人建立联系，他甚至不能确切地知道他们是否还活着。此时阎永平出现了，给他带来一封信和一张孩子的照片。如今，年轻的儿子已经26岁，王清福的妻子身体欠佳，这显然是年轻的儿子写信的原因。来信还提出，家里需要钱。来信深深地打动了王清福，他以泪洗面，感谢上帝给他带来了消息。这封信一方面激发了他强烈的负罪感，另一方面，他还要想尽办法自我开脱。

1896年12月30日，王清福给儿子回了封信，内容见下：

> 突然收到你的来信，我是亦惊亦喜，此种情感无以言表。噢，我该怎么说呢——这封信我该怎么起头呢！在漫漫岁月里，我与最爱的家人天各一方，音信两渺茫，我理应深感愧疚。可是错不在我，我尝试过各种方法，以便找出适当的途径，送信给你伟大高贵的母亲。不过，似乎我身边每个人都在尝试将我与心中的安宁隔开。我认为，把我和深陷苦难的小家隔开，他们做得半对半错，他们是为了你们好，却让我受罚这么久。[1]

也许王清福说的都是实话，为找到家人，他真心实意地努力过。不过人们很难相信，在跨度长达四分之一个世纪的时间里，他竟然没有成功过。1889年，王清福前往费城，为一帮赌徒做辩护，在与赵树椿唇枪舌剑互相攻击之际，他曾经披露过父亲过世前后的状况，父亲1887年离世前一直居住在萨莉·霍姆斯家。这说明，王清福仍有一些渠道获得登州方面的消息。[2] 究竟是谁刻意不让他知道家人的生存状况，他在回信里没有具体说明，知道他家情况的熟人竟然会故意隐瞒情况，这种事不像是真的。恰恰相反，海外有亲戚的中国人——人们通常认为海外亲戚有钱、有能力——如果想与受难的家人重新团聚，必定会努力实现。

王清福的信接下来的内容如下：

> 我一直没有回家，主要原因之一是，我一直希望在美国为自己的国人成就点什么。我希望很快就能有所成就，这对

我的小家来说是一种荣耀，不然我根本无法弥补我给你以及你高贵的母亲造成的伤害。眼下我唯一希望的是，你伺候好母亲，照顾好她患病的身子，并转告她，用不了多久，我就会去看她。另外也告诉她，过去20多年间，我一直特别忙，连自顾的时间都没有，我把时间全都献给了人类事业，我所肩负的重任，一定程度上理应由她分担。上帝似乎规定好了让我们两人为其他人受难。一直以来，我的金钱、生命和幸福，全都奉献给了世界各地受压迫的可怜的国人的福祉。[3]

有意思的是，王清福解释离家这么久的原因时，完全没有提及当初离开中国的首要原因——唯恐被清政府砍头。这意味着，事情过去这么多年后，这一危险，或者说他对危险的看法，都已经变淡了。从一定程度上讲，他所说把一切都献给了帮助他人的事业，这理由站得住脚，他甚至将事业置于发家致富和个人安危之上，他的确一向如此。不过，对长期被他抛弃、如今病魔缠身的妻子而言，最大的错误是嫁给了一个无法保障她和儿子生活的男人，如今这个男人却告诉她，她理应分担这些重任。王清福这么说，实在是孤芳自赏、欺人太甚。这些说法无疑出自纯粹的、无法逃避的负罪感。

关于这封信，最奇怪的是，王清福为什么决定用英文给儿子写信。他的妻子可能懂英文，不管怎么说，他妻子曾经在海雅西夫人在登州办的学校就读。虽然如此，他没有理由认为儿子也懂英文，除非儿子先于他用英文写了信。将此前的事实汇总一下，王清福此前四次努力创办中文报纸，中文工作好像都是他人做的，现存的出自他手的信件和文件没有一份是中文的。人们不禁会得出如下结论：王清福可能不懂中文，或者无法完全理解中文，报纸的事暂且不说，写一封让人看得懂的中文信，他可能都办不到。保留至今的由王清福亲笔书写的中文，是他在各种英文文件上的签名。尽管王清福的中文签名既花哨又流畅，至少在他晚年，他很可能已经无法有效地使用母语清楚地表达自己的意图。

王清福给儿子送去了50美元，并且承诺，只要这笔钱能送达，他会送更多钱过去。他还专门前往照相馆拍了张照片，随信寄回。为什么他既没有尝试把家人接到美国——作为美国公民，想必他应当有这个权利，或者他至少可以力争得到这一权利——也没有放下手里的一切，返回亚洲与家人团聚，至今仍然是有待查清的问题。王清福没有明说他计划中"很快"将要取得的究竟是什么成就。不过，从事后来看，他考虑的似乎不是芝加哥的孔庙，而且他也没有继续考虑发动革命一事，而是在为美籍华人的投票权进行最后一搏。

在这一特殊时间段，没有发生任何导致王清福再次倾心于前述事业的意外事件。毫无疑问，一如五年前那样，令人恨之入骨的《基瑞法案》让在美华人饱受煎熬，不过还要等上五年，才会轮到该法案有效期再次延长。而且，王清福不再要求彻底废除该法案，他要求的是更为专一的目标——让美国化的中国人成为美国公民。四年前，他在国会作证时倡导的正是这一目标。王清福声称，通过《华人新闻》以及多方面的努力，加上半年前为组建"美国自由党"招兵买马等，他已经征集到一份名单，有超过5000名美国化的中国人希望为取得公民权做些事。为了这一目的，他最终寻求的是成立一个组织，他好像要做以前从未做过的事。

王清福向伊利诺伊州政府提出了执照申请，他仍然沿袭以前用过的名称"华人平等权利联盟"。1897 年 1 月 26 日，在中国旧历新年到来之前，所有申请都得到了批准。后来的宣传材料没有提及此前那个同名组织的情况，各家报纸仅仅报道说，一个新组织成立了，目的是推动一项授予中国人公民权的法律的建立，已有 200 位美国华人签名成了会员。[4]

按照章程规定，该"联盟"的宗旨如下：

> 鼓励旅居美国的华人热爱美国政府，尊重美国信念，前述华人既包括中国本土出生的人，也包括在美国出生的华人后裔；鼓励所有旅美华人遵从美国的社会习俗、穿衣方式、生活方式；改善居留美国的华人的道德条件、智力条件、身体条件、社会条件；通过相应的国会法案或其他法律途径，帮助本组织的华人成员取得美国归化公民的所有权利；帮助本组织的成员取得美国公民的所有权利和特权，保障他们行使和享有相同的权利。[5]

新联盟董事会成员包括王清福、汤姆·袁、梅春周、黄其、易明、胡高、易阿福、雷龙、谭丹①，在文件上签名的人有王清福和汤姆·袁，以及芝加哥律师詹姆斯·格里尔（James P. Grier）。[6] 新联盟总部将设在芝加哥麦迪逊大街 139 号，分支机构设在纽约和旧金山两地。[7]

《纽约时报》的报道称，新联盟设定了严格的会员准入条件："没有完全美国化或尚未宣布即将美国化的天朝子民不得入会。

---

① 以上五人姓名均为音译。

按法规要求，每位会员必须接受美国的生活习惯，剪掉辫子，身穿美国当下流行的常规服装。每位会员仍须进一步表态，将永久居住在这个国家。"[8] 该"联盟"仅仅聚焦于为极少数取得美国公民身份后与美国主流人群发生冲突的华人服务，为了让每个人都能理解这一点，王清福可谓费尽了心机。他说得非常明确，该"联盟"仅向乐于接受同化的人提供服务。

毫无疑问，世上不乏从中作梗的人。梅宗凯是王清福在芝加哥的主要对手之一，1893年，他因黄阿洛一案与王清福交过手；一年前，他曾经嘲笑王清福创建政党的努力；眼下他又找到了某种给王清福及其盟友使坏的方法。这是一次真正的恶意行为：梅宗凯向警方告密称，中国旧历新年之际会有一次番摊聚会，地点在克拉克大街309号华崇震（音）的旧货店，那里是平等权利联盟成员们的聚会场所。警方拿到了逮捕证，43名华人——该"联盟"在当地的大多数成员——遭到逮捕，王清福不在其中，不过他应召为这些人出庭辩护。[9]

开庭日期为1月30日，王清福刚刚走进庭审现场，立即遭到逮捕，罪名为开设赌场。由于一个美国人的证词，所谓聚众赌博案刚刚开庭即宣告撤诉。警方逮捕那些人之前，那位美国人刚好在现场，他未见现场有钱物交易，而且在逮捕现场，警方从那些人身上总共只搜出1.4美元！[10] 王清福遭逮捕时反而随身携带有300美元债券，他的案子前前后后拖了好几天。[11] 2月5日，王清福案重新开庭，控方的两位白人证人出庭，其中一人为侦探，那人作证说，王清福亲口告诉他们，他经营着一家赌场。[12] 不过，此后没有报纸对王清福案进行跟进报道，由于对他的指控纯属捏造，据此可以推断，本案也撤诉了。

王清福声称，前述警方逮捕行动是骚扰行为，这是个可信的指控，因为梅氏家族与司法界的关系网错综复杂，如今已经不在位的州检察官雅各布·科恩与梅氏家族关系最好，数年前，正是此人替梅氏家族将王清福臭骂了一通。王清福带着两位律师去了市政厅，向警察总监约翰·巴德诺赫（John Badenoch）告状。《芝加哥论坛报》的文章称，总监保证立即对此事进行调查，文章还引述了他的表态："警方曾多次涉嫌重大司法不公，如果这是真的，我们会尽己所能纠正错误。"[13] 可惜，没有任何文字记录显示警方做过这样的努力。后来，王清福曾经对一位《芝加哥论坛报》记者说，他打算就警方的迫害行为用中英两种文字写一篇曝光文章，刊登在下一期《华人新闻》上，他为文章拟定的标题为"芝加哥的暴君们"。[14] 即使他撰写了这篇文章，该文也并未留存下来。

王清福主管"联盟"的日常工作，他的左膀右臂一个是中文秘书易明，另一个是财务主管黄其，后者是当年芝加哥世博会期间与他合作的人之一。主持日常工作的还有汤姆·袁和秘书长李三平，他们负责纽约方面的事务，两人都是1892年成立的前华人平等权利联盟的领导成员。[15] 5月底，王清福以"联盟"的名义签发了一份措辞考究的通告，标题为"美国国内美国化的中国人第一次对公众发声"。[16] 该文呼吁所有美国人支持他们的事业，言简意赅地交代清楚了"联盟"为谁代言，不为谁代言：

> 美国同胞们，我们恳请你们帮助像我们这样身在美国、已经归化的华人，以及美国本土出生的华人，从道义上和财务上帮助我们恢复各项公民权利。我们的吁请不代表身在美国的其他阶层的中国人，他们坚守自己的文明，拒绝归化美

国，唯一目的即是挣到足够的钱，然后返回中国。对这样的中国同胞，我们绝对不会寄予同情，我们与这些人没有任何关系。我们仅仅代表已经归化的华人和美国本土出生的华人，请求你们为了他们的荣誉和平等待遇主持公道。[17]

为博取同情，通告接下来的内容毫不避讳某些带有种族主义倾向的观点：

> 我们对这个家园和国家充满了爱，尽管如此，从法律上说，它不属于我们。想到这些，我们难免极度悲哀，因为法律不允许我们分享其中的荣耀和责任。黑皮肤的同胞们……可以得到国家政策的惠顾，而我们这些地球上最古老的种族的后代，却得不到任何政策关照。对此，我们唯有感到伤心和屈辱！同胞们，这是我们的切肤之痛，而我们除了隐忍别无选择！谁能伸出援手？乔治·华盛顿、查尔斯·萨姆纳、亨利·比彻、亚伯拉罕·林肯、尤里西斯·格兰特这样的伟人怎么都不见了？[18]

撇开中国人优于其他民族的观点不论，该文的确唤醒了美国革命的价值观。以下为通告接下来的内容：

> 被当成外国人的同时必须纳税，受此待遇的仅剩中国人了。在所有移居美国的人里，唯有中国人被要求在服从政府的同时不能有发言权，唯有中国人必须缴税却不能在国会拥有议席。中国人来自世界上最古老、最讲道德、最谦恭的文

明，来自不向外输出文盲、游民、小偷、躲债人的国度，只要报酬合理，来自这一国度的人无论做什么都能自食其力。中国人或许是到达美国的最有价值的人，却不得拥有美国公民权，这种情况与腐朽的欧洲专制主义糟粕如出一辙。[19]

通告当中还有一份声明，内容为，"联盟"将在各大城市举行公众集会，11月1日还要在芝加哥或纽约举行全国代表大会，"目的是在自己人和朋友圈里完善各项计划，要求国会废除那部可恶的、不加选择地禁止华人成为美国公民的法律"。通告还披露，"联盟"已经筹集到3000美元，作为各项活动的经费。[20] 深谙媒体的王清福将通告散发给了全美各地的报刊，要求各媒体发社论给予支持。然而，总体上看，媒体的负面反映居多。

《旧金山召唤报》一向对华人不友好，该报的文章称，王清福的呼吁"尽显机智"，因为他在美国化的中国人和其他中国人之间划了界限，"尽显其娴熟的外交技巧"。文章预言，太平洋沿岸没有人会上当，"那里的人全都清楚，中国佬从来都不愿归化为美国人"。文章也表示了担忧，这份通告可能会唤起东部人的同情心。文章同时宣称，现在就做出如下判断为时尚早：这份通告可能预示着"反对限制华人的危险社会动荡的开端"；也可能只是扩大影响的简单手法而已。[21]

《盐湖城论坛报》自称"对华人没有任何偏见"，不过该报接下来的言论却与之相悖，罗列了华人藐视美国、具有掠夺思想等"不可名状的恶习"，凡此种种，一言难尽。[22]《奥马哈之蜂日报》的论调基本上也是负面的，不过该报承认："多数人认为，国会在制定排外法方面做得过于极端……其锋芒最终必须软化，以便保护长期在美国生活的华人,给予他们更大的特权。"不过,该报反对"联盟"坚持公民权即是民权的策略。[23]《锡达拉皮兹宪报》晚间版的文章自以为是地评论说:"这件事很早以前已经盖棺论定,华人没必要为在这个国家获得平等政治权利自扰,反而应当在个人品行、习惯,以及全面理解共和制政府的正当性和必要性方面求得平衡。"显然,该报完全没有理解"联盟"的观点。[24]

三个月后,《旧金山召唤报》重新捡起了这个故事,因为该报的许多消息人士称,"联盟"的"一些特派员"正在旧金山以及全美各地招募新成员。该报误报——几乎可以肯定是故意为之——这一组织的目标是全面废除《基瑞法案》,"为所有想来美国的人打掉一道道门槛"。该报还故意说王清福"为中国政府所器重",正与驻华盛顿的中国政府官员进行合作,并为此深表忧虑。该报援引王清福的话如下:

> 驻华盛顿的伍大使将利用职务之便尽全力帮助我们,他已经接到清朝政府通知,代表我们这一派采取必要的行动,并利用他对华盛顿政府和参众两院议员的影响力,改变这些人对我辈人民的感情。[25]

《旧金山召唤报》关于"联盟"与伍大使——这里指的是伍廷芳,供职于清政府的著名中国外交家,后来转而支持孙中山的革命——进行密切合作的报道意义非凡,但该报并不知其中隐含的道理。这是王清福领导的组织与清政府之间基于共同目标进行切实合作的实例,他不仅诅咒这个政府长达数十年,而且至少从理论上说，悬赏他人头的赏金依然有效。双方中的哪一方更需要这样的合作，更可能容忍对方，这一点至今仍有待商榷。

《芝加哥论坛报》在一篇题为"中国人要收买国会"的文章中称，"联盟"在旧金山发行的一份中文报纸上刊登了一则广告，提议美国境内的中国人按人头捐出 2 美元善款，这仅仅是入会的费用。《芝加哥论坛报》却将这一做法当成"芝加哥的华人社团厚颜无耻的阴谋，为的是大规模收买参议员、众议员和政府高官，尽可能确保他们获得公民身份"。[26] 该报没有找到王清福，而是在唐人街找到了一个名叫胡纶（音）的人，他乐见该报引述他对此进行否认的说法。"根本没有那回事，"胡纶说，"我们不会考虑用钱买到美国公民身份。那篇文章称美国官员乐于接受我们的钱，这是对华人的侮辱，更是对美国人民的侮辱。"[27] 他的说法可谓精妙绝伦。

11 月 1 日这天并没有发生任何重大事件。不过，11 月下旬出现了一份刊有如下内容的通告：11 月 27 日将召开一次公众集会，地点在芝加哥中央音乐厅，来自全美各地的著名华人将出席大会并发表演说，随后还要在其他地点举办会议。这份通告刊发在全美各地的报刊上，通告称"这是华人第一次主动公开亮相"。当然，这种说法并不准确，因为王清福此前曾多次组织召开华人大会。

为什么开会地点会选在芝加哥？也许是因为这一时期王清福将这座城市称作故乡。不过，依其个性，王清福给出了一个冠冕堂皇的理由，他坚称："我们选择伊利诺伊州，因为林肯、格兰特、洛根[28]等人将这里称作故乡，我们为华人做的事，和美国北方为黑人做的事完全一样。"[29] 他说，有 5 万名华人有意成为美国公民，这一数字比一年前他在"美国自由党"建党大会上发言时估计的数字增加了5倍。[30]

与会人员鱼龙混杂，不过总共只有大约200人到会。与王清福一起在主席台就座的有陈杰初医生，即芝加哥世博会期间参与组建中国馆的成员之一，在1893年出版的《华美新报》上，王清福曾对其赞誉有加；另外还有陈柏新、梅明、李柏军，这些人都是王清福的盟友和此前提到的"美国自由党"的领导成员；此外还有黄阿洛，即王清福为其出庭辩护的那个人。会场没有出现一年前的建党大会上那种混乱的任意表达观点的局面，与会者们通过了一份原则性宣言。与其说这是一份关于公民权的决议，不如说更像是为王清福唱的赞歌：

与会者在此通过如下决议，根据并依照伊利诺伊州相关法律，组成并建立名为"美国华人平等权利联盟"的组织，由知名而博学的、拥有美国公民身份和爱国情怀的华人王清福担任会长，负责日常管理和领导。本联盟的宗旨是：为长期居留美国的华人争取美国公民的权利和特权。

与会者在此向联盟和王清福承诺，与其进行无私的、全面的、精诚的合作，目的是成功实现联盟的前述目标，恢复长期居留美国的华人的公民权，使其依照美国宪法归化成为真正的美国公民。[31]

这不大像王清福的作为，他当然喜欢这样的美誉，不过他极少将自己置于事业之前。这有可能是王清福自我价值感不断增强的体现。虽然如此，这也可能是专门设计的措辞，仅此而已，为的是王清福在形势所迫、必须调整计划时拥有最大限度的灵活性。这也说明，他得到了广泛的支持。

《芝加哥论坛报》对"联盟"的努力并非没有同情心，不过对他们能否成功却极尽挖苦。"这次大会似乎不太可能取得实质性的结果，"该报文章如此预计，"这个国家的华人若想实现政治诉求，获得政治支持，他们在人数方面还不足以让政客们满意，自然而然的是，歧视他们的法律极有可能无法被废除。"[32]

芝加哥大会参会人数稀少，以及《芝加哥论坛报》论调悲观，这些都没有吓倒王清福。他一往无前，继续推进各项计划，包括组织一两千名美国化的华人和在美国出生的华人，在美国国会下次例会期间前往华盛顿游行，向立法委员们显示华人对松绑相关法律的诉求。当时，平等权利联盟不仅在芝加哥设有办事机构，在纽约和旧金山也有办事机构，花名册上的美国华人数量已经上万，游行参与者都是位列花名册的人。当年，《芝加哥论坛报》对华人数量的估算如下：美国出生的华人计有4万，另有5万在美国居留了10—40年，这些数字似乎来自王清福。如人们所见，王清福面对统计数字的前后矛盾一向心安理得。或许王清福当时已经意识到，他们的目标制定得过高。因而他同意，迫不得已时可以修改核心计划，替代方案为，从各城市精选200—300位华人领袖，组团前往华盛顿。[33]

12月中旬，在王清福的请求下，前伊利诺伊州国会议员刘易斯·佩森（Lewis E. Payson）准备了一份提案，由伊利诺伊州众议员乔治·华盛顿·史密斯（George Washington Smith）提交给众议院，他是个共和党人、平民主义者。为支持这一提案，"联盟"立即向国会提交了一份备忘文件。[34]部分内容见下：

> 美国国会参议院和众议院开会期间，应就下列问题制定相关法律：所有生为华人的男性以及华人的后代，只要品行端庄，信誉良好，在美国境内有十年以上的守法记录，已然放弃了中国特色的着装，包括放弃长辫，接受了美国人的着装，会说英语，均应依据标注为"移民归化法"修正案第三十条的相关法律以及所有相关修正条例，认定其具备归化资格；申请成为美国公民之人依据归化手续相关规定提供的所有有关事实依据，必须由美国公民提交。[35]

前述文件的措辞可谓精辟至极。严格地说，此前尚无任何同类文件尝试过此种措辞方式。在《排华法案》和《基瑞法案》里，涉及公民身份的问题总是和移民问题绑在一起。因为这份提案仅仅涉及归化问题，所以它是针对"联盟"成员量身定制的。由于提案专门标明申请人必须具有合法身份，非法入境的人和无法证明入境身份合法的人便被排除在外了。关于英语能力，该提案将没有掌握此种语言的诸多劳工排除在外，从许多方面说，这些人申请入籍常常会引起非议。

然而，最为聪明的是，文件要求申请人必须剪掉辫子。王清福指出，留辫子是清朝法律要求所有男人必须做的事，剪辫子是背叛行为，其惩罚措施为处死。因而，剪辫子行为是最明确的信号，可以将其认定为与中国断绝关系和向其他国家表示忠心。反过来说，如果某人仍留辫子，则标志着此人继续效忠清朝，或许还心存某一天返回中国的愿望。"联盟"已经清楚地表明，不会为此种人代言。[36]

至少《克利夫兰老实人报》对上述提案表示了支持，该报还援引了王清福的说法,该提案帮助的人是"从各方面都能与美国商人画等号的人"。"他们当中没有廉价劳工,都是辛勤劳作的人,没有罪犯,没有懒汉;他们都是受过良好教育的、富裕的、精力充沛的、心智健全的人;他们能代表纯正的美国理想,比如联邦的商业关系和社会关系,用道德责任和社会责任观点衡量,他们是其中的组成部分。"[37]

提案最终交给了众议院移民和归化委员会。王清福打算在华盛顿住下来,力促提案获得通过。《惠灵纪实报》不无挖苦地认为,王清福那一阶段的身价高达 50 万美元。该报预计,他需要这么大一笔钱"以支付高昂的酒店住宿费,提案成为法律前,住宿费肯定会不断地积累"。[38] 不幸的是,住宿费根本没有积累起来,因为该提案根本没有进入议程。

第二十七章
世界聚焦奥马哈之际
（1897—1898 年）

清政府宣布拒绝参加 1893 年芝加哥哥伦布世博会以后，王清福对这届世博会以及挺身而出的人们赞不绝口，因为他们参与了中国村的规划、出资和建设。他在自己创办的第二份《华美新报》上撰文畅谈了世博会的重要性，尤其浓墨重彩地记述了让中国馆成为可能的美籍华人企业家的创举。然而，博览会落幕那天，这些参与者都亏了本。专为管理参展业务而成立的"华美参展公司"也破了产，不是因为公司的展览失败了，而是因为公司派往中国招聘演员和工匠以及购买产品的代理人不尽职。汤信是投资人之一，他承认自己损失了 3 万美元，陷入了一场"彻头彻尾的大骗局"。[1]

不过，人们依然固执地认为，参与这样的项目，太平洋两岸的人都可以赚到钱。除了直接的博览会门票收入，以及现场售卖食品和纪念品的利润，远在中国的贸易公司也有机会从事批发贸易。有证据表明，华美参展公司的代理人就是这么干的，当然他们将利润私吞了。[2] 数得清的收入还包括中国劳工为入境美国所交的费用，前提是组织者能够为他们拿到前往博览会工作的入境许可。

第二十七章　世界聚焦奥马哈之际　315

美国人开始认真规划下一届国际博览会，即"奥马哈跨密西西比世博会"之际，芝加哥华人社团及时释放出有兴趣参与的信号。与此前相同，为拿到建设和运营中国村的特许权，两家集团展开了竞标，该项目包括一座寺庙、一家餐馆、一座茶园和一个大市场。不过，这次有所不同，其中一方由汤信牵头，他的合作伙伴包括参与芝加哥世博会特许权竞标的对手梅宗周，此人是王清福的宿敌；另一方为王清福本人拼凑的一个集团，由他在纽约和芝加哥的朋友们做后盾。王清福的团队成员包括黄其、易明、黄阿洛、黄晓（音）等人。[3]

上述两家集团均得到著名铁路公司的支持，铁路公司迫切希望承运前往奥马哈的人员和物资。与王清福合作的是"芝加哥、密尔沃基、圣保罗沿线太平洋铁路公司"，简称"密尔沃基陆运公司"，即曾经支持汤信的"联合太平洋铁路公司"，汤信曾经为该公司做过多年代理。双方用来竞标的标书明显非常同质化，1897年6月7日，两人将投标文件递交到奥马哈时，双方在文件里削减的数字一样趋同。"汤信先生和王清福先生都理了发，两人的头发梳理得完全相同，正是这个国家人们习惯的方式，"这段评论摘自《奥马哈之蜂日报》，"他们的着装也与这个国家的人们趋同，两人都说地道的英语。他们的身高和体型相似，年龄相仿，同为年近50岁的人。"[4]

经过慎重考虑，世博会组委会通过投票决定将合同授予梅宗周和汤信，毕竟这两人在组织展览方面更有经验。然而，几天后——或许是因为王清福的抗议，更有可能是因为密尔沃基陆运公司的介入——组委会同意增加一个投资1万美元的独立中国展区，作为制造商展馆的扩展区，这份合同授予了王清福的公司。[5]

与此同时，组委会还给了王清福一个头衔——中国馆专员。[6]

甲乙双方一开始就已经明确，王清福的项目从管理上和实体上完全独立于汤信的中国村。汤信的中国村坐落在中央大道侧畔，而王清福的项目归展览部领导，占地500多平方米，位于主干道一侧的空场上。这一展区的宗旨为，展示"中国一流的手工艺，以证明确实存在技艺高超的中国手工艺人，所有真正的中国佬都不是苦力"。《奥马哈之蜂日报》的报道看起来让人怀疑是王清福的手笔，报道称，汤信的展馆将展示"中国人在祖籍国的生活和礼仪，包括宗教和消遣"，而王清福的展馆将演示"此前几乎从未在美国出现过的天朝上等阶层的高度文明和制品"。[7]

王清福试图通过迂回方式，让人们理解他常常挂在口头的两种论调：一是中国北方人属于上等人，他计划从北方招聘参会人员；二是唯有中国北方人能证明中国人可以成为受欢迎的美国公民，生活在美国唐人街的广东"普通民众"则办不到。王清福最初的计划是引进技术精湛的中国竹雕艺人和牙雕艺人，现场展示手艺，另外还要引进24位身穿精美制服的卫兵在现场站岗。[8] 随着时间的流逝，王清福一定会像他一贯所为那样，为展会设计几种装饰物。

为办好展览，让展馆有人气，汤信和王清福两人都需要引进相当数量的中国工匠和演员。这需要获得联邦政府特批，其权限必须超越《基瑞法案》。1893年，为引进中国工人到世界哥伦布博览会现场布展，华美公司通过美国财政部得到了批件。[9] 为办好这次奥马哈博览会，必须做同样的铺垫。汤信立即动身，前往华盛顿游说时任财政部部长的莱曼·盖奇（Lyman J. Gage）。盖奇早年担任世界哥伦布博览会董事会主席期间，就与汤信相识。7月初,汤信带着合作伙伴梅宗周和林烈(音)一起拜访了盖奇部长。[10]

盖奇同意用"合法的方式"帮忙,不过他非常谨慎,因为他近期经办"纳什维尔田纳西百年庆典国际博览会"的相关手续时出了岔子,吃了大亏。纳什维尔博览会于5月1日开幕,展期一直持续到10月31日。法律允许盖奇授予参加博览会的中国劳工入境许可,不过这需要冒一定风险——最终结果证明,盖奇的担忧是有原因的——劳工们可能会躲起来,以便博览会结束后不离境。[11]事实上,在纳什维尔工作的劳工根本就没有等候那么久,6月底,500名合法入境的人当中已经消失了117人,这些人分别去了旧金山、萨克拉门托和圣路易斯,以及其他说不清的地方。[12] 7月10日那天,仍然在纳什维尔的中国劳工已经所剩无几。[13]

为拿到中国劳工入境许可,王清福多次出现在盖奇部长面前。他难免会借助媒体向对手泼脏水,他称汤信——他曾经借助《华美新报》对其赞誉有加——要借助这一大好时机引进"苦力","即社会最下层的男人和女人,并在博览会结束后将他们卖身为奴"。至于王清福自己,他请求财政部为引进300位中国人颁发许可,不过他会到中国北方落实招聘。他十分肯定地说,那里的人们"不会成为让人讨厌的公民"。[14]

盖奇仔细斟酌了大约一个月,最终推出的解决方案为某种债券方式,即相关公司必须在财政部存入一笔钱,如果工人们在展会结束后90天内离开美国,这笔存款将如数奉还,额度为每人100美元。9月13日,盖奇宣布,颁发400个中国人入境许可给汤信的中国村项目,不过期限仅为三个月。[15] 王清福得到的授权是,另外引进250位中国艺术家和手艺人。[16]

为确保这些人最终离境，王清福必须拿到2.5万美元债券；想必汤信同样必须完成他那4万美元的额度。实际上，对项目推广者而言，这是一笔非常好的买卖，因为入境许可是一种可交换商品，而中国劳工乐意为进入美国付费。如果向这些人收取200至250美元人头费，假设——其实多数情况下这种事不可避免，应当使用一个更为恰当的词"每当"——劳工们消失得无影无踪，按每人100美元交给政府的钱对两家公司来说都算不上什么损失。其实，最终结果必将证明，从一开始这就是计划的一部分。[17]

在王清福希望引进的中国北方"上等"居民里，有个非常特殊的人，即他的儿子王复生。近期收到的家书始终在王清福的脑海中萦绕，不过，他没有机会返回中国。世博会提供了绝好的机会，因而他想到了这个主意，让儿子来美国。为了给儿子申请入境许可，王清福分别给驻上海的美国领事以及华盛顿州汤森港的移民局官员写了信，他用的是印有"跨密西西比世博会"信头的信笺。他给儿子起的英文名是查尔斯·黄·清复（Charles W. Chinfoo），而不是查尔斯·王，其实后一个姓名更为准确。"查尔斯"这个名字也可称作"查理"，是王清福以前用过的绰号。外人经常将王清福称作"清复先生"，这一称谓因以讹传讹被用了很久。

为了儿子的入境许可，王清福提交了申请，他的美国公民身份是前提，这是显而易见的。另外，他还附了一些过硬的理由，例如他的《华人新闻》总编和出版人身份与世博会专员头衔，最近一次总统大选期间他对麦金莱的支持，以及——他的措辞突然变得特别谄媚——事实上他儿子是个热爱美国的人，多年来一直在中国民众中"宣扬美国精神"。王清福完全不避讳自己一点都不了解这位年轻人,他儿子除了去过一趟香港,从未迈出过国门。

王清福还在信里申明,世博会的一些事务需要查理来美处理,不过他并未解释,需要查理处理的是些什么事务。[18] 然而,所有努力最终都成了泡影:王复生从未去过美国,这封信在他的家人手里保存了上百年,也许从未有人将其带给上海的美国领事,更不要说带给汤森港的移民局官员了。

随着时间的流逝,王清福的点子越来越多。从前,为纽约的中国剧院做好计划后,随着项目的落实,他的想象犹如插上了翅膀,而这次简直就是上次的翻版。8月,他设想扩大展区,将整个展区装进一座造价2.5万美元的塔形建筑里。[19] 11月初,他又增加了一套编钟,还决定现场演示缫丝和茶艺,外加展示中国农具。[20] 11月中旬,他又提议建造一口"内布拉斯加大钟",即造价5万美元的"著名的南京大钟"的复制品,他提到的或许是悬于南京城内大钟亭里的重达22.6吨的明代大钟。不过,王清福错误地声称,这口钟已有2700年的历史。铸造内布拉斯加大钟的数种方法是美国人闻所未闻的,因而必须在奥马哈当地浇铸。根据王清福的说法,大钟的周长有400多米,撞钟时,声音会传遍整个内布拉斯加州。《奥马哈之蜂日报》竟然接受了这一听上去十分荒谬的说法,原样进行了报道!王清福还进一步说,制造这口大钟需要额外增加330位中国技工,世博会管理方或内布拉斯加州必须为此支付2万美元费用,并提供所有原材料。[21] 不出所料,没人出面接手这一项目。

1898年4月,王清福雇来的第一批手艺人和技工已经在前往奥马哈的路上,到达现场后,他们将立即开工建设安放中国展品的建筑。3月底,前去做准备工作的黄阿洛和黄晓已经抵达施工现场。王清福则计划于数周后抵达。[22] 不过，他无可避免地滞留在了芝加哥。4月18日，在某案件中，作为被告的王清福拔出一支左轮手枪威胁原告，因而遭到逮捕。该案由一位名叫W.D.卡莱尔（W. D. Carlisle）的律师提起诉讼，据称，他曾为华人平等权利联盟提供服务，后者欠他154美元。王清福否认卡莱尔提供过服务，反诉他敲诈勒索。[23]

卡莱尔在法庭上说了些刺激王清福的话，气得王清福大骂卡莱尔是个混蛋、疯狗，卡莱尔则上前扇了王清福两个耳光。王清福伸手从双排扣礼服内掏出一把手枪，不过法警立刻从他手里夺下了枪，与此同时，另一人上前制服了卡莱尔，一切在转瞬间结束了。不过，法官约翰·吉本斯（John Gibbons）当庭训斥两人，命令他们遵守法庭规矩，同时宣布判两人各入狱90天。后来又改为关押30天。[24] 然而，本案引起了伊利诺伊州州长约翰·赖利·坦纳（John Riley Tanner）的关注，他公开批评吉本斯法官对卡莱尔的判决，最终赦免了后者。[25] 然而，这样的好运却没有落到王清福头上，他在监狱里蹲了整整一个月。

根据合同规定，世博会会期为6月1日至11月1日，王清福必须于4月30日前开工建设展馆，否则他会丧失土地使用权。50名中国劳工早已抵达华盛顿州汤森港，然而，身在狱中的王清福无法将他们弄到奥马哈。[26] 实际上，王清福不仅因为遭到关押而无法脱身，他还有其他诸多困难，例如他手头没钱，无法推进各项计划。王清福的合伙人趁机将他清出了场。一个名叫J.C.萨瑟（J. C. Souther）的人出现在奥马哈，他是密尔沃基陆运公司的芝加哥票务代理，他说，王清福在合伙人里成了"不受欢迎的人"，大家决定将他开除出合作团队。[27] 他们声讨王清福没有认真管理交给他的6000美元,这笔钱是用于办展的。[28] 他们提出接手王清福中断的项目,保证继续履行他此前做出的承诺,按原计划完成项目。[29]

赵海(音)是个纽约华人,作为芝加哥华人程南(音)组建的一家公司的代表,他于次月陪同萨瑟赶赴奥马哈,前去接收王清福遗留的事项,替他"收拾烂摊子",并与世博会管理当局续签新约。因为后者宣称,王清福已经丧失了参会资格。当时已有16名中国劳工到达奥马哈,施工材料已经开始进场,前合伙成员黄其正在中国采购商品和原材料,现场施工随时可以开始,为及时赶上世博会开幕式,所有工作都已经箭在弦上。[30] 至于王清福,为捍卫自己的权利和特权,他从不会躲到一边,这次却似乎没有奋起反抗。原因是他手里没钱,无法履行承诺,他没有理由那样做。

最后,经王清福以世博会参会人员名义引进而获得入境许可的那些中国人,截止到世博会即将闭幕的10月23日,剩下的仅有十人,其他人都不见了踪影。[31] 消失的人里有许多女性,当时就有人指出,她们被人贩卖为奴了。财政部向全美各地执法官发出通知,追捕这些逃逸者,将他们关押起来,进而驱逐出境。不过,毫无疑问的是,许多人至今仍下落不明。[32]

黄阿洛告诉《奥马哈之蜂日报》记者,从一开始这就是个骗局。他的说法如下:虽然6月初已有238位参会人员抵达奥马哈,去过世博会现场的人不超过五六个,因为当时他们无事可做。展馆最终成了个卖场,所售商品存量也不多。中国劳工心安理得地开始消失,他们认为,离开中国之前承诺履行的所有义务已经解除。

为得到来美特权,这238人每人支付了350美元现金。其中一半交给了王清福合伙公司在香港的代表，香港公司将其中84美元用在了赴美费用上。劳工们抵达汤森港后，余款才打给合伙公司的另一家代理。那些抵达美国的人绝无可能自诩属于"天朝的上等阶层"，王清福曾经如此这般为他们吹嘘过。"所有结队来美的中国人都是普通劳工，他们绝无可能展示中国的风俗习惯，"这里引用的是黄阿洛的原话，"他们都来自底层，必须辛苦多年才能挣够钱，以赎买他们向往的自由。"[33]

至今尚不明确的是，王清福丧失特许经营权是否也导致他失去了世博会专员的头衔，这有待进一步查证，因为他从未去过世博会现场。6月1日世博会开幕那天，他在遥远的旧金山，即将登上开往香港的"印度女皇"号邮轮。

第二十八章
我不喜欢中国人的方式，也不再喜欢他们了
（1898年）

游轮在海上航行了将近三周后，王清福在香港登岸了，时间为1898年6月20日。他上一次身在亚洲已经是25年前的事了，而他这一次赶赴亚洲，原因有好几个。首先，他认为前生意伙伴欠他钱，他的目标是尽可能从其在香港的分支机构多收回些钱。此前几个月，这一分支机构从派往美国的劳工身上聚敛了一大笔现金，或许还从中国投资人那里收了钱。其次，由于欺骗性地为中国劳工获取入境许可，他有可能因故意违反《基瑞法案》而受到指控。（当然，逃避诉讼争议，躲开随之而来的闪亮登场和公开亮相机会，不是王清福的风格。）因而，当时他正身处险境。不过，最重要的是，或许他渴望返回山东，与妻儿团聚，眼下妻子是病患，儿子已经成年。

王清福担心儿子的安危。离美之前，他于4月18日给驻芝罘的美国领事约翰·福勒（John Fowler）写了封信。让他害怕的是，儿子重新和他取得联系，可能会陷儿子于清朝当局布设的险境里。王清福的信没有留存下来，不过，美国领事福勒的复信却留存了下来。福勒保证尽最大努力保护王清福的儿子，同时还告诉王清福，他并没有感到王复生身处险境，王复生自己也是如此。

[1]然而，王清福有可能根本没见过福勒的回信，因为该信的落款日期为6月6日，投递地址为他在芝加哥的住处。

王清福在香港逗留了将近一个月，他完全无法适应那里可恨的夏季天气。他坚持说，对中国北方人而言，这地方的炎热让人受不了。他病倒了，不出数周时间，他的体重减轻了20多斤。他肯定仔细打听过如下情况：多年前，他在当时所处的那种境遇中离开中国，如今进入中国本土，是否会给他本人以及家人带来危险。尽管如此，他的最终结论是，危险是可以承受的。不过，动身回国前，他采取了防范措施——向美国领事馆申请美国护照。如果他在中国遇上麻烦，护照迟早会派上用场，美国外交官会因此担起责任，赶过去帮助他。

在领事馆，王清福填写的表格是专为归化的美国人准备的。至于移居美国的年份，他填写的是1859年（比实际年份早了八年），并且坚称，从那往后他一直生活在美国，从未间断——这也不是真的。他详细记述了在大急流城办理归化手续的过程，还把在美国的永久性住址填写成了芝加哥。关于返回美国的时间，他填写的意向为一年内。

他填写的年龄为49岁（实际年龄可能是51岁），身高为1.62米。[2]当时他还出示了美国财政部长莱曼·盖奇的通用介绍信，以及奥马哈世博会中国馆专员的任职证书。考虑到王清福的申请不会有任何问题，总领事朗斯维尔·怀尔德曼（Rounsevelle Wildman）为他签发了护照。[3]

7月14日，王清福从香港给儿子写了封信，他在信里说，为保障自己在"中国各地的安全"，他已经拿到护照以及所有必须的文件。他还告诫儿子，没必要继续打扰福勒领事了。不过，他尚未准备好离开香港，因为他在索要欠款一事上进展不顺。"我要在这里继续追讨我的钱，"摘自王清福的信，"我的所有中国合伙人合起来抢我的钱……他们已经抢走了15000美元，现在我还拿不回那笔钱，无法报复和惩罚带头的混蛋易明。"[4]

黄其委派易明前往山东，显然是为了奥马哈世博会的事，后者在那段时间里见到了王清福的儿子王复生，两人一起去了趟香港。王复生在香港停留了四天，在此期间，易明和王复生还一起照了相。和易明一起在香港时，王清福回想起易明的背叛行为，怒不可遏，他一把抓过易明手里的照片，将其撕得粉碎，同时大喊他"没有权利坐在我儿子身边"。王清福回想起在芝加哥的日子，那时他常常将易明赶出办公室，后者整整一年不敢跟他说话。甚至黄其都发出过如下感慨："我原来以为，他是唯一值得尊重的人，正如我担心的，他竟然骗了我。"与易明之间的拉锯战不断地消耗着王清福的财力和健康。"我差不多要被工作和闷热压垮了，"王清福在信里抱怨说，"我希望能尽快把这里的事理顺，可能我还必须回一趟美国，阻止那边的混蛋们。"[5]

王清福的信寄出后没多久，怀尔德曼总领事显然重新考虑了此前的决定。他在下一年度提交给华盛顿的报告里称，国务院领事手册里有关给归化的中国人签发护照的规定有一处地方自相矛盾，这误导了他。一份跟进的国务院内部文件明确指出，上级部门收回了怀尔德曼颁发护照的权力。相应地，怀尔德曼派人找到了王清福，收回并注销了他的护照。这是接收王清福的国家让他蒙受的最后一次羞辱。事实上，对这个国家来说，他配得上优秀公民的称号。[6]

时间移至7月18日，王清福的健康状况每况愈下，他已经无力继续运用法律手段与易明争斗,并离开了香港。虽然他仅仅从对方手里讨回一小部分钱,让他聊以自慰的是,事实上,他已经让对方尝到了某种报复。"他们处心积虑把我排挤到奥马哈项目的收益之外,"这段文字摘自王清福7月18日写给王复生的信,"不过,我跟他们部分扯平了。"他没有在信里解释自己如何做到了这一点,不过他声称:"我的业务伙伴们背地里想整垮我,我把他们也整垮了。"可能王清福写完这封信之后即踏上了前往山东的旅途,不过,他打算中途在一两处地方做短暂停留。因为他事先在信里透露:"我离开这里去一处凉快点的地方,恢复一下体力。这里的闷热实在难熬,我都快活不下去了。"[7]

让王清福非常忧虑的是,他和业务伙伴之间的不快可能会招致一些流言蜚语,最终传到他儿子耳朵里,伤害到儿子或伤害到自己。至于怎样伤害,他未予说明。"我找到落脚点以后会给你写信,"摘自前述信件,"在此期间,不要告诉任何人你跟我有联系,如果听到什么谣言,收到别人谈论我的信,都不要相信。告诉所有中国佬,你跟我和我的事没有任何关系。"为强调这番意思的重要性,王清福在信的第一页添了一句话:"不要告诉任何人这封信是从什么地方寄出的。"[8]

王清福大约是在7月下旬到了山东登州。据王清福的后人说,他与妻儿的团聚让人肝肠寸断,25年前,他抛妻弃子,当时儿子还是个体重十多斤的婴孩,此后一家三口音信两渺茫。不过,这次团聚非常短暂,王清福在登州期间,家人听到一些谣言,说清政府已经派出巡捕捉拿他。为逃避那些人,王清福沿山东半岛北部海岸线一路向东,跨越150多公里到了威海。清政府刚刚把威海租借给英国作军港,因而清朝司法对到达那里的王清福鞭长莫及。据说,他在那里给"英国领事"写过一封信,请求后者照料他儿子。此人要么是芝罘的英国领事,要么是英国驻威海的海军高官。据王清福的后人回忆,这封信或是对这封信的复信曾经在他们手里保存了多年。[9] 经查,英国国家档案馆中没有同类信件。

由于乘海船从美国过来一路非常艰辛,外加历时一个月的司法缠斗,与从前的生意伙伴反目为仇,再加上香港地处热带,那里的炎热天气导致其体重骤然减轻20多斤,还有家人团聚的情绪跌宕形成了重压,以及唯恐清朝司法的终极刑罚在劫难逃,王清福最终客死在了威海,时间为1898年9月13日,原因是心力衰竭。[10] 王清福去世时很安详,年仅51岁,临终之地距离花雅各牧师夫妇曾经的家仅有70公里,他在那里度过了部分童年时光。他漫长而无法预知的人生走向了终结,始自哪里即终至哪里,画了个完整的圆。

王清福的人生旅途究竟有多长,与儿子团聚前,他在7月18日写给儿子的信里用一个段落做了暗示。这显然算不上墓志铭,不过,它明白无误地昭示,王清福从花雅各夫妇多年前收养的那个男孩彻底蜕变成了另一个人。"说一千道一万,"摘自王清福的前述信件,"总之,我不喜欢中国人的方式,也不再喜欢他们了。他们纯粹是一帮混蛋、骗子,一无是处,他们下流、恬不知耻。我再也无法生活在他们中间了。"[11]

在警告儿子不要将他身在何处以及他们父子曾经沟通过一事透露给任何中国人之后,他写下了这几句话。因而,这几句话可能是指他儿子在中国所接触的人;也许他表达的不过是无法在祖籍国继续生活下去的感慨。还有,他之所以感到沮丧,主要原因实际上在于他的生意伙伴们。他坚信,那些人欺骗了他,他在同一封信的前几段里痛斥了他们。这强烈地暗示，写下前述几句话时，他满脑子想的都是这些人。想想都让人后怕，这些人都是他亲自选定的生意伙伴，其中好几个还是美国化的中国人里的典范。长期以来，为了这些人，他一度奋不顾身！

王清福竟然幻灭得如此彻底？在生命走向终结的那一刻，他跟那些人扯平了吗？这或许只是一个因为疾病、打压而不安、愤怒的中年人的心灰意冷？没有人能回答这样的问题，况且，有没有答案已经无关紧要。王清福已经做完了自己该做的事，他的遗产至此已经得到固化。长期以来，那些人是他的宇宙中心，为解除华人入籍禁令，为了给华人争取与其他人同等的权利，他提出过诸多至今仍存争议的要求，他的愤怒无法抹杀这一切。

同样无法否认的是，喜欢也罢，不喜欢也罢，王清福是他所憎恨的这些人中的一员。由于这些人一辈子生活在外国，他们已经不再是纯粹的中国人，而是当今世界从未见过的一群别样的中国人。接收王清福的国家故意排挤他，拒绝颁发护照给他，而且他再也无法与生养他的那片大地上的人民和谐地一起生活，他成了由两种文化打造的，却无法完全融入任何一种文化的人——一个美籍华人，而他的后来者会有成千上万之众。

后　记

　　王清福是个演员，他以美国为舞台，纵横捭阖，事端不断，轰轰烈烈三十载之后落寞辞世。因他而生的事鲜有延续到他身后者，即便有，也未见长存者。王清福过世后，他笔下的大多数文章再无人问津，美国媒体也极少提到他。王清福曾狂热地试图推翻反对中国人归化的禁令，他过世后，这一法案在美国大地上存续了将近半个世纪。毫无疑问，王清福的一生充满了喧哗与躁动，不过，这究竟意味着什么？

　　王清福是第一个自认为是"美籍华人"的人。这个词究竟应当如何诠释，王清福按照自己的理解为其设置了"定义"，对成千上万后来者而言，如今他们或多或少已经认可了他当初的诠释。王清福身体力行，诠释了这一词汇，还常常告诫同胞们，在什么地方应当适可而止。在公众的认知里，这个词的释义并没有与他的名字联系在一起，但这丝毫不能淡化他的贡献。他那一代中国人——首先到达美国的那批人，数量足以令人生畏——挣到足够颐养天年的钱以后，通常会告老还乡，对美国、美国人、美国价值观，这些人没有任何流连和牵挂。凭借学会的几句洋泾浜英语，他们能做到让他人不误解自己。不过，总的来说，他们穿衣打扮仍然像清朝人，他们扎堆，吃中餐，极少或完全不跟中国人以外的人往来。诚然，形成这种与世隔绝状态的根源不全在中国人那边，外人也有责任，双方都在互相划清界限，这毫不夸张。然而，事实不容否认，他们在美国的确过着另类的生活，犹如客居在他人的土地上，心中长存落叶归根的想法——无论生与死——一切更待飘零结束之日。

从某种程度上说，王清福刚到美国时也抱有同样的心态。不过，由于他能说一口流利的英语，接受过西式教育，更由于他能理解美国人——有赖于多年生活在他们中间——让他与能接触到的几乎所有中国人拉开了距离，为他夯实了深入美国社会的基础，极少有人能企及这一点。当然，这一切都无法改变他的外貌，无法改变美国人对他的后续认知，毕竟他是个外族人。好在美国人将他放在文化认同方面比较成功的位置上。即使他那一代同胞里有许多人的确心存融入美国的想法，绝大多数人都毫无成功的希望。

王清福所拥有的资质让他处在一种几乎是独一无二的位置上，让他得以看清自己的国人如何遭受排挤，让他为那些希望更加贴近美国舞台中心的人们琢磨出一条通道。王清福能与白人成为朋友，能想他们之所想，能与各色美国白人厮混在一起，不妨这么说，他与他们偶然还会亲密无间，这一切帮助他认识到，怎样才能让美国人改变对中国人的看法，如何才能倒转中国人的宿命，边缘化和排斥中国人只不过看似不可避免。他的解决方案为，从各方面融入美国，例如衣着、语言、习惯等方面。在他有生之年，他的做法并没有大批跟风者，这一事实并不意味着他错了，反而说明他太超前了。

随之而来的几代移民与第一代移民完全不同。尽管当初美国的中国女性少之又少，王清福之后的几代中国人里包括一些出生在美国的人，许多人能说流利的、不带口音的英语，对祖籍国没有任何印象，也包括移民美国后功成名就的中国人，和此前移民美国的中国人相比，他们更没有兴趣回到中国贫困的生活环境里。这些中国人未来的出路何在？各种各样的排华法律对此做出了明确的回答，大多数中国人当然不喜欢这些回答。王清福是第一个站出来提出诉求的人，他想出了一种方法，让中国人可以被美国社会接受，让中国人得到他认为理应得到的那些权利。在美国舞台上，王清福利用其有限的时间，差一点就为中国人争取到了那些特权，可惜功败垂成。

王清福在历史上的重要性，不仅在于他想象并且说出了具体目标，更在于他为达到目标采取的方式、付出的努力。他不知疲倦地奔波于全美各地，为在美华人大声疾呼，充满激情地创作出大量各种类别的文章，将在美华人描绘成善良的、容易相处的人，为美国人打开了一扇了解中国的大门。对许多美国人来说，认识王清福即可认识美国境内的中国人。对洗衣店主，美国人可以视而不见，对温文尔雅、饱经世故的绅士王清福，他们却难以不加尊重。他的英文出类拔萃，他衣着时尚，似乎也容易相处。身处19世纪70年代和80年代那种瘴气弥漫的氛围里，当年的人们热衷于诽谤王清福的国人，热衷于斥责他们令人憎恶的顽劣和罪孽，迫使他以守为攻。即便如此，凭借其个人风度，王清福毫无疑问改变了一些美国人的看法，赢得了一些美国人的好感，而他不畏艰险的各种努力和永无止境的乐观心态就另当别论了。

可是，王清福投身的是两条战线的战斗，他不仅需要说服美国人，中国人是守法的公民，美国人不必为此担忧；同时还要劝说自己的国人，即便美国白人内心充满了积怨和沮丧，同化仍然有其价值。不难理解，他一次又一次地讨伐吸鸦片、赌博、卖淫，招致了以这些产业牟利的中国人的愤怒。他四处宣扬剪掉辫子和放弃长袍马褂，许多保守的人也对他失去了好感。尽管大多数美国华人当初不愿意或不能够追随他，王清福依然乐于做出表率。即便如此，他的某些做法毫无疑问改变了一些人的看法——例如通过他办的那些报纸，他在唐人街以外为中国人的利益大声疾呼，以及他身体力行的垂范。

王清福意识到，绝大多数在美华人并不认同他的想法，不过，他坚持认为自己的想法没错，因而他开始找焦点。19世纪80年代，他试探性地迈出了几步，进入19世纪90年代，他已经做到了完全开诚布公。他首先抛弃的是被1882年的《排华法案》阻挡在外的不知名的未来移民；他一开始并未参与美国人的行动，不过，他最终转而支持美国人排华，还号召美国境内的中国人也这么做。他接下来做的是抛弃中国人里的大多数，即那些不愿意和不能够同化的中国人。对那些认识问题和他不一样的人，例如那些不想取得公民身份的人、那些试图维持孤立状态的人、那些渴望最终返回中国的人，他再也不过问他们的事了。也许人们会说，他有坚实的理由抛弃那些人，因为他们的生活方式显露的抵触特征容易成为靶标，成为反对解除华人入籍禁令的那些人的众矢之的。每当社会大范围讨论公民身份问题时，他们总会成为不受欢迎的范例。简言之，他们是带来麻烦的绊脚石。

王清福认为，美国境内的中国人有理由对发生在祖籍国的各种事情继续保持高度的兴趣。毫无疑问，他自己便是如此。有证据表明，他几乎一辈子都在批判清朝统治者，积极支持推翻他们，以民主政府取而代之。作为"美籍华人"，仅从这一词组来看，前一个词"美籍"或许意味着,它在其中起主导作用,不过,它绝无抛弃第二个词"华人"的含义。其他含有"美国"成分的有关华人的词组都具有热爱和牵挂故土的含义,其中一些词指代同时效忠两个国家的人,这种人有时候会遭受指责。如今则不同了,美国人同时可以是外国人,他人丝毫不会因此认为,此人不是纯粹的美国人,这已经得到广泛认可。这种事不会发生在王清福身上,的确如此,他提出后朝廷时代的中国由美籍华人集团组建政府实施管理,即便如此,这种事并没有发生。

有必要指出的是,王清福这个人物以及他所从事的斗争留下了事实,历史上曾经有过这样一个人,为反抗美国对在美华人制造的种种不公,他曾经情绪激昂和口若悬河般大声疾呼,这一点非常重要。美国各种各样的民权运动都有自己的领袖,例如著名的马丁·路德·金,以及劳工运动领袖凯萨·查维斯(César Cháveze),还有女权运动先锋葛洛丽亚·斯泰纳姆(Gloria Steinem)。不过,美籍华人能推举什么人呢?美国人的普遍印象是,对当局推出的所有东西,19世纪的中国人总是沉默而被动地全盘接受,不做什么质疑,而王清福的一生却鲜明地否定了此种印象。

不可否认,王清福作为民权运动的标志性人物,由于他远离了自己的民族,他的形象某种程度上被淡化了。由于他提出,美国境内的中国人首先需要改变习惯,才能具备要求公平待遇的资格,并且抛弃不愿意做出改变的人,从本质上说,他是在割让中国人不可分割的一些权利。成为美国人之前,他国移民不需要跨越这些障碍。其实,巨人同样会犯错误,何况王清福。19世纪能够扬名美国全境的美籍华人可谓凤毛麟角,然而看看王清福,在他有生之年，有超过 3000 篇文章要么集中报道他，要么在文内提到他。这些文章不仅刊登在拥有大型唐人街的城市的日报上，同样也刊登在鲜有中国人或根本没有中国人的小城市的报刊上。

王清福有自己的道德罗盘，相比于大多数美国境内的中国人的罗盘，他的罗盘指向有点与众不同，后人对此没有异议。王清福总是将他人的事当成自己的事来管，有时候是出于为对方考虑，例如卷入"马基高"号事件的那些女性、孙漪事件、救助黄热病人等；有时候，他也会违背对方的意愿，例如干预开设赌场和鸦片烟馆的那些人。在相同的背景下，大多数中国人的活法是各扫门前雪，将他人的事高高挂起，即便他人的苦难源于自己的无动于衷，人们仍会依然故我。王清福则不然，为纠正错误，他往往会挺身而出，甚至会置个人安危于不顾，他身上的疤痕即是最好的证明。那些强势的、危险的、记仇的人曾经伤害过他，他们肯定还会如法炮制，既然如此，他为什么还要置身于与他们的正面冲突，不断地以身家性命相抵呢？

树立扶危救困的英雄形象，这同样是中国的传统。不过，仅仅基于中国传统，无法解释王清福为什么会强势介入社会激进主义。究竟是什么将他塑造成了这样的人，另有一个因素值得深思，即他当年曾经学习过，后来又拒之门外的基督教教义。当初养育他的传教士们所做的不过是按照惯例抚养他，然而，恰恰由于传教士们在中国的存在，他们忍受艰难困苦的豁达，他们救助患者，赈济饥民，始终如一的努力，更何况他们所做的一切都是在本国以外，这一切都被一个敏感的年轻人看在眼里。正是这些人救助了原本赤贫的他，资助他走过了成长塑形的年月。此外还有一个不失为公正的假设：王清福十几岁时，有人不断地给他灌输《圣经》故事，使他形成了善待陌生人的利他主义行为方式。不妨看看《正道启蒙》，正是王清福的女恩人萨莉·霍姆斯将这本儿童读物翻译成了中文，书里讲述的关于耶稣基督善待他人和无私忘我的系列故事发人深省。如下事实更能说明问题，总体上说，唯一真正下大力气荡涤美国唐人街污泥浊水和救助穷困潦倒的中国人的那些人，恰好都是基督徒，包括美国人和改信基督教的中国人。

当然，王清福和基督教的关系充满了疾风骤雨。他对传教士们的怨言肯定有其正当性，涉及意识形态的成分远多于个人恩怨，他孩提时代在中国认识的那些人善待他，所以他从不说他们的坏话。传教士们在美国报道中国人民堕落和邪恶到卑鄙的程度，王清福有权让他们对此做出解释。王清福试图让美国人认识中国人阳光的一面，传教士们的宣传毫无疑问让他的努力变得异常困难。

王清福扮演孔子学说传教士的角色，又当如何评价？试图在美国人当中宣讲"异教"，他究竟有几分诚意？人们很难特别严肃地看待王清福的传道热情，弄不清他宣讲的究竟是孔子学说，还是佛教，抑或是异教，因为他总是混淆它们之间的界限，此一时彼一时，他所支持的总是不一样。毫无疑问，即便在芝加哥创建孔庙期间，他也没有严肃地看待诱使美国人脱离基督教一事。事实上，就那个短命的项目而言，王清福在祭典仪式上一通装模作样的比画不禁让人们疑窦丛生，例如他对仪轨究竟了解多少。回溯过去的20多年，王清福对祖籍国的道德标准一直赞不绝口，人们难免会疑惑，他不过是利用这些作为一种手段，以便美国人做些自我检讨，谈不上严肃地抛砖引玉，诱使他们改变信仰。美国生活充满了谬误，美国人对待中国人的方式应当受到指斥，在基督教国度里，这么做完全不可理喻。为了让美国人警醒，王清福用了惊堂木，还自称"反向传教士"，人们很难因此指责他。既然王清福擅长利用别出心裁的方法吸引人们的注意力，这大概可以称为他最好的武器。

不过，王清福的道德罗盘时不时也会出问题，尤其在他生命接近尾声时，出问题的频率越来越高。为眼前利益而篡改事实，为摆脱困境而撒谎骗人，为得到好印象而重修履历，以前他从不干这些事。可是，在生命的最后十年，他身上似乎出现了更多背离，甚至出现了比偶然不尊重事实严重许多的违法行为。例如，尽管他事实上一向是《基瑞法案》最严厉的批评者之一，要求废除该法案失败后未久，他立刻改变立场，转而支持美国政府强化该法案。他参与跨密西西比世博会，问题频出，事故不断。他在遵纪守法方面曾经一向坚定，对任何形态的腐败必欲诛之而后快。但后来他似乎直接参与策划了让中国劳工非法入境，他在其中要么撒了谎，要么过分看重合伙人手里的钱。更糟糕的是，虽然他肯定从未有过这种想法，这项计划可能已经导致他协助入境的一些女性卖身为奴了。

1902年，美国国会开会期间，由于《基瑞法案》即将到期，排华成了主要附加议题之一，当时王清福已经过世三年。不少于20份有关中国移民的议案提交给了第57届国会大会。所有选区都通过证词和请愿参与其中，所有伴生的压箱底的议题都被人们翻出来加以讨论。[1]当然，没有了王清福，再也没有人推进美国化的中国人入籍问题了。即便王清福创建的华人平等权利联盟仍在运作，辩论中也没有机会发声了。最后，当年仍然有效的所有涉及华人的法律都得到了延续，而且均未设置期限。[2]排华期限最终延续到了第二次世界大战期间，为抗击轴心国列强，当时美国和中国结盟，限制华人成了一种尴尬。1943年通过的《麦诺森法案》终于废除了可恨的排华立法，打开了更多中国人移民美国的通道。然而，在实际操作中，每年获准入境美国的中国人的数量少之又少。更紧迫的问题则是，取消对美国境内的中国人的入籍限制。王清福曾经的目标是，为被套牢的同胞们打开一条入籍美国的通道，他过世45年后，这一目标终于实现了。

最后，人们不禁要问，凭什么认定王清福是"第一位"美籍华人？王清福1867年来美之前，已有数万中国人踏上了美国海岸，尽管其中大多数人可能已经做好回国计划，许多人确实留在了美国。甚至还有为数不多的几个人在王清福之前成了美国公民，例如阶段性与他作对的劲敌容闳。毫无疑问，有证据表明，容闳理应获此殊荣。他深受美国教育的影响，改信了基督教，娶了个美国女人为妻，参加了美国大选，一生中半数时间都在美国度过。[3] 他们两人均有跨文化背景，虽然深受西方价值观影响，但仍然深深地眷恋着生养他们的大地；两人均因怀揣进步思想受到清政府威胁，漂泊到了海外。就他们两人而言，王清福更看重"美籍华人"的概念，并为此积极参与和付出。为了让美国境内的中国人获得新身份，王清福付出的心血远多于容闳。他不仅在同胞中，也在美国人里为美籍华人身份做标识，做介绍，为其塑形和做宣传。

瑕不掩瑜，王清福是个英雄，美国人（尤其是美籍华人）提到他时，也有可能引以为傲。久而久之，他的观点经受住了历史的考验，他早已认清了浴火重生的途径，并且向追随者们指明，如何才能到达彼岸。他有生之年未能率领众多追随者抵达乐土，但这一事实无法抹杀他的先见之明。上千万美籍华人在生活和事业方面的成功，足以证明他当年的魄力，他们收获了入籍美国带来的犒赏，这些人包括19世纪中国移民的后裔，战后来自中国台湾和香港地区及南亚的中国人，来自中国大陆的新人，以及他们在美国出生的孩子。在美国成功，方式犹如万花筒，但有一点不可否认：实际上，许多人还没来得及改掉口音就成功了。一些人在华人圈子里继续过着局限的生活，更多的人则接受了美国的基本价值观，成了美国社会不可分割的组成部分。他们还会继续直面躲不开的障碍和偏见，不过与他们的先人和前辈不同，他们再也不必被迫生活在边缘地带，而且这样的人数量越来越少。

我曾在一份著名美籍华人名单上发现了王清福的名字，他是少数几个19世纪的人物之一。其他名字属于当代的演员、商人、政府官员、建筑师、投资家、政治家、科学家、设计师、艺术家、运动员、音乐家、记者、医生和作家。我难免会想，如果王清福有机会看到一份如此长的名单，看到踏着他的足迹而来的美籍华人们，欣赏他们取得的诸多重要成就，他该有多么高兴！

王清福发表作品一览

* 王清福发表的许多作品，都曾经刊登在美国各地的不同报刊上。以下列出的文章当中，并不完全以其首次刊登的出处为准。有一些文章曾在其他刊物上，或者以其他标题刊登，请读者注意。

（以下作品按时间顺序排列）

"The Chinese in Cuba," *New York Times*, August 17, 1874.

"Extracts from a Chinese Lecture," *The Friend* 50, no. 32（March 24, 1877）: 252–53.

"A Heathen's Challenge," *New York Herald*, May 7, 1877. Letter to the Editor.

"A Chinaman on the Situation," *Chicago Tribune*, March 14, 1878. Letter to the Editor.

"The Chinese Question," *Chicago Tribune*, March 11, 1879.

Chinese American（华美新报 / 美华新报）. Weekly newspaper, first published on February 3, 1883, and continuing for several months. In Chinese.

"Chinamen Greet the Spring," *New York Sun*, April 2, 1883. Appeared elsewhere.

"War News from Chinatown," *New York Sun*, April 24, 1883. "Chinese John Driven Off," *Utica Sunday Tribune*, May 6, 1883. Appeared elsewhere.

"Arrested Over Their Opium," *New York Sun*, May 12, 1883.

"New York's Chinese Restaurant," *Auburn Weekly News and Democrat*, May 17, 1883. Appeared elsewhere.

"Interviewing a Chinaman by a Chinaman," *Auburn News and Bulletin*, May 24, 1883. Appeared elsewhere.

"A Chinese Rip Van Winkle," *Texas Siftings*, June 2, 1883.

"Political Honors in China," *Harper's New Monthly Magazine* 67 (July 1883): 298–303.

"Laws of Adoption in China," *Harper's Bazar* 16, no. 29 (July 21, 1883): 458.

"Another Challenge from Wong Chin Foo," *New York Sun*, July 26, 1883. Letter to the Editor.

"Fashions in China," *Harper's Bazar* 16, no. 33 (August 18, 1883): 524.

"The Maidens of China," *Texas Siftings*, August 18, 1883.

"What the Heathen Plays: Inner Life of a Chinese Gambling Den," *St. Louis Globe-Democrat*, September 23, 1883.

"Marriage Laws and Customs of the Chinese," *Youth's Companion* 57, no. 9 (February 28, 1884): 79.

"Ploughing Day in China," *New York Herald*, March 30, 1884. "Mechanical Toys and Games of the Chinese Youth," *Youth's Companion* 57, no. 14 (April 3, 1884): 131–32.

"To Raise Chinese Vegetables," *New York Herald*, April 15, 1884. "Infant Burial in China," *Harper's Bazar* 17, no. 18 (May 3, 1884): 276.

"What Agitates Chinatown," *New York Herald*, May 4, 1884. "News from Chinatown," *New York Herald*, May 18, 1884. "Chinese Cooking," *Brooklyn Daily Eagle*, July 6, 1884.

"A Celestial Belle," *Harper's Bazar* 17, no. 30 (July 26, 1884): 475.

"The Only Celestial Barber," *Evening Gazette* [Cedar Rapids, IA] , August 11, 1884. Appeared elsewhere.

"Chinese Monasteries," *San Francisco Bulletin*, August 16, 1884. Appeared elsewhere as "The Monks of China."

"Chinese Athletic Sports," *Youth's Companion* 57, no. 9 (October 16, 1884): 389–90.

"Knows the Hierophant," *Rochester Democrat and Chronicle*, December 24, 1884.

"How a Chinaman Gets into Business," *Titusville Morning Herald*, December 27, 1884. Appeared elsewhere.

"A Local Chinese Poet," *Frank Leslie's Illustrated Newspaper*, January 3, 1885.

"Silk Making in China," *Palo Alto Reporter*, January 9, 1885. Appeared elsewhere.

"The Gospel in China," *Christian Advocate* 60, no. 3 (January 15, 1885): 33.

"The Dragon," *Puck* (February 4, 1885), 356.

"Costly Feasts," *Wheeling Register*, February 27, 1885.

"Experience of a Chinese Journalist," *Puck* (April 22, 1885), 330–31. "The Cook in the Orient," *The Cook* 1, no. 4 (April 20, 1885): 5. Appeared elsewhere as "In an Oriental Kitchen."

"Chinese Recipes [Kau-Tsi] ," *The Cook* 1, no. 5 (April 27, 1885): 7. "The Early Religious Development of China," *Independent* 37, no. 1900 (April 30, 1885): 3 and no. 1901 (May 7, 1885): 4. "The Cook in the Orient II," *The Cook* 1, no. 6 (May 4, 1885): 5. "The Cook in the Orient III: Tea and Tea-Drinking," *The Cook* 1, no. 7 (May 11, 1885): 5. Appeared elsewhere as "Tea as It Should Be" and "Tea as a Beverage."

"The Cook in the Orient IV: Rice, and How to Use It," *The Cook* 1, no. 8 (May 18, 1885): 5.

"The Cook in the Orient V: Sauces," *The Cook* 1, no. 9 (May 25, 1885): 5. Appeared elsewhere.

"The Cook in the Orient VI: Vegetables," *The Cook* 1, no. 10 (June 1, 1885): 5.

"The Cook in the Orient VII: Chinese Fruits," *The Cook* 1, no. 11 (June 8, 1885): 5.

"The Cook in the Orient VIII: Condiments Among the Chinese," *The Cook* 1, no. 12 (June 15, 1885): 5.

"The Cook in the Orient IX: Odds and Ends," *The Cook* 1, no. 13 (June 22, 1885): 5.

"The Cook in the Orient X: Foods for Chinese Workingmen," *The Cook* 1, no. 14 (June 29, 1885): 7.

"The Cook in the Orient XI: The Locust on Toast," *The Cook* 1, no. 15 (July 6, 1885): 5.

"Further Developments in the Sing Lee Murder Case at Rome," *Rome Sentinel*, July 14, 1885. Appeared elsewhere.

"Chinese Cooking," *Biddeford Daily Journal*, August 1, 1885. Appeared elsewhere as "Celestial Eating."

"The Story of San Tszon," *Atlantic Monthly* 56, no. 334 (August 1885): 256–63.

"Conflagration in Chinatown," *New York Sun*, September 20, 1885.

"The Family in China and America," *Christian Advocate* 60, no. 43 (October 22, 1885): 679.

"Joss in Chatham Square," *New York Sun*, December 6, 1885.

"A New Temple for Joss," *Madison County Times*, December 18, 1885. Appeared elsewhere.

"Legal Complications," *Waikato Times*, April 24, 1886.

"Chinese Idea of the Typhoon," *Quincy Daily Herald*, November 23, 1886. Appeared elsewhere.

"Chinese Mind Readers," *Augusta Chronicle*, February 26, 1887. Appeared elsewhere.

"Society Rules in China," *Boston Globe*, March 1, 1887. Appeared elsewhere as "Odd Things in China" and "Chinese Peculiarities."

"The Game of Fan Tan," *Denton Journal*, April 23, 1887. Appeared elsewhere.

"Chinese Merchants," *Jackson Citizen Patriot*, June 2, 1887. Appeared elsewhere.

"Chinese Barbers at War," *Boston Globe*, July 7, 1887. Appeared elsewhere.

"Why Am I a Heathen?" *North American Review* 145, no. 369 (August, 1887): 169–79. Excerpts appeared elsewhere.

"Boiled Ice Cream," *Fitchburg Sentinel*, August 22, 1887. Appeared elsewhere.

"Civilization of the Chinese," *Daily Enquirer* [Columbus, GA] , September 2, 1887. Appeared elsewhere.

"A Chinaman's Criticism," *Jersey Journal*, September 10, 1887. Appeared elsewhere.

"Chinese Superstition," *Malone Palladium*, October 6, 1887. Appeared elsewhere.

"American Courtship and Age," *Washington Star*, October 22, 1887.

"Christ Preached Before Joss," *New York Sun*, October 24, 1887.

"Saving a Chinaman's Queue," *New York Sun*, November 27, 1887.

"Our Mongolian Dead," *Augusta Chronicle*, December 11, 1887. Appeared elsewhere.

"Views of a Heathen: Wong Chin Foo Picks a Few Flaws in Our Civilization," *Augusta Chronicle*, December 11, 1887. Appeared elsewhere.

"Chinese Holidays," *Boston Herald*, December 25, 1887. Appeared elsewhere.

"Wheat Raising in China," *Milwaukee Sentinel*, January 14, 1888. Appeared elsewhere.

"The Flowery Kingdom's Morals," *Chicago Tribune*, February 5, 1888. Appeared elsewhere as "Facts About China," "Wong Chin Foo Tells Why People in His Native Land Are Truly Good," "Chinese Punishment," and other variations.

"Chinese Justice," *Chicago Tribune*, February 7, 1888. Appeared elsewhere.

"Playing Policy With Joss," *Chicago Tribune*, March 3, 1888.

"Chinese Food for New Yorkers," *New York Sun*, March 9, 1888.

"The Chinese Against the Mayor," *New York Sun*, March 21, 1888.

"Product of the Poppy," *Grand Forks Herald*, April 10, 1888.

"Some Chinese Dishes," *Logansport Journal*, April 13, 1888. Appeared elsewhere. (Unsigned, but likely authored by Wong Chin Foo).

"A Chinese Diss Debar," *New York Sun*, April 18, 1888. "A Chinese Pedestrian," *New York Sun*, May 21, 1888.

New York Chinese Weekly News（纽约新报）. Weekly newspaper, beginning June 1888 and continuing for several months. In Chinese.

"Chinese Dainties," *Decatur Daily Republican*, June 2, 1888. Appeared elsewhere.

"A Heathen Picnic," *New York Sun*, July 16, 1888.

"Bread Among the Chinese," *Postville Review*, July 28, 1888. Appeared elsewhere.

"The Chinese in New York," *Cosmopolitan* 5 (August 1888): 297–311.

"Chinese Anarchists," *New York Sun*, August 24, 1888.

"Opium Smoking in New York," *Saginaw Evening News*, August 25, 1888.

"Chinese Laundrymen," *Saginaw Evening News*, September 21, 1888. Appeared elsewhere.

"Ah Dam's Lovely Bride," *New York Herald*, September 23, 1888.

"Yuet Sing's Bride," *New York Herald*, September 30, 1888.

"High Times in Chinatown," *Chicago Tribune*, October 7, 1888.

"Killed by the Anti-Chinese Bill," *New York Sun*, October 22, 1888.

"Opium for the Yellow Fever," *Grand Forks Herald*, October 29, 1888. Appeared elsewhere.

"Chinese Twelve-Pin Alley," *Boston Globe*, November 1, 1888.

"A Chinese Wood Carver's Workshop," *New York Sun*, November 18, 1888.

"Gotham's Chinese Restaurants," *Bismarck Tribune*, November 28, 1888. Appeared elsewhere.

"Poh Yuin Ko, The Serpent Princess," *Cosmopolitan* 6, no. 2 (December 1888): 180–90.

"Is Marriage a Failure? A Chinaman's Answer," *Cosmopolitan* 6, no. 2 (December 1888): 202–3.

"Chinamen Die All Alone," *New York World*, December 3, 1888.

"Chinese in New York," *Little Falls Evening Times*, December 10, 1888. Appeared elsewhere.

"Money for the Joss," *New York Sun*, December 17, 1888.

"The Chinese in the United States," *The Chautauquan* 9 (January 1889): 215–17.

"Chinese and their Animals," *Chicago Tribune*, January 5, 1889. Appeared elsewhere.

"Wu Chih Tien, The Celestial Empress," *Cosmopolitan* 6, no. 4 (February 1889): 327–34; 6, no. 5 (March 1889): 477–85; 6, no. 6 (April 1889): 564–72; 7, no. 1 (May 1889): 64–72; 7, no. 2 (June 1889): 128–31; 7, no. 3 (July 1889): 289–99; 7, no. 4 (August 1889): 362–68; 7, no. 5 (September 1889): 450–59.

"A Political Row in Chinatown," *New York Sun*, March 26, 1889.

"Chinese Dentistry," *Macon Telegraph*, May 25, 1889. Appeared elsewhere.

"An Indignant Chinaman: Wong Chin Foo Repels a Slanderous Attack Upon His Mongolian Ancestors," *New York World*, May 31, 1889. Letter to the Editor.

"Chinese Prescriptions," *St. Paul Daily Globe*, June 3, 1889. Appeared elsewhere.

"They Lack Dignity: Wong Chin Foo's Criticism of Christian Missionaries," *Cincinnati Post*, August 20, 1889.

"A Chinaman in a Bad Fix," *Philadelphia Inquirer*, August 31, 1889. "A Chinese Family Feud," *Inter Ocean*, October 2, 1889.

"Training Chinese Wrestlers," *New York Sun*, November 10, 1889.

"The Chinese Want Central Park," *New York Sun*, November 29, 1889.

"The Dynasty of China is Changing," *Chicago Tribune*, November 30, 1889. Appeared elsewhere as "Celestial Royalty."

"Wong and Fong Want Electricity," *New York Sun*, December 15, 1889.

"China Wouldn't Miss a Few Linemen," *New York Sun*, December 17, 1889.

"The Chinaman's Walking Delegate," *New York Sun*, December 18, 1889.

"Anarchy in Chinatown," *New York Sun*, December 26, 1889. "A New God for Chinatown," *New York Sun*, January 3, 1890.

"Wong Dow Lung Was a Mandarin," *New York Sun*, January 5, 1890.

"The Hermit of Mott Street," *New York Sun*, January 12, 1890.

"Keeping the Chinese New Year," *New York Sun*, January 20, 1890.

"A Delirium of Firecrackers," *New York Sun*, January 28, 1890.

"Li Woh's Capture by Bandits," *Lock Haven Express*, February 3, 1890. Appeared elsewhere.

"A Chinese Rosalind," *New York Sun*, February 6, 1890. "Chinese Sauces," *Monticello Republican*, February 7, 1890.

"Beds of the Orient," *Morning Oregonian*, February 11, 1890. Appeared elsewhere as "Oriental Bed Clothing."

"The Mandarin's Daughter," *Holley Standard*, March 6, 1890; March 13, 1890; March 20, 1890; March 27, 1890; April 3, 1890; and April 10, 1890. Appeared elsewhere. "Life," *Brandon Sun Weekly*, March 27, 1890.

"A Mott Street Proclamation," *New York Sun*, April 1, 1890.

"Mott Street Looks On, But Takes No Part," *New York Sun*, November 5, 1890.

"Sinn Quong On's Joy and Pride," *New York Sun*, December 16, 1890.

"Look Out for Them, Senator Blair," *New York Sun*, March 25, 1891.

"Chinatown's New Mayor," *New York Sun*, April 1, 1891.

"A Chinese-American's Wrath," *New York Sun*, May 13, 1891. Letter to the Editor.

"A Little Band of 'Heathen Chinese,'" *Columbus Daily Enquirer*, May 27, 1891. Appeared elsewhere.

"Wirepulling in Chinatown," *New York Sun*, June 6, 1891.

"Delicacies John Eats," *Philadelphia Inquirer*, July 19, 1891. Appeared elsewhere as "A Chinese Delicatessen Store."

"Chinese Patent Medicines," *New York Sun*, September 27, 1891. Appeared elsewhere.

"Even The Heathen Appreciate It," *New York Telegram*, January 10, 1892.

"A Chinese Wedding," *Bay City Times*, January 22, 1892. Appeared elsewhere.

"A Heathen Speaks," *Omaha World Herald*, February 29, 1892. Appeared elsewhere.

Speech of Wong Chin Foo At the Mass Meeting of the Chinese Equal Rights League at Tremont Temple, Boston, November 18, 1892. Publication details unknown.

"What Christmas Teaches," *Boston Globe*, December 25, 1892.

"The Chinese Equal Rights League," *Washington Post*, December 29, 1892. Letter to the Editor.

Appeal of the Chinese Equal Rights League to the People of the United States for Equality of Manhood. New York: Chinese Equal Rights League, 1893. Attributed to Wong Chin Foo.

"The 4785 Chinese Year and How It Will Be Celebrated," *Macon Telegraph*, February 14, 1893.

"Chinese Fever Tree," *St. Paul Daily Globe*, March 27, 1893. Appeared elsewhere.

"A Queer Business in China," *Lima Daily Times*, April 14, 1893. Appeared elsewhere as "Transplanting Hair in China," "A Chinese Secret," and as "Hair Planting to Order."

"Dramatic Art in Doyers Street," *New York Herald*, April 16, 1893.

"Beards and Mustaches in China," *Ft. Wayne Daily Gazette*, April 29, 1893. Appeared elsewhere.

Chinese American（华洋新报）. Weekly newspaper, beginning May 1893 and continuing for several months. In Chinese.

"High and Low Life in China," *The Colorado Magazine* 1, no. 4 (July 1893): 356–59.

"Now's the Time to Give," *New York World*, January 14, 1894. Letter to the Editor.

"A Chino-American Journalist Has Something to Say About the War," *Journal-Tribune*［Marysville, OH］, October 11, 1894.

Chinese News（美义新报）. Weekly newspaper, beginning November 14, 1896, and continuing for several months. In Chinese.

"China's December Feast," *Jackson Citizen-Patriot*, February 9, 1897. *First Voice of the Americanized Chinese of the United States*. Chicago: Chinese Equal Rights League of America, May 1897. This circular does not appear to survive, but was quoted at length in the *Los Angeles Times*, May 28, 1897.

"Chinaman's Idea of Good Government," *Chicago Tribune*, July 10, 1897. Letter to the Editor.

"Wong Chin Foo Protests Against Class Legislation." Chicago Tribune, December 27, 1897.

注　释

原版序言

1. John Kuo Wei Tchen, *New York Before Chinatown: Orientalism and the Shaping of American Culture, 1776–1882* (Baltimore: Johns Hopkins University Press, 1999), 253–9; Qingsong Zhang, "The Origins of the Chinese Americanization Movement: Wong Chin Foo and the Chinese Equal Rights League," in *Claiming America: Constructing Chinese American Identities During the Exclusion Era*, ed. Sucheng Chan and K. Scott Wong (Philadelphia: Temple University Press, 1998), 41–63; and Hsuan L. Hsu, "Wong Chin Foo's Periodical Writing and Chinese Exclusion," in *Genre: Forms of Discourse and Culture* 39, nos. 3–4 (Fall/Winter 2006): 83–105.
2. Andrew Hsiao, "100 Years of Hell-Raising: The Hidden History of Asian American Activism in New York City," *The Village Voice*, 23 January, 1998.
3. Chinese Equal Rights League, *Appeal of the Chinese Equal Rights League to the People of the United States for Equality of Manhood* (New York: Chinese Equal Rights League, 1893), 3.

第一章

1. Wang Fan（王凡）, "Wong Chin Foo: The Chinese Martin Luther King"（王清福：华人的马丁·路德·金）, At Home Overseas（海内与海外）Website (http://www.chinaqw.com/node2/node2796/node3436/node3442/node3456/userobject6ai239009.html). 王凡是王清福的玄孙，是王清福早年和晚年在华生活经历的相关资料的最主要提供者。See also "Wong Chin Foo's Woes," *New York World*, June 9, 1890.
2. Descriptions of J. Landrum and Sallie Little Holmes appear in Janet and Geoff Benge, *Lottie Moon: Giving Her All for China* (Seattle, WA: Youth With a Mission Publishing, 2001), 83; Lottie Moon to Rev. Dr. Henry Allen Tupper, Executive Secretary, Foreign Mission Board, Southern Baptist Convention, June 27, 1874. International Mission Board Archives and Records Services Website (http://solomon.3e2a.org/public/ws/lmcorr/www2/lmcorrp/Record?upp=0&m=6&w=NATIVE%28%27text+ph+ is +%27%27holmes%27%27%27%29&r=1&order=CORR_DATE); Helen

Sanford Coan Nevius, *Our Life in China* (New York: Robert Carter and Brothers, 1869), 328; and Robert Coventry Forsyth, comp. and ed., *Shantung: The Sacred Province of China in Some of its Aspects, Being a Collection of Articles relating to Shantung, including Brief Histories with Statistics, etc., of the Catholic and Protestant Missions and Life-Sketches of Protestant Martyrs, Pioneers, and Veterans Connected with the Province* (Shanghai: Christian Literature Society, 1912), 171.

3 Daniel H. Bays, "The Foreign Missionary Movement in the 19th and Early 20th Centuries." Website of the National Humanities Center (http://nationalhumanitiescenter.org/tserve/nineteen/nkeyinfo/fmmovement.htm).

4 *Southern Baptist Missionary Journal* 1, no. 1 (June 1846): 4.

5 Samuel Merwin, *Drugging a Nation* (New York: Fleming H. Revell Company, 1908), 40–42.

6 Lynn Pan, *Sons of the Yellow Emperor* (London: Mandarin Paperbacks, 1990), 43–44. 该书令人信服地概括了中国移民产生的原因。

7 Eugene P. Boardman, "Christian Influence Upon the Ideology of the Taiping Rebellion," *The Far Eastern Quarterly* 10, no. 2 (February 1951): 117–20.

8 Wolfram Eberhard, *A History of China* (Berkeley, CA: University of California Press, 1977), 302.

9 Ibid., 299–300.

10 D. MacGillibray, ed., *A Century of Protestant Missions in China (1807–1907), Being the Centenary Conference Historical Volume* (Shanghai: American Presbyterian Mission Press, 1907), 313.

11 Ibid., 322.

12 L. S. Foster, *Fifty Years in China: An Eventful Memoir of Tarleton Perry Crawford, D. D.* (Nashville: Bayless-Pullen Company, 1909), 132.

13 H. Charles Ullman, *Lawyers' Record and Official Register of the United States* (New York: A. S. Barnes & Co., 1872), 12.

14 Julia Davis Adams, ed., *Bonds of Friendship Love & Truth: Letters from Sallie Little Holmes to Anna Kennedy Davis, 1857–1879*, letter of July 8, 1861, no page number. 茱莉娅·亚当斯与萨莉之间的通信，是关于王清福在华早年经历的主要一手资料。

15 Anna Seward Pruitt, *Up from Zero in North China* (Richmond, VA: William Byrd Press, Inc.), 15; Nevius, *Our Life in China*, 330–31.

16 Pruitt, *Up from Zero in North China*, 15.

17 Adams, *Bonds of Friendship Love & Truth*, letter of July 5, 1859.

18 Foster, *Fifty Years in China*, 94.

19 "An Indignant Chinaman: Wong Chin Foo Repels a Slanderous Attack Upon His Mongolian Ancestors," *New York World*, May 31, 1889.

20 Adams, *Bonds of Friendship Love & Truth*, letter of July 8, 1861.

21 Rev. J. Landrum Holmes, Letter to the Editor, *North China Herald*, September 1, 1860, 139.

22 Adams, *Bonds of Friendship Love & Truth*, letter of September 29, 1862.

23 Foster, *Fifty Years in China*, 95.

24 MacGillibray, *A Century of Protestant Missions*, 323.

25 Adams, *Bonds of Friendship Love & Truth*, letter of September 29, 1862.
26 Ibid., letter of October 10, 1862.
27 "Local and Miscellany," *Auburn Daily Bulletin*, August 1, 1870.
28 MacGillibray, *A Century of Protestant Missions*, 313; Wong Chin Foo, "Why Am I a Heathen?" *North American Review* 145, no. 369 (August 1887): 169.
29 Foster, *Fifty Years in China*, 103.
30 William Gamble, ed., *Memorials of the Protestant Missionaries to the Chinese* (Shanghai: American Presbyterian Mission Press, 1867), 252.
31 Forsyth, *Shantung: The Sacred Province*, 179.
32 Wong, "Why Am I a Heathen?" 169.
33 *Minutes of the Foreign Mission Board*, Southern Baptist Convention, June 30, 1845.
34 Bays, "The Foreign Missionary Movement in the 19th and Early 20th Centuries"; Robert F. McClellan, "Missionary Influence on American Attitudes toward China at the Turn of the Century," *Church History* 38, no. 4 (December 1969): 476.
35 Adams, *Bonds of Friendship Love & Truth*, letter of January 1859.
36 Samuel Wells Williams, *The Middle Kingdom*, Vol. 2 (New York: John Wiley, 1849), 96.
37 McClellan, "Missionary Influence," 476.
38 Board of Foreign and Domestic Missions of the Southern Baptist Convention, *Southern Baptist Missionary Journal*, Vol. 1 (Richmond, VA: H. K. Ellyson, 1846), 7–8.
39 Adams, *Bonds of Friendship Love & Truth*, letter of September 2, 1862.
40 H. A. Tupper, *The Foreign Missions of the Southern Baptist Convention* (Philadelphia: American Baptist Publication Society, 1880), 214; *Minutes of the Foreign Mission Board*, May 7, 1868.

第二章

1 Charles J. McClain, *Chinese Immigrants and American Law* (Florence, KY: Routledge, 1994), 448.
2 Guofu Liu, *The Right to Leave and Return and Chinese Migration Law* (Leiden: Martinus Nijhoff, 2007), 130–32.
3 Edward J. M. Rhoads, "In the Shadow of Yung Wing: Zeng Laishun and the Chinese Educational Mission to the United States," *Pacific Historical Review* 74, no. 1 (February 2005): 24; Yung Wing, *My Life in China and America* (New York: Henry Holt and Company, 1909), 20–21.
4 Wong Chin Foo Citizenship Papers, Circuit Court for the County of Kent, Michigan, April 3, 1874.
5 "Town and Country," *Western Reserve Chronicle*, June 22, 1868.
6 "Ye Unspeakable Heathen," *New York World*, May 8, 1877; "The Social, Political and Educational Peculiarities of the Celestial Empire—Lecture by Wong-Sa-Kee," *Janesville Gazette*, September 9, 1870.

7 Columbian College: Accounting Day Books, 1852–1873. RG0031 Series 3: Early Columbian College, 1822–1928, Box 138, Folder 1. University Archives, Special Collections Research Center, The Gelman Library, The George Washington University.
8 United States v. Wong Kim Ark, 169 U.S. 649 (1898).
9 "Burlingame Chinese Treaty Ratified in Peking," *New York Herald*, December 11, 1869.
10 Ibid.
11 Elmer Louis Kayser, Columbian Academy, 1821–1897: The Preparatory Department of Columbian College in the District of Columbia, *Records of the Columbia Historical Society, Washington, D.C.*, 71/72, no. 157.
12 "Is Now a Chinese Editor," *Washington Times*, November 20, 1896.
13 "A Celestial Mathematician," *San Francisco Chronicle*, November 19, 1875.
14 Columbian College: Student Records, 1864–1881. RG0031 Series 3: Early Columbian College, 1822–1928, Box 116, Folder 1. University Archives, Special Collections Research Center, The Gelman Library, The George Washington University.
15 "Yong Sa Kee," Alexandria Gazette, November 21, 1868.
16 Advertisement, *Baltimore Sun*, December 29, 1868.
17 "Manners and Customs of the Chinese," *National Republican*, April 29, 1869; "Services in the Churches Yesterday," *National Republican*, June 28, 1869.
18 "Local Items," *Salem Register*, July 15, 1869.
19 Lewisburg Academy: Classical Preparatory Department Register, First and Second Terms, 1869–1870Special Collections, University Archives, Bucknell University.
20 Richard Carl Brown, *Social Attitudes of American Generals, 1898–1940* (New York: Arno Press, 1979), 286.
21 Charles McCool Snyder, *Union County, Pennsylvania: A Celebration of History* (Lewisburg, PA: Union County Historical Society, 2000), 259.
22 Rev. J. C. Hyde, "Letter to the Editor," *Bucks County Gazette*, December 27, 1877.
23 "State News," *The Sumpter Watchman*, June 1, 1870; "Novel and Instructive Lecture," *Charleston Daily News*, June 3, 1870; "Local and Miscellany," *Auburn Daily Bulletin*, August 1, 1870.
24 "1870 United States Federal Census Online Database," Ancestry.com Website (http://search.ancestry.com/search/db.aspx?dbid=7163). Although there are a handful of individuals listed in each state as having been born in China, the surnames of virtually all of them suggest that they were not Chinese.
25 "Local Items," *Salem Register*, July 15, 1869.
26 "Local and Miscellany," *Auburn Daily Bulletin*, August 1, 1870.
27 "A Remarkable Chinaman," *Buffalo Daily Courier*, October 8, 1873.
28 "Going Home," *Williamsport Gazette Bulletin*, September 28, 1870.
29 "Social, Political and Educational Peculiarities of Celestial Empire—

Lecture by Wong-Sa-Kee," *Janesville Gazette*, September 9, 1870.
30 这一时期所有中国男性蓄留的辫子是民族自豪感的象征，尽管这一习俗最初是由清朝统治者强加给汉人的。
31 "Social, Political and Educational Peculiarities of Celestial Empire—Lecture by Wong-Sa-Kee." *Janesville Gazette*, September 9, 1870.
32 Ibid.
33 "Passengers Overland," *Daily Alta California*, November 20, 1870.
34 "The Career of Wong Chin Foo," Letter from "A Missionary," *North China Herald*, August 18, 1877.

第三章

1 Untitled, *Evening Mirror* (Altoona, PA), June 16, 1877.
2 "An Indignant Chinaman," *New York World*, May 31, 1889.
3 "Marriage," *North China Herald*, June 30, 1871.
4 Wang Fan, "Wong Chin Foo: The Chinese Martin Luther King", At Home Overseas Website (http://www.chinaqw.com/node2/node2796/node3436/node3442/node3456/userobject6ai239009.html).
5 F. L. Hawks Pott, *A Short History of Shanghai* (Shanghai: Kelly and Walsh, 1928), 79.
6 "Shanghai Mission," *The Home and Foreign Journal*, March 1870, 42.
7 J. C. Hyde, "Letter to the Editor: Wong Chin Foo," *Bucks County Gazette*, December 27, 1877.
8 L. K. Little, "Introduction," in *The I. G. In Peking: Letters of Robert Hart, Chinese Maritime Customs 1868–1907*, ed. John King Fairbank, Katherine Frost Bruner, and Elizabeth Macleod Matheson (Cambridge, MA: Belknap Press of Harvard University Press, 1976), 4–6.
9 "Wong Chin Foo," *Freeborn County Standard*, August 30, 1877, quoting the *Shanghai Courier*.
10 "Smart but Unregenerate," *Jamestown Journal*, July 19, 1874; "Wong Chin Foo's Woes," *New York World*, June 9, 1890.
11 For just a few examples, see *Translation of the Peking Gazette for 1893* (Shanghai: *North China Herald* and *Supreme Court and Consular Gazette*, Reprint, 1874), 2–3, 4, 6, and 19.
12 "Chinkiang," *North China Herald*, May 3, 1873.
13 Ibid.
14 Ibid.
15 Prince Gong to Samuel Wells Williams, September 28, 1874, in *Foreign Relations of the United States, 1874*, Vol. 1 (Washington, DC: Government Printing Office, 1875), 203.
16 Samuel Wells Williams to Hamilton Fish, October 2, 1874, in *Foreign Relations of the United States, 1874*, Vol. 1 (Washington, DC: Government Printing Office, 1875), 202.
17 "Wong Chin Foo," *New York Times*, October 4, 1873.
18 "A Remarkable Chinaman," *Buffalo Daily Courier*, October 8, 1873.

19 "The Flowery Kingdom: A Chinese Rebel in Buffalo," *Indianapolis Sentinel*, June 24, 1874.
20 "Wong Chin Foo's Woes," *New York World*, June 9, 1890.
21 "Southern Chinese Tong Shan Societies of the Ming and Qing Dynasties" （明清江南的同善会）, China Charity Forum（中国慈善信息平台）Website (http://www.juanzhu.gov.cn:8002/level3.jsp?id=31250).
22 "Wong Chin Foo," *New York Times*, October 4, 1873.
23 "A Remarkable Chinaman," *Buffalo Daily Courier*, October 8, 1873.
24 "Smart but Unregenerate," *Jamestown Journal*, July 10, 1874.
25 J. C. Hyde, "Letter to the Editor: Wong Chin Foo," *Bucks County Gazette*, December 27, 1877.
26 Wang, "Wong Chin Foo: The Chinese Martin Luther King."
27 "The Buddhist Religion: It is Explained by a Chinaman," *New York Times*, April 30, 1877.
28 Wong Chin Foo to Secretary of State Thomas F. Bayard, March 7, 1885, Entry A1–760, Applications and Recommendations for Public Office, 1797–1901, Record Group 59, General Records of the Department of State, National Archives, Washington, DC.
29 Charles O. Shepard, "Wong Chin Foo—The Story of a Chair," in *Buffalo Historical Society: The Book of the Museum*, 25, ed. Frank H. Severance (Buffalo, NY: Buffalo Historical Society, 1921): 53–54.
30 "A Remarkable Chinaman," *Buffalo Daily Courier*, October 8, 1873.
31 Shepard, "Story of a Chair," 53–54.
32 "The Flowery Kingdom," *Indianapolis Sentinel*, June 24, 1874.

第四章

1 "Hip Yee Tong Again: Another Arrival of Female Slaves at San Francisco," *New York World*, September 21, 1873.
2 Lucie Cheng and Edna Bonacich, eds., *Labor Immigration Under Capitalism* (Berkeley, CA: University of California Press, 1984), 421.
3 Lucie Cheng Hirata, "Free, Indentured, Enslaved: Chinese Prostitutes in Nineteenth-Century America," *Signs* 5, no. 1 (Autumn 1979): 10.
4 Ibid., 13–15.
5 Ibid.
6 Ibid.
7 "A Fresh Importation," *San Francisco Chronicle*, September 12, 1873.
8 O. Gibson, *The Chinese in America* (Cincinnati: Hitchcock & Walden, 1877), 172 and 177.
9 "Hip Yee Tong Again," *New York World*, September 21, 1873.
10 "Wong Chin Foo's Woes," *New York World*, June 9, 1890.
11 "The Career of Wong Chin Foo," Letter from "A Missionary," *North China Herald*, August 18, 1877; "Wong Chin Foo's Woes," *New York World*, June 9, 1890.
12 "Wong Chin Foo: Strange Experience of an Educated Celestial in His Own

Country and America," *San Francisco Bulletin*, September 23, 1873.
13 "A Remarkable Chinaman: The Life and Adventures of Wong Ching Foo— A Republican Celestial and His Enemies," *San Francisco Chronicle*, September 24, 1873.
14 "A Talk With Wong Chinfoo," *New York Sun*, March 12, 1876.
15 Ibid.
16 Untitled, *Chicago Tribune*, October 10, 1873.
17 "For Right to Vote," *Chicago Tribune*, December 12, 1897.
18 "Sinking in St. Paul: Yankee Robinson's Great Modern Show, 1875," Circus Historical Society Website, (http://www.circushistory.org/Thayer/Thayer2m.htm).
19 "Amusements," *San Francisco Chronicle*, April 21, 1873.
20 "The City By Telegraph," *Chicago Tribune*, October 17, 1873; "For the Right to Vote," *Newark Daily Advocate*, December 27, 1897.
21 "Local Matters," *Jackson Daily Citizen*, November 13, 1873.
22 "The Celestials," *Jackson Daily Citizen*, November 19, 1873.
23 "Ching Foo," *Jackson Daily Citizen*, November 20, 1873.
24 "News Items," *Stevens Point Daily Journal*, April 11, 1874; Untitled, *Sacramento Daily Union*, April 4, 1874; Untitled, *Kalamazoo Gazette*, April 10, 1874.
25 Erica Lee, *At America's Gates: Chinese Immigration during the Exclusion Era, 1882–1943* (Chapel Hill, NC: University of North Carolina Press, 2003), 24.
26 Eithne Luibhéid, *Entry Denied: Controlling Sexuality at the Border* (Minneapolis, MN: University of Minnesota Press, 2002), 32–36.
27 "Child Like and Bland," *Indianapolis Sentinel*, July 23, 1874.
28 Ibid.
29 "Wong Chin Foo," *Jamestown Journal*, July 31, 1874.
30 "Wong Chin Foo," *Detroit Free Press*, December 7, 1879.
31 "Wong Ching Foo: His Debate with William E. Lewis," *Chicago Tribune*, March 24, 1879.

第五章

1 "A Remarkable Chinaman: The Life and Adventures of Wong Ching Foo— A Republican Celestial and His Enemies," *San Francisco Chronicle*, September 24, 1873.
2 "A Remarkable Chinaman," *Hartford Courant*, October 7, 1873.
3 Yung Wing, *My Life in China and America* (New York: Henry Holt and Company, 1909), 58–66.
4 Thomas E. LaFargue, "Chinese Educational Commission to the United States: A Government Experiment in Western Education," *The Far Eastern Quarterly* 1, no. 1 (November 1941): 59–70.
5 Yung, *My Life*, 137–59.
6 关于中国幼童留美计划，可参见：Edward J. M. Rhoads, *Stepping Forth*

into the World: The Chinese Educational Mission to the United States, 1872–81 (Hong Kong: Hong Kong University Press, 2011); Edward J. M. Rhoads, "In the Shadow of Yung Wing: Zeng Laishun and the Chinese Educational Mission to the United States," *Pacific Historical Review* 74, no. 1 (February 2005): 34; LaFargue, "Chinese Educational Commission to the United States," 62.
7 Charles Desnoyers, "'The Thin Edge of the Wedge': The Chinese Educational Mission and Diplomatic Representation in the Americas, 1872–1875," *Pacific Historical Review* 61, no. 2 (May 1992): 241–63.
8 "A Swindling Chinaman," *Hartford Courant*, June 15, 1874.
9 "Brief Mention," *Hartford Courant*, July 22, 1874.
10 "Personal Gossip," *Hartford Courant*, September 8, 1874.
11 "Gossip of the Day," *New York Commercial Advertiser*, June 29, 1874.
12 "The Chinese in Cuba," *New York Times*, August 17, 1874.
13 Prince Gong to Samuel Wells Williams, September 28, 1874, in *Foreign Relations of the United States, 1874*, Vol. 1 (Washington, DC: Government Printing Office, 1875), 203.
14 Ibid.
15 Samuel Wells Williams to Prince Gong, September 30, 1874, in *Foreign Relations of the United States, 1874*, Vol. 1 (Washington, DC: Government Printing Office, 1875), 203–4.
16 Samuel Wells Williams to Hamilton Fish, October 2, 1874, in *Foreign Relations of the United States, 1874*, Vol. 1 (Washington, DC: Government Printing Office, 1875), 202.
17 Prince Gong to Samuel Wells Williams, October 5, 1874, in *Foreign Relations of the United States, 1874*, Vol. 1 (Washington, DC: Government Printing Office, 1875), 204–5.

第六章

1 "The Chinese Question," *New York Times*, August 11, 1869.
2 "The Coolie Shoemakers in Massachusetts," *New York Herald*, June 14, 1870; "Mass Moments: Chinese Workers Arrive in North Adams," Massachusetts Foundation for the Humanities Website (http://www.massmoments.org/moment.cfm?mid=191).
3 John Jung, *Chinese Laundries: Tickets to Survival on Gold Mountain* (lulu.com, 2009), 16.
4 "John Swinton Dead," *New York Times*, December 16, 1901; John Swinton, "The New Issue: The Chinese-American Question," *New York Tribune*, June 30, 1870.
5 John Swinton, "The New Issue: The Chinese-American Question," *New York Tribune*, June 30, 1870.
6 Ibid.
7 Ibid.
8 Ibid.

9 "Chinese Immigration: Letter from Senator Blaine," *New York Tribune*, February 24, 1879.
10 "A Confucian Missionary," *Boston Globe*, September 28, 1874.
11 "A Confucian Missionary in Boston," *Sacramento Daily Union*. October 17, 1874.
12 "Boston Churches: Sermons and Services in this City Yesterday," *Boston Globe*, September 28, 1874.
13 Ibid.
14 Ibid.
15 "The Oriental Lecture," *National Aegis*, October 17, 1876.
16 "An Oriental Missionary," *Lowell Daily Citizen*, September 30, 1874.
17 "A Heathen Missionary," *New York Times*, October 2, 1874.
18 "A Confucian Missionary," *North China Herald*, December 31, 1874.
19 "The Oriental Lecture," *National Aegis*, October 17, 1876.
20 "A Heathen Missionary," *New York Times*, October 2, 1874.
21 "A Confucian Missionary," *North China Herald*, December 31, 1874.
22 "Philadelphia Letter," *New York Evangelist*, December 3, 1874.

第七章

1 "From Huaqiao to Residents: The Chinese Experience in Kingston, 1875 to 1980," Chinese Canadian Association of Kingston and District Website (http://sites.google.com/site/kingstonchinesecanadian/history).
2 "Local and State News," *Daily Kennebec Journal*, January 8, 1875.
3 Miller Cravens, "Lyceum, Chautauqua and Magic," Flora & Company Website (http://www.floraco.com/lyceum/).
4 "Wong Chinfoo's Lecture," *Harrisburg Daily Patriot*, February 17, 1876.
5 Rev. Dr. William Whitehead, *Annals of the General Church of the New Jerusalem*, Vol. 1, Part 1: *The Academy of the New Church, 1876–1896* (s.n., 1976), 6.
6 Richard Gladish, *History of New Church Education*, Vol. 3 (Bryn Athyn, PA: General Church Religion Lessons, 1967), 63.
7 Lyman Stuart to William Henry Benade, October 22, 1875J. P. Stuart Papers, Academy of the New Church Archives, Bryn Athyn College, Bryn Athyn, PA[hereafter JPSP] .
8 Ibid.
9 Wong Chin Foo to William Henry Benade, October 21, 1875JPSP.
10 Lyman Stuart to William Henry Benade, October 22, 1875JPSP.
11 Rev. J. P. Stuart to Frank Ballou, Esq., October 21, 1875JPSP.
12 Lyman Stuart to Frank Ballou, Esq., October 28, 1875JPSP.
13 "Mr. W. C. Foo," *Detroit Free Press*, December 8, 1879.
14 "Our Centennial Letter," *Times-Picayune*, July 2, 1876.
15 "Wong Chinfoo Creates an Excitement," *Lebanon Daily News*, February 11, 1876.
16 "State News," *Shenango Valley Argus*, May 29, 1874.

17 "Wong Chin Foo a Fraud," *Inter Ocean*, March 25, 1876.
18 Ibid.
19 "City and Vicinity," *Winona Daily Republican*, February 6, 1877.
20 "Wong vs. Sam," *Winona Daily Republican*, February 7, 1877.
21 "A Heathen Among Us," *New York World*, May 1, 1877.
22 "Wong Ching Foo," *Harper's Weekly*, May 26, 1877.
23 "Wong Chinfoo's Lecture," *Harrisburg Daily Patriot*, February 19, 1876.
24 "A Celestial Mathematician," *San Francisco Bulletin*, November 19, 1875.
25 "Presentation of the Abracadabra," *Lebanon Daily News*, February 22, 1876.
26 "Extracts from a Chinese Lecture," *The Friend* 50, no. 32 (24 March 1877): 252–53.
27 H. P. Blavatsky, *The Key to Theosophy* (New York: Theosophical Publishing Company, 1889), 39.
28 "The Theosophical Society," *Hartford Daily Times*, December 2, 1878.
29 Untitled, *New York Evangelist*, May 10, 1877.
30 Untitled, *North China Herald*, June 23, 1877; "Buddhism," *New York Herald*, April 30, 1877.
31 H. P. Blavatsky, "The Fate of the Occultist," *New York World*, May 6, 1877.
32 "The Theosophical Society," *Hartford Daily Times*, December 2, 1878; "The Buddhist Religion," *New York Times*, April 30, 1877; Arthur Bonner, *Alas! What Brought Thee Hither: The Chinese in New York 1800–1950* (Madison, NJ: Fairleigh Dickinson University Press, 1997), 54.
33 "The Buddhist Religion," *New York Times*, April 30, 1877.
34 H. P. Blavatsky, *Isis Unveiled: A Master-Key to the Mysteries of Ancient and Modern Science and Theology*, Vol. 2 (New York: Theosophical University Press, 1877), 319–20.
35 H. P. Blavatsky, "The Fate of the Occultist," *New York World*, May 6, 1877.
36 Ibid.
37 "Buddhism," *New York Herald*, April 30, 1877.
38 "The Buddhist Religion," *New York Times*, April 30, 1877.
39 Untitled, *Winona Daily Republican*, May 4, 1877.
40 "Wong Ching Foo," *Harper's Weekly*, May 26, 1877.
41 An archaic term for Chinese or Japanese Buddhist monks.
42 "Wong Ching Foo," *Daily Arkansas Gazette*, May 10, 1877.
43 "The Career of Wong Chin Foo," *North China Herald*, August 18, 1877.
44 Ibid.
45 "Wong Chin Foo," *Bucks County Gazette*, December 27, 1877.
46 Julia Davis Adams, ed., *Bonds of Friendship Love & Truth: Letters from Sallie Little Holmes to Anna Kennedy Davis, 1857–1879*, Letter of April 24, no year.
47 "Ingersoll's Convention," *Chicago Tribune*, September 13, 1879.
48 "Political: Bob Ingersoll's Religio-Political Party Now in Shape," *Chicago Tribune*, September 15, 1879.

49 Ibid.

第八章

1 "Democratic Party Platform of 1876," The American Presidency Project Website (http://www.presidency. ucsb.edu/ws/index.php?pid=29581).
2 "Republican Party Platform of 1876," The American Presidency Project Website (http://www.presidency. ucsb.edu/ws/index.php?pid=29624).
3 "A Talk with Wong Chinfoo," *New York Sun*, March 12, 1876.
4 Him Mark Lai, *Becoming Chinese American* (Lanham, MD: Altamira Press, 2002), 39.
5 Untitled, *Chicago Tribune*, March 8, 1878.
6 "A Chinaman on the Situation," *Chicago Tribune*, March 14, 1878.
7 "Chinese Exempt from Yellow Fever," *Rochester Daily Union and Advertiser*, quoting the *Baltimore Gazette*, September 4, 1878.
8 "The China Cure of Yellow Fever," *Washington Post*, September 2, 1878.
9 "The Stricken South," *Washington Star*, September 5, 1878.
10 Chuimei Ho and Soo Lon Moy, eds., *Chinese in Chicago, 1870–1945* (Charleston, SC: Arcadia Publishing, 2005), 9.
11 "1880 United States Federal Census Online Database," Ancestry.com Website (http://search.ancestry.com/ search/db.aspx?dbid=6742).
12 Ho and Moy, *Chinese in Chicago*, 51.
13 Paul C. P. Siu, *The Chinese Laundryman: A Study of Social Isolation* (New York: New York University Press, 1987), 27.
14 "Chinatown," Encyclopedia of Chicago Website (www.encyclopedia.chicagohistory.org/pages/284.html).
15 "The Chinese Question," *Chicago Tribune*, September 13, 1879.
16 "Persons and Things," *New Haven Register*, March 29, 1879.
17 "The Voice of the People," *Chicago Tribune*, March 16, 1879.
18 "The Chinese Question," *Chicago Tribune*, March 24, 1879.
19 "The Chinese Question," *Chicago Tribune*, March 11, 1879.
20 Ibid.
21 Ibid.
22 Ibid.
23 K. Scott Wong, "Liang Qichao and the Chinese of America: A Re-Evaluation of His *Selected Memoir of Travels in the New World*," *Journal of American Ethnic History* 11, no. 4 (Summer 1992), 10.
24 "An Oriental Plot," *Inter Ocean*, November 11, 1879.
25 Ibid.
26 Ibid.
27 Yung Wing, *My Life in China and America* (New York: Henry Holt and Company, 1909), 198.
28 "Mr. W. C. Foo," *Detroit Free Press*, December 9, 1879.
29 "Wing Chung," *Chicago Tribune*, February 13, 1880.
30 "Celestial Clatteries," *Inter Ocean*, January 30, 1880.

31 "Trouble Among the Chinese in Chicago," *San Francisco Bulletin*, March 15, 1880.
32 "Local Crime," *Chicago Tribune*, March 15, 1880.
33 "Trouble Among the Chinese in Chicago," *San Francisco Bulletin*, March 15, 1880.
34 "State News," *Decatur Daily Review*, March 16, 1880.
35 "Local Matters," *Bay City Evening Press*, June 21, 1880.
36 "1880 United States Federal Census Online Database," Ancestry.com Website (http://search.ancestry.com/ search/db.aspx?dbid=6742).
37 L. P. Brockett, ed., *Our Country's Wealth and Influence* (Hartford, CT: L. Stebbins, 1882), 592.
38 "Personal Points," *Decatur Daily Republican*, August 4, 1880.
39 "The Chinese Question," *Chicago Tribune*, March 11, 1879; Andrew Gyory, "Chinese Exclusion Acts," in *Encyclopedia of U.S. Labor and Working-Class History*, Vol. 1 (New York: Routledge, 2007), 240–41.
40 "Republican Party Platform of 1880," The American Presidency Project Website (http://www.presidency. ucsb.edu/ws/index.php?pid=29625).
41 "Democratic Party Platform of 1880," The American Presidency Project Website (http://www.presidency. ucsb.edu/ws/index.php?pid=29582).
42 Untitled, *Kalamazoo Gazette*, November 2, 1880.
43 "The Chinese Lecturer's Views on American Politics," *Grand Rapids Daily Eagle*, October 21, 1880; Untitled, *Kalamazoo Gazette*, November 2, 1880.
44 "Chinese Celebrations," *Inter Ocean*, February 10, 1881.
45 "The County Building," Chicago Tribune, February 18, 1881.
46 Ibid.

第九章

1 Frankie Hutton and Barbara Straus Reed, *Outsiders in 19th Century Press History* (Bowling Green, OH: Bowling Green State University Press, 1995), 77–78.
2 "New Publications," *Philadelphia Inquirer*, February 7, 1883.
3 "1880 United States Federal Census Online Database," Ancestry.com Website (http://search.ancestry.com/search/db.aspx?dbid=6742).
4 "The Chinese New Year and the Herald's Comments Thereon," *Helena Independent*, February 8, 1883.
5 "Editorial Note," *Chinese American*, February 3, 1883.
6 "The Chinese American" *Cleveland Plain Dealer*, March 3, 1883.
7 "That Chinese Paper," *St. Louis Globe-Democrat*, May 5, 1883.
8 "The Bob Ingersoll of China," *Cincinnati Daily Gazette*, January 9, 1882.
9 "Editor Wong Ching Foo," *Weekly Hawk Eye and Telegraph* [Burlington, IA] , May 10, 1883.
10 "A Chinese Newspaper," *San Francisco Bulletin*, February 3, 1883.
11 Paul C. P. Siu, *The Chinese Laundryman: A Study of Social Isolation* (New

York: New York University, 1987), 64.
12 Him Mark Lai, *Becoming Chinese American* (Walnut Creek, CA: Alta Mira Press, 2004), 3.
13 "Chinese Fenianism Rampant," *Washington Post*, February 19, 1883.
14 "Local Brevities," *Winona Daily Republican*, February 21, 1883.
15 "Big Bubbles," *Decatur Daily Republican*, April 2, 1883.
16 "The Chinese New Year and the Herald's Comments Thereon," *Helena Independent*, February 8, 1883.
17 "City and Suburban News," *New York Times*, February 7, 1883.
18 Advertisement, *New York Times*, February 21, 1883.
19 "Editorial Note," *Chinese American*, February 3, 1883.
20 "The Metropolis," *Augusta Chronicle*, May 6, 1883.
21 "Meihua Geziguan," *Chinese American*, February 3, 1883.
22 Wong Chin Foo, "Experience of a Chinese Journalist," in *Puck*, April 1885, as quoted in Kenneth T. Jackson and David S. Dunbar, eds., *Empire City: New York Through the Centuries* (New York: Columbia University Press, 2002), 330.
23 Ibid.
24 "Carrying Off a Paper," *New Haven Register*, April 18, 1883.
25 "That Chinese Paper," *St. Louis Globe-Democrat*, May 5, 1883.
26 "Editor Wong Ching Foo," *Weekly Hawk Eye and Telegraph*, May 10, 1883.
27 Wong Chin Foo, "Experience of a Chinese Journalist," 331.
28 Untitled, *Evening Gazette* [Cedar Rapids, IA], October 17, 1883.
29 "Wong Chin Foo," *Chicago Tribune*, October 14, 1883.
30 Wong Chin Foo, "Experience of a Chinese Journalist," 330–31.

第十章

1 "Mott Street Chinamen Angry," *New York Times*, August 1, 1883.
2 "Chinese in New York," *San Francisco Chronicle*, May 27, 1883.
3 "A Startling Story," *New York Evening Post*, May 8, 1883.
4 Ibid.
5 "Mott Street Picketed," *New York Sun*, May 11, 1883.
6 Ibid.
7 "War on Opium Dens," *Newark Advocate*, May 12, 1883.
8 "Dissolute Lives," *Wheeling Register*, May 12, 1883.
9 "War on Opium Dens," *Newark Advocate*, May 12, 1883.
10 "The Opium Infamy," *New York Herald*, May 11, 1883.
11 Ibid.
12 "Chinese Helping the Police," *New York Times*, May 14, 1883.
13 Ibid.
14 "The Opium Infamy," *New York Herald*, May 11, 1883.
15 "The 'Big Flat' Raided," *New York Times*, December 8, 1884.
16 "Celestial Dining," *Cleveland Leader*, August 14, 1878.

17 "Tom Lee's Son and Heir," *New York Sun*, April 2, 1882.
18 "Chinatown Excited," *New York Times*, April 7, 1883.
19 "Tom Lee Loses His Place," *New York Times*, April 25, 1883.
20 "Tom Lee Discharged," *New York Times*, May 17, 1883.
21 "Tom Lee's Trouble," *New York Sun*, April 26, 1883.
22 "A Chinese Editor in Danger," *New York Tribune*, June 10, 1883.
23 "Editor Wong Gets a Warrant," *New York Sun*, June 10, 1883.
24 "A Chinese Editor in Danger," *New York Tribune*, June 10, 1883.
25 "Editor Wong Gets a Warrant," *New York Sun*, June 10, 1883.
26 "A Chinese Editor in Danger," *New York Tribune*, June 10, 1883.
27 "Chan Pond at Home," *Baltimore Sun*, August 9, 1886.
28 "Wong and Fip," *Chicago Tribune*, June 13, 1883.
29 "Chin Tip's Attempt on the Life of the Editor of the Chinese American," *Chinese American*, June 14, 1883. 王清福的这个版本的报纸没有留存，但这篇文章的副本在纽约州最高法院案例文件中可以找到。*Chan Pond Tipp* v. *Wong Chin Foo*, August 16, 1883, Archives of the County Clerk of New York County.
30 "Chinese Editor Sued for Libel," *New York Times*, June 20, 1883.
31 "Wong Ching Foo Sued for Libel," *New York Tribune*, June 20, 1883.
32 Ibid.
33 "Wong Ching Foo," *New York Herald*, April 24, 1883.
34 "A Chinaman's Identity," *New York Herald*, August 10, 1883.
35 "Value of Chinese Names," *New York Herald*, August 10, 1883.
36 "City and Suburban News," *New York Times*, September 12, 1883.
37 "Verdict Against Wong Chin Foo," *New York Tribune*, March 4, 1885.
38 "A Chinese Libel Suit," *New York Herald*, March 4, 1885.
39 "Chan Tiff Got Verdict," *New York Sun*, March 7, 1885.
40 "A Chinese Libel Suit," *New York Herald*, March 4, 1885.

第十一章

1 "Denis Kearney's Youth," *New York Times*, August 12, 1878.
2 Viscount James Bryce, *The American Commonwealth*, Vol. 2 (New York: MacMillan and Co., 1889), 390.
3 Chris Carlsson, "The Workingmen's Party & The Dennis Kearney Agitation," 1995FoundSF Website (http://foundsf.org/index.php?title=The_Workingmen%E2%80%99s_Party_%26_The_Dennis_Kearney_Agitation).
4 "Kearney Arrested," *Washington Post*, March 12, 1880.
5 Andrew Gyory, *Closing the Gate: Race, Politics and the Chinese Exclusion Act* (Chapel Hill, NC: University of North Carolina Press, 1998), 111 and 122.
6 "Kearney Choked Off," *Washington Post*, July 16, 1883.
7 "Denis Kearney Unhappy," *New York Herald Tribune*, July 19, 1883.
8 关于五点区以及纽约唐人街的发展过程，参见：Tyler Anbinder, *Five*

Points (New York: The Free Press, 2001).
9 "Wong Chin Foo and Mrs. Sullivan," *New York Sun*, July 20, 1883; "Editor Wong Chin Foo Arrested," *New York Herald*, July 20, 1883.
10 "Editor Wong Chin Foo Arrested," *New York Herald*, July 20, 1883.
11 "Wong Chin Foo to Denis Kearney," *Boston Daily Advertiser*, July 30, 1883.
12 Ibid.
13 "Kearney vs. Wong Chin Foo," *Saginaw News*, July 20, 1883.
14 Ibid.
15 Ibid.
16 "Denis Kearney," *Chicago Tribune*, July 20, 1883.
17 "Kearney and Wong," *Chicago Tribune*, July 25, 1883.
18 "Denis Kearney's Exit," *Arkansas Gazette*, August 7, 1883.
19 "Another Challenge to Kearney," *New York Sun*, July 26, 1883.

第十二章

1 "Pigtails in Politics," *Syracuse Standard*, July 30, 1884.
2 "The New Chinese Minister," *Washington Post*, January 15, 1882; "The New Chinese Minister," *New York Times*, December 24, 1881.
3 "The Chinese Minister," *Washington Post*, March 18, 1882.
4 "Mr. Ju Makes a Speech," *New York Times*, July 20, 1884.
5 Ibid.
6 Ibid.
7 "The Chinamen Organizing," *New York Times*, July 30, 1884.
8 Ibid.
9 "Pigtails in Politics," *Syracuse Standard*, July 30, 1884.
10 Untitled, *Springfield Republican*, September 30, 1885.
11 "Grateful Chinese," *New Haven Register*, November 18, 1885.
12 "A Weak Invention," *Sacramento Daily Record-Union*, February 23, 1886.
13 "China and the Chinese," *Washington Post*, February 25, 1886.
14 "Too Good to be True," [Maysville, KY] *Daily Evening Bulletin*, February 23, 1886.
15 "What May Be Expected," *Kansas City Star*, February 23, 1886.
16 "A Weak Invention," *Sacramento Daily Record-Union*, February 23, 1886.

第十三章

1 Ann D. Gordon, ed., *The Selected Papers of Elizabeth Cady Stanton and Susan B. Anthony*, Vol. 3 (New Brunswick, NJ: Rutgers, the State University of New Jersey, 2003), 203.
2 Wong Chin Foo to H. L. Slayton, August 23, 1883, Special Collections, Magill Library, Haverford College.
3 "Little Wong Chin Foo," *Brooklyn Daily Eagle*, September 16, 1883.

4 "The Chinese Stage," *Texas Siftings*, May 19, 1883.
5 "The Chinese Drama," *Elkhart Daily Review*, August 28, 1883.
6 "To Produce the Chinese Drama," *New York Tribune*, September 2, 1883.
7 Ibid.
8 "Chinese Drama a Mighty Serious Matter," *New York Sun*, February 12, 1905.
9 "A New Dramatic Venture," *Indiana Progress*, September 6, 1883.
10 Ibid.
11 "To Produce the Chinese Drama," *New York Tribune*, September 2, 1883.
12 "Plans of a Chinese Manager," *New York Times*, March 10, 1884.
13 Untitled, *Janesville Daily Gazette*, September 1, 1883.
14 Untitled, *Butte Daily Miner*, March 15, 1884.
15 Untitled, *Texas Siftings*, October 6, 1883.
16 "Wong Chin Foo," *Washington Post*, September 26, 1886.
17 "School for Teaching the Chinese Language," *Sacramento Daily Record-Union*, June 5, 1884.
18 "Wong Chin Foo," *Washington Post*, September 26, 1886.
19 "A Proposed Chinese Theater," *Atlanta Constitution*, September 26, 1886.
20 "Matters of Interest in the Dominion," *New York Tribune*, May 21, 1885.
21 "Clearing Up a Mystery," *New York Sun*, August 18, 1885.
22 "Wong Chin Foo Assaulted," *New York Times*, May 21, 1885.
23 "Clearing Up a Mystery," *New York Sun*, August 18, 1885; "Found Guilty of Murder," *New York Times*, April 3, 1886.
24 "Highbinders on Trial in St. Louis," *Kansas City Star*, January 13, 1886.
25 "Chyo Chiack Convicted," *New York Sun*, January 31, 1886.
26 "Serious Mistakes of Wong Chin Foo," *New York Tribune*, January 28, 1886.
27 Wong Chin Foo to Secretary of State Thomas F. Bayard, March 7, 1885, Entry A1-760, Applications and Recommendations for Public Office, 1797–1901, Record Group 59, General Records of the Department of State, National Archives, Washington, DC.
28 "Side Notes in New York," *Springfield Republican*, December 13, 1886.
29 "Laws of Adoption in China," *Harper's Bazar*, July 21, 1883.
30 "The Maidens of China," *Texas Siftings*, August 18, 1883.
31 "Political Honors in China," *Harper's New Monthly Magazine* 67 (July 1883): 298–303.
32 Hsuan L. Hsu, "Wong Chin Foo's Periodical Writing and Chinese Exclusion," *Genre: Forms of Discourse and Culture* 39, nos. 3–4 (Fall/Winter 2006): 91–92.
33 "The Story of San Tszon," *Atlantic Monthly* 56, no. 334 (August 1885): 256–63.
34 "The Dragon," *Puck*, February 4, 1885, 356.
35 "What the Heathen Plays," *St. Louis Globe-Democrat*, September 23, 1883.
36 "How a Chinaman Gets into Business," *Titusville Herald*, December 27, 1884.

37 "A New Temple for Joss," *New York Sun*, December 12, 1885
38 "What Agitates Chinatown, *New York Herald*, May 4, 1884.
39 "Chinese Cooking," *Brooklyn Daily Eagle*, July 6, 1884.
40 "Tea as it Should Be," *St. Paul Daily Globe*, May 25, 1885.
41 "Political Honors in China," *Harper's New Monthly Magzine* 67 (July 1883); "Political Honors in China," *New York Times*, July 1, 1883.
42 "A Celestial Belle," *Harper's Bazar*, July 26, 1884.
43 "Chinese Cooking," *Brooklyn Daily Eagle*, July 6, 1884.

第十四章

1 "The Early Religious Development of China," Part 1, *Independent* 37, no. 1900 (April 30, 1885): 3.
2 "The Early Religious Development of China," Part 2, *Independent* 37, no. 1901 (May 7, 1885): 4.
3 "The Gospel in China," *Christian Advocate* 60, no. 3 (January 15, 1885): 33.
4 Ibid.
5 Ibid.
6 "Some Reflections," *Springfield Globe-Republic*, February 22, 1885.
7 Frank Luther Mott, "One Hundred and Twenty Years," *North American Review* 240, no. 1 (June 1935): 165–67.
8 Wong Chin Foo, "Why Am I a Heathen?" *North American Review* 145, no. 369 (August 1887): 169–70.
9 Ibid., 171–72.
10 A Scottish term for a schoolmaster or a minister.
11 Wong Chin Foo, "Why Am I a Heathen?" 173.
12 Ibid., 173–76.
13 Ibid., 176–77.
14 Ibid., 179.
15 "The State Press," *Galveston Daily News*, October 18, 1887.
16 "For Right to Vote," *Chicago Tribune*, December 12, 1897
17 Untitled, *The Open Court: A Fortnightly Journal Devoted to the Work of Establishing Ethics and Religion Upon a Scientific Basis*, Vol. 1 (Chicago: The Open Court Publishing Company), September 1, 1887.
18 Untitled, *Christian Advocate*, August 4, 1887.
19 J. C. F. Grumbine, "Why I Am a Heathen," *Unity* 18, no. 26 (August 27, 1887): 353.
20 Letter to the Editor, *New York Tribune*, August 11, 1887.
21 "Missionary News," *The Chinese Recorder and Missionary Journal* 18, no. 10 (October 1887): no page number.
22 "Wong Chin Foo's Critic," *Toronto Daily Mail*, November 19, 1887.
23 Untitled, *North China Herald*, December 22, 1887.
24 Ibid.
25 "A Chinaman's View," *Words of Reconciliation* 3, no. 9 (September 1887):

271.
26　Untitled, *Le Mars Globe*［Le Mars, IA］, August 17, 1887.
27　"A Heathen's Views," *Utah Journal*, August 24, 1887.
28　"Christianity Viewed from Without," *New York Tribune*, July 30, 1887.
29　"The Argument of Wong Chin Foo," *Friends Intelligencer and Journal* 44, no. 43 (October, 1887): 679.
30　Untitled, *San Jose Evening News*, September 2, 1887.
31　"Clips and Slips," *Atlanta Constitution*, August 18, 1887.
32　"Give Us a Hard One," *Cleveland Plain Dealer*, August 21, 1887.
33　"Scott's Confession," *Chicago Tribune*, August 18, 1887.
34　"Tea Table Talk," *St. Alban's Daily Messenger*, September 1, 1887.
35　Ibid.
36　"Yan Phou Lee to Marry," *New York Times*, July 3, 1887.
37　"Married to a Chinaman," *New York Times*, July 7, 1887.
38　Yan Phou Lee, "Why I Am Not a Heathen," *North American Review* 145, no. 370 (September 1887): 306–13.
39　Ibid.
40　Ibid.

第十五章

1　"Abrogation of Treaties with China, and Absolute Prohibition of Chinese Immigration," speech of Hon. John H. Mitchell of Oregon in the Senate of the United States, February 26, 1886 (Washington: 1886), 16–18.
2　"Kearney and Wong," *Saginaw News*, November 1, 1887.
3　"Denis Kearney in New York," *Washington Post*, December 11, 1887.
4　Ibid.
5　"Sand Lot vs. Mandarin," *Boston Globe*, October 19, 1887.
6　"Wong Chin Foo and Denis," *Chicago Tribune*, October 23, 1887.
7　Ibid.
8　"The Metropolis," *Augusta Chronicle*, May 6, 1883.
9　"Fun in the Sanctum," *Fitchburg Sentinel*, October 19, 1887.
10　查尔斯·狄更斯的小说《匹克威克外传》中的主人公。
11　"Denis Kearney Meets Wong," *New York Sun*, October 19, 1887.
12　"Denis Kearney!" *Ft. Wayne Sentinel*, October 19, 1887.
13　Untitled, *Daily Gazette*［Rockford, IL］, October 20, 1887.
14　Untitled, *New York Sun*, October 21, 1887.
15　"Denis Kearney Meets Wong," *New York Sun*, October 19, 1887.
16　Ibid.
17　Untitled, *Ft. Worth Daily Gazette*, October 25, 1887.
18　"Points about People," *Oshkosh Daily Northwestern*, October 6, 1887.
19　"The Early Chinese Canadians, 1858–1947," Website of the Library and Archives of Canada (http://www.collectionscanada.gc.ca/chinese-canadians/021022-1200-e.html & http://www.collectionscanada.gc.ca/chinese-canadians/021022-1100-e.html).

20 Paul Robert Magocsi, ed., *Encyclopedia of Canada's Peoples* (Toronto: University of Toronto Press, 1999), 361.
21 *Report of the Royal Commission on Chinese Immigration* (Ottawa: Royal Commission on Chinese Immigration, 1885), ix.
22 "The Early Chinese Canadians, 1858–1947," Website of the Library and Archives of Canada (http://www.collectionscanada.gc.ca/chinese-canadians/021022-1400-e.html).
23 "Notes," *American Settler*, November 12, 1887.
24 Wong Chin Foo to the Hon. Thomas F. Bayard, October 17, 1887, Record Group 59, M-179, Miscellaneous Records of the Department of State, National Archives, Washington, DC [hereafter MRDSNA] .
25 "Wrathful Wong Chin Foo," *Brooklyn Daily Eagle*, October 16, 1887.
26 "Immigrants from China," Website of the Library and Archives of Canada (http://www.collectionscanada.gc.ca/ databases/chinese-immigrants/index-e.html).
27 "Wrathful Wong Chin Foo," *Brooklyn Daily Eagle*, October 16, 1887.
28 "Summary of the News," *New York Herald*, October 16, 1887.
29 "The Case of Wong Chin Foo," *Morning Oregonian*, October 22, 1887.
30 Untitled, *Idaho Statesman*, October 27, 1887.
31 Untitled, *Trenton Evening Times*, October 20, 1887.
32 Untitled, *Frank Leslie's Illustrated Newspaper*, October 29, 1887.
33 "Editorial Points," *Boston Globe*, October 21, 1887.
34 "The Case of Wong Chin Foo," *Morning Oregonian*, October 22, 1887.
35 Wong Chin Foo to the Hon. Thomas F. Bayard, October 17, 1887, Record Group 59, M-179, MRDSNA.
36 Wong Chin Foo to the Hon. Thomas F. Bayard, October 31, 1887, Record Group 59, M-179, MRDSNA.
37 Hon. Thomas F. Bayard to Edward J. Phelps, November 18, 1887, Record Group 59, M-179, MRDSNA.
38 Hon. Thomas F. Bayard to Wong Chin Foo, November 19, 1887, Record Group 59, M-179, MRDSNA.
39 "Immigrants from China," Website of the Library and Archives of Canada (http://www.collectionscanada.gc.ca/ databases/chinese-immigrants/index-e.html).
40 "Wong Chin Foo Suing the Dominion," *New York Tribune*, February 2, 1888.
41 "Wong Chin Foo's Suit," *Boston Globe*, February 7, 1888.

第十六章

1 "For Excise Commissioners," *New York Times*, April 7, 1886.
2 "Wong Chin Foo's Banquet," *Boston Daily Advertiser*, November 25, 1886.
3 Jessup Whitehead, *The Steward's Handbook and Guide to Party Catering* (Chicago: Jessup Whitehead & Company, 1903), 225; "Wong Chin Foo's

Banquet," *Boston Daily Advertiser*, November 25, 1886.
4 "Mr. Woodman Outvoted," *New York Sun*, March 2, 1895; "Upholding Ex-Mayor Grace," *New York Times*, March 2, 1887.
5 "Topics in New York," *New York Sun*, September 14, 1888.
6 "Guests at Tom Lee's," *New York Times*, September 14, 1888.
7 "New York," *Camden Herald* [Camden, ME] , December 7, 1888.
8 "Business Notices," *New York World*, January 10, 1889.
9 [Title Unclear] , *New York World*, June 7, 1889.
10 "A Local Chinese Poet," *Frank Leslie's Illustrated Newspaper*, January 3, 1885.
11 "Invoking the Thirty-Three Gods," *New York Sun*, January 24, 1887.
12 "Knee Hop Hongs on a Lark," *New York Evening World*, July 23, 1888; "Chinese Fun," *St. Louis Republic*, July 24, 1888.
13 "New York Celestials to Enjoy a Monster Excursion," *Omaha Daily Bee*, July 17, 1888.
14 "Chinamen on a Picnic," *New York Tribune*, July 24, 1887; "New York Celestials to Enjoy a Monster Excursion," *Omaha Daily Bee*, July 17, 1888.
15 "Knee Hop Hongs on a Lark," *New York Evening World*, July 23, 1888.
16 "Tom Lee's Son and Heir," *New York Sun*, April 2, 1882.
17 "Knee Hop Hongs on a Lark," *New York Evening World*, July 23, 1888.
18 "Chinamen on a Picnic," *New York Tribune*, July 24, 1888.
19 "The Chinese in New York," *Cosmopolitan* 5 (August 1888): 308; "Knee Hop Hongs on a Lark," *New York Evening World*, July 23, 1888.
20 "The Pagan Settles Up," *Lowell Sun*, October 20, 1888.
21 "One Good Chinaman, One Bad," *New York Sun*, December 2, 1888.
22 "New York City," *New York Tribune*, October 27, 1888.
23 "Ah Moy's Street Market," *New York World*, November 4, 1888.
24 "A Free Museum Girl," *New York Herald*, December 15, 1886.
25 Untitled, *San Diego Union*, January 3, 1887.
26 Ibid.
27 "Live Like Melican Men," *Chicago Tribune*, May 12, 1889.
28 "New York's Chinese Reporter," *Wisconsin Labor Advocate*, May 13, 1887.
29 "Chinese Merchants," *Daily Republic* [Springfield, OH] , June 6, 1887.
30 "Chinese Barbers at War," *Boston Globe*, July 7, 1887; "Chinese Laundrymen," *Saginaw Evening News*, September 21, 1888.
31 "Our Mongolian Dead," *Augusta Chronicle*, December 11, 1887.
32 "The Chinese in New York," *Cosmopolitan* 5 (August 1888): 297–310.
33 Carrie Tirado Bramen, "The Urban Picturesque and the Spectacle of Americanization," *American Quarterly* 52, no. 3 (September 2000): 464–65.
34 "Boiled Ice Cream," *Augusta Chronicle*, September 8, 1887.
35 "The Chinese in New York," *Cosmopolitan* 5 (August 1888): 309.
36 "Opium Smoking in New York," *Saginaw Evening News*, August 25, 1888.
37 "The Game of Fan Tan," *Democratic Leader* [Cheyenne, WY] , April 28,

1887.
38 "Yuet Sing's Bride," *New York Herald*, September 30, 1888.
39 "Ah Dam's Lovely Bride," *New York Herald*, September 23, 1888.
40 "A Chinaman in a Bad Fix," *Philadelphia Inquirer*, August 31, 1889.
41 "The Chinese in New York," *Cosmopolitan* 5 (August 1888): 297.
42 Hsuan L. Hsu, "Wong Chin Foo's Periodical Writing and Chinese Exclusion," *Genre: Forms of Discourse and Culture* 39, nos. 3–4 (Fall/Winter 2006): 96–97.
43 "The Chinese in the United States," *The Chautauquan* 9 (January 1889): 215–17.
44 "Poh Yuin Ko, the Serpent Princess," *Cosmopolitan* 6, no. 2 (December 1888): 180–90.
45 "Wu Chih Tien, the Celestial Empress," *Cosmopolitan* 6, no. 4 (February 1889): 327–34; 6, no. 5 (March 1889): 477–85; 6, no. 6 (April 1889): 564–72; 7, no. 1 (May 1889): 64–72; 7, no. 2 (June 1889): 128–31; 7, no. 3 (July 1889): 28999; 7, no. 4 (August 1889): 362–68; 7, no. 5 (September 1889): 450–59.
46 Hsuan L. Hsu, "A Connecticut Yankee in the Court of Wu Chih Tien," Website of Common-Place (http://www.common-place.org/vol-11/no-01/hsu/).
47 "The Mandarin's Daughter," *Holley Standard*, March 6, 1890; March 13, 1890; March 20, 1890; March 27, 1890; April 3, 1890; and April 10, 1890.
48 "Civilization of the Chinese," *Daily Enquirer* [Columbus, GA], September 2, 1887.
49 "A Chinaman's Criticism," *Jersey Journal*, September 10, 1887.
50 "The Flowery Kingdom's Morals," *Chicago Tribune*, February 5, 1888.
51 "Chinese Justice," *Chicago Tribune*, February 7, 1888.
52 "Is Marriage a Failure? A Chinaman's Answer," *Cosmopolitan* 6, no. 2 (December 1888): 202–3.
53 "Is the Family Pew Obsolete?" *Brooklyn Daily Eagle*, September 8, 1930.

第十七章

1 "John Chinaman in Gotham," *Fitchburg Sentinel*, June 16, 1888.
2 "Letter from New York," *New Hampshire Patriot*, June 21, 1881.
3 "A Novel Enterprise," *San Francisco Chronicle*, June 10, 1888.
4 "China Backs Benjamin," *New York Herald*, June 29, 1888.
5 Shih-Shan Henry Tsai, *The Chinese Experience in America* (Bloomington, IN: Indiana University Press, 1986), 72.
6 "The Chinese Want Damages," *Washington Post*, February 16, 1886.
7 "Scott Act (1888)," The Chinese American Experience, 1857–1892 Website of Harper's Weekly (http://immigrants.harpweek.com/ChineseAmericans/2KeyIssues/ScottAct.htm).
8 "The Treaty With China," *New York Times*, September 2, 1888.
9 Tsai, *Chinese Experience*, 73.

10 "The Chinese Question," *Washington Post*, June 27, 1888.
11 "Hallison and Molton," *LaPorte City Progress*, July 4, 1888.
12 "Fun in the Sanctum," *Fitchburg Sentinel*, October 19, 1887.
13 "Harrison's Chinese Record," *New York Herald*, June 30, 1888.
14 "They'll Naturally Vote for Ben," *New York World*, November 4, 1888.
15 *Louisville Courier-Journal*, as reprinted in "The Chinese Vote," *St. Louis Republic*, August 19, 1888.
16 "They'll Naturally Vote for Ben," *New York World*, November 4, 1888.
17 "Chinese Ben," *Harrisburg Patriot*, July 2, 1888.
18 "They'll Naturally Vote for Ben," *New York World*, November 4, 1888.
19 Wong Chin Foo to Secretary of State James G. Blaine, February 8, 1889, File 759082, Entry A1-760, Applications and Recommendations for Public Office, 1797–1901, Record Group 59, National Archives, Washington, DC.
20 "Chinese Humor," *Pittsburgh Dispatch*, January 12, 1891.
21 "John Chinaman in Gotham," *Fitchburg Sentinel*, June 16, 1888.
22 Ira Rosenwaike, *Population History of New York City* (Syracuse, NY: Syracuse University Press, 1972), 78.
23 "Known By Their Fruits," *Boston Globe*, October 6, 1890.

第十八章

1 "Product of the Poppy," *Grand Forks Herald*, April 10, 1888.
2 "Seeking the Opium Smugglers," *New York World*, February 20, 1888.
3 "Over a Million Dollars," *Evening Bulletin* [Maysville, KY] , February 25, 1888.
4 "A New Commissioner," *New York Times*, January 11, 1889.
5 "More Light on Opium Frauds," *New York Tribune*, February 24, 1888.
6 "Those Opium Frauds," *Rochester Democrat and Chronicle*, February 24, 1888.
7 "Over a Million Dollars," *Evening Bulletin* [Maysville, KY] , February 25, 1888.
8 "Highbinders After Wong Chin Foo," *New York Sun*, March 7, 1888; "Wong Chin Foo in Danger," *New York Times*, March 7, 1888.
9 "Wong Chin Foo in Danger," *New York World*, March 7, 1888.
10 "The Woes of a Chinese Reporter," *New York Tribune*, March 7, 1888.
11 "Chinese Anarchists," *New York Sun*, August 24, 1888.
12 "A Price on His Head," *Philadelphia Inquirer*, February 10, 1890.
13 Ibid.
14 "Wong Chin Foo's Fight," *Dallas Morning News*, February 11, 1890.
15 "Troubles Among Chinamen," *Pittsburgh Dispatch*, May 11, 1889.
16 "Chinese Highbinders," *Milwaukee Sentinel*, May 11, 1889.
17 "Wong Chin Foo To the Rescue," *Inter Ocean*, May 11, 1889.
18 "Chinese Highbinders," *Milwaukee Sentinel*, May 11, 1889.
19 "Chinamen in Court," *Philadelphia Inquirer*, June 20, 1889; "Preparing for Court," *Philadelphia Times*, May 20, 1889.

20 Louis J. Beck, *New York's Chinatown: An Historical Presentation of Its People and Places* (New York: Bohemia Publishing Company, 1898), 272–25.
21 "The Gamblers' Advocate," *Philadelphia Times*, May 20, 1889.
22 "Hired By the Gamblers," *Philadelphia Times*, May 21, 1889.
23 "An Indignant Chinaman," *New York World*, May 31, 1889.
24 "A Chinaman's Slave," *Trenton Evening Times*, May 27, 1890.
25 "Suen Yee's Story," *New York Telegram*, June 16, 1890.
26 "Chinatown is Very Bitter," *Trenton Evening Times*, May 29, 1890.
27 "Bartered As a Slave," *Philadelphia Inquirer*, May 28, 1890.
28 "Sold By Her Lover," *Inter Ocean*, May 28, 1890.
29 Sue Yee's story was covered in "Enslaved in Free America," *New York Herald*, May 28, 1890; "A Chinaman's Slave," *Trenton Evening Times*, May 27, 1890; "Lee Khi's Purchase Has Him Arrested," *New York Tribune*, May 28, 1890; "Bartered As a Slave," *Philadelphia Inquirer*, May 28, 1890; "Cupid in Court," *Auburn Daily Bulletin*, June 17, 1890; "Jung Goi Wins Suen Yee," *New York Herald*, August 21, 1891.
30 "Suen Yee's Story," *New York Telegram*, June 16, 1890.
31 "Chinatown is Very Bitter," *Trenton Evening Times*, May 29, 1890.
32 "A Chinese Plot," *San Francisco Call*, June 6, 1890.
33 "Chinamen Would Kill Him," *Centralia Enterprise and Tribune* [Centralia, WI] , June 14, 1890.
34 "Wong Chin Foo's Woes," *New York World*, June 9, 1890.
35 "Scared Actors," *Pittsburgh Dispatch*, August 17, 1889.
36 "Quinn the Thug," *San Francisco Chronicle*, July 22, 1889.
37 "Scared Actors," *Pittsburgh Dispatch*, August 17, 1889.
38 "Wong Chin Foo Frightened," *New York Sun*, September 16, 1891.
39 *New York Telegram*, as quoted in "A Journalistic Chinaman," *Daily Register* [Sandusky, OH] , October 20, 1890.

第十九章

1 "Fun in the Sanctum," *Fitchburg Sentinel*, October 19, 1887.
2 "The Case of Wong Chin Foo," *Morning Oregonian*, October 22, 1887.
3 "Neither White Nor Black," *New York Sun*, September 29, 1891.
4 "Current Topics," *Albany Law Journal* 17, no. 19 (11 May 1878): 357.
5 "Neither White Nor Black," *New York Sun*, September 29, 1891.
6 Arthur Bonner, *Alas! What Brought Thee Hither: The Chinese in New York 1800–1950* (Madison, NJ: Fairleigh Dickinson University Press, 1997), 47; "Not a White Man," *New York Herald*, July 11, 1878.
7 "Made a 'Melican,'" *New York Herald*, November 28, 1878.
8 "Neither White Nor Black," *New York Sun*, September 29, 1891.
9 Ibid.
10 "A Chinese-American's Wrath," *New York Sun*, May 13, 1891.
11 "The County Building," *Chicago Tribune*, February 18, 1881.

12 "The Rights of the Chinese," *Pittsburgh Dispatch*, October 11, 1891.
13 "The Case of Wong Chin Foo," *Springfield Republican*, October 15, 1891.
14 "The Rights of the Chinese," *Pittsburgh Dispatch*, October 11, 1891.
15 "The Case of Wong Chin Foo," *Syracuse Herald*, October 18, 1891.
16 Untitled, *Morning Olympian*, September 30, 1891.
17 "The Naturalized Chinaman," *New York Sun*, October 1, 1891.
18 "Wong Chin Foo Cleared," *New York Sun*, November 20, 1891.
19 "Election Day Arrests," *New York Herald*, November 4, 1891.
20 "Voters in the Police Courts," *New York Sun*, November 4, 1891.
21 "Wong Chin Foo Held for Trial," *Brooklyn Daily Eagle*, November 7, 1891.
22 "News from the Courts," *New York Post*, November 12, 1891.
23 "Wong in a Cell Again," *New York Sun*, November 13, 1891.
24 "All the Latest News of New York City," *Philadelphia Inquirer*, November 16, 1891.
25 "Wong Chin Foo Cleared," *New York Sun*, November 20, 1891.
26 "Wong Chin Foo Acquitted," *New York World*, November 20, 1891.
27 "Wong Chin Foo Cleared," *New York Sun*, November 20, 1891.
28 "Wong Chin Foo Acquitted," *New York World*, November 20, 1891.
29 "Wong Chin Foo Cleared," *New York Sun*, November 20, 1891.
30 "Wong Chin Foo Acquitted," *New York World*, November 20, 1891.
31 Ibid.
32 Ibid.
33 "An Incredible Case," *Pittsburgh Dispatch*, November 25, 1891.
34 Untitled, *Daily Era*［Bradford, PA］, November 25, 1891.
35 "Wong Chin Foo Acquitted," *New York World*, November 20, 1891.
36 "Joy in Mott Street," *New York Times*, November 23, 1891.

第二十章

1 Mary Roberts Coolidge, *Chinese Immigration* (New York: Henry Holt and Company, 1909), 209.
2 "The Smuggling of Chinamen," *New York Times*, July 27, 1893.
3 "Chinamen Evading," *Salt Lake Herald*, September 10, 1889.
4 "Democratic Party Platform of 1892," The American Presidency Project Website (http://www.presidency.ucsb. edu/ws/index.php?pid=29585); "Republican Party Platform of 1892," The American Presidency Project Website (http://www.presidency.ucsb.edu/ws/index.php?pid=29628).
5 Coolidge, *Chinese Immigration*, 212–13.
6 Ibid., 213–14.
7 Charles J. McClain, *In Search of Equality: The Chinese Struggle against Discrimination in Nineteenth Century America* (Los Angeles: University of California Press, 1994), 202.
8 "Testing the Geary Act," *New York Times*, May 4, 1893.
9 "Chinese Exclusion," *San Francisco Chronicle*, March 1, 1892.

10 "Chinese Won't Comply," *Bridgeton Evening News* [Bridgeton, NJ] , November 28, 1892.
11 "It May Lead to War," *San Francisco Call*, September 20, 1892.
12 Ibid.
13 "The Chinese Will Fight It," *Omaha World Herald*, September 11, 1892.
14 Yucheng Qin, *The Diplomacy of Nationalism: The Six Companies and China's Policy Toward Exclusion* (Cambridge, MA: Harvard University Press, 2009), 71.
15 "The Chinese Will Fight It," *Omaha World Herald*, September 11, 1892.
16 Chinese Equal Rights League, *Appeal of the Chinese Equal Rights League to the People of the United States for Equality of Manhood* (New York: Chinese Equal Rights League, 1892), 2–3.
17 Ibid.
18 "Plea for the Mongol," *Chicago Tribune*, September 23, 1892.
19 "Chinamen Free Their Minds," *New York Times*, September 23, 1892.
20 "Chinese Mass Meeting," *San Francisco Call*, September 23, 1892.
21 "Plea for the Mongol," *Chicago Tribune*, September 23, 1892.
22 "Chinamen Free Their Minds," *New York Times*, September 23, 1892.
23 Ibid.
24 "Chinamen Kick in 'Melican Fashion," *New York Herald*, September 23, 1892.
25 "A Loud Chinese Protest," *New York World*, September 23, 1892.
26 "A Chinese Meeting," *Idaho Statesman*, September 23, 1892.
27 Ibid.
28 "Plea for the Mongol," *Chicago Tribune*, September 23, 1892.
29 "Has His Dutch Up," *Pittsburgh Dispatch*, October 30, 1892.
30 Chinese Equal Rights League, *Appeal*, 2–3.
31 Ibid.
32 Ibid.
33 General appeal of William Lloyd Garrison, Jr., November 12, 1892, Garrison Family Papers, Sophia Smith Collection, Smith College, Series 6, Box 181, Folder 11.
34 "Protest Against the Geary Bill," *Fitchburg Sentinel*, November 19, 1892.
35 "Not Criminals," *Boston Globe*, November 19, 1892.
36 Pamphlet, "Speeches of Wong Chin Foo and Wm. Lloyd Garrison at the Mass Meeting of the Chinese Equal Rights League at Tremont Temple, Boston, November 18, 1892." Publication details unknown.
37 Ibid.
38 Ibid.
39 Ibid.
40 "Not Criminals," *Boston Globe*, November 19, 1892.
41 "Speeches of Wong Chin Foo and Wm. Lloyd Garrison at the Mass Meeting of the Chinese Equal Rights League at Tremont Temple, Boston, Nov. 18, 1892." Publication details unknown.
42 "Not Criminals," *Boston Globe*, November 19, 1892.
43 "Chinese Won't Go," *Pittsburgh Dispatch*, December 16, 1892.

44 "Most Exclusive Club in New York's Chinatown," *New York Times*, January 1, 1905.
45 "Brooklyn Political Talk," *New York Times*, August 21, 1892.
46 "The Chinese Equal Rights League," *Washington Post*, December 29, 1892.
47 "Condemn the Exclusion Act," *Inter Ocean*, December 3, 1892.
48 "Wong Chin Foo's Appeal," *Inter Ocean*, December 21, 1892.
49 Editorial, New York Times, December 18, 1892.

第二十一章

1 Wong Chin Foo to William Lloyd Garrison, Jr., January 4, 1893, Garrison Family Papers, Sophia Smith Collection, Smith College, Series VI, Box 181, Folder 11.
2 Untitled, *North China Herald*, February 3, 1893.
3 Ibid.
4 "Opposing Chinese Exclusion," *New York Times*, January 11, 1893.
5 "Appeal for the Chinese," *New York Times*, January 21, 1893.
6 "Opposing Chinese Exclusion," *New York Times*, January 11, 1893.
7 Ibid.
8 "A Philosopher on Stilts," *Times* [Richmond, VA], January 11, 1893, quoting the *Memphis Appeal*.
9 "Appeal for the Chinese," *New York Times*, January 21, 1893.
10 "Geary Act's Repeal," *Boston Globe*, January 21, 1893.
11 *In re Ah Yuk*, 53 Fed. Rep. 781, 782 (D. Minn. 1893).
12 "The Chinese Exclusion Act," *New York Sun*, January 21, 1893.
13 "The Higher Law," *San Francisco Call*, January 20, 1893.
14 "Remedy the Law," *San Francisco Call*, January 21, 1893.
15 Yu Renqiu, "Details and Remembrance"（细节与记忆）, ChinaGate（文学城）Website (http://bbs.wenxuecity.com/na/1285554.html); Wang Fan, "The 19th Century Chinese Martin Luther King", 360doc Website (http://www.360doc.com/content/10/0923/12/3446847_55727195.shtml).
16 "At Geary's Hotel," *San Francisco Call*, January 14, 1893.
17 Untitled, *The Chinese American* 1, no. 1, June 24, 1893.
18 "Against the Geary Bill," *Philadelphia Inquirer*, January 27, 1893.
19 Untitled, *The Chinese American* 1, no. 1, June 24, 1893.
20 A critical and usually censorious remark.
21 "Awkward Slip," *San Francisco Call*, January 27, 1893.
22 Ibid.
23 Ibid.
24 Ibid.
25 "Wong Chin Foo's Bad Break," *San Francisco Chronicle*, January 27, 1893.
26 Ibid.
27 "Awkward Slip," *San Francisco Call*, January 27, 1893.

28 "Many Chinamen Approve," *New York Times*, April 12, 1893.
29 "Chinese in a New Role," *Chicago Tribune*, July 12, 1896.
30 "Chinese Registration," *Washington Post*, June 19, 1893.
31 Gabriel J. Chin, "Chae Chan Ping and Fong Yue Ting: The Origins of Plenary Power," in *Immigration Law Stories*, ed. David Martin and Peter Schuck (New York: Foundation Press, 2005), 9–10.
32 Charles J. McClain, *In Search of Equality: The Chinese Struggle Against Discrimination in Nineteenth Century America* (Berkeley: University of California Press, 1994), 207–8.
33 Chin, "Chae Chan Ping and Fong Yue Ting," 17.
34 McClain, *In Search of Equality*, 208–9.
35 "Orders Regarding the Treatment of Unregistered Chinese," *San Francisco Chronicle*, May 5, 1893.
36 "Geary Act: Reaction," Website of the Museum of Learning (http://www.museumstuff.com/learn/topics/ Geary_Act::sub::Reaction).
37 Yucheng Qin, *The Diplomacy of Nationalism: The Six Companies and China's Policy Toward Exclusion* (Cambridge, MA: Harvard University Press, 2009), 123–24.
38 "Blow at the Chinese," *Washington Post*, May 16, 1893.
39 "China Will Strike Back," *Washington Post*, May 29, 1893.
40 "The Six Companies' Error," *New York Times*, May 17, 1893.
41 Mary Roberts Coolidge, *Chinese Immigration* (New York: Henry Holt and Company, 1909), 226.

第二十二章

1 "No Mongolian Drama," *New York Telegram*, December 30, 1891.
2 Ibid.
3 "A Blow at the Celestial Drama," *New York Sun*, December 25, 1891; "No Mongolian Drama," *New York Telegram*, December 30, 1891.
4 "No Mongolian Drama," *New York Telegram*, December 30, 1891.
5 Thomas Allston Brown, *A History of the New York Stage*, Vol. 3 (New York: Dodd, Mead and Company, 1903), 589.
6 "Dramatic Art in Doyers Street," *New York Herald*, April 16, 1893.
7 "Doyers Street Theatre," *New York Times*, May 8, 1897.
8 Adam McKeown, *Chinese Migrant Networks and Cultural Change* (Chicago: University of Chicago Press, 2001), 199; "Complains of Kern," *Chicago Tribune*, April 16, 1893.
9 "Overview of the Exposition," The World at the Fair: Experiences of the 1983 Columbian Exposition Website, University of California, Los Angeles, June 3, 2009 (http://uclawce.ats.ucla.edu/fair-overview); John J. Flinn, *Official Guide to the World's Columbian Exposition* (Chicago: The Columbian Guide Company, 1893), 30–31.
10 "Hong Sling Knew His Job," *Kansas City Star*, July 21, 1922.
11 "Wroth Over Chinese Trouble," *Chicago Tribune*, April 19, 1893.

注　释　375

12 "China at the Fair," *San Francisco Chronicle*, December 4, 1892.
13 "Wroth Over Chinese Trouble," *Chicago Tribune*, April 19, 1893.
14 Huping Ling, *Chinese in Chicago: Race, Transnational Migration and Community Since 1870* (Stanford, CA: Stanford University Press, 2012), 87–88.
15 "War among Chicago Chinamen," *Chicago Tribune*, April 12, 1893.
16 "Items," *Chicago Tribune*, August 12, 1890.
17 "Brief Mention," *Inter Ocean*, April 29, 1894.
18 "Allege a Conspiracy to Murder," *Chicago Tribune*, April 7, 1893.
19 "War in Chinatown," *Inter Ocean*, April 9, 1893.
20 "Complains of Kern," *Chicago Tribune*, April 16, 1893.
21 "The County-Building," *Chicago Tribune*, February 18, 1881.
22 "Allege a Conspiracy to Murder," *Chicago Tribune*, April 7, 1893.
23 "Warring Chinese Factions," *Inter Ocean*, April 12, 1893.
24 "Forgery the Charge," *Chicago Tribune*, April 13, 1893.
25 "Complains of Kern," *Chicago Tribune*, April 16, 1893.
26 Ibid.
27 Ibid.
28 "A Chinese Newspaper," *Trenton Times*, April 26, 1893.
29 "Business Notes," *Publisher's Weekly*, May 6, 1893.
30 "Caused By the Fair," *Inter Ocean*, April 23, 1893.
31 "Commentary on Refuting the Law"（驳例余谭）, *Chinese American*, June 24, 1893.
32 Mae M. Ngai, "Transnationalism and the Transformation of the 'Other': Response to the Presidential Address," *American Quarterly* 57, no. 1 (March 2005): 62; Moses Purnell Handy, *World's Columbian Exposition Official Catalog* Part I (Chicago: W. B. Conkey Company, 1893), 31.
33 "Caused By the Fair," *Inter Ocean*, April 23, 1893.
34 Untitled, *Chinese American*, June 24, 1893.
35 Ibid.
36 Ibid.

第二十三章

1 "Appointed Chinese Inspector," *Cedar Rapids Evening Gazette*, December 12, 1893.
2 "Chinese Immigration and the Chinese in the United States," Website of the National Archives of the United States (http://www.archives.gov/research/chinese-americans/guide.html).
3 "John Develops a Pull," *Omaha Daily Bee*, December 18, 1893 Quoting the *Washington Star*.
4 Wong Chin Foo to the Hon. Mark A. Hanna, December 3, 1896, Entry A1-760, Applications and Recommendations for Public Office, 1797–1901, Record Group 59, Box 121.5, General Records of the Department of State, National Archives, Washington, DC.

5　"A Chinese Detective," *Washington Post*, July 23, 1894.
6　Ibid.
7　Ibid.
8　"Foo's Feelings Were Hurt," *Trenton Times*, March 27, 1894.
9　"No Policeman Responded," *New York Herald*, November 5, 1894.
10　"Wong Chin Foo Wants a Job," *New York Times*, March 5, 1895.
11　"Mr. Woodman Outvoted," *New York Sun*, March 2, 1895.
12　"Wong Chin Foo Here," *Atlanta Constitution*, October 9, 1895.
13　"That Opium Den," *Atlanta Constitution*, October 8, 1895.
14　Ibid.
15　"Wong Chin Foo Here," *Atlanta Constitution*, October 9, 1895.
16　"Dr. Wang Gum Sing," *Atlanta Constitution*, July 1, 1895.
17　Ibid.
18　"Park History," Website of the Piedmont Park Conservancy (http://www.piedmontpark.org/visit/ history.html).
19　"1900 United States Federal Census Online Database," Ancestry.com Website (http://search.ancestry. com/search/db.aspx?dbid=7602).
20　"Personal," *Atlanta Constitution*, July 23, 1895.
21　"His Troubles Ended," *Atlanta Constitution*, November 2, 1895.
22　"Chinamen in Court," *Atlanta Constitution*, October 23, 1895.
23　"Wong Chin Foo Here," *Atlanta Constitution*, October 9, 1895.
24　"Chinamen in Court," *Atlanta Constitution*, October 23, 1895.
25　"In Trouble Again," *Atlanta Constitution*, October 25, 1895.
26　"His Troubles Ended," *Atlanta Constitution*, November 2, 1895.

第二十四章

1　"Want Recognition of the Chinese," *Chicago Tribune*, July 9, 1896.
2　Julian Curzon, ed., *The Great Cyclone at St. Louis and East St. Louis* (Carbondale, IL: Southern University Illinois Press, 1997), 376.
3　"Want Recognition of the Chinese," *Chicago Tribune*, July 9, 1896.
4　"The Chinaman in Politics," *Inter Ocean*, July 11, 1896.
5　"Democratic Party Platform of 1896," The American Presidency Project Website (http://www.presidency. ucsb.edu/ws/index.php?pid=29586); Republican Party Platform of 1896, The American Presidency Project Website (http://www.presidency.ucsb.edu/ws/index.php?pid=29629).
6　"Wong Chin Foo's New Party," *Daily Advocate* [Newark, OH], July 24, 1896.
7　"The Chinaman in Politics," *Inter Ocean*, July 11, 1896.
8　"Good Stories for All," *Boston Globe*, July 16, 1896.
9　"Chin Foo Seeks a Vote," *Chicago Tribune*, July 13, 1896.
10　"Chinamen in Politics," *Boston Herald*, July 13, 1896.
11　"Wong Chin Foo's New Party," *Daily Advocate* [Newark, OH], July 24, 1896.
12　"Chinamen in Politics," *Boston Herald*, July 13, 1896.

13 "Good Stories for All," *Boston Globe*, July 16, 1896.
14 "1900 United States Federal Census Online Database," Ancestry.com Website (http://search.ancestry.com/search/db.aspx?dbid=7602) and "Good Stories for All," *Boston Globe*, July 16, 1896.
15 "A Chinese Newspaper," *Cleveland Plain Dealer*, November 18, 1896.
16 "Is Now a Chinese Editor," *Washington Times*, November 20, 1896.
17 Untitled, *Chinese News*, November 14, 1896.
18 Various advertisements, *Chinese News*, November 14, 1896.
19 "Chinese Go to Harlan," *Chicago Tribune*, February 20, 1897.
20 Wong Chin Foo to the Hon. Mark A. Hanna, November 25, 1896, Entry A1-760, Applications and Recommendations for Public Office, 1797–1901, Record Group 59, General Records of the Department of State, National Archives, Washington, DC.
21 Ibid.
22 Ibid.
23 Ibid.
24 "For a Temple in Chicago," *Chicago Tribune*, December 1, 1896.
25 Ibid.
26 Untitled, *Chicago Tribune*, December 4, 1896.
27 "Plants Confucian Ideas Tomorrow," *Chicago Tribune*, December 12, 1896.
28 "To Open a Temple," *Chicago Tribune*, December 13, 1896.
29 "Confucius is His Text," *Chicago Tribune*, December 14, 1896.
30 Ibid.
31 "Says We Are Wrong," *Inter Ocean*, December 14, 1896.
32 "Temple to Confucius Opened," *Daily Chief* [Perry, IA] , December 16, 1896.

第二十五章

1 "Chinese Troops Moving," *Boston Globe*, September 5, 1883; "A Chinaman's Prophesy," *Washington Post*, August 5, 1894.
2 "A Chinaman's Opinion of the War," *Sydney Morning Herald*, October 2, 1894.
3 "A Chinaman's Prophecy," *Washington Post*, August 5, 1894
4 "Hopes Japan Will Win," *Times-Picayune*, August 7, 1894.
5 "High and Low Life in China," *The Colorado Magazine* 1, no. 4 (July 1893): 356–59.
6 "Secret Agent of Japan," *Boston Globe*, July 27, 1894.
7 "Hopes Japan Will Win," *Times-Picayune*, August 7, 1894.
8 Sun Yat-sen, *Kidnapped in London* (Bristol: J. W. Arrowsmith, 1897), 9–24.
9 Harold Z. Schiffrin, *Sun Yat-sen and the Origins of the Chinese Revolution* (Berkeley: University of California Press, 1970), 35–38.
10 Tsu-Min Tsai, "Sun Yat-sen: Physician, Liberator and Father of Modern China," Website of the Innominate Society of Louisville (http://www.

innominatesociety.com/Articles/Sun%20Yat%20Sen.htm).
11 Encyclopedia Britannica, *Britannica Guide to Modern China* (Philadelphia: Running Press, 2008), 34.
12 Sun, *Kidnapped in London*, 9–24.
13 Sun Yat-sen, "My Reminiscences," *Journal of the American Asiatic Association* 12, no. 1 (February 1912): 15.
14 Wang Fan, e-mail to the author, December 31, 2010.
15 "Concerning Sun Yat-sen," *London Daily News*, December 1, 1896.
16 Sun, *Kidnapped in London*, 29; "To Stir Up a Revolt," *San Francisco Chronicle*, November 29, 1896.
17 Yansheng Ma Lum and Raymond Mun Kong Lum, *Sun Yat-Sen in Hawaii* (Honolulu: University of Hawaii Press, 1999), 20.
18 Sun, *Kidnapped in London*, 62–98.
19 Untitled, *Chinese News*, November 11, 1896.
20 "Concerning Sun Yat-sen," *Daily News* [London, England] , December 1, 1896.
21 Ibid.
22 "A Chinaman's Prophecy," *Washington Post*, August 5, 1894.
23 "He Plans to Free China," *Chicago Tribune*, December 6, 1896.
24 "Plot to Depose China's Ruler," *Chicago Tribune*, December 6, 1896.
25 "He Plans to Free China," *Chicago Tribune*, December 6, 1896.
26 "Chinese Revolutionary Junta," *San Francisco Call*, December 30, 1896.
27 "To Hatch a Revolution," *Chicago Tribune*, December 30, 1896.

第二十六章

1 Wong Chin Foo to Wong Foo Sheng, September 30, 1896Private collection of the Wang family.
2 "An Indignant Chinaman," *New York World*, May 31, 1889.
3 Wong Chin Foo to Wong Foo Sheng, September 30, 1896Private collection of the Wang family.
4 "Chinese Equal Rights League," *New York Times*, January 28, 1897.
5 Articles of Incorporation of the Chinese Equal Rights League of America. State of Illinois, Office of the Secretary of State, January 26, 1897.
6 Ibid.
7 "For Right to Vote," *Chicago Tribune*, December 12, 1897.
8 "To Americanize Chinamen," *New York Times*, April 4, 1897.
9 "Blow to Chinese Feast," *Chicago Tribune*, January 31, 1897.
10 Untitled, *Chicago Tribune*, February 1, 1897.
11 "Blow to Chinese Feast," *Chicago Tribune*, January 31, 1897.
12 "Foo a Gambler," *St. Paul Globe*, February 6, 1897.
13 "Wong Chin Foo Calls on Badenoch," *Chicago Tribune*, February 2, 1897.
14 "Wong Chin Foo Held to Grand Jury," *Chicago Tribune*, February 6, 1897.
15 "For Right to Vote," *Chicago Tribune*, December 12, 1897.

16 Untitled, *Weekly Journal-Miner*［Prescott, AZ］, May 26, 1897.
17 "A Chinese League," *San Francisco Call*, May 26, 1897; "The Chinese Equal Rights League of the United States," *Los Angeles Times*, May 28, 1897.
18 Ibid.
19 "Equal Rights for Chinamen," *Victoria Daily Colonist*, May 29, 1897.
20 "A Chinese League," *San Francisco Call*, May 26, 1897; "Like Melican Man," *Cedar Rapids Evening Gazette*, May 24, 1897.
21 "A Chinese League," *San Francisco Call*, May 26, 1897.
22 "The Chinese and Citizenship," *Salt Lake Tribune*, May 29, 1897.
23 "Argument a la Chinese," *Omaha Daily Bee*, May 30, 1897.
24 "Like Melican Man," *Cedar Rapids Evening Gazette*, May 24, 1897.
25 "Chinese Want the Exclusion Act Repealed," *San Francisco Call*, August 15, 1897.
26 "Chinese Are to Buy Up Congress," *Chicago Tribune*, July 18, 1897.
27 Ibid.
28 约翰·亚历山大·洛根（John Alexander Logan，1826—1886）是参加过美墨战争和美国内战的老兵，代表伊利诺伊州的国会议员和参议员，共和党人詹姆斯·布莱恩在1884年总统竞选中的竞选搭档。
29 "Chinese Citizens," *Oakland Tribune*, November 23, 1897.
30 "Chin Foo Seeks a Vote," *Chicago Tribune*, July 13, 1896.
31 "Chinese Ask for Rights," *Chicago Tribune*, November 28, 1897.
32 Editorial, *Chicago Tribune*, November 22, 1897.
33 "For Right to Vote," *Chicago Tribune*, December 12, 1897.
34 "Queueless Chinamen," *Charlotte Observer*, December 23, 1897; "The Populists," *Daily Public Ledger*［Maysville, KY］, December 17, 1897.
35 "Cues Must Come Off," *Washington Post*, December 20, 1897.
36 Ibid.
37 "Cues for Citizenship," *Cleveland Plain Dealer*, December 22, 1897.
38 "John Chinaman in America," *Wheeling Register*, December 31, 1897.

第二十七章

1 "Thirsting for Blood," *Chicago Tribune*, October 22, 1894; "Chinese Nipped in Midway Deal," *Chicago Tribune*, March 16, 1894.
2 Ibid.
3 "Contract for Chinese Village," *Omaha Daily Bee*, June 8, 1897.
4 "Bits of Travelers' Lives," *Omaha Daily Bee*, June 14, 1897.
5 "Chinese at the Exposition," *Omaha Daily Bee*, June 10, 1897.
6 "Getting Hold of Details," *Omaha Daily Bee*, June 10, 1897.
7 "Bits of Travelers' Lives," *Omaha Daily Bee*, June 14, 1897.
8 "Chinese at the Exposition," *Omaha Daily Bee*, June 10, 1897.
9 "Wroth Over Chinese Trouble," *Chicago Tribune*, April 19, 1893.
10 "Chinese Visit Secretary Gage," *San Francisco Call*, July 11, 1897.
11 "A Chinese Puzzle," *Tacoma Daily News*, April 12, 1897.
12 "Wily Chinese," *Tacoma Daily News*, June 29, 1897; "Chinese Evade the

Law," *Omaha World Herald*, June 30, 1897; "117 Chinamen Missing," *Emporia Gazette*, June 30, 1897.
13 "Chinamen Are Turned Down," *Omaha World Herald*, July 10, 1897.
14 "Trouble in the Chinese Quarter," *Omaha Daily Bee*, July 13, 1897.
15 "Chinese May Come to Omaha," *Omaha Daily Bee*, September 14, 1897.
16 "Chinese Regiment Secured," *Omaha World Herald*, October 27, 1897.
17 "Heathen Chinee is Smooth," *Omaha Daily Bee*, October 25, 1898.
18 Wong Chin Foo to the American Consul at Shanghai, China and the Collector of Port Townsend, United States, November 1897Private collection of the Wang family.
19 "Pagoda for Chinese Exhibit," *Omaha World Herald*, August 20, 1897; "Work on the Chinese Pagoda," *Omaha Daily Bee*, August 20, 1897.
20 "Wong Ching Foo Has Plans," *Omaha Daily Bee*, November 9, 1897.
21 "Great Bell for Nebraska," *Omaha Daily Bee*, November 17, 1897.
22 "Preparing Chinese Exhibit," *Omaha Daily Bee*, March 27, 1898.
23 "Chinese Lawyer Attempts to Shoot," *New York Times*, April 19, 1898.
24 "Fight in a Court," *Chicago Tribune*, April 19, 1898; "Chinese Lawyer Attempts to Shoot," *New York Times*, April 19, 1898.
25 "Tanner's Criticism Resented," *Chicago Tribune*, May 14, 1898; "Replies to Judge Gibbons," *Chicago Tribune*, May 17, 1898.
26 "Chinese On the Way," *Omaha World Herald*, April 29, 1898.
27 "Settling the Chinese Concession," *Omaha Daily Bee*, April 29, 1898.
28 "Hustling for the Concession," *Omaha Daily Bee*, May 8, 1898; "Importing Chinese Better Than Klondike," *Omaha World Herald*, October 23, 1898.
29 "Settling the Chinese Concession," *Omaha Daily Bee*, April 29, 1898.
30 "Hustling for the Concession," *Omaha Daily Bee*, May 8, 1898.
31 "Importing Chinese Better than the Klondike," *Omaha World Herald*, October 31, 1898.
32 "Celestials Slip Out," *Union Star*, November 4, 1898.
33 "Heathen Chinee is Smooth," *Omaha Daily Bee*, October 25, 1898.

第二十八章

1 John Fowler to Wong Chin Foo, June 6, 1898. Private collection of the Wang family.
2 Wong Chin Foo Passport Application, July 1, 1898. Passport Applications, 1795–1905, Record Group 59, General Records Department of State, National Archives, Washington, DC.
3 Rounsevelle Wildman to David J. Hill, March 20, 1899. Diplomatic Dispatches from U.S. Consuls in Hong Kong, Record Group 59, General Records Department of State, National Archives, Washington, DC.
4 Wong Chin Foo to Wong Foo Sheng, July 14, 1898. Private collection of the Wang family.
5 Ibid.
6 Rounsevelle Wildman to David J. Hill, March 20, 1899.

7　Wong Chin Foo to Wong Foo Sheng, July 18, 1898. Private collection of the Wang family.
8　Ibid.
9　Wang Fan, e-mail to the author, September 26, 2010.
10　Horace A. Randle, "Unto the Uttermost Parts of the Earth," *Zion's Watch Tower and Herald of Christ's Presence* 20, no. 1 (1899): 158.
11　Wong Chin Foo to Wong Foo Sheng, July 18, 1898. Private collection of the Wang family.

后　记

1　关于1902年国会辩论的详细讨论，参见：Martin B. Gold, *Forbidden Citizens: Chinese Exclusion and the U.S. Congress: A Legislative History* (Washington, DC: TheCapitol.Net, Inc., 2012), 320–407.
2　Mary Roberts Coolidge, *Chinese Immigration* (New York: Henry Holt and Company, 1909), 251.
3　关于对容闳与中美两国关系的分析，参见：Edmund H. Worthy, Jr., "Yung Wing in America," *Pacific Historical Review* 34 (1965): 265–87.

参考文献

原始资料

报刊

王清福的活动在全美各地的报刊上都有报道，但主要见诸以下几种报刊，具体出处请参见每章的注释。

The Atlanta Constitution
The Boston Globe
Inter Ocean
The New York Herald
The New York Sun
The New York Times
The New York Tribune
The New York World
The Chicago Tribune
The Omaha Daily Bee
The San Francisco Call
The San Francisco Chronicle
The Washington Post

在由王清福刊行的四种中文报刊当中，有三种仍有现存的副本：

Chicago Historical Society, Chicago, IL
  Chinese American（华洋新报）, June 24, 1893.
  Chinese News（美义新报）, November 14, 1896.

Hoover Institution Library and Archives, Stanford University, Stanford, CA
  Chinese American（华美新报）, March 31, 1883.
Rare Book Division, New York Public Library, New York, NY.
  Chinese American（美华新报）, February 3, 1883. (Another copy is held in the John Reilly, Jr. Papers at the American Numismatic Society, New York, NY).

关于王清福在美国发表的全部作品，请参见本书所附的"王清福发表作品一览"。

官方档案

Records of the State Department of the United States

Applications and Recommendations for Public Office, 1797–1901, Record Group 59, Entry A1-760, National Archives, Washington, DC.
    Letter from Wong Chin Foo to Secretary of State Thomas F. Bayard, March 7, 1885.
    Letter from Wong Chin Foo to Secretary of State James G. Blaine, February 8, 1889.
    Letters from Wong Chin Foo to the Hon. Mark A. Hanna, November 25, 1896 and December 3, 1896.

Diplomatic Dispatches from U.S. Consuls in Hong Kong, Record Group 59, National Archives, College Park, MD.
    Letter from Rounsevelle Wildman to David J. Hill, March 20, 1899.

Foreign Relations of the United States, 1874, Volume I. Washington, DC: Government Printing Office, 1875, 203–5.
    Letters from Prince Gong to Samuel Wells Williams, September 28, 1874 and October 5, 1874.
    Letter from Samuel Wells Williams to Prince Gong, September 30, 1874.
    Letter from Samuel Wells Williams to Secretary of State Hamilton Fish, October 2, 1874.

Miscellaneous Records of the Department of State, Record Group 59, M-179, National Archives, Washington, DC.
    Letters from Wong Chin Foo to Secretary of State Thomas F. Bayard, October 17, 1887 and October 31, 1887.
    Letter from Secretary of State Thomas F. Bayard to Edward J. Phelps, November 18, 1887.
    Letter from Secretary of State Thomas F. Bayard to Wong Chin Foo, November 19, 1887.

Passport Applications, 1795–1905, Record Group 59, National Archives, Washington, DC.
    Application of Wong Chin Foo, Consulate of the United States in Hong Kong, July 1, 1898.

Records of the Circuit Court of Kent County, MI
    Wong Chin Foo, Declaration of Intention to become an American citizen, April 3, 1874.

Records of the Circuit Court of Cook County, IL
    Li Pow v. *Woo Wing*, October 20, 1879. Case File, Archives Department, Clerk of the Circuit Court of Cook County.

Records of the Supreme Court of the State of New York
    Chan Pond Tipp v. *Wong Chin Foo*, August 16, 1883. Case File, Archives of the County Clerk of New York County.

Records of the Court of General Sessions of the City and County of New York, NY
    The People of the State of New York v. *Wong Ching Foo,* November 3, 1891.
Case File, Municipal Archives of the City of New York.

Records of the Secretary of State of the State of Illinois
    Articles of Incorporation, The Chinese Equal Rights League of America, January 26, 1897.

学校档案

University Archives, Special Collections Research Center, The George Washington University, Washington, DC.
Columbian College Accounting Day Books, 1852–1873, 1852–1873.
RG0031 Series 3: Early Columbian College, 1822–1928, Box 138, Folder 1.

University Archives, Special Collections, Bucknell University, Lewisburg, PA.
Lewisburg Academy Classical Preparatory Department Register, First and Second Terms, 1869–1870.
Lewisburg Academy Classical Preparatory Department Scholarship Ledger, 1869–1873.

信件

Grover Cleveland Papers, Library of Congress, Washington, DC.
    Letter from Yuet Sing, Wo Kee, Kwong Hing Lung, Tom Lee, Li Kwong Jin, Wong Chin Foo, Dock Hai, Quong Chin Cean and thirty others to President Grover Cleveland, November 10, 1885.

Garrison Family Papers, Sophia Smith Collection, Smith College, Northampton, MA.
    General Appeal from William Lloyd Garrison, Jr., November 12, 1892. Series VI, Box 181, Folder 11.
    Letter from Wong Chin Foo to William Lloyd Garrison, Jr., January 4, 1893. Series VI, Box 181, Folder 11.

Special Collections, Magill Library, Haverford College, Haverford, PA.
    Letter from Wong Chin Foo to H. L. Slayton, August 23, 1883.

J. P. Stuart Papers, Academy of the New Church Archives, Bryn Athyn College, Bryn Athyn, PA.
    Letter from Wong Chin Foo to William Henry Benade, October 21, 1875
    Letter from Lyman Stuart to William Henry Benade, October 22, 1875
    Letter from J. P. Stuart to Frank Ballou, October 21, 1875.
    Letter from Lyman Stuart to Frank Ballou, October 28, 1875.

Walter Hines Page Papers, Houghton Library, Harvard University, Cambridge, MA.
 Letter from Wong Chin Foo to Walter Hines Page, no date. Call number bMS Am 1090 (788).

Private Collection of the Wang Family, Beijing, People's Republic of China.
 Letters from Wong Chin Foo to Wong Foo Sheng, December 30, 1896, July 14, 1898, and July 18, 1898.
 Letter from Wong Chin Foo to the American Consul at Shanghai, China, and the Collector of Port Townsend, United States, November 1897. Letter from John Fowler, U.S. Consul, Zhifu, China to Wong Chin Foo, June 6, 1898.

收藏

Widener Depository, Harvard University, Cambridge, MA.
 Appeal of the Chinese Equal Rights League to the People of the United States for Equality of Manhood. New York: Chinese Equal Rights League, 1893. Attributed to Wong Chin Foo.

Private Collection of the Author
 Speeches of Wong Chin Foo and Wm. Lloyd Garrison at the Mass Meeting of the Chinese Equal Rights League at Tremont Temple, Boston, November 18, 1892. Pamphlet, s.n.

二手资料

Aarim-Heriot, Najia. *Chinese Immigrants, African Americans and Racial Anxiety in the United States, 1848–82* Urbana, IL: University of Illinois Press, 2006.

Adams, Julia Davis, ed. *Bonds of Friendship Love & Truth: Letters from Sallie Little Holmes to Anna Kennedy Davis, 1857–1879.* N.p., 1987. Anbinder, Tyler. *Five Points.* New York: The Free Press, 2001.

Bergere, Marie-Claire. *Sun Yat-sen.* Stanford, CA: Stanford University Press, 2000.

Blavatsky, Helena. *Isis Unveiled.* Pasadena, CA: Theosophical University Press, 1999.

Bonner, Arthur. *Alas! What Brought Thee Hither? The Chinese in New York 1800–1950.* Madison, NJ: Fairleigh Dickinson University Press, 1996.

———. "The Chinese in New York 1800–1950." In *Chinese America: History and Perspectives, 1993,* edited by Colleen Fong, 130–32. Brisbane, CA: Chinese Historical Society of America, 1993.

Bramen, Carrie Tirado. "The Urban Picturesque and the Spectacle of

Americanization." *American Quarterly* 52, no. 3 (September 2000): 444–77.

———. *The Uses of Variety: Modern Americanism and the Quest for National Distinctiveness*. Cambridge, MA: Harvard University Press, 2001.

Chan, Sucheng, ed. *Chinese American Transnationalism: The Flow of People, Resources and Ideas between China and America during the Exclusion Era*. Philadelphia: Temple University Press, 2006.

———. *Entry Denied: Exclusion and the Chinese Community in America, 1882–1943* Philadelphia: Temple University Press, 1991.

Chan, Sucheng and Madeline Y. Hsu, eds. *Chinese Americans and the Politics of Race and Culture*. Philadelphia: Temple University Press, 2008.

Chang, Iris. The Chinese in America: A Narrative History. New York: Viking Press, 2003.

Christoff, Peggy Spitzer. *Tracking the Yellow Peril: The INS and Chinese Immigrants in the Midwest*. Rockport, ME: Picton Press, 2001. Coolidge, Mary Roberts. *Chinese Immigration*. New York: Henry Holt and Company, 1909.

Cranston, Sylvia. *HPB: The Extraordinary Life and Influence of Helena Blavatsky, Founder of the Modern Theosophical Movement*. New York: Putnam Books, 1993.

Daniels, Roger. *Guarding the Golden Door: American Immigration Policy and Immigrants since 1882*. New York: Hill and Wang, 2004.

Desnoyers, Charles. "'The Thin Edge of the Wedge': The Chinese Educational Mission and Diplomatic Representation in the Americas, 1872–1875." *Pacific Historical Review* 61, no. 2 (May 1992): 241–63.

Eberhard, Wolfram. *A History of China*. Berkeley: University of California Press, 1977.

Forsyth, Robert Coventry, ed. *Shantung: The Sacred Province of China in Some of its Aspects, Being a Collection of Articles relating to Shantung, including Brief Histories with Statistics, etc., of the Catholic and Protestant Missions and Life-Sketches of Protestant Martyrs, Pioneers, and Veterans Connected with the Province*. Shanghai: Christian Literature Society, 1912.

Foster, L. S. *Fifty Years in China: An Eventful Memoir of Tarleton Perry Crawford, D. D*. Nashville: Bayless-Pullen Company, 1909.

Gibson, Otis. *The Chinese in America*. Cincinnati: Hitchcock & Walden, 1877.

Gold, Martin B. *Forbidden Citizens: Chinese Exclusion and the U.S. Congress: A*

Legislative History. Washington, DC: TheCapitol.Net, 2012.

González, Juan and Joseph Torres. *News for All the People: The Epic Story of Race and the American Media.* New York: Verso Press, 2011.

Goodrick-Clarke, Nicholas. *The Western Esoteric Traditions.* New York: Oxford University Press, 2008.

Gyory, Andrew. "Chinese Exclusion Acts." In *Encyclopedia of U.S. Labor and Working-class History*, Volume I, edited by Eric Arnesen, 240–41. New York: Routledge, 2007.

———. *Closing the Gate: Race, Politics and the Chinese Exclusion Act.*

Chapel Hill, NC: University of North Carolina Press, 1998.

Hart, Jerome A. "The Sand Lot and Kearneyism." In *In Our Second Century.* San Francisco: Pioneer Press, 1931.

Ho, Chuimei, and Soo Lon Moy, eds. *Chinese in Chicago.* Charleston, SC: Arcadia Publishing, 2005.

Hirata, Lucie Cheng. "Free, Indentured, Enslaved: Chinese Prostitutes in Nineteenth-Century America." *Signs* 5, no. 1 (Autumn 1979): 3–29.

Hsiao, Andrew. "100 Years of Hell-Raising: The Hidden History of Asian American Activism in New York City." The Village Voice, January 23, 1998.

Hsu, Hsuan L. "Wong Chin Foo's Periodical Writing and Chinese Exclusion." *Genre: Forms of Discourse and Culture* 39, nos. 3–4 (Fall/Winter 2006): 83–105.

———. "A Connecticut Yankee in the Court of Wu Chih Tien: Mark Twain and Wong Chin Foo." *Common-Place: The Interactive Journal of Early American Life* 11, no. 1 (October 2010). http://www.common-place.org/ vol-11/no-01/hsu/

Hsu, Madeline Y. *Dreaming of Gold, Dreaming of Home: Transnationalsim and Migration Between the United States and South China, 1882–1943.* Stanford, CA: Stanford University Press, 2000.

Huntzicker, William E. "Chinese-American Newspapers." In *Outsiders in 19th Century Press History: Multicultural Perspectives*, edited by Frankie Hutton and Barbara Strauss Reed, 71–92. Bowling Green, OH: Bowling Green State University Popular Press, 1995.

Jabour, Tania. "'We Do Not Eat Rats': Wong Chin Foo's Spectacular Performances of Chinese-American Citizenship." Paper presented at the American Studies Association Annual Meeting, May 14, 2012.

Lai, Him Mark. *Becoming Chinese American*. Walnut Creek, CA: Alta Mira Press, 2004.

———. *Chinese American Transnational Politics*. Edited by Madeline Y. Hsu. Urbana, IL: University of Illinois Press, 2010.

Lee, Erika. *At America's Gates: Chinese Immigration During the Exclusion Era, 1882–1943*. Chapel Hill, NC: University of North Carolina Press, 2003.

Leibovitz, Liel. *Fortunate Sons: The 120 Chinese Boys Who Came to America, Went to School, and Revolutionized an Ancient Civilization*. New York: W. W. Norton & Company, 2011.

Lien, Pei-Te. *The Making of Asian America through Political Participation*. Philadelphia: Temple University Press, 2001.

Ling, Huping. *Chinese Chicago: Race, Transnational Migration, and Community Since 1870*. Stanford, CA: Stanford University Press, 2012. Lui, Mary Ting Yi. *The Chinatown Trunk Mystery: Murder, Miscegenation, and Other Dangerous Encounters in Turn-of-the-Century New York City*. Princeton, NJ: Princeton University Press, 2007.

MacGillibray, D., ed. *A Century of Protestant Missions in China (1807–1907), Being the Centenary Conference Historical Volume*. Shanghai: American Presbyterian Mission Press, 1907.

McClain, Charles J., ed. *Chinese Immigrants and American Law*. London: Routledge, 1994.

McClain, Charles J. *In Search of Equality: The Chinese Struggle Against Discrimination in Nineteenth-Century America*. Berkeley, CA: University of California Press, 1994.

McKeown, Adam. *Chinese Migrant Networks and Cultural Change: Peru, Chicago, Hawaii, 1900–1936*. Chicago: University of Chicago Press, 2001.

Miller, Sally, ed. *The Ethnic Press in the United States: A Historical Analysis and Handbook*. Westport, CT: Greenwood Press, 1987.

Miller, Stuart Creighton. *The Unwelcome Immigrant: The American Image of the Chinese, 1785–1882*. Berkeley, CA: University of California Press, 1969.

Moon, Lottie. *Send the Light: Lottie Moon's Letters and Other Writings*. Edited by Keith Harper. Macon, GA: Mercer University Press, 2002. Mortimer, Favell L. *Peep of Day*. New York: American Tract Society, 1836. Nevius, Helen Sanford Coan. *Our Life in China*. New York: Robert Carter and Brothers, 1869.

Ngai, Mae M. "Transnationalism and the Transformation of the 'Other': Response to the Presidential Address." *American Quarterly* 57, no. 1 (2005):

59–65.

Ostrow, Daniel. *Manhattan's Chinatown*. Charleston, SC: Arcadia Publishing, 2008.

Pan, Lynn. *Sons of the Yellow Emperor: The Story of the Overseas Chinese*. London: Mandarin Paperbacks, 1991.

Pruitt, Anna Seward. *Up from Zero in North China*. Richmond, VA: William Byrd Press, 1938.

Qin, Yucheng. *The Diplomacy of Nationalism: The Six Companies and China's Policy toward Exclusion*. Cambridge, MA: Harvard University Press, 2009.

Rhoads, Edward J. M. "In the Shadow of Yung Wing: Zeng Laishun and the Chinese Educational Mission to the United States." *Pacific Historical Review* 74, no. 1, 19–58.

——. *Stepping Forth into the World: The Chinese Educational Mission to the United States, 1872–81*. Hong Kong: Hong Kong University Press, 2011.

Salyer, Lucy E. *Laws Harsh as Tigers: Chinese Immigrants and the Shaping of Modern Immigration Law*. Chapel Hill, NC: University of North Carolina Press, 1995.

Saxton, Alexander. *The Indispensable Enemy: Labor and the Anti-Chinese Movement in California*. Berkeley, CA: University of California Press, 1971.

Schiffrin, Harold Z. *Sun Yat-sen and the Origins of the Chinese Revolution*. Berkeley: University of California Press, 1970.

Shumsky, Neil Larry. The Evolution of Political Protest and the Workingmen's Party of California. Columbus, OH: Ohio State University Press, 1992.
Soennichsen, John. The Chinese Exclusion Act of 1882. Santa Barbara, CA: Greenwood Press, 2011.

Sun, Yat-sen. *Kidnapped in London*. Bristol: J. W. Arrowsmith, 1897.

Tchen, John Kuo Wei. *New York before Chinatown: Orientalism and the Shaping of American Culture, 1776–1882*. Baltimore: Johns Hopkins University Press, 1999.

Tong, Benson. *Unsubmissive Women: Chinese Prostitutes in Nineteenth- Century San Francisco*. Norman, OK: University of Oklahoma Press, 1994.

Tsai, Shih-shan Henry. *The Chinese Experience in America*. Bloomington, IN: Indiana University Press, 1986.

Tupper, H. A. *The Foreign Missions of the Southern Baptist Convention.* Philadelphia: American Baptist Publication Society, 1880.

Wang, Fan（王凡）. "Wong Chin Foo: The Chinese Martin Luther King"（王清福：华人的马丁·路德·金）. At Home Overseas（海内与海外）Website. http://www.chinaqw.com/node2/node2796/node3436/node3442/node3456/userobject6ai239009.html.

Wong, K. Scott and Sucheng Chan, eds. *Claiming America: Constructing Chinese American Identities during the Exclusion Era.* Philadelphia: Temple University Press, 1998.

Worthy, Edmund H., Jr. "Yung Wing in America." *Pacific Historical Review* 34 (1965): 265–87.

Yu, Renqiu. "Details and Remembrance"（细节与记忆）. ChinaGate（文学城）Website. http://bbs.wenxuecity.com/na/1285554.html.

Yung, Judy. *Unbound Feet: A Social History of Chinese Women in San Francisco.* Berkeley: University of California Press, 1995.

Yung, Judy, Gordon Chang and Him Mark Lai, eds. *Chinese American Voices: From the Gold Rush to the Present.* Berkeley, CA: University of California Press, 2006.

Yung, Wing. *My Life in China and America.* New York: Henry Holt and Company, 1909.

Zhang, Qingsong. "The Origins of the Chinese Americanization Movement: Wong Chin Foo and the Chinese Equal Rights League." In *Claiming America: Constructing Chinese American Identities During the Exclusion Era*, edited by K. Scott Wong and Sucheng Chan. Philadelphia: Temple University Press, 1998.

译后记

衷心感谢后浪出版公司为读者们奉上这本有意义的好书。同时也要感谢杜惠玲女士,由于她的信任,我第一时间接触到了本书的原版。浏览过后,我当即喜欢上了它,后来我承接翻译重任,然后就有了读者们捧读的这本书。

尤其感谢作者苏思纲先生,他在美国,我在中国,因本书牵线,我们成了朋友。我们事先说好,在翻译本书过程中,每当我遇到无法理解或无法正确理解的内容,随时可通过电子邮件系统地求教。实际操作时,他总是第一时间回复我。对翻译而言,直接向原作者求教,这种机会极其难得,这也是我今生第一次遇到这样的机会!

本书中文版以目前的形态呈现在读者们面前,源于一连串偶然中的必然。我与出版社合作,总是顺风顺水,唯独这本书经历了一些曲折。

我第一眼看中本书的原因是,我认为它肯定会成为对移居美国感兴趣的中国读者以及美籍华人喜欢的读物。我从事中美交流20多年,此前从未听说过王清福其人其事,和读者们一样,通过本书,我有幸认识了他。王清福算不算奇人,他的一生可否称得上传奇,读者们掩卷之余,心中自有一杆秤,我不便遑论。我想说的是,拜苏思纲先生之赐,我们才有机会认识这样一位沉寂了许久的前辈！

我曾经疑惑过，本书怎么会出自美国人之手，而不是中国人之手？在翻译过程中，以及与苏思纲先生交流过程中，我逐渐悟出了其中的必然。在此我借用一篇经典文章的说法：一个美国人，不远万里来到中国，研究中国，从卷帙浩繁的文献中偶然发现了王清福，然后极其认真仔细地追踪了他的一生，在此基础上，为我们奉献了如此翔实而可信的一部传记！

对苏思纲先生的认真仔细，我深有体会，他反复强调，他是历史学家，一切记录历史的文字，必须依照真相还原历史，不能有丝毫偏差，不能误导读者。在此我仅举一例：他多次强调，在许多方面，王清福是第一位美籍华人，可他并不是第一个入籍美国的中国人，为本书起中文名称时，必须考虑这一点，关键是不要让读者们误以为，王清福是第一个入美国籍的中国人。

中国人耳熟能详的词汇"美籍华人"的英文原词即为王清福首创。历史上，美国人对中国人的称谓五花八门，如中国佬、在美华人、美国华人、美国化的中国人、美国境内的中国人等。一百多年前，中国人在美国人面前根本抬不起头，甚至自报家门都得使用"中国佬"一词，如今这个词早已成为历史的沉渣。需要指出的是，"美籍华人"的英文原意是"华裔美国人"，"美籍华人"是将错就错的产物，可它已经成为英文原词的标准译文，长期以来已经得到世人的默认。

借本书出版之际，我还要感谢南茜·欧文思（Nancy Owens）女士和詹姆斯·梅（James May）先生。在翻译本书过程中，虽然我没有求教于他们，但我对美国社会和人文等几乎所有方面的深度认知，全都有赖于过去20多年与他们不间断的交流。这对翻译的帮助，一般人是无法体会的。

译文中凡有不妥，欢迎读者指正。

卢欣渝

2017 年 5 月

王氏家谱

王方中
↓
子：王彦平（字绥棋、清溥）
妻：刘雨山
↓
子：王复生（字秉衡）

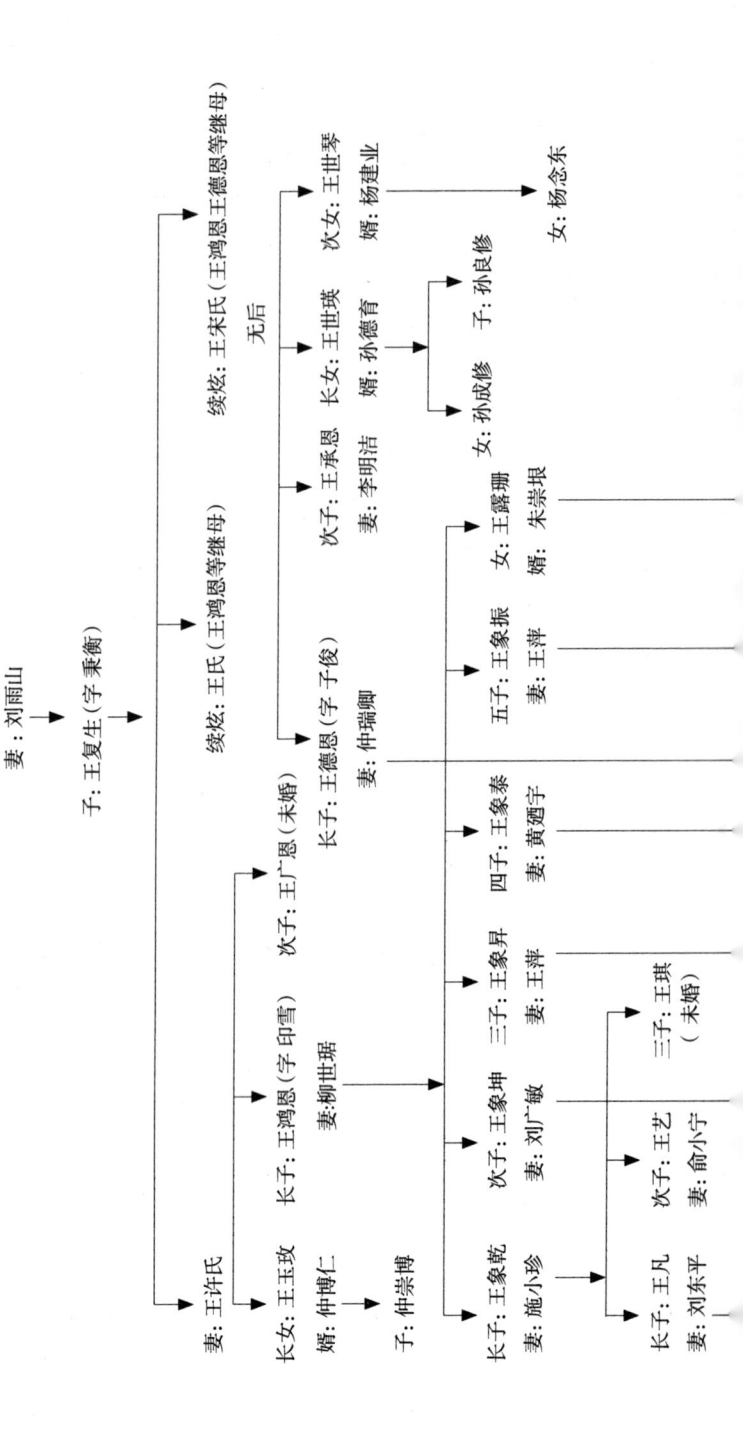

续弦：王氏（王鸿恩等继母）
续弦：王禾氏（王鸿恩王德恩等继母）

长子：王鸿恩（字印雪）
妻：柳世琚

次子：王广恩（未婚）

长子：王德恩（字子俊）
妻：仲瑞卿

无后

长女：王承恩
婿：孙德育
子：孙成修
子：孙良修

次女：王悉恩
妻：李明洁

次女：王世苓
婿：杨建业
女：杨念东

妻：王许氏
长女：王玉玫
婿：仲博仁
子：仲崇博

次女：王象坤
妻：刘广敏

长子：王象乾
妻：施小珍

三子：王象昇
妻：王萍

四子：王象泰
妻：黄酒宇

五子：王象振
妻：王萍

女：王露珊
婿：朱崇根

长子：王凡
妻：刘东平

次子：王艺
妻：俞小宁

三子：王琪（未婚）

家谱图

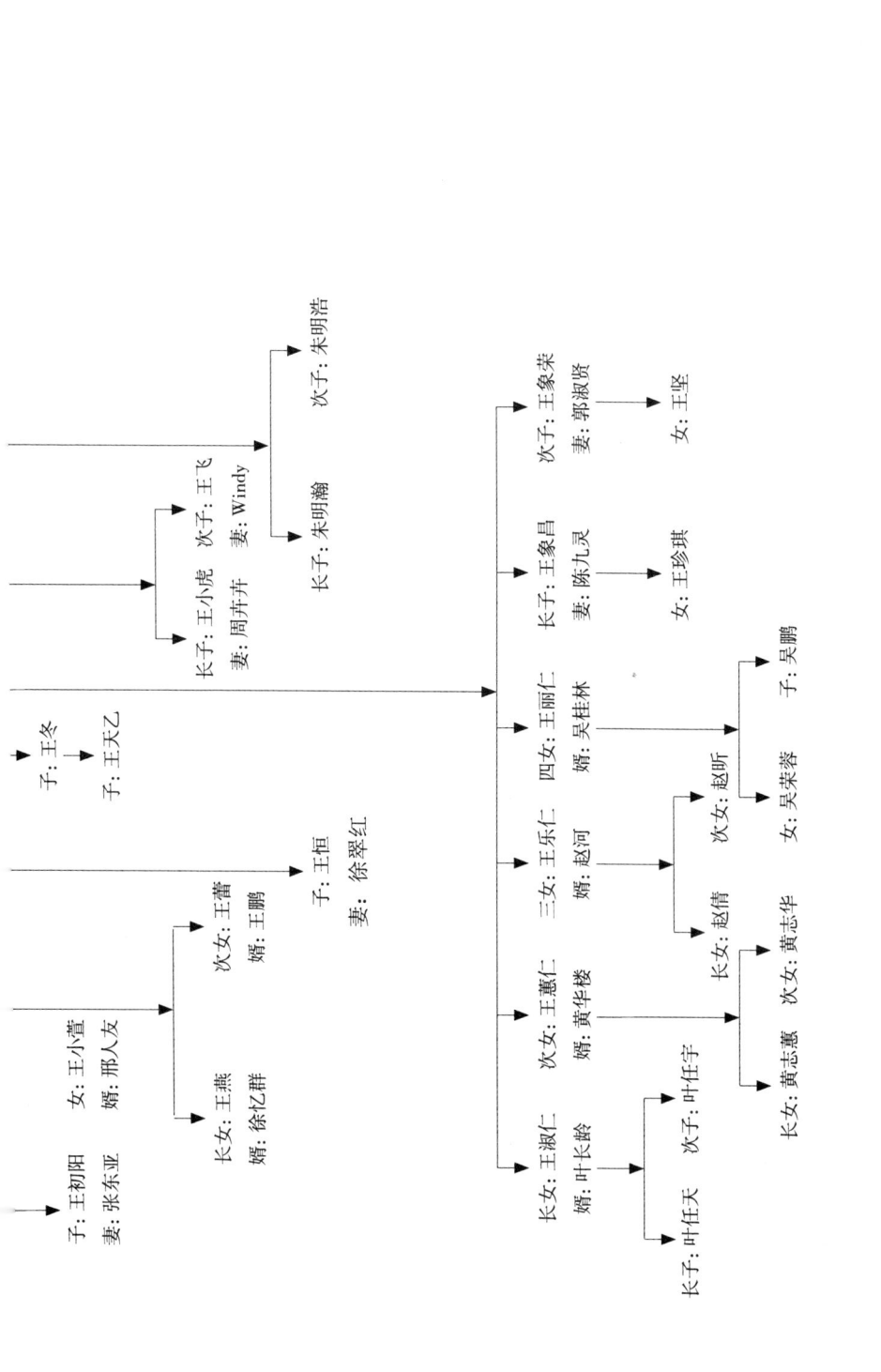

- 子：王初阳
- 女：王小萱
- 婿：邢人友
  - 子：王冬
  - 子：王天乙

- 长女：王燕
- 婿：徐忆群
  - 次女：王蕾
  - 婿：王鹏
    - 子：王恒
    - 妻：徐翠红
      - 长子：王小虎　次子：王飞
      - 妻：周卉卉　妻：Windy
        - 长子：朱明瀚
        - 次子：朱明浩

- 长女：王淑仁
- 婿：叶长龄
  - 长子：叶任天　次子：叶任宇

- 次女：王惠仁
- 婿：黄华楼
  - 长女：黄志蕙
  - 次女：黄志华

- 三女：王乐仁
- 婿：赵河
  - 长女：赵倩
  - 次女：赵昕

- 四女：王丽仁
- 婿：吴桂林
  - 女：吴荣蓉
  - 子：吴鹏

- 长子：王象昌
- 妻：陈九灵
  - 女：王珍琪

- 次子：王象荣
- 妻：郭淑贤
  - 女：王坚

出版后记

《走出帝国》讲述了清末美籍华人王清福为给在美同胞争取平等权利而不懈奋斗的故事。王清福生于1847年，山东即墨人。他在少年时期因家境贫寒而被一对美国传教士夫妇收留，因此英语流利，熟稔中美文化。二十多岁时，他因对清政府深感失望而前往美国。在美期间，他致力于介绍和宣传中华文明和儒家思想，使越来越多的美国人了解、喜爱中国。不幸的是，当时美国经济下滑，失业率高企，无法就业的美国人将此归咎于华人劳工，排华势力逐渐抬头。美国民主、共和两党为了选票，将这种不满情绪政治化，积极推动并最终通过了《排华法案》。该法案通过后，美国严格限制华人入境，并禁止在美华人入美国籍。王清福为了捍卫同胞的权益，四处奔走，大声疾呼，坚决反对这项不公不义的法案。他在美国各大报刊发表文章，在各地举行巡回演讲，要求美国国会立即废除《排华法案》，并停止一切歧视华人的做法。他还利用自己英语流利的优势，与排华势力的代表人物公开辩论，受到了现场观众的好评和各报刊的一致称赞。遗憾的是，由于当时美国的排华势力过于强大，他的努力没有取得任何成效。王清福晚年由于思念家乡和留在家乡的亲人，毅然选择回国，最终在山东老家去世，走完了精彩的一生。

王清福的一生，是进行不屈不挠的斗争的一生，是为了华人权利不断抗争的一生。广大读者将在阅读的过程中体会到，只有国家强大，个人才有尊严；我们今天的幸福生活得之不易，我们当下享有的权利不是与生俱来的，而是先辈们奋斗的结果。

服务热线：133-6631-2326　188-1142-1266

服务信箱：reader@hinabook.com

后浪出版公司

2021 年 5 月

图书在版编目（CIP）数据

走出帝国 /（美）苏思纲著；卢欣渝译. -- 上海：
上海文化出版社, 2021.7（2023.6重印）
ISBN 978-7-5535-2299-9

Ⅰ.①走… Ⅱ.①苏…②卢… Ⅲ.①王清福—生平事迹 Ⅳ.①K837.128.9

中国版本图书馆CIP数据核字(2021)第256149号

The First Chinese American: The Remarkable Life of Wong Chin Foo
©2013 香港大学出版社
版权所有。未经香港大学出版社书面许可，不得以任何（电子或机械）方式，包括影印、录制或通过信息存储或检索系统，复制或转载本书任何部分。
本书简体中文版权归属于银杏树下（北京）图书有限责任公司。

图字：09-2019-502号

出 版 人	姜逸青
策　　划	后浪出版公司
责任编辑	葛秋菊
编辑统筹	张 鹏　林立扬
特约编辑	方 宇　陈 晖
版面设计	张宝英
装帧制造	徐睿绅

书　　名	走出帝国
著　　者	［美］苏思纲
译　　者	卢欣渝
出　　版	上海世纪出版集团　上海文化出版社
地　　址	上海市闵行区号景路159弄A座3楼　邮编：201101
发　　行	后浪出版公司
印　　刷	天津雅图印刷有限公司
开　　本	889×1194　1/32
印　　张	13.25
版　　次	2021年12月第一版　2023年6月第三次印刷
书　　号	ISBN 978-7-5535-2299-9/K.247
定　　价	86.00元

后浪出版咨询(北京)有限责任公司　版权所有，侵权必究
投诉信箱：copyright@hinabook.com　　fawu@hinabook.com
未经许可，不得以任何方式复制或者抄袭本书部分或全部内容
本书若有印、装质量问题，请与本公司联系调换，电话010-64072833